Schweizer in «Fremden Diensten»

Hans Rudolf Fuhrer
Robert-Peter Eyer

Schweizer in «Fremden Diensten»

Verherrlicht und verurteilt

Mit Beiträgen von

Philippe Clerc
Matthias Fiala
Norbert Furrer
Adrian Kindlimann
Ulrich Knellwolf
Marcus Kradolfer
Peter Mertens
Dominic M. Pedrazzini
Jost Soom
Hans Steffen
Ruedi Studer
Robert Walpen

Verlag Neue Zürcher Zeitung

Bibliografische Information der Deutschen Bibliothek

Die Deutsche Bibliothek verzeichnet diese Publikation
in der Deutschen Nationalbibliografie; detaillierte bibliografische Daten
sind im Internet über http://dnb.ddb.de abrufbar.

ISBN 3-03823-196-7

www.nzz-buchverlag.ch

Inhaltsverzeichnis

Anhang

Vorwort

Die «Fremden Dienste», die mindestens eine Million Männer in den Dienst fremder Potentaten lockten, haben das Alltagsbild der Alten Eidgenossenschaft bis zum Untergang des Ancien Régime 1798 stark geprägt.[1]

«Die Schweizer Söldner von heute heissen Frei, Vogel, Senderos oder … Sforza. Sie verdienen (Fussball) spielend Millionen. Am Anfang der Geschichte des Schweizer Söldnertums stand vor 505 Jahren ebenfalls einer namens Sforza. Eine blutige Geschichte. Nur wenige Eidgenossen kamen damals mit Gold behangen heim.»[2]

So schreibt im Sommer 2005 Max Kern als Blickfang seines Artikels «Vom Reisläufer zum Fussball-Söldner» im auflagenstärksten Boulevardblatt der Schweiz. Das Phänomen ist anscheinend geblieben, nur der Inhalt hat sich grundlegend geändert. Während früher das Leben aufs Spiel gesetzt werden musste, sind es heute nur die Beinknochen. Während früher für die einfachen Reisläufer meist bescheidene Gewinne herausschauten, sind heute für die einfachen Söldner Vermögen zu gewinnen. Der Vergleich scheint gesucht und trotzdem gibt es einige Parallelen. Die Söldner von heute sind wie früher durch Vertreter eines fremden Potentaten angeworben worden, der Markt spielt; die Söldner von heute sind wie früher durch einen zeitlich befristeten Vertrag gebunden, der ihnen höhere Einkünfte in Aussicht stellt als die, die in der Schweiz zu verdienen sind; die Söldner von heute tragen wie früher eine Art Uniform, welche die Farben des Geldgebers deutlich macht, die eigene Identität jedoch nicht ganz unterdrückt; die Söldner von heute trainieren wie früher täglich ihr Handwerk und bewähren sich in «Schlachten»; die Söldner von heute sind wie früher bereit, den Arbeitgeber für ein besseres Angebot jederzeit zu wechseln, ohne dass sie dafür als «Verräter» gebrandmarkt werden. Geld und Ruhm sind die entscheidenden Gründe zur Auftragsannahme.

Bei so vielen Gemeinsamkeiten ist wohl das Interesse geweckt, den Vorfahren der heutigen Stars nachzuspüren. Dass dies nicht so klischeehaft wie für den Schnellleser des «Blick» geschehen kann, liegt auf der Hand. Zweifellos gehörte der fremde Kriegsdienst zu den ursprünglichsten Formen des Brot- und Gelderwerbs grosser Teile der männlichen Schweizer Bevölkerung. Er erfüllte insbesondere für die Burschen der landwirtschaftlichen und gebirgigen Regionen eine Art «Komplementärfunktion», da die einheimischen Verdienstmöglichkeiten stark limitiert waren. Ebenso unumstritten ist die Tatsache, dass die eher gewerbeorientierten Städte der Anwerbung von militärischen Arbeitskräften mehrheitlich grösseren Widerstand entgegensetzten als die Landschaft.[3]

Die volkswirtschaftliche Funktion des Reislaufens wird als erster und wohl wichtigster Aspekt in unserer Darstellung eine zentrale Rolle einnehmen. Neben der wirtschaftlichen Notwendigkeit und der gesellschaftlichen Akzeptanz des Reislaufens sind aber auch die Gegenkräfte nicht zu vernachlässigen. Besondere Widerstände erwuchsen dem Söldnerwesen vor allem durch die Reformation. Ulrich Zwingli – nicht zuletzt aus eigener Anschauung während seines Feldpredigerdienstes in Oberitalien – kämpfte vehement gegen die Verrohung der Sitten auf den Schlachtfeldern. Das Ideal des treu sorgenden Familienvaters, der als Bürger im Milizdienst ausschliesslich in Notwehr die Landesverteidigung wahrnimmt, vertrug sich nicht mit dem Dienst für machthungrige fremde Potentaten. Johannes Calvin und seine Nachfolger in Genf teilten dieses gesellschaftliche Menschenbild Zwinglis weitgehend. Diese grundsätzlich ablehnende Haltung der schweizerischen Reformatoren rüttelte an den wirtschaftlichen Grundfesten der Innerschweizer Führungsschicht, aber auch an der Existenzgrundlage des einzelnen Reisläufers. Der Zorn der freien Krieger und der Soldunternehmer auf die «Ketzer» wuchs ins Grenzenlose. Weil besonders der Zürcher Reformator nicht nur gegen das «Reislaufen» kämpfte, sondern auch die staatliche Souveränität gefährdende, konfessionelle und politische Forderungen stellte, wurde der Kampf gegen die Reformation durch grosse Teile der Bevölkerung gestützt. Zwinglis Tod auf dem Schlachtfeld von Kappel 1531 – er wurde viergeteilt und verbrannt – widerspiegelt diesen Hass der innerschweizerischen Kriegerkaste gegenüber dem ketzerischen Schädling.[4]

Um diese besondere Dimension des Kampfes, um den gesellschaftlichen Wert der «Fremden Dienste» zu erfassen, wäre zu fragen, ob die Alten Orte nicht nur aus religiöser Überzeugung, sondern auch zur Erhaltung der Einkünfte aus den Solddiensten nicht willens waren, die Reformation zu prüfen. Das Verbot des Soldwesens durch die Reformatoren bedrohte ihre wirtschaftliche, politische und gesellschaftliche Existenz. Das dritte Element ist meist ebenso umstritten wie das zweite. Wie Walter Schaufelberger in seiner grundlegenden Studie «Der Alte Schweizer und sein Krieg»[5] eindrücklich gezeigt hat, ist die Typologie des eidgenössischen Kriegers des Spätmittelalters vielschichtig. Die jungen Männer, *«die iren balg wagen weltend»*, *«die iren balg um roubs willen feyl trugend»* und welche *«in Reisen und anderswo eher ihren eigenen Willen und Nutzen als Ehre und Nutzen der Lande und Bünde suchen»*[6], liessen sich lange Zeit durch die Obrigkeit kaum zähmen oder für deren Dienste instrumentalisieren. Sie erlagen einer Art kollektiver «Feldsucht».

Ein anderer Strang, den egoistischen Ansatz des unstaatlichen, freien Kriegers ergänzend oder meist konkurrenzierend, war das obrigkeitliche Interesse an käuflichen Kriegern für eigene Vorteile. Durch den Abschluss von Allianzen, Soldverträgen und Kapitulationen – gefördert durch die zentrale europäische Lage der Schweiz, sowie durch die unbestreitbar hervorragende militärische Fertigkeit der eidgenössischen Krieger – konnten machtpolitische und wirtschaftliche Vorteile eingehandelt werden. Blut der Untertanen im Austausch gegen Pensionen für die regierenden reichen Familien, «point d'argent – point de Suisses» etc. sind höchst problematische Verkürzungen der Verhältnisse. Zu komplex sind die Zusammenhänge, die es jeweils zu berücksichtigen gilt. Unbestreitbar ist jedoch, dass in der Aussenpolitik der eidgenössischen Orte der Solddienst im 15. Jahrhundert zunehmend eine zentrale Rolle spielte. Nicht immer ging es dabei um den Schutz von Freiheit und Unabhängigkeit, wie es der Heldenmythos und die Befreiungstradition gerne sähen.

Die Mehrzahl der staatlich gebundenen oder in den stehenden Heeren des 17.–19. Jahrhunderts engagierten Söldner – darauf deuten zumindest vereinzelte, wissenschaftlich untersuchte Soldkompanien aus Schweizer Regimentern in «Fremden Diensten» hin – stammte wie früher aus den wirtschaftlich schwächeren Gebieten der Eidgenossenschaft. Das «Reislaufen» prägte somit in all seinen Formen bis ins 19. Jahrhundert hinein das eidgenössische Alltagsbild.[7] Es ist wichtig – und dies ist die Leitlinie unseres Überblicks – dass die Chronologie, die Besonderheiten und Veränderungen auf der Zeitachse, das ordnende vierte Element bilden. Der Zürcher Historiker Hans Conrad Peyer hat sich intensiv mit den «Fremden Diensten» auseinander gesetzt.[8] Er unterscheidet vier, der europäischen Entwicklung entsprechende Epochen:

- Das Aufkommen und die vertragliche Regelung der «Fremden Dienste» vom 11./12. Jahrhundert bis zur Mitte des 16. Jahrhunderts.
- Die zunehmende Verfestigung der «Fremden Dienste» mit Unternehmer-Hauptleuten, die als eidgenössische Institution in herkömmlichen Formen bis zur Mitte des 17. Jahrhunderts gestaltet wurden.
- Der lang dauernde, disziplinierte und uniformierte «Fremde Dienst» in stehenden Heeren von der zweiten Hälfte des 17. Jahrhunderts an bis zur Mitte des 18. Jahrhunderts.
- Die Rückbildung der «Fremden Dienste» kam im Ausgang des 18. Jahrhunderts zu ihrem Ende 1859.

Diese Vierteilung des Phänomens «Fremde Dienste» liesse sich, die komplizierten Prozesse noch einmal vereinfachend, auf zwei Perioden reduzieren. Die erste Periode, die bis zirka 1670 dauerte, war die Zeit der freien «Reisläuferei» in Konkurrenz zum staatlich weit gehend geregelten «Söldnerwesen». Charakteristisch für diese erste Periode war einerseits die zeitlich begrenzte Anwerbung von einzelnen Kriegern oder Söldnerhaufen – oft nur für einen Feldzug – oder andererseits ganzer Kompanien durch eigentliche Militärunternehmer, in der Regel aus der Führungsschicht der einzelnen Orte. Den Beginn der zweiten Periode kann man etwa auf das Jahr 1670 ansetzen, auch wenn der Übergang selbstverständlich fliessend ist.

Die ausländischen Mächte gingen konsequenter als früher zu stehenden Heeren über. Die Grösse der Einheiten wuchs bis zu Regimentern an, die auf einem Vertrag, einer «Kapitulation», basierte. Die Dienstpflicht wurde für den einzelnen Mann auf eine bestimmte Dauer festgelegt. In den stehenden Heeren herrschten Formalismus, bedingungsloser Gehorsam und überaus harte Strafmethoden, was die Tendenz zur Desertion steigerte und die Werbung zunehmend schwieriger machte. Dazu kam eine sich ständig verbessernde Chance, in der Heimat ein existenzsicherndes Auskommen zu finden, aber auch eine ideologische und moralische Verurteilung des Solddienstes in weiten Kreisen der Bevölkerung. Diese vielschichtige Entwicklung brachte das Soldwesen immer mehr in Misskredit, bis durch die liberale Bundesverfassung von 1848 der Abschluss weiterer Militärkapitulationen untersagt wurde. Aufgrund noch bestehender Verträge mit dem Königreich Beider Sizilien ging eine limitierte Werbung dennoch weiter. Mit der Entlassung der letzten Schweizer Regimenter aus Neapel im Jahre 1859 endeten sechs Jahrhunderte Schweizer Militärgeschichte, die massgeblich durch die «Fremden Dienste» geprägt waren.

Diese überblicksmässige Gesamtschau mit thematisch eingestreuten Einzelstudien ist die Frucht eines Kolloquiums an der Universität Zürich im Wintersemester 2003/04. Wie im vergleichbaren Band zur umstrittenen Persönlichkeit General Ulrich Willes[9] soll ein von der wissenschaftlichen Forschung meist vernachlässigtes Gebiet neu angesprochen und zur Diskussion gestellt werden. Es ist nicht möglich und auch nicht angestrebt, einen umfassenden Überblick und eine in Teilbereichen alle Facetten ausleuchtende Untersuchung vorzulegen. Insbesondere ist es unmöglich, die vielen kantonalen Besonderheiten, die diversen Familiengeschichten oder gar das Schicksal einzelner Persönlichkeiten in «Fremden Diensten» nachzuzeichnen. Zum Glück gibt es zu diesen Fragestellungen zahlreiche und wissenschaftlichen Kriterien genügende Einzelstudien. Auch eine Konkurrenz zum gewichtigen Werk von Paul de Vallière oder zum jüngeren und nicht weniger faszinierenden von Jean-René Bory ist nicht unser Ziel. Vielmehr sollen diese ergänzt und durch ausgewählte Beiträge soll der aktuelle wissenschaftliche Stand der Forschung beleuchtet werden. Wir wollen für unseren Überblick die Vierteilung Peyers als Leitlinie weit gehend übernehmen, aber auch ein neues Element hinzufügen. Das Phänomen, dass junge Schweizer auch nach 1848 immer wieder in fremden Heeren eine Anstellung suchten und fanden, hat uns bewogen, eine fünfte und bisher letzte Periode anzufügen. Das Problem der Gelb- und Blaumützen sowie Spezialisten aller Art, Schweizer Soldaten im Dienste internationaler Organisationen, wird dabei ausgeklammert; dafür werden vier «heisse Eisen» der jüngsten Zeit angefasst.

Die in Quellen oft synonym verwendeten Begriffe: eidgenössische «Reisläufer», «Söldner» oder «Kriegsknechte» können auch mit wissenschaftlichen Kriterien meist nicht scharf gegeneinander abgegrenzt werden. Sie werden von uns unter dem Sammelbegriff «Fremde Dienste» zusammengefasst, wobei zwischen der Phase vor und nach den Kapitulationen zu unterscheiden ist, galten die eidgenössischen Söldner mit der Unterzeichung der ersten Verträge als «avouierte», d. h. gebilligte Truppen und unterschieden sich in der Folge von anderen Soldtruppenkontingenten.[10]

In der historiografischen Auseinandersetzung mit dem Phänomen der «Fremden Dienste» mangelt es bis heute an geschlechtergeschichtlichen Ansätzen. So wurden beispielsweise noch kaum Untersuchungen getätigt, wie die Frauen in der Heimat die Zeit ohne ihre Männer oder aber an der Seite der Soldaten in der Fremde verbrachten. Das Alltagsphänomen der «zurückgelassenen Frau» wird auch in einigen Volksliedern angesprochen. So erinnert das Lied «Im Aargäu sind zwöi Liebi» an die schmerzhafte Situation des Abschieds und der hoffnungsvollen Rückkehr. Doch leider hat sich das schöne «Anneli» noch vor der Rückkehr seines «Büebli» bereits mit einem hübschen und reichen Konkurrenten vermählt. Auch «Der Rosegarte z Mailand» berichtet vom Aufbruch nach Mailand und von der Sehnsucht der Zurückgelassenen nach ihrem «Hansli».

Die wohl bekannteste Frauenfigur der deutschen Literatur aus dem Umfeld des Kriegsdienstes ist Anna Fierling, die geschäftstüchtige Marketenderin und Mutter dreier Kinder aus dem Roman «Mutter Courage». Bertolt Brecht beschreibt in seinem Werk das Leben während des Dreissigjährigen Kriegs und wie Anna Fierling, die vom Krieg lebt, ihre Kinder im Laufe des Kriegs verliert.[11] Besagtes Beispiel zeigt, wie die Heereszüge stets von einer riesigen zivilen Gefolgschaft – dem Tross – begleitet wurden. In dieser Masse von zivilen Personen zogen Handwerker und Händler mit, um die Heeresversorgung zu sichern. Unter ihnen befanden sich auch Frauen und Kinder der Söldner, welche die Heere auf ihren Märschen durch Europa begleiteten, was auch Nicolas Disch in seiner Lizentiatsarbeit bestätigt.[12] Es reicht aber bei Weitem nicht aus, die Rolle der Frauen nur auf das Marketenderwesen, die Reinigung der Feldlager oder allfällige Prostitution zu reduzieren. Einige wenige Quellen sprechen auch von robusten Frauen, die als Mann verkleidet selbst zu Kriege zogen.[13] Mehr kann zu diesem Themenaspekt nicht ausgesagt werden. Dass hinsichtlich dieser geschlechtergeschichtlichen Aspekte Nachholbedarf herrscht, beweist auch die Tatsache, dass sich Darstellungen der Frauen, die in Kriegen zum Teil wichtige Rollen eingenommen haben, bisher zumeist auf diejenigen tragischer Opferfiguren oder auf intrigante Kriegstreiberinnen beschränken. Im Zusammenhang mit den «Fremden Diensten» kann gesagt werden, dass Frauen sich weder als Kämpferinnen noch als Strateginnen ausgezeichnet haben und somit für den Zeitraum des 15. bis 18. Jahrhunderts keinen Einfluss auf die Kriegsführung hatten.[14] Demzufolge und aufgrund der noch fehlenden Forschungsarbeiten wird dieser, in keiner Weise zu unterschätzende Themenaspekt im vorliegenden Buch nicht weiter ausgeführt.

Hans Rudolf Fuhrer und Robert-Peter Eyer

❯ Ulrich Knellwolf

Schweizer in fremden Kriegsdiensten[1]

Weder kann noch will ich hier eine Geschichte der Schweizer in fremden Kriegsdiensten in Kurzfassung vortragen. Ich bin kein Historiker, sondern eher ein Ge-
schichtenerzähler. Darum mache ich einige Bemerkungen, vermischt mit ein paar
Streiflichtern, mehr nicht. Aber ich erinnere damit an eine rund 600-jährige Geschichte, die leider aus dem Bewusstsein der Schweizerinnen und Schweizer weit gehend verdrängt worden ist, die es aber wert wäre, nicht vergessen zu sein. Denn diese
Geschichte ist, so vermute ich, in mehrfacher, positiver wie negativer Hinsicht nicht
spurlos an uns vorübergegangen. Wir sind als Schweizerinnen und Schweizer Kinder und Erben auch dieser Geschichte – und historisches Erbe kann bekanntlich
nicht ausgeschlagen werden. Um zu sehen, dass es sich bei dieser Geschichte schon
rein quantitativ um keine Bagatelle handelt, hier ein paar historische und statisti-
sche Angaben.

Spuren schweizerischer Reisläuferei lassen sich mindestens bis ins 13. Jahrhundert zurückverfolgen. Einen ersten Höhepunkt erreichte die Reisläuferei am Beginn des 16. Jahrhunderts. Zugleich war Marignano 1515 die erste grosse Krise.
Eine mit grundsätzlicher Neutralität der Eidgenossenschaft verbundene Reisläuferei gelangte im 16. und 17. Jahrhundert zur Blüte. Dann setzte ein langsamer Rückgang ein, vor allem auch einer der wirtschaftlichen Bedeutung. Diese wurde immer
stärker abgelöst durch das volkswirtschaftliche Gewicht der Industrie. Seit der Gründung des Schweizerischen Bundesstaates, 1848, waren die fremden Kriegsdienste bei
den politisch tonangebenden Leuten verpönt. Im Mai 1849 regte der Nationalrat
an, der Bundesrat solle geeignete Mittel finden, die Kapitulationen, also die Soldverträge, rückgängig zu machen. Damals standen, um nur sie zu nennen, noch 13
Bataillone, über 12 000 Mann, im Dienst des Königreichs Beider Sizilien.

1859 führte eine Revolte zur Entlassung der Schweizer Regimenter in Neapel.
Im selben Jahr entschieden National- und Ständerat, dass Kriegsdienst unter fremder Fahne jedem Schweizer ohne Erlaubnis des Bundesrates verboten sei. Der erste
Artikel des Gesetzes schliesst mit dem Satz: «*Der Bundesrat kann eine solche Bewil-
ligung nur zum Behufe weiterer Ausbildung für die Zwecke des vaterländischen Wehr-
wesens erteilen.*» Damit war, mit Ausnahme der päpstlichen Schweizergarde, jede
Möglichkeit zu fremdem Kriegsdienst in grösserem Umfang gesetzlich unterbun-
den. Trotzdem kämpften im amerikanischen Sezessionskrieg über 4000 Schweizer.
Für den Krimkrieg (1854–1856) hatte England noch legal zwei Regimenter in der
Schweiz angeworben, die 1856 wieder entlassen wurden.

Noch längere Zeit über 1859 hinaus standen Schweizer, Soldaten und Offiziere, in «Fremdem Dienst». Ich erwähne Johann Lucas von Mechel aus Basel, geboren 1807. Er war zuerst Offizier in Frankreich, dann Oberstleutnant im Generalstab der Schweizer Armee, ging 1850 in neapolitanische Dienste, wurde 1860 Brigadegeneral; kämpfte in diesem Jahr gegen Garibaldi, wobei sein Sohn als junger Leutnant fiel. Darauf kehrte von Mechel in die Schweiz zurück.

Erinnert sei auch daran, dass ein Cousin des Generalstabschefs Theophil Sprecher von Bernegg, nämlich Arthur Sprecher von Bernegg, 1852–1912, mit 16 Jahren als Infanterist ins österreichische Regiment «Hoch- und Deutschmeister» eintrat und seit 1910 General der Infanterie und Kommandant des 5. Armeekorps in Pressburg war, dazu Inhaber des Infanterieregiments Sprecher von Bernegg Nr. 48. Sein Vater, der Onkel des Generalstabschefs, war Bürgermeister von Chur, Regierungsrat, Nationalrat, Ständerat und Kommandant einer Brigade der Schweizer Armee.

Die folgenden Zahlen entnehme ich Hans Conrad Peyers instruktivem Aufsatz «Die wirtschaftliche Bedeutung der fremden Dienste für die Schweiz vom 15. bis zum 18. Jahrhundert».[2] Peyer rechnet vorsichtig und nimmt für den Zeitraum zwischen 1400 und 1800 etwa 1,3 bis 1,5 Millionen Mann an, die in fremde Kriegsdienste gingen. Davon ist ungefähr ein Drittel wieder zurückgekehrt. Im höchsten Solddienstfieber um 1500 sind vielleicht gegen 10 bis 12 Prozent der Bevölkerung in «Fremde Dienste» gezogen; sonst waren die Prozentzahlen kleiner, lagen wohl etwa bei 3 bis 4 Prozent. Im 18. Jahrhundert wird sich der Auszug insgesamt auf 350 000 bis 500 000 Mann belaufen haben; davon sind zwischen 200 000 und 340 000 Mann nicht mehr heimgekommen.

Der Theologe Gottfried W. Locher beurteilt in seinem grossen Werk «Die Zwinglische Reformation im Rahmen der europäischen Kirchengeschichte» die «Fremden Dienste» ganz im Sinne Zwinglis sehr negativ. Aber er schreibt immerhin, durch diese Dienste sei bei den Schweizern *ein bemerkenswertes Traditionsgut taktischen Könnens in der Schlacht* akkumuliert worden.[3] Da die Tagsatzung in der Regel aus lauter erfahrenen Kriegern bestanden habe, *«die etwa die Poebene oder andere Brennpunkte der Auseinandersetzung [...] aus eigener Anschauung kannten»*, habe sich beim Zusammentritt der Tagsatzung *«faktisch ein ‹Generalstab› versammelt, wie ihn damals kein Fürst sein eigen nannte»*.

Annähernd die Hälfte aller Söldner, über die ganze Zeit des Söldnerwesens gerechnet, ging in französische Dienste. Man kann, von den Solddiensten her gesehen, geradezu von einer Art Symbiose zwischen Frankreich und der Alten Eidgenossenschaft sprechen. Ausdruck davon war die Anwesenheit des französischen Ambassadeurs in Solothurn. Dass sich hier grosse, nicht nur direkte, sondern noch mehr indirekte Einflüsse auf die schweizerischen Staaten und ihre politische Entwicklung ergaben, leuchtet ein.

Man wird beispielsweise nicht gut bestreiten können, dass die «Fremden Dienste», insbesondere wiederum die in Frankreich, zur Ausbildung der Aristokratien in den schweizerischen Stadtstaaten beigetragen haben. Diese werden, wieder gemäss Hans Conrad Peyer, «Verwaltungs- und Solddienstpatriziate» genannt. Freilich darf man, einer Mahnung Peyers eingedenk, diesen Einfluss auch nicht überschätzen. Denn die Kritik, die Solddienste seien demokratiegefährdend, ist alt.

Ulrich Zwingli kritisiert in diesem Sinn die fremden Kriegsdienste scharf. Die damit verbundenen Honoratiorendemokratien der Innerschweiz bezeichnet er als einen *«frävenen, muotwilligen adel»*, der schlimmer sei als der *«allt adel»*. Dagegen lobt er die vom Volk Zürichs in den Zünften gewählten Räte als wahre Aristokratie. Unter seinem Einfluss verfügt der Zürcher Rat als einziger Ort der Eidgenossenschaft 1522 über ein allgemeines Reislauf- und Pensionenverbot.[4] Damit identifiziert Zwingli Reformation und Verbot fremder Kriegsdienste und macht sich Leute wie Wilhelm Frölich und Jakob Grebel zu Feinden.

Wilhelm Frölich, dessen Porträt, von Hans Asper gemalt, neben dem seiner Frau im Kunstmuseum Solothurn hängt, tritt 1520 mit etwa 16 Jahren in französische Dienste, wo er glänzend Karriere macht. Da er nicht auf seinen Verdienst und vielleicht auch nicht auf das Abenteuer verzichten will, verliert er das Zürcher Bürgerrecht; er bekommt schliesslich dasjenige Solothurns und lässt sich dort nieder.

Hans Jakob Grebel, geboren um 1460, Landvogt von Grüningen, Mitglied des Kleinen Rates, Vater des Täuferführers Konrad Grebel, selber durchaus Parteigänger der Reformation, wird 1526 wegen Pensionennehmens angeklagt und hingerichtet. Was Zwingli an diesen Kreisen am meisten stört, sind offenbar ihre Verbindungen zu führenden Leuten der katholischen Orte. Zürich fühlt sich isoliert. Die gemeinsamen Erfahrungen in «Fremden Diensten» sind ein starkes innereidgenössisches Verbindungselement. Es muss zum Schutz der eigenen neuen Identität unterbrochen werden.

Zwischen 1526 und 1528 schreibt Heinrich Bullinger, damals Lehrer in der Klosterschule von Kappel, ein Drama «Lucretia und Brutus», das voller Anspielungen auf die Zürcher Zustände seiner Zeit steckt. Der Zürcher Kirchenhistoriker Emidio Campi, der das Stück analysiert hat, schreibt: *«Es geht [...] um die Bestrebungen der Bürgerschaft, ihren Staat zu festigen und gegen innere und äussere Feinde zu verteidigen.»*[5] Im Rom der neu geschaffenen Republik vereinigen sich *«reiche Prasser, Gaukler, Bettler, königlich gesinnte Jugend und vor allem ‹Pensioner› [= Pensionenherren] [...] zur Wiederherstellung der alten Ordnung».*[6]

Was damit gemeint ist, zeigt Bullingers Schrift «Anklag und ernstliches Ermanen Gottes Allmaechtigen zuo eyner gemeynnen Eydgenoschafft das sy sich vonn iren Sünden zuo jmm keere» von 1525, auf die Campi verweist. Hier prangert Bullinger besonders Sold- und Pensionenwesen an. Sie erziehen zu Müssiggang, und dieser ist der Ursprung alles Bösen. Damit wird das Regiment zerstört, dazu alle Ehrbarkeit und Zucht. Wirtschaftlich führen die Kriegsdienste zum Abzug der Jugend aus der Landwirtschaft, was Preissteigerungen zur Folge hat, und zu Kapitalakkumulation in den Händen einer Oligarchie, die durch ihren Eigennutz das Land ins Verderben stürzt. *«Ir habend nit mee ein Democratiam, sunder ein Oligarchiam [...]».*[7] Unter Demokratie versteht Bullinger, wie schon Zwingli, die Wahl der Räte aus den Zünften, die jedoch auch zur Zeit Zwinglis und Bullingers ein durchaus undemokratisch patriarchalisches Regiment über die Landschaft führten. Man wird darum für die Entwicklung zur oligarchischen Aristokratie nicht den «Fremden Diensten» allein die Schuld geben dürfen.

Die Vorwürfe, die Zwingli, Bullinger und andere gegen die Solddienste erhoben, wiederholten sich im 19. Jahrhundert. Kurz nach Gründung des Bundesstaates, in den Diskussionen des Nationalrates vom Mai 1849, wurden die «Fremden Dienste» von ihren Gegnern sozusagen vorausnehmend kriminalisiert. Jakob Stämpfli, Vizepräsident der radikalen Berner Regierung, des so genannten Freischarenregiments, verglich die Tapferkeit der Schweizersoldaten mit der eines Fleischerhundes, was den Widerspruch des Obersten Ziegler aus Zürich hervorrief, der – mit seinem Vater – in niederländischen Diensten gestanden hatte, während des Straussenhandels Stadtpräsident von Zürich, dann Regierungsrat, 1847 Kommandant der 4. eidgenössischen Division und von 1848 bis 1866 Nationalrat war.

Im Juli 1859 behandelte das Parlament die Frage der «Fremden Dienste» noch einmal. De Vallière, der natürlich Partei ist, schreibt in seinem grossen Ruhmesbuch über die «Fremden Dienste» («Treue und Ehre») dazu: «Ohne Rücksicht darauf zu nehmen, dass mehrere ihrer Kollegen in der Fremde gedient hatten, sprachen einige Abgeordnete von den Kapitulationen in den verletzendsten Ausdrücken, entwürdigten sie mit gemeinen, schimpflichen und ehrenrührigen Worten.»[8] Dagegen verwahrten sich Nationalräte wie Philipp Anton von Segesser, Adrien de Courten und August Laurenz von Gonzenbach, alle drei meines Wissens nicht in «Fremden Diensten» gewesen, jedoch aus Familien stammend, aus denen viele hohe Offiziere in ausländischen Armeen gewesen waren. Gonzenbach war vor 1848 eidgenössischer Staatsschreiber, Segesser Chef der Operationskanzlei des Generalstabschefs des Sonderbundes.

Weder die humanitäre noch die vaterländische Gesinnung der Gegner der Solddienste sollten überschätzt werden. Ein hauptsächlicher Antrieb werden wirtschaftspolitische Überlegungen gewesen sein. Die entstehende Industrie brauchte möglichst günstige Arbeitskräfte. Verliess ein Teil der jungen Leute das Land, um im Ausland angeblich leichtes Geld zu machen, drohten die Arbeitskräfte rar und teuer zu werden; also musste man diesen Abfluss unterbinden.

Zugleich sollten wir uns jedoch auch darüber im Klaren sein, dass die «Fremden Dienste», wie bei Peyer nachzulesen ist, spätestens seit dem Ende des 18. Jahrhunderts ihren Mann kaum noch ernährten. Es war damit weder für Offiziere noch

Zwingli im Kriegsrat. Die Reisläuferei war nach Zwinglis Ansicht in jeder Beziehung schlecht. Dagegen kämpfte er ununterbrochen bis zu seinem Lebensende. Er richtete seine Kritik nicht nur gegen die Handgeld nehmenden Soldaten und die Pension beziehende Oberschicht, sondern kritisierte die Institution als Ganzes.

für Soldaten ein grosses Geschäft mehr zu machen. Das hatte zur Folge, dass die Qualität von Mannschaften und Offizieren nachliess. Für viele bedeutete der fremde Kriegsdienst einen letzten Ausweg aus Schwierigkeiten im zivilen Leben. Die Fremdenlegion der neueren Zeit bietet in dieser Hinsicht deutliche Anschauung. Fast nur noch in alten Offiziersfamilien war es anders. Aber diese wandten sich nun oft lieber der Industrie zu. Beispiel ist die Familie von Roll aus Solothurn. Der Gründer der Eisenwerke in Gerlafingen, Ludwig von Roll, war der Sohn eines Offiziers in französischen Diensten, der seine Söhne ebenfalls auf eine militärische Laufbahn vorbereitete. Ludwig wandte sich jedoch davon ab und wurde ein erfolgreicher Industrieller. Ich kann mir gut vorstellen, dass er, hätte er da noch gelebt, entschieden für das Verbot der «Fremden Dienste» gewesen wäre. Denn genau wie seine Vorfahren Leute für ihre Kompanien und Regimenter brauchten, so er jetzt für seine Fabriken.

Und nun also ein paar zufällig herausgegriffene Streiflichter zur Geschichte der fremden Kriegsdienste und ihrer Rückwirkungen auf die Schweiz.

Stellen Sie sich ein Dorf irgendwo in der Schweiz vor, sagen wir im Jahr 1885. Im Wirtshaus sitzen an diesem Nachmittag vier alte Männer und klopfen einen Jass. Zwei von ihnen waren in ihrer Jugend jahrelang in Neapel. Einer war bei der französischen Eroberung Algeriens dabei, der vierte vor 30 Jahren unter englischer Fahne im Krimkrieg beim Sturm auf Sewastopol. Allen hat der Wind internationaler Geschichte um die Nase geweht. Alle haben eine intensive Vorstellung davon, wie es jenseits der Grenzen aussieht. Alle vier können mehr oder weniger gut eine andere als nur ihre Muttersprache. Alle hatten intensiven Umgang mit Menschen anderer Nationalität und Mentalität. Alle wissen, dass es im Ausland nicht genau gleich zugeht wie daheim. Und – nicht zu vergessen – alle hatten in den Schweizer Regimentern mit Kameraden aus andern Kantonen zu tun, mit denen sie bis heute verbunden sind.

Das Jahr habe ich nicht zufällig gewählt. 1885 fand am 19. und 20. Juni in Münsingen und Bern eine Versammlung ehemaliger Schweizer Offiziere in neapolitanischen Diensten statt. Die Fotografie, die von dem Treffen erhalten ist, zeigt, wenn ich richtig gezählt habe, 65 Männer.

Wir gehen ein paar Jahrhunderte zurück. 16. August 1521, ausserordentliche Landsgemeinde des noch ungeteilten Landes in Appenzell. Es geht um Fragen der Soldbündnisse. Alle wollen schweizerische Söldner, der Kaiser, der Papst und nicht zuletzt der König von Frankreich. Französische Agenten hatten von der Tagsatzung 6000 Mann gefordert, doch die Tagsatzung wollte nicht. Trotzdem wird wild geworben, dabei sind bisher 4000 Mann zusammengekommen, darunter auch Leute aus dem Land Appenzell, dessen Landammann Laurenz Sutter als Franzosenfreund gilt. Als er an diesem Tag von der Landsgemeinde abgewählt wird, wissen die versammelten Appenzeller Bauern, dass der Kaiser, Rom und Paris sie im Auge haben. Der Entscheid der Landsgemeinde hat aussenpolitische Relevanz; Innenpolitik und

Aussenpolitik sind nicht voneinander zu trennen. Beispielsweise hat der Kaiser für den Fall, dass Frankreich bevorzugt werde, mit einer Kornsperre gedroht.

Im Ring zu Appenzell standen an diesem Tag auch viele, die selbst unter der Fahne des Kaisers, des Papstes oder des französischen Königs gestanden hatten. Die Leute wussten, wovon die Rede war.

Die Landsgemeinde von Appenzell hatte an diesem Tag nicht zum letzten Mal über derart international brisante Themen zu beschliessen. Bis zum Jahr 1848. Von da an war die Aussenpolitik dem Volk aus der Hand genommen. Die Kantonsregierungen trieben keine auswärtige Politik mehr. Die war jetzt Sache des Bundes und damit für den einzelnen Bürger weit weg. Der internationale Horizont verschwand aus den Köpfen der Schweizer, sofern sie nicht im weltweiten Handel beschäftigt waren.

Die Aussenpolitik rückte im Lauf der zweiten Hälfte des 19. Jahrhunderts in immer weitere Ferne. Denn immer seltener kamen Soldaten und Offiziere aus Neapel, Paris, Madrid, Den Haag, London oder Moskau zurück. Die fremden Kriegsdienste waren verboten. Eine grosse weltpolitische Erfahrung der Schweiz brach ab.

Ich will diese Erfahrungen nicht über Gebühr rühmen. Der Preis dafür war hoch. Erinnern Sie sich an den Prozentsatz der Heimkehrer. Die fremden Kriegsdienste hatten sehr finstere Seiten. Aber die Feststellung gilt trotzdem, dass die weltpolitische Praxis der Schweizer verloren ging. Nach 1848 sind wir weltpolitische Hinterwäldler geworden, denen die Erfahrung auf dem internationalen Parkett fehlt. Dieser Erfahrungsmangel ist bis heute deutlich spürbar. Schweizerische Aussenpolitik hat seither immer etwas Akademisches, Ideologisches, leicht Weltfremdes und Hobbyhaftes an sich.

Zu beachten ist auch, dass sich die Neutralität durch den Wegfall der «Fremden Dienste» veränderte. Auch hier sei betont, dass ich diesen Wegfall nicht beklage. Aber ich stelle fest, dass der Vorwurf, man profitiere von einem Zuschauerstatus, in der Zeit der «Fremden Dienste» nicht möglich war.

Nehmen wir als nächstes Beispiel das Jahr 1870. Der Deutsch-Französische Krieg hat eben angefangen, dieser Krieg, den Bismarck vom Zaun gebrochen hat, um dem König von Preussen die Krone eines neuen deutschen Kaiserreichs aufs Haupt drücken zu können. Drei ältere Herren am Rande des Marktes in einem schweizerischen Flecken unterhalten sich über den Krieg. Die drei wissen, wovon sie reden. Sie haben als ehemalige Soldaten, Unteroffiziere oder Offiziere in «Fremden Diensten» mehr als nur Manövererfahrung. Über ihre Einschätzung der Lage entscheidet nicht bloss die Sympathie, sondern auch fachliches Wissen.

Schauen wir daraufhin die militärischen Spitzen des Sonderbundskrieges an. Auf eidgenössischer Seite hat General Dufour Erfahrung aus französischen Kriegsdiensten, die er 1817 verlässt. 1813 war er bei der Verteidigung Korfus gegen die Engländer dabei.

Sein Generalstabschef ist Friedrich Frey-Hérosé aus Aarau. Der ist zwar als Student 1830 aktiv an der Julirevolution in Paris beteiligt, hat jedoch meines Wissens keine Erfahrung aus fremden Armeen. Es dürfte kein Zufall sein, dass man dem konservativen, aus einer typischen Offiziersfamilie stammenden General den ultra-radikalen, von keinen ähnlichen historischen Hypotheken belasteten Generalstabschef an die Seite stellte.

Kommandant der bernischen Reservedivision gegen den Sonderbund ist Ulrich Ochsenbein, Oberst im Generalstab, Regierungspräsident, Vororts- und Bundespräsident, später Nationalrat, Nationalratspräsident, Bundesrat seit 1848. Nach seiner Abwahl 1854 wird Ochsenbein Brigadegeneral in Frankreich, kommt 1856 in die Schweiz zurück, wird 1870 von Frankreich wieder aufgeboten, ist als Divisionsgeneral Platzkommandant von Lyon und kehrt nach dem Krieg wieder heim.

General des Sonderbundes ist Johann Ulrich von Salis-Soglio. Er hat reiche Kriegserfahrung, u. a. aus niederländischen Diensten in Belgien.

Sein Generalstabschef Franz Elgger von Froberg aus Rheinfelden war bei den Feldzügen gegen Napoleon dabei und Kommandant der II. Division der päpstlichen Armee.

Fazit: Der letzte Krieg, den schweizerische Armeen zu bestehen hatten, ein Bürgerkrieg, wurde überwiegend von Kommandanten mit ausländischer Kriegserfahrung geführt. Dass der Sonderbundskrieg so glimpflich verlief, obwohl Bürgerkriege sonst zu den blutigsten Auseinandersetzungen zählen, dürfte nicht zuletzt dieser praktischen Kriegserfahrung zu verdanken sein. Lochers Bemerkung vom versammelten Generalstab gilt auch noch in der Mitte des 19. Jahrhunderts.[9]

Die militärischen Spitzen des Sonderbunds hatten ausländische Kriegserfahrung; der eidgenössische General, ein Konservativer, ebenso, nicht jedoch sein Generalstabschef, dieser typische Radikale. Dass Radikal- beziehungsweise Freisinnigsein nicht zwingend mit der Ablehnung «Fremder Dienste» verbunden sein musste, dafür ist neben Ochsenbein Peter Felber (1805–1872) aus dem solothurnischen Egerkingen ein gutes Beispiel.

Felber studiert Medizin. Dann geht er als Regimentsarzt in neapolitanische Dienste. Ich habe mir immer ausgedacht, vielleicht sei er dort Fritz Bitzius begegnet, dem jüngern Bruder Jeremias Gotthelfs, der ebenfalls in neapolitanischen Diensten war. Den Totenschein kann Felber ihm nicht ausgestellt haben, denn Bitzius kam im Frühling 1836 um, in einem Gefecht gegen Insurgenten, wie es heisst. Da aber war Felber schon wieder zurück; 1835 wurde er Redaktor des «Solothurner Blattes». Für seinen alten Schulkameraden Martin Disteli schrieb er die Texte zu dessen «Schweizerischem Bilderkalender». Dabei leistete er viel Vorarbeit zu einer einheitlichen Schweizergeschichte. Wenn nicht mit Fritz Bitzius in Neapel, so kam er jetzt mindestens indirekt mit dessen Bruder, Pfarrer Albert Bitzius alias Jeremias Gotthelf, in Berührung. Denn der war sein und Distelis Konkurrent; er gab auch einen Kalender heraus. Sollte Felber Gotthelfs ersten Roman «Der Bauernspiegel» gelesen haben, wird ihm an der Geschichte des Jeremias vor allem dessen Aufenthalt als Soldat in französischen Diensten vertraut vorgekommen sein. Seit 1841 solothurnischer Regierungsrat, zieht Felber 1849 nach Zürich und wird Chefredaktor der «Neuen Zürcher Zeitung». Es wäre interessant, zu untersuchen, inwiefern die starke aussenpolitische Ausrichtung der «Neuen Zürcher Zeitung» mit dem durch die «Fremden Dienste» vermittelten europaweiten Horizont ihres Chefredaktors in entscheidender Zeit zu tun hat.

Es gibt heute noch steinerne und andere Zeugen genug, die darauf hinweisen, dass das, was wir höhere Kultur nennen, vorzüglich durch die «Fremden Dienste» in die Schweiz gekommen ist. Ich erwähne als Beispiel das Palais Besenval in Solothurn und das Schloss Waldegg östlich von Solothurn, beide vom Schultheissen Johann Victor Peter Besenval, 1638–1713, gebaut. Er war, wenn ich richtig orientiert bin, nicht oder jedenfalls nicht lange in «Fremden Diensten». Aber sein Vater war es kurze Zeit gewesen, um dadurch in den engern Kreis der Machthaber in Solothurn zu gelangen, sein Bruder war es, und sein Sohn Johann Victor Peter Joseph brachte es bis zum Kommandanten des Schweizer Garderegiments in Paris. Dessen Sohn, Peter Joseph Victor Baron von Besenval, 1721–1791, war Oberstleutnant im Garderegiment, Vertrauter der Königin Marie Antoinette. Sein Haus an der Rue Grenelle, heute die schweizerische Botschaft, war ein kulturelles Zentrum in Paris und hatte das schönste Privatbad der Stadt. Und nicht zu vergessen: Dieser Mann hatte immer seinen Sitz im Solothurner Rat!

Es gab noch einen andern Kanal, durch den höhere Kultur in die Schweiz strömte. Das waren die Kaufleute. Nehmen Sie die zwei Brüder Josty aus Sils im Engadin, arme Bauernbuben, von der Not zum Auswandern gezwungen. Johann, 1773–1826, gründete das weltberühmte Café Josty in Berlin, sein Bruder Daniel, 1777–1845, daselbst eine Bierbrauerei. Die nach ihm benannte Jostystrasse gibt es in Berlin immer noch. Im Hungerjahr 1817 liess Johann in Sils Baselgia «il Palazzo» bauen, das heutige Hotel Margna. Darin soll der Besitzer aber nicht residiert haben, wenn er aus Berlin auf Besuch kam, sondern in der gegenüberliegenden Pensiun Chastè, weil, habe er gesagt, er sonst ja sein Haus gar nicht anschauen könne.

Da liegt der Unterschied. Die Kaufleute kamen meist nur auf Besuch zurück. Dann wollten sie die heimische Lebensart geniessen. Und wenn sie in der Heimat bauten, dachten sie doch nicht daran, zu bleiben. Ihr Geschäft in der Fremde musste ja weiterlaufen; dahinein hatten sie ihr Geld investiert. Eine Ausnahme bilden teilweise die Handelsgesellschaften, die ihren Hauptsitz in der Schweiz haben.

Anders die Leute aus den «Fremden Diensten». Nicht vergeblich gilt das Heimweh als ihre Erfindung. Sie investierten selten im Ausland, sondern, wenn sie etwas zu investieren hatten, daheim. Offiziere bauten sich schöne Häuser, wie in Schwyz, und zwar, um darin zu wohnen.

Und da hatte nun also einer in Paris oder in Madrid oder weiss ich wo etwas Neues gesehen, beispielsweise das schöne Bad des Barons von Besenval in der Rue Grenelle, und prompt wollte er zu Hause etwas Ähnliches haben. Ich weiss nicht, ob das vollständig ausgebaute Theater des Schlosses Waldegg bei Solothurn zu Lebzeiten seines Erbauers jemals bespielt worden ist. Aber ohne ein Theater hätte das Château nicht den französischen Vorbildern entsprochen.

So genannte höhere Kultur war für die Schweiz Importware. Sie kam nicht aus dem Volk, wie etwa die Musik Haydns und Mozarts oder der italienischen Opernkomponisten ihre Wurzeln im Volk hatte. Höhere Kultur war in der Schweiz etwas Aufgepfropftes. Zwischen ihr und ihrer Nachfolgerin, der so genannten bürgerlichen Kultur, einerseits und der Volkskultur andererseits bestand immer eine Spannung und ein eher prekäres Vermittlungsverhältnis. Ich möchte sogar behaupten, dass die Vermittlung nie wirklich geglückt ist – ein Thema, das, nebenbei bemerkt, Jeremias Gotthelf stark beschäftigte. Symptomatisch scheint mir ein so sehr schweizerischer Mann wie Gottfried Keller zu sein. Er kehrt mit der Anerkennung des Auslandes in die Schweiz zurück und wird erst daraufhin auch hier anerkannt.

Die Geschichte der Schweizer in «Fremden Diensten» ist voll von Geschichten und Schicksalen, ergreifenden, verrückten, erschütternden, abscheulichen. Geschichte lebt nur, wenn sie erzählt werden kann. Und erzählt werden kann sie nur, wenn sie von konkreten, nicht bloss statistischen Menschen handelt.

Johann Konrad Hotz, später Friedrich Freiherr von Hotze, geboren 1739 in Richterswil, geht mit 19 Jahren in württembergische Dienste, 1768 als Major nach Russland und ist seit 1778 im österreichischen Heer. Oberst 1786, Generalmajor 1793, 1796 Feldmarschall-Lieutenant. Befehlshaber in Vorarlberg und Graubünden, 1799 im Kampf gegen Masséna. Am 25. September 1799 verliert er auf einem Rekognoszierungsritt im Nebel der March bei Schänis die Orientierung, gerät an Franzosen und wird erschossen.

Antoine Henri Jomini aus Payerne gilt vor Clausewitz als einer der bedeutendsten Militärschriftsteller. Geboren 1779, tritt er 1798 in die helvetische Armee ein, wird im Jahr darauf Bataillonskommandant und legt Pläne für militärische Reorganisationen vor. Bald darauf verlässt er die Armee und wird Kaufmann. Doch 1805 holt ihn Michel Ney als seinen persönlichen Adjutanten nach Frankreich. Jomini publiziert fünf Bände «Traité de grande tactique ou de grandes opérations militaires». Er gehört zum Stab Napoleons. 1807 zum Reichsbaron erhoben, wird er 1808 Generalstabschef Neys. Napoleon macht Jomini zum Brigadegeneral und auf dem Russlandfeldzug zum Gouverneur von Wilna und Smolensk. Da Berthier, der ihn als Konkurrenten hasst, die Beförderung zum Divisionsgeneral trotz Jominis grossem Anteil am Sieg von Bautzen hintertreibt, wechselt Jomini beim nächsten Waffenstillstand die Seite und geht in die Dienste Alexanders von Russland. 1814 zieht er mit den Russen in Paris ein. Seine «Histoire des guerres de la Révolution» umfasst 15 Bände. Mit der militärischen Instruktion des Kronprinzen von Russland betraut, zieht er sich nach dem Krimkrieg nach Passy zurück, wo er 1869, am Vorabend des Deutsch-Französischen Krieges, stirbt. Man stelle sich vor, wie in den über 70 Jahren Kriegserfahrung des Generals Jomini das Kriegshandwerk sich verändert hat. Aus dem Handwerk wurde die Maschinerie.

In seinem grossen Buch über die «Fremden Dienste» erwähnt de Vallière einen kleinen Trommler, dessen hier auch gedacht werden soll. Am 24. Juni 1812 überschritt die Grande Armée bei Kaunas in Litauen den Njemen. Dahinter trennte sich das Korps Oudinot vom Gros und marschierte an die Düna bis Dünaburg und dann weiter Düna aufwärts. In der Nacht vom 21. auf den 22. Juli trafen die Schweizer zum ersten Mal auf Russen. Bei einem Schloss namens Leopolda wurden zwei Kompanien von Russen angegriffen. Dabei schlug der Grenadiertambour Pernet, ein Freiburger, die Trommel so gut, marschierte derart unerschrocken durch den Kugelhagel und munterte die Kameraden so stark auf, dass der Feind zurückgeschlagen wurde und sich ans andere Ufer zurückzog. Ich weiss leider nicht, was aus dem kleinen Tambour Pernet geworden ist.

Ist es ein Zufall, dass Christoph Anton Stoffel aus Arbon im alten Historisch-biographischen Lexikon der Schweiz nicht aufgeführt ist und dass er auch sonst kaum Erwähnung findet? Der Mann war nämlich der erste Kommandant der französischen Fremdenlegion.

Gegründet wurde die Fremdenlegion vom Bürgerkönig Louis Philippe, sozusagen als Auffanggesellschaft für die entlassenen Schweizer Regimenter, 1831. Da der König Hunger nach Algerien hatte, konnte er die Schweizer gut brauchen. 1854 schuf Napoleon III. eine neue Legion für den Krimkrieg, 1000 Mann, lauter Schweizer. In die Fremdenlegion wurden bis 1880 nur Schweizer und Elsässer aufgenommen, seither Fremde jeglicher Herkunft. Und ihr erster Kommandant war eben der schamhaft verschwiegene Thurgauer Christoph Anton Stoffel.

Als Letzten nenne ich Caspar Röist aus Zürich. 1518 berief Papst Leo X. den Zürcher Bürgermeister Marx Röist zum Kommandanten der Schweizergarde nach Rom. Der Bürgermeister nahm die Ehre an, schickte aber, solange er im Zürcher Amt war, seinen Sohn Caspar als Stellvertreter nach Rom. Am 1. Januar 1519 begann Zwingli in Zürich zu predigen, und Bürgermeister Röist wurde bald einer seiner Anhänger. Das war noch stärker sein zweitältester Sohn Diethelm, der nach dem Tod des Vaters 1524 Bürgermeister wurde. Als sich Zürich 1525 endgültig von Rom trennte, befahl der Rat Caspar Röist, der inzwischen richtiger Gardekommandant geworden war, und mit ihm allen Zürchern in päpstlichen Diensten, heimzukommen. Das konnten diese in Anbetracht ihres Eides und der gefährdeten Situation des Papstes nicht über sich bringen. Am 6. Mai 1527 greift der Kaiser Karl V. im so genannten Sacco di Roma den Vatikan an. Der Rückzug des Papstes in die Engelsburg wird von den Schweizern gedeckt. Dabei kommen alle, ausser den 24, die den Papst in die Burg hineinbegleiten, um, auch der Kommandant.

Der Enkel dieses katholisch gebliebenen Röist wurde später Gardeoffizier bei Heinrich von Navarra, dem nachmaligen Henri Quatre, als der noch protestantisch und der Protektor der französischen Protestanten war. In der Bartholomäusnacht vom 23. auf den 24. August 1572 wurden in Paris 2000 Protestanten ermordet. Unter ihnen war auch der Gardeoffizier Caspar Röist, der Enkel jenes Caspar, der dem Papst das Leben gerettet hatte.

Schweizergeschichte ist ohne die Geschichte der «Fremden Dienste» nicht zu erzählen. Und wie alle Geschichte ist auch diese Geschichte durchzogen von schrecklichem Dunkel und hellem Licht. Spannend ist sie allemal.

❯ HANS RUDOLF FUHRER UND ROBERT-PETER EYER

«Söldner» – ein europäisches Phänomen

Der Beginn des Söldnerwesens auf dem europäischen Kontinent

Der «Söldner», dessen abendländisch-mittelalterliche Erscheinungsform schon im 10. Jahrhundert in den Quellen fassbar ist, diente einer Obrigkeit durch Kriegsdienst gegen Entlöhnung. Kampfwillige Männer verschiedener sozialer Herkunft wurden von weltlichen und kirchlichen Fürsten oder Organisationen für eine bestimmte Aufgabe oder für eine vorbestimmte Zeitspanne in Dienst genommen. Der Söldner oder Reisläufer war in dieser frühen Zeit kein Vertreter seines Herkunftslandes, sondern trat – infolge seiner Anwerbung über einen Kompanie- oder Regimentsinhaber – in ein privates Anstellungsverhältnis zu seinem Dienstherrn. In diesem Sinn galt die Regel, dass die Söldner- und Landsknechtsheere der Anfangsperiode weder nationale Einheitlichkeit noch klare staatliche Bindung kannten. Der europäische freie Reisläufer gehörte also, im Gegensatz zu den späteren, mehrheitlich staatlichen Kontingenten oder gar zum heutigen Soldaten, der seine «Bürgerpflicht» erfüllt, grundlegend der beruflichen Ordnung an.[1]

Die ersten Söldnertruppen der nachantiken Zeit tauchen in unserem Kulturraum noch vor der Blütezeit des mittelalterlichen Rittertums auf. Bereits im Jahre 959 umgab sich beispielsweise der Doge von Venedig mit einer Leibgarde ausländischer Soldkrieger, um sich gegen den oppositionellen einheimischen Adel zu schützen. Auch in anderen wirtschaftlichen Zentren Europas, wo die Geldwirtschaft sich entfalten konnte, herrschten ähnliche Verhältnisse. Steuereinnahmen oder andere Einkünfte ermöglichten es den Fürsten, mit angeworbenen fremden oder einheimischen Söldnerkontingenten die Oberhand gegenüber dem eigenen, dienstpflichtigen Ritteraufgebot zu gewinnen. Deren militärische Dienstpflicht basierte nach wie vor auf dem vom Fürsten als Lehen abgetretenen Grundbesitz.[2] Söldner und adlige, meist verarmte Soldritter konnten gezielt und zeitlich beschränkt für kriegerische Aktionen angeworben werden. Das bot den Krieg führenden Fürsten in mancher Hinsicht grosse Vorteile. Vom elften Jahrhundert an trat mit der Soldzahlung das Fussvolk immer stärker in Erscheinung. Die Kreuzzüge waren massgeblich an dieser Entwicklung beteiligt, indem das Fussvolk immer mehr an Gewicht gewann, da die schwer gepanzerten Ritter ihre Pferde massenhaft – ihr wertvollstes und effizientestes Kampfmittel – verloren und mit ihrer eingeschränkten Beweglichkeit für den Kampf in schwierigem Gelände nicht geeignet waren.

Somit entstanden aus den ehemals dienenden Begleitern der Ritterherren selbstständige Krieger. Der bezahlte Kriegsdienst wurde besonders von den politisch selbständig werdenden Städten gefördert, denn die städtischen Kriegsherren – nicht nur in den italienischen Stadtstaaten – bevorzugten Soldtruppen, weil diese in direkter und materieller Abhängigkeit zu ihnen standen. Könige und Fürsten aller Grade und Länder standen ihnen in dieser zunehmenden Privilegierung von Söldnern aus den gleichen Gründen kaum nach. Obwohl die Ritterschaft nach wie vor den Kern vieler hochmittelalterlicher Heere bildete, wurde der Wert von leicht bewaffneten, besoldeten Fusskämpfern – zum Teil Bogen- oder Armbrustschützen – zunehmend gesteigert. Durch die Gewohnheit der Soldzahlung stand einem tat- und finanzkräftigen Herrscher in der Folge das Kriegsheer uneingeschränkter zur Verfügung als zuvor im reinen Vasallenstaat. Früher war er in grösserem Masse auf die Zustimmung und Treue des Adels angewiesen. Mit der Erosion dieses Treueverhältnisses löste sich der Dienstadel immer stärker von seiner traditionellen Abhängigkeit gegenüber den Lehnsherren und sah sich nicht mehr unbedingt gezwungen, seinen Pflichten ausnahmslos nachzukommen.

Als Folge nahm das Söldnerhandwerk eine immer bedeutendere Rolle ein und Angehörige des Ritteradels sowie ganze Gruppen aus Regionen mit kriegerischen Lebensformen – erinnert sei neben den Alpenvölkern an Wikinger, Schotten oder Katalanen – stellten die Hauptmasse der stetig zunehmenden Zahl benötigter Söldnerverbände. Diese Entwicklung kann als gesamteuropäische Erscheinung bezeichnet werden. Aber auch das neue System hatte selbstverständlich seine Schwächen. Ein Truppenkontingent von Söldnern liess sich nur so lange beisammen halten, als es gut bezahlt werden konnte und die kriegerische Handlung im weitesten Sinne auch in dessen Interesse lag. Dies war meist nur während der Dauer eines erfolgreich geführten Krieges möglich. In Friedenszeiten oder bei schlechter wirtschaftlicher Lage fehlte meist eine administrative und finanzstarke Institution, um stehende Truppen zu halten, und meist auch die Notwendigkeit dazu. Ob Soldtruppen erfolgreicher und aufopfernder kämpften als ein Lehens- und später ein Volksaufgebot, ist mit wissenschaftlichen Methoden kaum fassbar. Die Wertung gehört meist in das Gebiet der Spekulation oder der Ideologie.[3]

Bewaffnung

Im späten Mittelalter kam es – wie zu allen Zeiten – zu ständigen Neuerungen der Waffentechnik und des Kriegswesens. Die in gewissem Sinne ritualisierte Form des Kampfes, die bisher die Ritter als Berufskrieger unangefochten dominiert hatten, erfuhr eine tief greifende Umstrukturierung. Was sich im 13. Jahrhundert langsam abzeichnete, war ein Niedergang des abendländischen Rittertums. Es zerfiel innerlich, weil die Zeichen der Zeit nicht erkannt und Innovationen im Waffensektor sowie daraus resultierende Änderungen in der Taktik der Kriegführung gänzlich übergangen worden waren. Wer in Europa Macht erlangen oder erhalten wollte, der musste über Soldtruppen verfügen. Bis ins 13. Jahrhundert gehörten die gepanzerten Ritter zur Hauptwaffe jedes Heeres. Obwohl sie gegenüber dem Fussvolk in der Minderheit standen, ging auf dem Schlachtfeld die tonangebende Schlagkraft nach wie vor von ihnen aus.

Müller schreibt in seiner Studie: *«Die grösste Wirkung erzielte der Ritter, wenn er den Vorteil seines Pferdes auf offenem Feld voll ausnützen konnte. Mit eingelegter Lanze brachte er sein Schlachtross auf einer kurzen Anlaufstrecke in Bewegung, versetzte es in Trab und anschliessend in vollen Galopp. Beim Zusammenstoss stützte er sich in die Steigbügel und legte die gesamte Wucht seiner Masse, die des Pferdes und der Rüstung in den Stoss. Mit dieser Kampfkraft konnte eine kleine Anzahl schwer bewaffneter Ritter ein zahlenmässig erheblich stärkeres Heer niederwerfen.»*[4]

Die Fusstruppen mit Schwert und kurzem Spiess konnten sich der Ritter selten mit Erfolg erwehren. Besiegten die eigenen Ritter die feindliche Reiterei, hatten sie in der Regel die Schlacht gewonnen. Somit ist es verständlich, warum reine Fusskontingente meistens eine Konfrontation mit den – als unüberwindbar geltenden – Ritterheeren vermieden. Erst im 14. Jahrhundert kam es zu den ersten Schlachtensiegen von reinen Fusstruppen. Einen ersten Erfolg bildete die berühmt gewordene «Sporenschlacht» am 11. Juli 1302 bei Courtray (B).[5] Sie kann als Zäsur angesehen werden, denn zum ersten Mal besiegte ein zu Fuss fechtendes Aufgebot eine Armee von berittenen Reitern, was den Bann der Unbesiegbarkeit der Ritterschaft beendete.[6]

Die Condottieri – die ersten Militärunternehmer

Ein besonderes Phänomen tauchte im 14. Jahrhundert in Italien in Form der «Condottieri»[7] auf, die meist grosse Macht errangen. Zahlreiche Kommunen gaben ihr Gewaltmonopol aus der Hand und vertrauten es einem Söldnerführer an, einem Condottiere. Dieser war vertraglich verpflichtet, seinem Soldgeber treu zu dienen und dessen machtpolitische Ziele nach besten Kräften zu verwirklichen. Auf der Grundlage eines Soldvertrages – einer so genannten «Condotta» – übertrugen die Fürsten und Städte dem angeheuerten Feldherrn als Generalunternehmer die Aufbringung und den Unterhalt einer bestimmten Anzahl von Reitern und Fussknechten. Einige besonders profilierte Condottieri stiegen bald zu eigener Herrschaft auf, wie beispielsweise in Mailand Francesco Sforza (1401–1466). Mit dem Eingreifen französischer Könige in die italienischen Machtkämpfe ging aber die Blütezeit der Condottieri recht schnell zu Ende.

Die Schaffung der ersten grossen Söldnerheere in Frankreich

In Frankreich war es Ludwig XI. (1461–1483) gelungen, eine rund 50 000 Mann starke Armee – allein aufgrund königlicher Befehlsgewalt – auf die Beine zu stellen und sie monatelang für seine Feldzüge zu unterhalten. Dies erreichte er aber erst durch eine tief greifende finanztechnische Reorganisation des Staates. Neben dem zum Heeresdienst verpflichteten Adel konnten auf diesen Grundlagen immer mehr in- und ausländische Söldner angeworben werden, was das Erreichen machtpolitischer Ziele erleichterte. Die neuen, von einem Hauptmann kommandierten «Ordonnanz-Kompanien» waren straff gegliedert und nach Dienstgraden organisiert. Die Hauptleute wurden vom König ernannt und konnten jederzeit von ihm wieder abgesetzt werden, was die persönliche Abhängigkeit dieser Offiziere erhöhte.

Im Frühjahr 1480 hatte der König von Frankreich 8000–10 000 Schweizer in seinem Heer. Diese dienten ihm aufgrund ihrer militärischen Erfolge als Vorbild für die übrigen Kontingente des Fussvolkes. Berühmt geworden ist sein Ausbildungslager in Pont-de l'Arche in der Normandie, wo er sich sein zukünftiges Machtinstrument schmiedete.[8] Karl VIII. (1483–1498) schaffte es, auch den französischen Adel einigermassen zu befriedigen, indem er ihm die meisten lukrativen und ehrenbringenden Offiziersstellen zuhielt. Bevor Karl im Jahr 1494 den eigentlichen Italienkrieg eröffnete, besass er eine ständig einsatzbereite Streitmacht von rund 13 000 Mann, darunter viele Schweizer. In seine Zeit gehört auch die Schaffung seiner persönlichen Garde, der so genannten «Cent Suisses» (1497).[9] Für das schweizerische Soldwesen kann diese Entwicklung in Frankreich, die bald europäische Verbreitung fand, als Übergang vom vorwiegend privaten zum hauptsächlich staatlich geleiteten Dienst in fremden Armeen bezeichnet werden.[10]

Der Beginn des Söldnerwesens in der Schweiz

Bereits in der europäischen Frühgeschichte hat es im Alpenraum nachweislich Söldner gegeben. So galten die «Gaesati», leicht bewaffnete Fusstruppen aus Rätien, in römischen Diensten als gefürchtete Krieger.[11] Die Wurzeln des eidgenössischen Soldwesens können somit auf die römische Zeit zurückgeführt werden. Mit den Römern etablierte sich nach der Unterwerfung der Helvetier bei Bibracte (58 v. Chr.) die wohl am besten organisierte Militärmacht des Altertums in der Schweiz. Julius Cäsar hat den Helvetiern in seinem Bericht über den Gallischen Krieg als Kämpfer ein hervorragendes Zeugnis ausgestellt. Sie hätten alle übrigen Gallier an Mut weit übertroffen, schreibt er, und keiner habe sich in der Schlacht zur Flucht gewandt. Sie seien im Waffenhandwerk so gut unterrichtet gewesen, weil sie ihre Grenzen täglich gegen die Germanen hätten verteidigen müssen.[12] Die Zeit der Völkerwanderung, des Endes des Weströmischen Reiches, der Alemannen, der Teilung des fränkischen Reiches Karls des Grossen (843) und damit auch der Schweiz – die west-lichen Gebiete und diejenigen südlich der Alpen kamen zum Mittelreich Lothars und die alemannischen Lande mit Teilen Rätiens zum ostfränkischen Reich – müs-sen hier weit gehend unbeachtet bleiben. Sie sind zudem bezüglich unserer Frage-stellung kaum ausreichend erforscht.

Heldengeschichten und Gründungsmythos

Bereits im vierten Jahrhundert – so erzählt die volkstümliche Überlieferung – sol-len Teile der männlichen Bevölkerung aus den Gebieten der heutigen Kantone Schwyz und Unterwalden sowie aus dem Haslital bei der Vertreibung der Goten Ala-richs aus Rom mitgewirkt haben.[13] Johannes von Müller weiss zu berichten, dass Karl der Grosse die Luzerner als Vorhut gegen die Ungarn und Awaren eingesetzt habe. Ein Thurgauer namens Kisher habe die Feinde mit seiner Halbarte bis ins siebte Glied wie Gras gemäht und selbst die hoch angeschwollene Thur habe für ihn und sein Pferd kein Hindernis dargestellt. Im Eckehard lesen wir:

«Die Hirten waren zumal stark, gross, haaricht; ihr Bart hieng auf die Brust; in Geberden, im Gesicht hatten sie freyen, stolzen Sinn; vornehme Herren bückten sich ih-nen und nahmen den Hut vom Kopf. Sie waren zu gleicher Zeit Jäger, auch Bauern, Krieger, zuweilen Herren.»[14]

Im Mittelalter begleiteten Gebirgsleute der Waldstätte die deutschen Kaiser auf ihren zahllosen Zügen nach Italien, und selbst an den Kreuzzügen ins Heilige Land nahmen Eidgenossen teil.[15] Der eigentliche Solddienst, so wie er sich später aus die-sen Wurzeln entwickelt hat, taucht im Alpenraum im 11. Jahrhundert in ersten Spu-ren wieder auf und wird zwischen dem 13. und 14. Jahrhundert zu einer immer häu-figer werdenden Erscheinung.[16] Paul de Vallière fasst die komplizierte Periode in einem Satz zusammen: Die Bewohner der Waldstätte seien lange vor der Gründung der Eidgenossenschaft zu Felde gezogen und hätten an zahlreichen Feldzügen für den deutschen Kaiser, für die Päpste und die Könige teilgenommen.[17] Ohne gezielte, weitergehende Forschung muss der Satz wohl noch weiterhin genügen. Die über-aus problematische Quellenlage wird jedoch wie bisher hohe Schranken setzen.

Eine der ersten schriftlich bezeugten Beschreibungen eidgenössischer Reisläu-fer in unserem Raum führt in die Mitte des 13. Jahrhunderts, als sich Innerschwei-zer in den Dienst des Abtes von St. Gallen und der Freiherren von Vaz in Rätien stellten.[18] Historisch relevanter und für die spätere Geschichte der Schweizer in «Fremden Diensten» bedeutsam sind die Wurzeln der Bundesgründung von 1291. Wiederum berichtet Johannes von Müller aus alten Quellen, die Schwyzer seien 1240 wie zu allen Zeiten *«wider Bann und Waffen in ihrer Freyheit standhaft»* gewe-sen. König Heinrich habe sie in seinen Fehden immer kriegswillig gefunden. Mül-ler schreibt:

> *«In Italien that ihre auserlesene Mannschaft mit solchem Feuer den Krieg des Kaisers wider die Guelfen, dass er nicht allein Struthan von Winkelried, einen Unterwaldner, zum Ritter schlug, sondern jedem Thal eine Urkunde der Freyheit gab, nach der die Schwytzer freywillig den Schirm des Kaisers erwählt haben.»*[19]

Diese für die Freiheitstradition und die Heldengestalt von Sempach wichtige Textstelle kann, zusammen mit der sagenumwobenen Öffnung des Gotthards und dem Urner Freiheitsbrief von 1231 durch Kaiser Friedrich II. in Hagenau, als Fundament der traditionellen Schweizer Gründungsgeschichte betrachtet werden. Zusammenfassend kann zu dieser Anfangszeit gesagt werden, dass der Solddienst bei weitem keine schweizerische Besonderheit war, denn nahezu alle Heere Europas setzten sich neben dem eigenen Lehensaufgebot aus fremden Soldtruppen zusammen. Wir begegnen schweizerischen Söldnern vor allem in den Städten des süddeutschen Sprachraums, in der Lombardei und in Savoyen. Nicht unwesentlich trugen schliesslich die Kriegswirren nach 1400 in Ober- und Mittelitalien sowie im Deutschen Reich zum Aufschwung des eidgenössischen Söldnertums bei. Italien wurde jedoch – nicht zuletzt wegen der Gangbarmachung des Gotthardweges – für die Bevölkerung der Waldstätte zum Kerngebiet reisläuferischer Aktivitäten. Später entwickelte sich Frankreich zur grossen Konkurrenzmacht. Durch spektakuläre Waffenerfolge und enorme Tapferkeit in den Schlachten stieg das Renommee des Schweizer Söldners bald fast ins Unermessliche und wir finden schweizerische Söldner auch in nicht europäischen Regionen.[20]

Der alpine Krieger

«Bergbewohner sind besonders tüchtige Krieger.» Dieser Topos hat sich bis in die jüngste Zeit hinein erhalten. Die einzigartige Wehrhaftigkeit der Eidgenossenschaft gründete wohl vornehmlich im Willen zur gesellschaftlichen, politischen und kulturellen Selbstbehauptung. Im Kampf gegen Naturgewalten und nicht zuletzt aufgrund der Anforderungen des täglichen Lebens wurden Kraft, List, Überlebenswillen und Anpassung an die natürlichen Gegebenheiten geschult. Hervorragende Körperkräfte gehörten zu den Kampfspielen der viehbäuerlichen Bevölkerung: Ringen, Schwingen, Steinstossen, Fingerziehen und gelegentliche Schlägereien zwischen rivalisierenden Gruppen oder aus Spass. Der Ablauf des beruflichen Jahres liess Freiräume offen. Diese agonale, auf den Kampf, das Faustrecht, die Rache, die Selbstbestätigung und das Ehrgefühl ausgerichtete Lebensweise der Bergbevölkerung war der Nährboden für die Erfolge der alpinen Krieger auf den Schlachtfeldern Europas und im eigenen Land.

Unbändiger Siegeswillen, unstillbare Beutegier sowie ungestümes und ungeordnetes Vorwärtsdrängen waren Triebfedern des einzelnen Kriegers und des Heerhaufens. *«Feldsucht und Kriegslust»* nennt Walter Schaufelberger, der für diese

Der Solddienst war bei weitem keine schweizerische Besonderheit, denn nahezu alle Heere Europas setzten sich neben dem eigenen Lehensaufgebot aus fremden Soldtruppen zusammen. Die agonale, auf den Kampf, das Faustrecht, die Rache, die Selbstbestätigung und das Ehrgefühl ausgerichtete Lebensweise der Bergbevölkerung war der Nährboden für die Erfolge der alpinen Krieger auf den Schlachtfeldern Europas und im eigenen Land. Unbändiger Siegeswillen, unstillbare Beutegier sowie ungestümes und ungeordnetes Vorwärtsdrängen waren Triebfedern des einzelnen Kriegers und des Heerhaufens.

Epoche wohl ausgewiesenste Militärhistoriker der Schweiz, diese kriegerische Grundhaltung.[21] Wie auch der Mediävist Roger Sablonier, der Wirtschafts- und Sozialgeschichtler Markus Mattmüller und der Volkskundler Hans Georg Wackernagel, um nur drei weitere der wichtigsten Schweizer Spezialisten zu nennen, eindrücklich gezeigt haben, sind alle Formen des alteidgenössischen Krieges auf elementare, archaische Gründe reduzierbar.[22] Der Übergang vom friedlichen zum kriegerischen Wettkampf war oft fliessend. Der Krieg hatte grundsätzlich eine wichtige gesellschaftliche Bedeutung. Die ausgeprägte Gruppenempfindlichkeit, der Hochmut und die Selbstüberheblichkeit konnten Motivation und Siegesrezept, aber auch Gründe einer bitteren Niederlage wie bei St. Jakob an der Birs 1444 oder bei Bicocca 1522 sein.

Der alpine Krieger in den Urteilen ausländischer Chronisten

«Montales et bestiales homines sine domino», dieses Niccolo Macchiavelli (1469–1527) zugeschriebene «Kompliment» hat Schaufelberger als Titel einer grundlegenden, seine Forschungen «Der Alte Schweizer und sein Krieg» weiterführenden Studie gewählt. Er spürt dabei dem Beitrag der alpinen Schweizer zum Kriegswesen im Spätmittelalter in Berichten ausländischer Chronisten nach. Seine Ergebnisse sollen uns hier Richtschnur und hochgeschätzte Referenz sein.[23] Unter «alpiner Region» versteht Schaufelberger den geografisch geschlossenen Siedlungsraum zwischen rätisch Bünden und den Greyerzeralpen. Den Zusammenhang zwischen Kriegstüchtigkeit und Gebirge weist er anhand verschiedener Quellen nach.

1289 sei Rudolf von Habsburg, so berichtet der oberrheinische Chronist Mathias von Neuenburg, bei der Belagerung von Besançon in Versorgungsschwierigkeiten geraten. Er habe einige der 1500 berggewohnten Schwyzer, die er bei sich hatte, bei Nacht ausgesandt, um sich im feindlichen Lager die Mangelware zu beschaffen. Das Überfallkommando habe einige Feinde niedergemacht, viele Güter erbeutet und grosse Unordnung ins Lager der Gegner gebracht. Dieses frühe Beispiel zeigt die Effizienz und kriegerische Kompetenz der eidgenössischen Krieger noch vor der Bundesgründung. Er wäre unbesiegbar, meinte Rudolf in der Folge anerkennend, wenn er nur solche Kämpfer zur Verfügung hätte. So erstaunt es nicht, dass selbst Guicciardini die Schweizer als *Mittelpunkt und Hoffnung eines jeden Heeres* bezeichnet hat. Der Einsiedler Dekan Albrecht von Bonstetten hat im Umfeld der Burgunderkriege, rund zweihundert Jahre später als Mathias von Neuenburg, dem urbanen eidgenössischen Krieger den ländlichen gegenübergestellt. Die Landleute, sagte er, seien um einiges roher *«grymmen und stark»*, des Kriegsgottes wahre Kinder, *«bruchig, roubig und ouch hochgemute»*. Die bürgerliche Lebensform sei befriedet und gesetzlich geregelt. Sie hindere die Entwicklung der kriegerischen Grundeinstellung.

Thomas Morus dient Schaufelberger als Beispiel für die Zeit des Ausgangs des

Mittelalters. Seinen fiktiven Idealstaat wollte Morus durch ausgesuchte Söldner bewachen lassen. Diese sollten Krieger sein aus dem Land der «Zapoleten», *«einem Volk, das den Schweizern nicht unähnlich ist»*. Die Zapoleten seien ein zäher, kräftiger Menschenschlag, unempfindlich gegen Hitze, Kälte und Strapazen, unvertraut mit den Genüssen des Lebens, ohne besonderen Eifer für den Ackerbau und nur an der Viehzucht interessiert. Sie lebten hauptsächlich von Jagd und Raub. Nur zum Krieg geboren, suchten sie eifrig nach Gelegenheit dazu. Dieses Gewerbe verständen sie bestens, fristeten das Leben, indem sie den Tod suchten. Auch in den Negativurteilen der Humanisten spiegelt sich die Besonderheit der eidgenössischen Krieger. Selbst die Türken und Böhmen zeigten in der Schlacht grössere Menschlichkeit als die Schweizer, behauptet beispielsweise der Elsässer Wimpfeling. Schweizer machten prinzipiell keine Gefangenen und zeigten nie Regungen der Barmherzigkeit. Als *«Abschaum der Menschheit»* und *«verworfene Menschen»* disqualifiziert er sie mit Abscheu. Diese Verachtung gipfelt in der Behauptung von Erasmus von Rotterdam, es gebe unter den deutschen Stämmen einen besonders verabscheuungswürdigen, der seinen besonderen Stolz darein setze, so viele Menschen als möglich umzubringen. Das sei schon schlimm genug, schlimmer jedoch, dass diese Leute es als Söldner täten, wie Metzger, die man für das Schlachten bezahle.

Der Binnensolddienst

Es ist hier nicht der Raum für eine eigentliche Schlachtengeschichte, auch wenn alle eidgenössischen Kriege Elemente des Soldwesens im weitesten Sinne enthalten. Es ist ausserordentlich schwierig, den Binnensolddienst, den unstaatlichen Kriegsdienst auf eigene Kosten, die *«Fryherschter»*, *«Bluotherschter»* und *«Frye Knechte»* sowie das reguläre Aufgebot eines Ortes jeweils voneinander zu unterscheiden. Verbannte, *«Ächter und Einunger»* tauchen schon in der Morgartenschlacht auf.[24] In welchem Vertrags- und Soldverhältnis halfen im Weiteren eidgenössische Kontingente den Bernern bei Laupen 1339 gegen die Freiburger und deren Verbündete?[25] Im Bundesvertrag von 1353 wurde die militärische Hilfe der Innerschweizer ab Unterseen (Brünig) bezahlt. Es ist anzunehmen, dass dieser Handel schon im älteren Bündnis spielte.

Der Sempacherkrieg, der am 28. Dezember 1386 mit dem Überfall auf die Feste Rothenburg begann und rund vier Jahre, jeweils durch befristete oder unbefristete Waffenstillstände unterbrochen, bis in den April 1389 hinein dauerte, war allein mit einem Wehrpflichtaufgebot von den eidgenössischen Orten nicht zu führen.[26] 14 Monate konnten die Söldner auch nicht entlöhnt werden. Der gegenseitige Schädigungs- und Wüstungskrieg, der «tägliche Krieg», eignete sich besonders für Kontingente, die teilweise auf eigene Rechnung handeln konnten, die sich an der Beute schadlos hielten. Fremde Söldner wurden aber auch für die grossen

Schlachten angeheuert. Zürich suchte beispielsweise im Mai 1386 in Strassburg um einen geeigneten Kriegshauptmann nach und erhielt Ritter Peter von Rosenheim mit einer «Lanze», vier Hengsten, zwei Schützen, zwei bis drei Helfern, einem Reitknecht, dessen Verluste ersetzt werden mussten. Es darf davon ausgegangen werden, dass gewisse Kerntruppen in Sempach nicht zum Landesaufgebot gehörten.

Das in der Historiografie lange verbreitete Bild: Bauern greifen gegen die österreichischen Ritter zu den Waffen, besorgen am Vorabend noch die Kühe und schlagen am nächsten Morgen die militärische Elite Europas, ist mindestens zu differenzieren und sicher zu relativieren. Selbst auf österreichischer Seite ist die Vorstellung «Leopold mit seinen lehnspflichtigen Vasallen» zu korrigieren. Auch in seinen Reihen kämpften Söldner aus Mailand, Brabant, aber auch besoldete Lehensträger oder solche, die später für erlittene Verluste entschädigt wurden. Die in den Quellen geschilderten Fluchterscheinungen deuten auf eine problematische Loyalität gewisser Kreise hin.[27] Die Beispiele liessen sich bestimmt vermehren, doch ist diesem Aspekt bisher in der Forschung noch recht wenig Gewicht beigemessen worden.

Die Fehde

Das Verständnis des altschweizerischen Wehrwesens im Allgemeinen und des eidgenössischen Kriegers im Speziellen setzt auch Kenntnisse über die «Fehde» voraus.

«Ordnet man ‹Krieg› nach unserem heutigen Begriff allein dem souveränen obrigkeitlichen Staate zu, wird man dem umfassenderen Prinzip der ‹Feindschaft› oder ‹Fehde› nicht oder höchstens teilweise gerecht», schreibt Schaufelberger.[28]

Die Fehde ist eine Art persönlicher oder gemeinschaftlicher Rache, die Selbsthilfe zur gewalttätigen Wiedergutmachung verletzten Rechtes in Ermangelung eines effizienten oder anerkannten Rechtsweges. Sie erscheint als «Absagefehde», die grundsätzlich einer strittigen Sache wegen erklärt werden kann. Sie zielt auf materielle Schädigung des Kontrahenten, was zugleich auch eine Schädigung dessen Ehre darstellt, weil er sein Gut nicht zu schützen vermag. Die «Blutfehde» ruft nach Tötung oder Verwundung und ist die Antwort auf vergleichbare Taten. Sie ist die Folge einer schweren Ehrverletzung.

Das Verbot dieser staatsgefährdenden Selbstjustiz ist zentrales Element des Bundesbriefes von 1291, aber auch der späteren wichtigsten Kriegsordnungen (Pfaffenbrief 1370, Sempacherbrief 1393 und Stanser Verkommnis 1481). Die Monopolisierung der Gewalt und des Rechtes bei der Obrigkeit ist ein wichtiger Schritt zur Verstaatlichung der Gemeinschaft. Selbstverständlich profitierte der Staat auch von diesem Gewaltpotenzial. Die private Kriegslust konnte für staatliche Interessen instrumentalisiert werden oder sparte unerwünschte Auslagen. Die Gemeinschaft konnte aber auch eine Fehde auslösen, wie der Überfall der Schwyzer mit entrolltem Landesbanner auf das Kloster Einsiedeln am Dreikönigstag 1314 eindrücklich zeigt.

Zusammenfassend kann gesagt werden, dass die Eidgenossen in den Auseinandersetzungen des 14. Jahrhunderts nicht nur um die «Freiheit», um die Existenz und Gestalt ihres Bundes rangen, sondern vielmehr um die Sicherheit ihrer Dörfer und Höfe im Sinne des Landfriedens. Dazu kam ebenso die Erweiterung ihres politischen und wirtschaftlichen Einflusses. In den verschiedenen Grenzstreitigkeiten («Marchenstreit»), Fehden, dynastischen Auseinandersetzungen und wirtschaftlichen Expansionsbestrebungen bewiesen sie immer wieder ihre militärische Schlagkraft. Davon zeugen die Schlachten am Morgarten (1315), ob Sempach (1386) und bei Näfels (1388), die meist als «Freiheitsschlachten» in der Tradition Eingang fanden. Diese Verkürzung auf diesen einen Aspekt, der zweifellos auch zu berücksichtigen ist, hält einer kritischen Beurteilung nicht mehr stand. Auch die Wertung, dass die berühmten Schlachtensiege des Spätmittelalters nicht dank überlegener Führung oder Ausrüstung, sondern vorwiegend dank einem wilden, bis zur Ekstase gesteigerten Draufgängertum errungen worden seien, bedarf der Untersuchung im Einzelfall.[29]

Es ist das grosse Verdienst von Walter Schaufelberger, dass er in seinem Buch «Der Alte Schweizer und sein Krieg» tiefer geschürft und die Quellen kritischer befragt hat. Er schreibt in seiner Einleitung:

«Die kriegerischen Glanztaten der Eidgenossen haben in uns den Wunsch geweckt, jene Männer etwas aus der Nähe zu besehen, denen so Grosses und Bleibendes gelang. Ihre Schlachten sind uns vertraut, und ihre Helden, die Rotach, Kolin, Bubenberg, Waldmann und Wolleb sind uns teuer geworden. Schlacht und Held stellen aber doch nur Ausnahmeerscheinungen dar. Die Schlacht ist der einmalige und nicht einmal obligate Kulminationspunkt einer kriegerischen Entwicklung – der Held ein seltener Exponent einer im ganzen sicher unheldischen Masse. Die Schlacht ist zwar die faszinierendste, aber eben doch nur eine Erscheinungsform des Krieges, deren es noch viele gibt. Und der Held ist wohl die blendendste Gestalt im kriegerischen Geschehen, keineswegs aber die Verkörperung des Kriegertums.»[30]

Schaufelberger machte damit den Blick frei für die Erfassung des täglichen Krieges, des Fehde- und Wüstungskrieges und für die Charakterisierung des eidgenössischen Kriegers, dessen urwüchsige Kraft und einzigartige Tapferkeit diese kriegerischen Erfolge erst ermöglicht haben.[31] Auffällig ist, dass die Habsburger in den Auseinandersetzungen über grosses wirtschaftliches Stehvermögen verfügten und auch schwere militärische Niederlagen wegstecken konnten, sodass die Eidgenossen selbst nach Schlachtensiegen in langwierigen Waffenstillstands- und Friedensverhandlungen bald in die Defensive gedrängt wurden und relativ wenig Profit aus den siegreichen Waffengängen zogen. Ebenso bemerkenswert ist, dass die eidgenössischen Haufen in Belagerungen von Städten oft kläglich versagten, weil einerseits ihre militärische Organisationsform, die wirtschaftlichen Ressourcen und die Ausrüstung nicht genügten sowie andererseits diese Kampfform nicht ihrem Temperament und ihrem taktischen Können entsprach. Der kriegerische Ruf der Eidgenossenschaft und ihre Schlagkraft gewannen trotzdem immer mehr an Boden, ihre Gefechtsweise wurde als effizient und mustergültig beurteilt und an dem eidgenössischen «Gewalthaufen» zerschellten selbst bestformierte Ritterheere.[32]

Die Schweiz – ein Auswanderungsland

Die militärische Auswanderung aus den eidgenössischen Orten, der Zug in fremde Kriegsdienste eines Teiles der jungen männlichen Bevölkerung, wird in der schweizerischen Historiografie vor allem wirtschaftlich begründet. Die Reisläufer hatten zu Hause keine ausreichende Existenzgrundlage finden können. In den europäischen Heeren winkte Sold, Abenteuer, Ehre und Beute. Das Risiko, nicht mehr zurückzukehren, war selbstverständlich vorhanden, aber nicht abschreckend genug. Der Solddienst hatte, so betrachtet, eine wirkungsvolle Pufferfunktion und stellte für den einheimischen Arbeitsmarkt eine wichtige Entlastung dar.[33] Dieser oft etwas einseitigen Betrachtungsweise haben wir in der vorstehenden Betrachtung weitere Gründe entgegengehalten. Der Hang zu einer kriegerischen Lebensform, der «Feldsucht», war Motivator per se.

Es sollen nun in diesem Kapitel einzelne Aspekte des wirtschaftlichen Zwanges zur Auswanderung vertieft werden. Wir stellen eine Hypothese an den Anfang, die wir dann näher untersuchen wollen: Je unergiebiger das Land, je prekärer für den Einzelnen die Erwerbsmöglichkeiten, je kleiner das soziale Auffangnetz, desto grösser die Zahl jener, die auswandern oder sich wenigstens für eine gewisse Zeit in die Dienste europäischer Herrschaftshäuser stellen.

Die wirtschaftliche Notlage der Landbevölkerung

Zeitweise herrschte in der damaligen Eidgenossenschaft Hunger und eine unüberwindliche, drückende Armut. Die Krise wurde jeweils durch das starke Bevölkerungswachstum noch zusätzlich gesteigert.[34] Die eigene Landwirtschaft war in ihren Entfaltungsmöglichkeiten und in ihrer Kapazität durch schwierige klimatische Bedingungen, durch schlechte Böden und kleinräumige Verhältnisse eingeschränkt. Die Bauern konnten die steigenden Bedürfnisse der ständig wachsenden Bevölkerung nie befriedigen. Die Güterproduktion genügte wohl den bäuerlichen Familien einigermassen zur Selbsterhaltung, war aber für die Versorgung grösserer Ortschaften und Städte ungenügend.[35] Obwohl der Anteil der Landbevölkerung bis ins 17. Jahrhundert hinein meist hoch war, musste ein beträchtlicher Teil der Nahrungsmittel, beispielsweise rund ein Drittel des Getreides, eingeführt werden. Das führte zu einer ausgeprägten wirtschaftlichen Auslandabhängigkeit und europäischen Vernetztheit. Besonders prekär wurde die Versorgungslage in den eidgenös-

Abschied eines Schweizer Söldners. Was die einfachen eidgenössischen Bauern-
und Bürgersöhne empfunden haben, als sie plötzlich in Paris oder in Neapel am Hofe
europäischer Fürsten standen, ist nur in Ansätzen erfassbar. Angesichts der
Verschiedenheit zwischen der Bauernstube und den europäischen Fürstenhöfen
dürfte das bei vielen zu einem «Kulturschock» geführt haben.

39

sischen Orten bei Unwettern, späten Kälteeinbrüchen, Überschwemmungen oder Dürre.

Die Urkantone blieben wegen ihrer geografischen Lage immer am meisten gefährdet.[36] Auch die übrigen Regionen waren in der Regel nur knapp selbstversorgend.[37] Diese existenzielle Krisenlage traf auf dem Land jeden Einzelnen. Der Kinderreichtum verschärfte die Lage in den Familien in bedrohlicher Weise. Wer nicht einen Hof erbte, in einen Betrieb einheiraten oder einen solchen kaufen konnte, dem blieb nur das Dasein als Knecht oder Tagelöhner.[38] Wie viele Menschen unter dem Druck von Missernten, sinkenden Löhnen, Schulden und Verlust des Verdienstes zu Bettlern geworden sind, lässt sich nur vermuten. Auch das Los der weiblichen Bevölkerung in dieser Zeit ist kaum wissenschaftlich untersucht. Die saisonale oder bleibende Auswanderung muss in erster Linie als Resultat dieser wirtschaftlichen Zwangslage gesehen werden.[39]

Relative Autonomie der Städte

Die «Landflucht» als kleinräumigste aller Auswanderungsmöglichkeiten hatte meist an den Stadtmauern ihre Grenzen. In der traditionellen städtischen Wirtschaftspolitik, wo Formen einer Frühindustrialisierung erst allmählich einsetzten, gab es Probleme mit dem offenen Arbeitsmarkt. Ein Grossteil der Handwerks- und Gewerbeausübung blieb einem kleinen Kreis von Stadtbürgern und Zünften vorbehalten. Der Bedarf an ungelernten Arbeitskräften war relativ gering und eine Einbürgerung der Zuwanderer liess das Gesetz kaum zu.[40] Die vorwiegend um ihre eigenen Privilegien besorgte Obrigkeit war nicht in der Lage und meist auch nicht willens, die Mittel eines effizienten sozialen Auffangnetzes bereitzustellen, geschweige denn die Ursachen präventiv zu bekämpfen. Die Bemühungen der Kirche vermochten nur partiell die Not zu lindern. Trotzdem muss gesagt werden, dass Gewerbe und Handel die Städte in Notzeiten widerstandsfähiger machten als die Landschaft. Die Tagsatzung beschloss zwar in schwierigen Zeiten ein Kornausfuhrverbot und erleichterte die Einfuhr, doch die einzelörtischen Bemühungen hatten oft wenig Erfolg. Bern, für schweizerische Verhältnisse als strategisch denkende Stadt bekannt, hat beispielsweise 1490 für ein Jahr Kornvorräte angelegt und unternahm zu dieser Zeit auch grosse Anstrengungen, eigenes Salz zu produzieren. Dieses wurde schliesslich bei Aigle und Bex gefunden und ausgebeutet.[41]

Wir müssen grundsätzlich zwei Perioden der frühen Städteentwicklung unterscheiden: Bis etwa Mitte des 14. Jahrhunderts hatten die schweizerischen Städte noch kaum grosse eigene Territorien. Dadurch waren auch keine grossräumigen Kriege möglich und das Landesaufgebot reichte meistens aus. Die städtischen Wehrpflichtigen bewaffneten sich selbst, in «Harnischschauen» wurde die Ausrüstung kontrolliert, und die Aufnahme ins Bürgerrecht wurde von der Fähigkeit, sich zu rüsten, abhängig gemacht. Ob auch die eigenen Wehrpflichtigen im Aufgebotsfall besoldet wurden, ist weitgehend offen, wenigstens nicht zweifelsfrei als Grundsatz nachzuweisen. Nur Spezialisten: Schützenmeister, Armbrustmeister und Harnischmeister sowie fremde Söldner mussten auf Zeit eingekauft werden. Wie wir am Fall Berns gezeigt haben, wurde mit Sicherheit die fremde Hilfe der Innerschweizer bei Laupen bezahlt und im Bündnisvertrag von 1353 klar geregelt. Mitte des 14. Jahrhunderts begannen die grossen Expansionen. Diese ausgreifende Entwicklung manifestierte sich ein erstes Mal im Konflikt Berns mit seinen Nachbarn (Freiburg, Kyburg, Burgdorf etc.), im luzernischen Konflikt mit Habsburg u. a. um Sempach und im zürcherischen mit der Unterwerfung der umliegenden Landschaft. Diese Expansionstendenz bildet eine wichtige Periode der Geschichte der einzelnen Orte, auch der jungen Eidgenossenschaft bei der Schaffung von Gemeinen Herrschaften (z. B. Eroberung des Aargaus und der ennetbirgischen Talschaften).

Im Gegensatz zum einfachen Soldaten lag die Motivation für die führenden Geschlechter in Stadt und Land nicht im Hunger oder in der Armut, sondern in der Absicht, Ruhm, Vermögen, Prestige und Titel zu erlangen, die ihnen bei der Rückkehr in die Heimat in politischer wie auch in wirtschaftlicher Hinsicht dienlich sein sollten. Als Kompanieeigentümer oder Regimentsinhaber konnte man sich ein ansehnliches Vermögen anlegen und damit die soziale Pyramide erklimmen sowie in den Genuss zahlreicher Privilegien und Standesvorteile gelangen.[42] Die Offizierslaufbahn wurde diesbezüglich ein ausschliessliches Privileg der ländlichen oder städtischen Oberschicht, was den Nepotismus stark förderte. Verschiedene Familien schufen sich mit den «Fremden Diensten» ein weit gespanntes Beziehungsnetz.[43] Der Offiziersdienst in europäischen Heeren und an den fürstlichen Höfen gab weltmännischen Schliff, kulturellen Zeitgeschmack und die Kenntnis von Sprachen und Fertigkeiten aller Art. Auf den Aspekt des Kulturtransfers werden wir in einem speziellen Beitrag noch eingehen.

Für die Schweiz, ein ressourcenarmes Land, bedeutete der territoriale Zuwachs nicht nur militärischen Erfolg, sondern vielmehr die Verbreiterung der wirtschaftlichen Basis. Die Einfuhr lebensnotwendiger Güter und der Verkauf eigener Produkte im Ausland konnten jedoch nicht ausreichend gesichert werden. Man war auf die Auszahlung von Entschädigungsgeldern aller Art – zum Beispiel Pensionengelder – oder die Gewährung von Handels-, Zoll- und Marktprivilegien angewiesen.[44] Diese waren vor allem auf den grossen Umschlagplätzen in der Lombardei und auf der grossen Messe in Lyon zu holen.»[45] Vor allem die dauernden Kriegswirren in Ober- und Mittelitalien im 15. Jahrhundert haben massgeblich zum Aufschwung des eidgenössischen Solddienstes beigetragen.[46] Die zahlreichen und spektakulären Waffenerfolge sowie die todesverachtende Tapferkeit gegenüber dem Gegner liessen die Nachfrage nach eidgenössischen Männern immer höher steigen.[47]

Der Einfluss der «Fremden Dienste» auf die demografische Entwicklung der Schweiz

Bis heute ist sich die historische Forschung noch nicht einig, welchen Effekt die «Fremden Dienste» tatsächlich auf die demografische Entwicklung der Schweiz ausgeübt haben. Folglich sind zahlenmässige Darstellungen stets mit Vorsicht zu geniessen, da sie entweder heutigen wissenschaftlichen Überprüfungen nicht standhalten oder aber von Autor zu Autor – ohne kritisches Hinterfragen – übernommen wurden. Bickel[48] und Mattmüller[49] haben in ihren Arbeiten folgende demografische Werte berechnet:

Jahr	Bevölkerung[50]	Jährliches Wachstum	Militärische Auswanderung
1500	582–605 000 (800 000)	3,9–4,8 ‰	(50–100 000)
1600	895–940 000 (1 000 000)	2,4–2,9 ‰	(250–300 000)
1700	1 200 000 (1 200 000)	3,4 ‰	(250–300 000)
1800	1 666 000 (1 680 000)	7,1 ‰	(300–350 000)
1850	2 393 000 (2 393 000)	6,5 ‰	(50 000)

Inwiefern haben die «Fremden Dienste» tatsächlich auf den dominierenden Faktor der Auswanderungspolitik im Ancien Régime gewirkt?

Theorien, Theorien …

Richard Feller sah im fremden Kriegsdienst eine Folge der bedrohlichen Überbevölkerung und vertritt die traditionelle Auffassung:
«Das Land war übervölkert und ernährte seine Leute nicht [...] Einzig der Kriegsdienst unter fremder Fahne, das Reislaufen, eröffnete der anschwellenden Masse einen Ausweg. [...] Es war wirklich nicht nur der Hang nach Kampf und Abenteuer, der die Schweizer in die Fremde trieb; nein, entschieden wurden die Waffenaufbrüche durch die Enge der Grenzen, die Kargheit des Bodens, den Mangel an Verdienst, verbunden mit einer unverhältnismässigen Zunahme der Bevölkerung, die zu Hause nicht genug zu leben fand. Dies alles erzeugte einen Überschuss an Menschen und verlangte nach einer regelmässigen Entlastung des Landes.»[51]
Fellers Meinung wurde schon früher geäussert. Kurz nach der Wende zum 18. Jahrhundert schrieb der britische Gesandte in der Eidgenossenschaft, Abraham Stanyan:
«So that if they did not continually drain their Country, by keeping Troops in Foreign Service, they would soon be so much overstock'd, in proportion to the Extent and

Im 15. Jahrhundert war die physische und psychische Überlegenheit der Schweizer
Krieger derart gross, dass zahlreiche Landsleute Pflug oder Werkstatt verliessen,
um jenseits der Berge Ruhm und Beute zu gewinnen. Die Auszüge und Anwerbungen
vervielfachten sich und die Beliebtheit des Kriegshandwerks – vor allem seit den
Mailänder Feldzügen im 16. Jahrhundert – veranlasste eine immer grösser werdende
Zahl, die Heimat in Richtung Schlachtfeld zu verlassen.

Fertility of it, that in all Probability, they would break in upon their Neighbours in Swarms, or go further to seek out new Seats, as their Ancestors attempted to do in the time of Julius Caesar.»[52]

Andere Historiker des 18. Jahrhunderts wiederum behaupteten, dass in der Schweiz weite Gebiete ungenügend bestellt gewesen seien, die bei richtiger Bebauung eine grosse Zahl von zusätzlichen Bewohnern hätten ernähren können.[53] Vor dem Ersten Weltkrieg beurteilte De Vallière in seiner umfassenden Studie den Auszug schweizerischer Söldner für die ländlichen Orte als wirtschaftlichen Nachteil, da durch die Entvölkerung der Landwirtschaft zu wenig Arbeitskräfte zur Verfügung gestanden hätten.[54] Anders als die älteren Historiker sieht es Leo Schelbert, der davon ausgeht, dass aufgrund von Siedlungs- und Solddienstauswanderungen vor allem in ländlichen Bezirken ein starkes Bevölkerungswachstum erst ermöglicht wurde. Er ist der Ansicht, dass durch die grosse Zahl von Abtrünnigen Vermählungen im jungen Alter zugenommen haben, was wiederum die Geburtenziffer hat in die Höhe schnellen lassen. Die Bevölkerungsgrösse sei grundsätzlich – von kurzfristigen, meist durch wirtschaftliche Umschichtungen bewirkte Krisen abgesehen – ein Korrelat der objektiv gegebenen und tatsächlich anerkannten und genutzten Erwerbsmöglichkeiten.[55]

Hans Conrad Peyer ist in diesem Punkt zurückhaltender und stellt nach sorgfältigsten Recherchen fest, dass die Quellen des 15. und 16. Jahrhunderts keinen deutlichen Beleg dafür hergäben, dass der Solddienst der Landwirtschaft und dem Gewerbe in grossem Masse Arbeitskräfte entzogen habe.[56] Somit liegen bezüglich der demografischen Folgen der «Fremden Dienste» völlig verschiedene Interpretationsmodelle vor, deren Gegensatz das Thema interessant und weitere Untersuchungen notwendig macht. Die heutige Forschung geht davon aus, dass die Solddienstauswanderung vor 1670 eher einen geringen Einfluss auf die eidgenössische Demografie ausgeübt hat. Auf der einen Seite habe es vom 15. bis zur Mitte des 16. Jahrhunderts nur kurzfristige Auszüge von verschieden grossen Fähnlein gegeben, die bis zur Mitte des 17. Jahrhunderts zwar eine standardisierte Grösse angenommen hätten, aber jeweils nur für eine kurze Zeit Dienst leisteten und deshalb ausser Landes waren.[57]

Weitere Faktoren

Die Auswanderungsbewegung war verschiedensten anderen äusseren Faktoren wie Pestwellen oder den Wirren des Dreissigjährigen Kriegs stark ausgesetzt. Von einer ernsthaften Auswirkung der Solddienstauswanderung kann vermutlich erst in der Phase der stehenden Heere die Rede sein. Die Folgen der «Fremden Dienste» waren besonders spürbar, als mehr oder weniger gleich grosse, permanent im Dienst stehende Truppenkörper gebildet wurden. Aber auch hier liefern die verschiedens-

Bevölkerungsverlust in den verschiedenen Jahrhunderten:

	15. Jh.	16. Jh.	17. Jh.	18. Jh.
Peyer:				
ausgewandert	50–100 000	400 000	350–500 000	350–500 000
Bevölk.verlust	30–60 000	130 000	200–340 000	200–340 000
Bickel:				
ausgewandert				
Bevölk.verlust		50–100 000	250–300 000	250–300 000
Wyler:				
ausgewandert		500 000	400 000	
Bevölk.verlust				
Mattmüller:				
ausgewandert				
Bevölk.verlust			100 000	

Total des Bevölkerungsverlustes vom 15. bis zum 18. Jahrhundert:

Bickel:
ausgewandert   1,3–1,5 Mio.
Bevölk.verlust   850–1 050 000

Wyler:
ausgewandert   1,4 Mio.
Bevölk.verlust

De Vallière:
ausgewandert   2 Mio.
Bevölk.verlust

Waser:
ausgewandert   1,1 Mio.
Bevölk.verlust   700 000

ten Forschungsbeiträge kontroverse Resultate: Albrecht von Bonstetten[58] bezifferte im 15. Jahrhundert die eidgenössische Wehrkraft auf 25 Prozent der Gesamtbevölkerung, was von Waser im 18. Jahrhundert bestätigt wurde. Aus heutiger Sicht – auch wenn in dieser Frage erst einzelne Studien angestellt worden sind – wird behauptet, dass nie mehr als zehn bis 15 Prozent der männlichen Bevölkerung der jeweilig involvierten Kantone – selbst bei grösseren Schlachten – auszogen. In der Regel lagen diese Aufgebote um die drei bis vier Prozent der gesamten Population.[59] Gemäss Peyer, der sich bei seiner Untersuchung auf die Berechnungen von Bickel stützte, dürften im 15. Jahrhundert nicht mehr als 20 000 bis 30 000 und im 16. Jahrhundert nie mehr als 40 000 Mann gleichzeitig in «Fremden Diensten» gewesen sein. Aufgrund der Tatsache, dass der Solddienst im letzten Drittel des 15. Jahrhunderts grössere Ausmasse annahm, kann vermutet werden, dass zu dieser Zeit zwischen 50 000 und 100 000 Männer auszogen und 30 000 bis 60 000 der Söldner nicht mehr heimkehrten. Nach Peyers Schätzungen fanden im 16. Jahrhundert von 400 000 Solddienstwilligen nur noch rund 270 000 in die Heimat zurück.[60] Ab der zweiten Hälfte des 17. Jahrhunderts geht er von einer Auswanderungszahl zwischen 350 000 und 500 000 aus. Dieser Höchstwert brachte einen Bevölkerungsverlust zwischen 200 000 und 340 000 Menschen mit sich. Peyer begründet diesen Umstand mit der Tatsache, dass ab Mitte des 17. Jahrhunderts wie im 18. Jahrhundert die stehenden Heere einen gewissen Normbestand annahmen.

Für das 18. Jahrhundert zeigen Peyers Untersuchungen, dass in der ersten Jahrhunderthälfte jeweils etwa drei Prozent, in der zweiten noch ein bis zwei Prozent der Gesamtbevölkerung in ausländischen Kriegsdiensten standen; d. h. anfänglich 40 000 bis 50 000 und später zwischen 26 000 und 34 000 Mann. Gemäss diesen Berechnungen dürften im 18. Jahrhundert, wie ab der zweiten Hälfte des 17. Jahrhunderts, 350 000 bis 500 000 Personen ausgezogen sein und der Bevölkerungsverlust bei etwa 200 000 bis maximal 340 000 Mann gelegen haben. Diese hohen Zahlen können mit der Bildung der «stehenden Heere» und der Beibehaltung der Truppen auch in Friedenszeiten begründet werden.[61]

Bickel war der Ansicht, dass die Schweiz durch das Kriegshandwerk im 16. Jahrhundert zwischen 50 000 und 100 000 und im 17. sowie 18. Jahrhundert zwischen 250 000 und 300 000 Mann verlor. Insgesamt hätte die damalige Eidgenossenschaft durch den Solddienst einen Bevölkerungsverlust zwischen 850 000 und 1 050 000 erlitten und bei der Annahme von einer Rückkehr von rund 33 Prozent 1,3 bis 1,5 Millionen Truppen geliefert.[62] Für das 18. Jahrhundert berechnete er, dass während der ersten Hälfte stets etwa 50 000 Mann, in der zweiten Hälfte noch 30 000 Personen in «Fremden Diensten» standen. Diese vorsichtigen Schätzungen liegen im Vergleich zu Wyler, der für das 16. Jahrhundert 500 000 und für das 17. Jahrhundert 400 000 Solddienstauswanderer berechnet hat, wesentlich tiefer.[63] Insgesamt kam er auf ein Total von 1,4 Millionen, die in der Zeitspanne von 1500 bis 1800 den Solddienst suchten.

De Vallière ist gar der Auffassung, dass rund zwei Millionen Schweizer im Dienste fremder Potentaten standen.[64] Auch Waser[65] kam auf eine bedeutend höhere Zahl, indem er die Kontingente – ähnlich wie schon zuvor May de Romainmôtier[66] – in den verschiedenen Kapitulationen addierte. Für den Zeitraum von 1497 bis 1780 errechnete er einen Sollbestand der eidgenössischen Soldtruppen von 1,1 Millionen, von denen rund 700 000 das Glück hatten, in die Heimat zurückzukehren, die meisten aus französischen Diensten. Methodisch gesehen liegt die Problematik dieser Zahlen und der Vorgehensweise darin, dass Waser für die Zeit zwischen 1600 und 1699 eigentlich ein Total von rund 1 850 000 Mann hätte erhalten sollen. Die Bestandeszahlen der jeweiligen Kapitulationen entsprechen selten der Realität und sind stets kritisch zu werten, denn sie zeigen nur den staatlich gelenkten Teil der Solddienstverhältnisse an. Zahlreiche «Freikompanien», die keinem Regiment unterstellt waren, figurieren in keinem Vertrag. Des Weiteren stellten die Sollbestände der einzelnen Kapitulationen einen Wert dar, der im 18. Jahrhundert des Öfteren nicht erreicht wurde. Die Bestandeslücken wurden zumeist mit Ausländern gefüllt, die nota bene – je nach Dienstland – bis zu einem Drittel der Truppenstärke ausmachen durften.[67]

Mattmüller hat sich mit der demografischen Entwicklung intensiv und kritisch auseinander gesetzt, indem er die Methoden seiner Vorgänger vor allem quellenkritisch analysierte. In seiner diesbezüglichen Publikation hat er eine Korrelation zwischen den ausländischen Truppenbeständen und den effektiven eidgenössischen Bevölkerungsverlusten erstellt. Aufgrund der Quellenlage konnte diese Methode aber nur für die Phase ab 1670 angewendet werden, als sowohl die kapitulierten Orte durch die Truppeninhaber wie auch die Auftraggeberstaaten Personenregister geführt haben.[68] Die bekannten und oftmals zitierten Werte Bickels von 250 000 bis 300 000 Solddienstauswanderern für das 17. Jahrhundert hält Mattmüller für überrissen. Zieht man diesen Berechnungen einen Wert von 150 000–200 000 ab, so ergibt das immer noch eine Solddienstabwanderung von rund 100 000 pro Jahrhundert oder jährlich 1000 Männer auf ein Reservoir von 142 000 Personen (Verhältnis 1 : 142).[69] Gestützt durch Forschungsergebnisse von Allemann, Bührer und Pfister, erscheinen diese Annahmen realistisch. Es muss aber festgehalten werden, dass diese Zahlen nur für die drei letzten Jahrzehnte des 17. Jahrhunderts zutreffen.

Wertung

Aufgrund dessen kann heute gesagt werden, dass die Schätzungen der älteren Historiografie tendenziell überhöht sind und dass sie die demografische Bedeutung des Solddienstes klar überbewertet haben. Somit können aus den zu Beginn erwähnten

Zitaten von Schelbert und Feller folgende Rückschlüsse gezogen werden: Die Aussagen von Schelbert, dass ein vergrössertes Ernährungsangebot ein stärkeres Wachstum im Herkunftsland der Söldner mit sich ziehe, werden heute als falsifiziert beurteilt. Würde diese Hypothese zutreffen, dann müssten Gebiete mit einer starken Solddienstauswanderung eine höhere Geburtenziffer aufweisen. Mattmüller aber zeigt auf, dass die fremden Kriegsdienste und die Reproduktionsverhältnisse nicht wesentlich aufeinander eingewirkt haben, somit eine geringe Korrelation aufweisen. Er ist überzeugt, dass im Sinne der älteren Historiografie eher wirtschaftliche Faktoren den Drang zum Dienst in der Fremde verursachten.

Auch die Fellersche These einer schicksalsergebenen, dauernd unter der drückenden Überbevölkerung leidenden Eidgenossenschaft hält heutigen wissenschaftlichen Erkenntnissen nicht stand. Die Tatsache, dass vor der Notlage um 1690 keine einzige eigentliche Hungerkrise nachgewiesen werden kann – auch in den Gebieten ohne die Pestzüge von 1665 –, zeigt auf, dass man in der Regel erträglich lebte und nicht ständig durch endemischen Hunger bedroht war. Die Hauptrekrutierungsgebiete für Söldner kamen erst gegen Ende des 17. Jahrhunderts an einen Punkt, der zu schwerer Hungermortalität und somit wohl auch zu einer starken Solddienstauswanderung führte. Somit können aus demografischer Sicht aus den Recherchen Mattmüllers folgende Schlüsse gezogen werden:

- Die Solddienstwerbung hat das demografische System in normalen Zeiten nicht signifikant beeinflusst.
- Dennoch konnten die Folgen dieser Abwanderung regional, gerade für kleinere Räume bedeutend sein.
- In Krisenzeiten reduzierten die «Fremden Dienste» die Not leidende Bevölkerung, indem sie ein gewisses Abwanderungsventil schufen und somit das Gleichgewicht zwischen Nahrungsmenge und Bevölkerung wiederherstellten.
- Sie haben die Krisenmortalität herabgesetzt, aber die Natalität in normalen Zeiten nicht erhöht.

Die abschliessende Folgerung Mattmüllers spiegelt den heutigen Wissensstand: *«Von einer langfristigen Notwendigkeit des Solddienstes sollte man also besser nicht sprechen.»* Damit bestätigt er weitgehend die Ergebnisse Schaufelbergers, der die Hauptmotivation zum Reislaufen im agonalen, archaischen Lebensstil und in der «Feldsucht» im weitesten Sinne sieht.

Grundzüge und Entwicklung des Söldnerwesens in der Eidgenossenschaft vom 14. bis zum 16. Jahrhundert

Die freien Krieger

Das unstrukturierte Reislaufen im Spätmittelalter spielte sich in den Formen des in Europa allgemein üblichen, freien Söldnertums ab. Abenteuer- und kampflustige Schweizer zogen ohne obrigkeitlich-herrschaftliche Kontrolle, ohne Bewilligung oder Aufforderung ins Ausland, um im Solde des meistbietenden Potentaten zu kämpfen. Der Dienstvertrag wurde in der Regel auf die Dauer eines Feldzuges abgeschlossen.[1] Ebenso häufig war – wie wir bereits gehört haben – die Anwerbung durch einen Condottiere, einen Söldnerführer, der seine Truppen aus eigenen Mitteln unterhielt und jene gegen Miete einem Kriegsherrn zur Verfügung stellte. Vielfach beschränkte sich der Feldzug auf eine einzige Schlacht, was den Interessen der Alten Schweizer entsprach, da man das Dorf, die Familie, den Hof oder das Land nur für eine kurze Zeitspanne verlassen musste, um nach vollzogener Tat wieder heimzuziehen.[2]

Soldatische Disziplin im modernen Sinne kannten die freien Krieger nicht; bindende taktische Regelungen im Gelände waren kaum vorhanden, sodass der Kampf vor allem durch eine grosse Handlungsfreiheit charakterisiert war. Der Söldner handelte in weitgehender Selbstbestimmung und Selbstverantwortung, der jeweiligen Situation angepasst. Diese männliche Selbstentfaltung sowie die nach der Schlacht stattfindenden Plünderungszüge machten zu einem grossen Teil den Reiz und die Motivation des Reislaufens aus.[3] Als ab dem 14. Jahrhundert das Söldnerhandwerk boomte, entstanden bunt zusammengewürfelte Truppen, die in der Hoffnung auf Reichtum ins Feld zogen. Dabei entstand immer wieder ein Interessenkonflikt mit der Führungsschicht in den heimatlichen Tälern. Um der Schädlichkeit dieser «Zügellosigkeit» vorzubeugen und aus Angst, bei eigenen Kriegen nicht mehr über genügend Männer zu verfügen, versuchten die Regierungen der verschiedenen Orte, das freie und individuelle «Reislaufen» durch Verordnungen und Verbote immer wieder einzudämmen.[4] Die Regellosigkeit des Reislaufens hatte ihren Höhepunkt, aber auch ihr baldiges Ende, zwischen 1460 und 1480 im Umfeld der Burgunderkriege.

Wir können zu dieser Zeit drei Verfahren unterscheiden, nach denen eidgenössische Männer in den Dienst fremder Potentaten geworben wurden:

- Soldverträge, die von den eidgenössischen Orten in eigener Zuständigkeit und Vertragshoheit abgeschlossen wurden und deren Zuzüge in der Schweiz aufgestellt wurden.
- Anwerbung und Auszug einzelner Söldner oder ganzer Reisläuferhaufen, die ohne Erlaubnis und Kenntnis der Obrigkeit in den Solddienst zogen.
- Anwerbungen für kriegerische Unternehmungen, die von der jeweiligen Obrigkeit nur geduldet, aber nicht veranlasst waren.

Ausser dem Nürnberger Zug von 1450, der Hilfeleistung von Hans Waldmann an den Pfalzgrafen im Jahre 1462 und den Zuzügen zur «Liga für das gemeinsame Wohl» 1465 in Frankreich waren die früheren Solddienstleistungen in der Regel illegal, das heisst ohne explizite Zustimmung der Obrigkeit ausgeführt worden.[5] Nun begannen sich zunehmend die staatlich gelenkten Kriegseinsätze durchzusetzen.

Steigende staatliche Alleinansprüche

Schon die Bundesbriefe von 1291 und 1315 versuchten, die Fehde dem Gesetz und dem Schiedsgericht zu unterstellen. Noch einmal, im «Pfaffenbrief» 1370, wurden alle Kriegszüge, die *wider Wissens und Willens der Behörden* unternommen wurden, untersagt. Der «Sempacherbrief» des Jahres 1393 – das erste eigentliche Kriegsgesetz der Schweiz – sowie die ersten «Stanser Verkommnisse» von 1397 und 1401 versuchten ein weiteres Mal vergeblich, das freie Reislaufen – das unbewilligte *In-einen-Krieg-Reisen/Laufen* – einzudämmen.[6] Die selbstbewussten, beutegierigen, kriegs- und abenteuerlustigen Berufskrieger kümmerten sich wenig um diese obrigkeitlichen Erlasse und Verbote, sodass der Auszug in die Ferne nicht aufzuhalten war.[7]

Feller fasst dieses Phänomen im Sinne der neuen historischen Schule Schaufelbergers so zusammen: *«Sie kamen nicht nur um des Geldes willen, sondern sie brachten auch den echten Geist, den das Handwerk verlangt, die Voraussetzungslosigkeit mit, der das Dreinschlagen die Hauptsache, Ursache und Wirkung des Streites aber Nebensache ist. Für solche Leute hatte die Sache noch einen Reiz mehr, weil die Kämpfe, die wir heute geschichtlich verzeichnen, von der blossen Rauferei häufig nicht weit entfernt waren.»*[8]

Als mit den glorreichen Siegen des 15. Jahrhunderts über die mächtigsten Fürsten Europas die eigene Unabhängigkeit gesichert schien, verfolgte die Eidgenossenschaft im Bewusstsein ihrer militärischen Kraft neue, machtpolitisch expansive Ziele, die sich in den Mailänderkriegen manifestieren.[9]

Gesteigerte Nachfrage

Im 15. Jahrhundert war die physische und psychische Überlegenheit der Schweizer Krieger derart gross, dass zahlreiche Landsleute Pflug oder Werkstatt verliessen, um jenseits der Berge Ruhm und Beute zu gewinnen.[10] Die Auszüge und Anwerbungen vervielfachten sich, obwohl die eidgenössischen Orte selbst ihre Männer für eigene Eroberungsziele immer wieder benötigten. Die Beliebtheit des Kriegshandwerks – vor allem seit den Mailänder Feldzügen im ersten Viertel des 16. Jahrhunderts – veranlasste eine immer grösser werdende Zahl, die Heimat in Richtung Schlachtfeld zu verlassen.[11] Das Lied «S'wott aber en luschtige Summer ghä» erinnert rührselig an diese Feldsucht. Trotz der Zäsur von Marignano 1515, als die Ära der eidgenössischen «Offensivschlachten» ein jähes Ende nahm, strebten immer mehr Eidgenossen danach, Kriegsdienst unter der Ägide eines fremden Herrschers zu leisten.

Die ausländischen Auftraggeber schickten vermehrt Werbeagenten in die Eidgenossenschaft, um den Dienstlustigen den Eintritt in die verschiedenen Heere zu erleichtern. Diese Werber waren von ihrem Auftraggeber mit der Kompetenz ausgestattet worden, Dienstverträge verbindlich abzuschliessen. Mit allen erdenklichen Mitteln gingen sie daran, geeignete Männer anzusprechen, die Interessenten für ihren Herrn zu gewinnen und den Geworbenen dem Einsatzort zuzuführen.[12] Die von der Obrigkeit immer wieder veranlassten Verbote und selbst strengste Bestrafungen, die als Exempel an Heimkehrern statuiert wurden, blieben meist wirkungslos.[13] Ganz im Gegenteil, sie wirkten provokativ und schürten die Unzufriedenheit in der breiten Bevölkerung. Die Restriktionen im freien Soldwesen wurden von den Benachteiligten als Beeinträchtigung des Wettbewerbes betrachtet, was ihren Zorn steigerte und nach Gegenstrategien rief. Die Oberschicht wurde der Korruption bezichtigt; sie sei wegen des Empfangs von Pensionen bestechlich und käuflich. Somit mussten andere Wege gefunden werden. Es galt, mit vereinten Kräften der jeweiligen Landesregierung, dem zur Anarchie neigenden freien Söldnertum Einhalt zu gebieten und das Soldwesen als politisches Instrument in die Hände der Obrigkeit zu legen. Die egoistischen Einzelinteressen der Krieger sollten in gemeinschaftliche des Ortes umgewandelt werden.[14]

Wie schon die Nichteinhaltung der Briefe des 14. Jahrhunderts gezeigt hat, galt es aufs Neue, starke Widerstände der vorwiegend jungen alteidgenössischen Krieger gegen Vorschriften zu brechen.[15] Die Tagsatzung begann – aufgrund politischer, militärischer wie auch wirtschaftlicher und gesellschaftlicher Überlegungen – zunehmend auf Hilfsgesuche verbündeter Mächte eigenverantwortlich zu reagieren, indem der Eintritt in fremde Kriegsdienste in Form von geordneten Zuzügen ganzer in der Anzahl und Zusammensetzung definierter Truppenkontingente stattfinden sollte. Diese Truppen standen jeweils unter dem Kommando eines eidgenössischen Offiziers der Führungsschicht und wurden von den Orten gemeinsam oder von einem Ort allein aufgestellt.[16]

Traten jene, die grundsätzlich selbständig Abkommen mit fremden Mächten eingehen konnten, zu Beginn dieser Entwicklung eher vermittelnd auf und schlossen – ohne zu stark an den eignen Vorteil zu denken – Bündnisse mit dem Ausland ab, welche die Sicherheit der Söldner zu garantieren hatten, erkannten sie mit der Zunahme des ausländischen Interesses schnell, dass sich der Menschenhandel in Gewinn umsetzen liess. Die «Vermietung schweizerischer Rohkraft» wurde zu einem eigentlichen Geschäftszweig der einzelnen Orte mit unterschiedlicher Ausprägung.[17] Die zahlreichen und stetig zunehmenden, offenen und geheimen Gelder ausländischer Mächte, die in die Schatullen und Säcke der Obrigkeit zur Erlangung von Schweizer Söldnern flossen, führten bald zu Spannungen und zu verbreiteter Unzufriedenheit innerhalb der ganzen Eidgenossenschaft.

Aussenpolitische Unfähigkeit der Eidgenossenschaft

Während die geografisch gegebenen Grenzen zwischen Bodensee und Genfersee sowie zwischen Jura und Alpen – so wie Julius Caesar das Siedlungsgebiet der Helvetier umschrieben hat – Ende des 15. Jahrhunderts weitgehend erreicht waren, erhoben sich jenseits dieser Grenzen bald unüberwindbare Hindernisse. Trotz der zweifellos grossen militärischen Stärke waren die politischen Strukturen, insbesondere die Autonomie der einzelnen Orte, einer «eidgenössischen Aussenpolitik» hinderlich. Dieses machtpolitische und strukturelle Unvermögen zeigte sich selbst nach den überaus erfolgreichen Auseinandersetzungen gegen Karl den Kühnen von Burgund.[18] Die Sieger waren nicht in der Lage, territoriale Gewinne aus den Aufsehen erregenden Schlachtensiegen zu ziehen. 1477 wurde die Freigrafschaft für 150 000 Gulden verkauft. Wegen der Verteilung der Burgunderbeute wäre es beinahe zu einem inneren Krieg gekommen. Der vielschichtige Handel wurde schliesslich im Stanser Verkommnis 1481 gütlich beigelegt. Es ist deshalb nicht verwunderlich, dass Niklaus von Flüe zum weisen und legendenumwobenen Friedensstifter geworden ist. Problematischer wird es, wenn er heute zum Schöpfer der modernen schweizerischen Neutralität hochstilisiert wird. Die Eidgenossen sollen den Zaun nicht zu weit stecken, wird ihm als Weisung für die Mit- und Nachwelt in den Mund gelegt.

Auch die kriegerischen Erfolge im Schwabenkrieg 1499 wurden im Frieden zu Basel relativ billig verschachert. Die lukrativen Soldverträge für den Einsatz in Oberitalien lockten. Wer am meisten Interesse hatte, die eidgenössischen Söldner nicht mehr gegen das Reich im Feld zu sehen, war der entmachtete Ludovico Sforza. Die Wiedereroberung seiner Vaterstadt war ihm die Bezahlung der Basler Kongresskosten wert. Am deutlichsten wurde das aussenpolitische Unvermögen in den folgenden oberitalienischen Kriegen. Mit der fehlenden politischen Organisation, dem lockeren Staatenbund souveräner Orte und der zwangsläufig mangelnden Einheit beim Handeln konnte keine Stabilität erzeugt werden, sodass es nur eine Frage der Zeit war, wann diese expansive Politik scheitern würde.[19] In der schweizerischen Tradition wird dieser Kulminationspunkt im Clausewitzschen Sinne mit der Schlacht von Marignano am 13. und 14. September des Jahres 1515 gegen die Truppen von König Franz I. von Frankreich angesetzt. Es wird dabei übersehen, dass die oberitalienischen Kriege noch viele Jahre weitergingen. Die Meinung, dass die schweizerische Neutralität aufgrund der Schlacht von Marignano entstanden sei, beruht weit gehend auf ideologischem Wunschdenken und ist aus der Rückschau interpretiert. Trotzdem wurde die innere Zerstrittenheit, die zu «Marignano» geführt hatte, auch in der Zeit als Zäsur empfunden.[20]

Hatte die militärische Überlegenheit bisher die politischen Schwächen immer wieder aufwiegen können, gelangte man an einen Punkt, an dem auf eine eigene Vormachtstellung verzichtet wurde, um sich auf die Sicherung des eigenen Territoriums zu beschränken. Die ruhmvolle Zeit der schweizerischen Infanterietechnik stiess an ihre Grenzen und hatte gegen den Verband der verbundenen Waffen bald keine Chance mehr.[21] Der Schweiz fehlten alle Voraussetzungen zu einer aktiven und erfolgreichen Aussenpolitik.[22] Die militärische Leistungsfähigkeit zerbrach primär an der inneren politischen Zerrissenheit und Zersplitterung, indem die verschiedenen Orte auf ihren Eigenrechten beharrten, diese nicht zugunsten eines einheitlichen Staatswesens preisgeben wollten und somit den gesamteidgenössischen Kontext ignorierten, was ein zielbewusstes und gesamtschweizerisch aussenpolitisches Auftreten verunmöglichte.

Der Verzicht auf weitere Eroberungen wurde der Schweiz dadurch erleichtert, in dem ihre natürlichen Grenzen bis auf einige wenige Gebiete erreicht waren.[23] Obwohl die Eidgenossenschaft als erobernde Macht abgedankt und ihre Gefährlichkeit eingebüsst hatte, bot sie einen enormen Vorrat an auswanderungswilligen Soldaten, die in der Heimat nicht mehr gebraucht wurden.[24] Die kriegerischen Tugenden sollten in der Folge nur noch in ausländischen Diensten zum Einsatz kommen.[25] Es wurde zunehmend schwieriger, die legitimen Interessen der einzelnen Orte oder der Eidgenossenschaft von den persönlichen Interessen der jeweiligen Führungsschicht zu unterscheiden. Diese Probleme führten schliesslich zu einer harten Debatte über die Ethik und Moral der «Fremden Dienste». Der Streit eskalierte erstmals zur Zeit der Reformation, weil die Reformatoren und Humanisten jegliches Söldnertum aufs Entschiedenste verurteilten.[26]

Bewaffnung und Fechtweise[27]

Die Bewaffnung der Eidgenossen im Spätmittelalter war ein Spiegelbild ihrer urwüchsigen Aggressivität. Die Krieger verfügten oftmals über aussergewöhnliche Körperkräfte, die sie im rauen Alltag bei der Arbeit erworben hatten. Sie verdankten diese nicht einem Training im modernen Sinne oder einer speziellen militärischen Ausbildung. Es ist daher naheliegend, dass das Interesse des Alten Schweizers primär den Erfolg versprechenden Angriffs- oder Trutzwaffen galt. Die Schutzbewaffnung wurde oftmals vernachlässigt, wobei neben Mobilitäts- und Kostengründen auch der bewusste Verzicht eine gewisse Rolle spielte. Der Ritter als Inbegriff des geharnischten Kriegers war immer wieder die Zielscheibe schweizerischen Spotts. Vorgegaukelte Schutzlosigkeit und demonstrativer Wagemut gehörten zu den psychologischen Elementen alteidgenössischer Kriegführung.

Das Fussvolk, die Infanterie, bildete zu allen Zeiten den Kern des eidgenössischen Heeres. Bis um 1450 dominierten Halbarten und andere kurze Wehren, Spiesse sowie Streitäxte (im 16. Jahrhundert als Mordäxte oder Hundbeile bezeichnet) die Bewaffnung. Sie entsprachen am besten der offensiven, elementaren Art der alteidgenössischen Kriegführung. In diesem Zusammenhang muss darauf hingewiesen werden, dass der so genannte «Luzernerhammer» militärisch bedeutungslos war. In seiner bekannten Form lässt er sich erst um 1600 bis in die Mitte des 17. Jahrhunderts in der Innerschweiz, vor allem in Luzern, nachweisen. Der hauptsächlich als Unteroffiziers- und Offizierswaffe verwendete «Luzernerhammer» verdankt seinen wohl klingenden Namen dem Luzerner Stadtrat, Oberstleutnant und Kunstsammler Jakob Meyer-Bielmann (1805–1877). Ebenso bedeutungslos für die alteidgenössischen Siege war der Morgenstern, eine billige, behelfsmässige Notwaffe, die erstmals im Prättigaueraufstand 1622 (»Fideliksnüttel«) und dann vor allem im schweizerischen Bauernkrieg von 1653 für Aufsehen sorgte und von den Zeitgenossen als «Entlibucher»- oder «Wädenswilerprügel» bezeichnet wurde.

Die im letzten Viertel des 13. Jahrhunderts entstandene Bezeichnung «Halbarte» beruht etymologisch auf «Halm» (= Stiel), Schaft, und «Barte» (= Beil). Diese zeitgenössische Wortbildung für eine anscheinend neue und noch wenig bekannte Waffe verleitete von jeher dazu, deren Form und Wirkung derjenigen eines langgeschäfteten Beils gleichzusetzen. Die in der Schweiz bis um 1500 zur Hauptsache verbreiteten Halbarten waren jedoch nicht beil- oder axtartig, sondern mit dünnen, messerartigen Eisen ausgestattet, die man mit zwei Tüllen am Schaft befestigte. Anfänglich eignete sich die zweihändig geführte Halbarte vor allem für den schneidenden Hieb; dem Stoss und damit der Spitze sowie dem rückwärtigen Dorn oder Haken kamen eine sekundäre Bedeutung zu. Die messerartige Halbarte erforderte vom alteidgenössischen Krieger grösstmögliche Beweglichkeit, um wenig geschützte, leichter verwundbare Körperteile von Menschen und Pferden anzugreifen. Ein Ein-

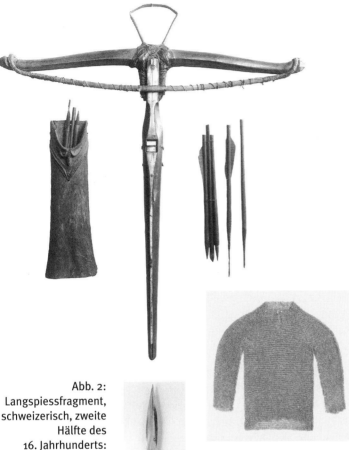

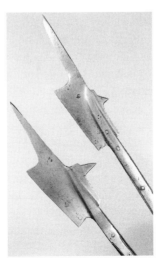

Abb. 1:
Armbrust, schweizerisch, um die Mitte des 15. Jahrhunderts: Teilweise verbeinte Holzsäule mit Beinnuss und eisernem Bügel. Auf dem Säulenrücken ein kleiner Haken für den Spanngürtel. Säulenlänge: 85,3 cm. Bolzenköcher, schweizerisch, Anfang des 16. Jahrhunderts: Buchenholz mit Dachsfellbezug. Armbrustbolzen, schweizerisch, 16. Jahrhundert.

Abb. 3:
Panzerhemd, schweizerisch oder deutsch, zweite Hälfte des 15. Jahrhunderts: Halblanges Hemd aus vernieteten Eisenringen.

Abb. 2:
Langspiessfragment, schweizerisch, zweite Hälfte des 16. Jahrhunderts: Lanzettförmige Spitze, Marke, um die Tülle zwei Messingzierbänder, dazu ein langes Schaftfedernpaar.

Abb. 4:
Halbarte, deutsch, um 1500: Kompaktes Halbarteneisen, Spitze in der Art einer Rückenklinge. Länge: 248 cm, Gewicht: 2,850 kg. Halbarte, schweizerisch oder deutsch, Anfang des 16. Jahrhunderts: Kompaktes Halbarteneisen, Spitze in der Art einer Rückenklinge. Länge: 236 cm, Gewicht: 2,484 kg

55

schlagen auf Harnischteile war mit derartigen Halbarten wenig Erfolg versprechend; ein Spalten von Helmen oder anderen massiven Rüstungsteilen nicht möglich. Bestenfalls konnte durch direkte Schläge, wobei die Klinge in Mitleidenschaft gezogen werden konnte, eine gewisse Schockwirkung erzielt werden, die den Gegner taumeln liess und im Nachgang gezielte Streiche auf Extremitäten oder das, nach dem Verlust des Helmes, ungeschützte Haupt ermöglichte.

Die ins 13. Jahrhundert zu datierenden, ikonografisch belegten Anfänge der Halbarte, ursprünglich von langer, sichelartiger Form, liegen noch weitgehend im Dunkeln. Als bisher ältestes schriftliches Zeugnis in deutscher Sprache gilt die Schilderung einer derartigen Waffe im «Troianischen Krieg», einem Werk um 1287 des in Basel ansässigen Dichters Konrad von Würzburg. Die kompakteren, schmiedemässig anspruchsvolleren «schweren Halbarten» wurden vor allem in Deutschland und Österreich zu Ende des 15. und zu Beginn des 16. Jahrhunderts entwickelt und hergestellt. Diese zentral montierten Halbarten mit massiven, zumeist vierkantigen Spitzen verfügen über starke Blätter, deren Wirkung sich durchaus mit Äxten vergleichen lässt. Die Spitze und damit die Stossfunktion dominierte im Verlauf des 16. Jahrhunderts die Halbartenkonstruktionen, sodass das schneidende oder spaltende Blatt zum dekorativen Beiwerk verkümmerte. Die kompakten, schwereren Halbarten wurden von den Eidgenossen nach und nach, im zweiten Viertel des 16. Jahrhunderts ganz allgemein, übernommen, wobei sich die messerartige Halbarte bis in die Zeit von Marignano 1515, sogar bis Kappel 1531 zu behaupten vermochte. In ihrer klassischen Form darf die messerartige Halbarte des 14. und 15. Jahrhunderts als eine schweizerische Erfindung bezeichnet werden, die bei Morgarten 1315 von den Schwyzern nachweislich in grosser Zahl eingesetzt wurde.

Neben der Halbarte verbreitete sich seit dem ersten Viertel des 15. Jahrhunderts der aus Italien stammende und von Kriegszügen heimgebrachte Langspiess, der bis zum Ende des Jahrhunderts zur infanteristischen Hauptwaffe der Eidgenossen wurde. Die Handhabung der ca. vier bis fünf Meter langen Spiesse mit Eschenholzschaft erforderte bedeutende Körperkräfte und ein gekonntes Agieren der Spiessträger im Rahmen der Gewalthaufen, der für diesen Waffentyp wirkungsvollsten taktischen Anwendungsform. Ein mit Langspiessen bewaffneter Gewalthaufen konnte der Kavallerie erfolgreich Widerstand leisten; stiess er auf eine feindliche, ebenfalls mit Langspiessen gerüstete Einheit, so galt es gegeneinander anzulaufen und den Druck zu gewinnen. Wankte der Gegner, gelang es, die Reihen zum Weichen zu bringen, so traten die hinter den Spiessern postierten Krieger mit ihren kurzen Wehren, vor allem den Halbarten, in Aktion. Der Langspiess, der sich nur zum Kampf im Verband eignete, war bei den Eidgenossen trotz der damit erzielten kriegerischen Erfolge aus verschiedenen Gründen nicht sehr beliebt. Dazu mochte unter anderem beigetragen haben, dass der in der Front kämpfende Spiessträger eine ziemlich kostspielige, eher unbequeme, die Beweglichkeit beeinträchtigende Schutzbewaffnung benötigte, um dem Ansturm feindlicher, ebenfalls spiess-bewehrter Infanterie Stand halten zu können.

Die dazu erforderliche Schutzbewaffnung aus getriebenem Eisenblech setzte sich um 1500 aus einem Brustharnisch samt Beintaschen, Helm und Handschuhen zusammen. Dazu kamen Panzerhemden oder Panzerärmel, die mit oder ohne Harnisch Verwendung fanden. Der auf den Leib geschnittene Lederrock, der manchmal bis zu den Knien reichte, in den Quellen als «currisia» bezeichnet, war die im 14. Jahrhundert in der Schweiz am meisten verbreitete Schutzbewaffnung. Die Langspiesse waren schwerer und unhandlicher als die Halbarten, boten im Alleingang wenig Schutz und waren zudem beim Beutemachen hinderlich. Weil die aufgebotenen oder aus freien Stücken in den Krieg laufenden Knechte mehrheitlich arm und auf Beute erpicht waren, gaben diese häufig der Halbarte den Vorzug, die selbst mit minimaler Schutzbewaffnung wirkungsvoll eingesetzt werden konnte.

Nicht nur Harnische oder Harnischteile gehörten zu den teuren Ausrüstungsteilen. Auch die kostspielige Armbrust und seit der zweiten Hälfte des 15. Jahrhunderts die Handbüchse mussten als Bewaffnung von der Regierung immer wieder gefordert und gefördert werden. Es waren denn auch hauptsächlich die städtischen Kontingente, die über Schusswaffen verfügten. Es wäre falsch, bei den Eidgenossen zur Zeit der ersten Bünde eine besondere Beliebtheit der Armbrust anzunehmen. Der älteste Nachweis, der die Kenntnis dieser Waffe für die Zentralschweiz belegt, ist ein Siegel des Luzerner Rats Johannes von Hochdorf aus dem Jahre 1235, das eine frühgotische Armbrust zeigt. Weil sich die Armbrust und die Handbüchse zur Verteidigung von Burg- und Stadtanlagen besonders eignete, legten die verantwortlichen Instanzen grossen Wert auf entsprechende Vorräte – so auch Luzern, das 1349 (ca. 2000 Einwohner) bei seinen Bürgern 103 Armbrüste registrierte. Erst mit Friedrich von Schillers «Wilhelm Tell», der am 17. März 1804 in Weimar erstmals aufgeführt wurde, erhielt die Armbrust die Bedeutung eines schweizerischen Nationalsymbols.

Eine eher unkonventionelle «Schusswaffe» der Alten Schweizer waren geworfene Steine. Der Steinwurf kam hauptsächlich im Kampf gegen Berittene zur Anwendung. Die faustgrossen Steine hatten in Engnissen oder in schwierigem Gelände eine verheerende Wirkung. Die Pferde scheuten, rannten von Panik gepackt wild durcheinander und warfen oftmals ihre Reiter ab. Diese Verwirrung verstanden die Eidgenossen im Nahkampf mit der blanken Waffe, vor allem der Halbarte, auszunützen. In der Überlieferung ist hauptsächlich von gerollten Felsbrocken und nicht von geworfenen Steinen die Rede. Als Beispiele für den Einsatz von Felsbrocken dienen vor allem Morgarten 1315 und Giornico 1478 (Morgartenbild am Rathaus zu Schwyz und Denkmal in Giornico). Die topografische Analyse der beiden Kampfplätze lässt gewisse Zweifel aufkommen, welche Bedeutung einzelnen ins Rollen gebrachten «sassi grossi» oder Baumstämmen beizumessen ist und wie weit diese von entscheidender Wirkung waren. Um Panik in einem Reiterhaufen auszulösen, genügten handgrosse Wurfsteine, deren Bereitstellung und Einsatz einfacher und flexibler war.

Das Tragen eines Schwertes oder einer anderen Griffwaffe galt von jeher als Vorrecht des freien, wehrhaften Mannes. Grosse Messer, Bauernwehren, in der Schweiz unter der Bezeichnung «Ruggerli» bekannt, dienten als Werkzeug oder Waffe und waren allgemein verbreitet. Zu den gebräuchlichsten Waffen gehörte im 15. Jahrhundert der armlange, für den Stoss bestimmte Schweizerdegen. Er wurde nach 1500 vom kürzeren, zweischneidigen, ebenfalls für den Nahkampf geeigneten Schweizerdolch abgelöst. Vor allem den Schweizerdolch kennt man als Symbol eines hochgemuten eidgenössischen Krieger- und Söldnertums, wie es Niklaus Manuel und Urs Graf im Bilde festgehalten haben. Zum alteidgenössischen Waffenbestand gehörten zudem Schwerter unterschiedlicher Art, wobei vor allem die Beschaffenheit der tatsächlich kampfmässig eingesetzten «Zweihänder» zu Diskussionen Anlass gab und gibt.

Bei den seit den Burgunderkriegen von den Eidgenossen vermehrt verwendeten «langen Schwertern» und «Kreuzdegen» handelt es sich nicht um Zweihänder im waffenkundlich determinierten Sinne. Diese mit einer oder beiden Händen zu führenden Waffen unterscheiden sich deutlich von den ca. 150 bis 200 Zentimeter langen und schweren Zweihändern, wie sie in der zweiten Hälfte des 16. Jahrhunderts in Mode kamen. Die Spätform der militärisch irrelevanten Zweihänder befindet sich noch heute in alten schweizerischen Zeughausbeständen, wobei in Bern der vor 1798 zu datierende maximale Bestand bei 71 Exemplaren lag. Bis in die jüngste Vergangenheit wurden die eindrücklichen Zweihänder als Zeugen eidgenössischer Kriegstüchtigkeit an Umzügen mitgetragen und bei Festspielen verwendet. Mit dem im 19. und frühen 20. Jahrhundert in nationalpädagogischer Absicht verklärten Bild des alten Eidgenossen lassen sich seine Feldsucht oder Feldflucht, das Beutemachen, verbunden mit Brandschatzungen und Verwüstungen, nur schwer in Einklang bringen. Auch diese dunklen Seiten gehören zu «Treue und Ehre».

Die Schlachten

Ähnlich wie 13 Jahre zuvor in Courtray nutzten auch die Schwyzer am Morgarten 1315 die topografischen Gegebenheiten zu ihrem Vorteil aus und zwangen dem Feind den Kampf an jenem Ort auf, wo dieser seine kämpferische Überlegenheit nicht ausspielen konnte und keinen Angriff erwartete. In der Schlacht von Laupen am 21. Juni 1339 und am 9. Juli 1386 in Sempach kam es zur ersten direkten Konfrontation zwischen Fusstruppen und Ritterheeren auf offenem Feld, was später die Regel sein sollte. In den Bilderchroniken wird deutlich, dass die Ritter in Sempach

Der Niedergang der Ritterschaft steht im Zusammenhang mit der Verdrängung der Naturalwirtschaft durch die Geldwirtschaft, was, auf militärische Verpflichtungen bezogen, die Ablösung von feudalen Bindungen durch finanzielle Bindungen zur Folge hatte. Die Fürsten und Könige des Spätmittelalters wollten sich aus der Abhängigkeit von ihren Untervasallen lösen, weshalb sie verstärkt auf Söldnerheere setzten. Dadurch verloren die Ritter stark an Bedeutung, da sie zuvor die wichtigste Stütze der feudalen Heeresaufgebote gebildet hatten.

zu Fuss kämpften. Der von ihnen gebildete Spiesswall – wenn man den späteren Darstellungen glauben kann – musste von den Angreifern aufgebrochen werden, um zum angestrebten Nahkampf übergehen zu können. Aufgrund der unzweckmässigeren Nahkampfwaffen waren die Ritter gegenüber den eidgenössischen Kriegern bei einem Einbruch in die Kampfreihen im Nachteil. Eher sonderbar und ohne taktische Sinnhaftigkeit ist es, dass in der Zürcher Chronik behauptet wird, die Österreicher seien bei Sempach Steine werfend den Abhang hinuntergestürmt. Es ist anzunehmen, auch wenn es sich mit wissenschaftlicher Objektivität kaum je fassen lässt, dass die gemeinsame Gefahr unter den meist regional aufgebotenen eidgenössischen Truppen einen Zusammenhalt, ein Ehrgefühl und eine Angriffswucht schuf, die in ihrer Kombination dem Kampfgeist der zusammengewürfelten Ritterheere überlegen war.

Sicher ist, dass die Eidgenossen den Gegnern – wenn es diese zuliessen – ihren Kampf aufzwangen. Durch taktisches Geschick, geografische Kenntnisse und die elementare Wucht ihres Angriffs vermochten sie sowohl quantitativ als auch qualitativ stärkere Truppenkontingente zu besiegen. Die Stärke der Eidgenossen lag nicht zuletzt im todesverachtenden Einsatz und im Willen zum Sieg. Diese Stärken können wir im Alten Zürichkrieg, in den Burgunderkriegen, im Schwabenkrieg und in den oberitalienischen Kriegen der ersten Hälfte des 16. Jahrhunderts beobachten. Sie bildeten die Basis des hohen Kaufwertes der Schweizer Söldner. Gelten die Schlachten des 14. Jahrhunderts gegen Habsburg als so genannte «Freiheitsschlachten», fand im 15. Jahrhundert eine strategische Kehrtwende statt. Das vorwiegend aus der Not geborene militärische Handeln ging zunehmend verloren, sodass der Krieg nicht mehr primär dem Schutz des Vaterlandes diente, sondern vor allem der Machterweiterung, wie es die Burgunderschlachten oder der Schwabenkrieg bezeugen.[28]

Die Kapitulationen

Wegen der grossen Wertschätzung wurden die Eidgenossen von den verschiedensten Potentaten umworben, und zahlreiche Bitten um militärische Unterstützung richteten sich an die Tagsatzung oder an die einzelnen Orte. Um die Mitte des 15. Jahrhunderts setzte sich die Gewohnheit zunehmend durch, ausländischen Machthabern die Werbung vertraglich zu gestatten. Die Zahl der Soldverträge häufte sich, und mit ihnen wurden die so genannten «Kapitulationen» eingeführt. Kapitulationen waren Verträge, durch die eine Obrigkeit einer anderen das Recht einräumte, auf ihrem Gebiet Truppen zu rekrutieren.[29] Die für die Rekrutierung zu bezahlenden Jahrgelder oder Pensionen wurden ebenfalls vertraglich festgelegt. Zumeist aristokratisch-oligarchische Regierungen zweigten diese Gelder zur Akkumulation der privaten Finanzen und zur Machterweiterung geschickt ab.[30] Diese schriftlich verfassten Verträge waren von grösster Wichtigkeit, denn sie brachten endlich eine gewisse Kontrolle und Ordnung in das eidgenössische Reislaufen.[31] Deshalb entsprachen sie einer eigentlichen Zäsur im Söldnerwesen, denn ab diesem Zeitpunkt verfestigte sich die Organisation der Söldnertruppen. Den bezahlten Kriegern wurde eine geordnetere Behandlung und Bezahlung zugesichert und dem Auftraggeber die versprochenen Mannschaftsbestände vom Staat garantiert.

Die wichtigsten Vertragspunkte in diesen Kapitulationen waren die folgenden:
• Schweizertruppen dürfen nur für defensive Zwecke verwendet werden.
• Die Einheiten dürfen nicht getrennt werden und unterstehen in der Regel eigenen Offizieren.
• Ihr Einsatz auf See und in den Kolonien ist untersagt.
• Im Falle einer Bedrohung der Eidgenossenschaft als Ganzes oder eines einzelnen Ortes müssen die schweizerischen Truppen nach Hause entlassen werden.[32]

Es liegt in der Komplexität der Sache und in der Unzuverlässigkeit von Fürsten, dass diese Vertragspunkte oft nicht berücksichtigt wurden. Selbst die schrecklichste aller Vorstellungen, eine Katastrophe, welche die eidgenössischen Orte um jeden Preis verhindern wollten, dass nie Eidgenossen gegen Eidgenossen zu kämpfen hatten, erfüllte sich nicht. Die Kapitulationen waren oft das Pergament nicht wert, auf dem sie geschrieben waren. Durch die Kapitulationen unterschieden sich in der Folge die obrigkeitlich anerkannten Schweizer Söldner von den «normalen» freien Söldnern oder von den verbotenen «Freikompanien». Die Einheiten und Regimenter wurden «kapitulierte» oder «avouierte» Truppen genannt. Als «Standeskompanien» oder nach ihrem Kommandanten benannte Regimenter waren sie legale Vertreter ihres Ortes.[33] Schafroth definiert diese vertragliche Regelung so:
«Man wird diese ‹Avouierung› wohl am besten mit einer Konzession und daherigen Zusicherungen eines gewissen Rechtsschutzes vergleichen können. Mehr bedeutete sie jedenfalls praktisch nicht.»[34]
Spätere Standesregimenter entstanden oft durch nachträgliche «Avouierungen» bereits bestehender Truppenkörper.
Die meisten anderen Kompanien in den verschiedensten Diensten Europas erfolgten auf der Basis einer Partikularkapitulation, die entweder erst nachträglich vom jeweiligen Ort anerkannt oder aber stillschweigend geduldet wurde. Daraufhin entstanden die erblichen Regimenter, die vor allem im 18. Jahrhundert an verschiedenen Tagsatzungen zu reden gaben.[35] Dem Wirrwarr von Verträgen zwischen den einzelnen Orten und den interessierten Mächten wurde erst im Vorfeld des Dreissigjährigen Krieges entgegengewirkt, indem die Tagsatzung vom 17. Juni 1613 entschied, dass ohne örtliche Bewilligung keine Werbung auf eidgenössischem Ter-

ritorium mehr erlaubt sein sollte. Voraussetzung einer Werbebewilligung war ein Bündnisvertrag eines Soldherrn mit der Eidgenossenschaft oder wenigstens mit dem sich jederzeit autonom fühlenden Bundesglied.[36] In der Folge durften Gesandte fremder Staaten ihr Begehren nur noch der Tagsatzung vorbringen, die über den positiven oder negativen Befund entschied.[37]

Pedrazzini beschreibt den Weg genauer: «*Pour obtenir des troupes, les ambassadeurs étrangers présentaient leurs requêtes à la Diète qui les transmettait aux cantons. Les capitulations étaient conclues avec chacun d'entre eux pour des régiments ou compagnies ‹avoués›, c'est à dire enrôlés et organisés officiellement.*»[38]

In der Folge bildete sich in der Eidgenossenschaft ein besonderes System heraus, indem sich die Orte an die Stelle des Vermittlers setzten. Sie verhandelten sowohl mit den interessierten Abgeordneten der Auftraggeberstaaten sowie mit den Truppenführern.[39] Damit sollte ein gesamteidgenössischer Rahmen entworfen werden.[40] Nachdem die Tagsatzung die Gesuche der ausländischen Gesandten gebilligt hatte, mussten die einzelnen Orte – die für den definitiven Abschluss der Verträge zuständig waren – über die Werbeerlaubnis und die Grösse der jeweiligen Truppenbestände entscheiden. Obwohl ein staatlicher Apparat fehlte, der den Solddienst straff führen konnte oder nötigenfalls zu verhindern vermochte, bemühten sich die Orte, ihre in «Fremde Dienste» ziehenden Truppen nicht völlig aus der Hand zu geben. Im Gegenteil: Die «Fremden Dienste» wurden zunehmend eine Angelegenheit des Staates, der sich mit einer gewissen Aufsicht oder Einflussnahme auf die Offiziersauswahl wichtig machen konnte.

Zusammenfassend kann gesagt werden, dass zum Zeitpunkt der ersten Kapitulationen zwischen den mit Wissen und Willen der Obrigkeit der eidgenössischen Orte gebilligten «Zuzügen» und den einzelnen freien Reisläufern, die nach wie vor als Abenteurer ohne Erlaubnis der Regierung in die Dienste fremder Mächte zogen, unterschieden werden muss. Auf der einen Seite entstanden mit den Verträgen feste Haufen, die sich später zu klar definierten Truppenkörpern weiterentwickelten. Auf der anderen Seite blieb das eigentliche Reisläufertum noch einige Zeit weiter von Bedeutung, bevor es sich entweder ebenfalls in geordnete und behördlich gebilligte «Zuzüge» verwandelte oder eine Fortsetzung in Form von illegalen «Freikompanien» fand. Durch das neue Vertrags- und Lizenzsystem mit Staatsverträgen (Kapitulationen) endete die Epoche des blühenden, aber kaum geregelten und oft tumultuarischen Reislaufens.

Die Bündnispolitik mit Frankreich

Besonders die französischen Könige bemühten sich, die beiden strategischen Güter der eidgenössischen Orte, die Alpentransversalen und das kriegerische Potenzial, für ihre eigenen Zwecke zu nützen.[41] Es kann geradezu von einer Art Symbiose zwischen

Frankreich und der Alten Eidgenossenschaft gesprochen werden, denn annähernd die Hälfte aller Schweizer Söldner stand jeweils im Dienste Frankreichs. Bei St. Jakob an der Birs 1444 liefen die eidgenössischen Kontingente in grenzenloser Selbstüberschätzung und Rauflust den an Zahl überlegenen Armagnaken König Karls VII. ins offene Messer. Nach dem Sieg über die eidgenössische Vorhut entschloss sich der französische Dauphin aber, der spätere Ludwig XI. (1461–1483), die Schweiz zu verschonen und in sein Quartier in Ensisheim im Elsass zurückzukehren. Am 28. Oktober des Jahres 1444 kam es in der Folge zu einem Bündnis zwischen dem französischen Kronprinzen und den Eidgenossen, eine Allianz, die mit wenigen Unterbrüchen bis zur Französischen Revolution Bestand haben sollte.[42] Die Unterzeichnung des Vertrags von Ensisheim dürfte der wichtigste Schritt in die Richtung einer intensiven Zusammenarbeit zwischen den beiden Nachbarn gewesen sein.

Nachdem bereits 1452 ein erster «Ewiger Friede» unterzeichnet worden war, folgte am 27. Februar 1453 das erste schweizerisch-französische Bündnis mit Karl VII., das in Montil-les-Tours unterzeichnet wurde.[43] Der französische König schloss mit der Eidgenossenschaft einen dauernden und festen Vertrag ab. Die Regierungen der verschiedenen eidgenössischen Stände erhielten aufgrund dieses Vertrages die gesicherte Möglichkeit, den Überschuss ihrer streitbaren Jugend zu entsenden, und die Könige von Frankreich verstanden es, den kriegerischen Eifer und das unbestrittene Können ihrer neuen Verbündeten auszubeuten. Die Wertschätzung der eidgenössischen Söldner war bald so gross, dass König Ludwig XI. im Jahre 1480 ein reguläres Schweizer Hilfskorps aufstellte.[44] Berühmt geworden ist die Schilderung des Einzugs der Söldner seines Nachfolgers Karls VIII. am 31. Dezember 1494 in Rom.

Paolo Giovio schildert das Ereignis so: *«Drei Tage nachher hielt Karl mit den verschiedenen Kolonnen des Fussvolks und der Reiterei durch das Flaminische Tor seinen Einzug in Rom. Voran schritten in langem Zuge die Schweizer und die Deutschen unter ihren Fahnen, im Gleichschritt, nach dem Klang der Trommeln mit kriegerischer Würde und in unglaublich guter Ordnung. Alle trugen buntfarbige, kurze Tracht, welche die einzelnen Glieder hervortreten liess. Die Stärksten ragten, durch Federbüsche auf den Hüten ausgezeichnet, über die übrigen empor. Ihre Waffen waren kurze Schwerter und zehn Fuss lange eschene Spiesse mit vorn befestigtem schmalem Eisen. Etwa der vierte Teil war mit gewaltigen Beilen, an deren Enden eine vierkantige Spitze hervorragte, versehen; diese zum Hieb und Stich geeignete Waffe führten sie mit beiden Händen und nannten sie in ihrer Sprache Alabarden. Zu je 1000 Fussknechten gehörten 100 Schützen, die aus kleinen Büchsen Bleikugeln auf den Feind schiessen. Diese Krieger verschmähen, wenn sie in den Kampf gehen, insgesamt Harnisch, Helm und Schild, so dass man einzig an den Hauptleuten und an denen, welche die ersten Reihen der Phalanx bilden und in der vordersten Front des Schlachthaufens zu kämpfen pflegen, Helme und Eisenbrüste sieht.»*[45]

Im Jahre 1497 schuf Karl VIII. die Gardetruppe der Hundertschweizer zu seinem persönlichen Schutz.[46] Sie war die erste offizielle und ständige eidgenössische Truppeneinheit.[47] Es ist nicht verwunderlich, dass Papst Julius II. in seinem Machtrausch acht Jahre später eine doppelt so grosse persönliche Garde wünschte, so wie St. Peter auch grösser als alle damals bekannten Kathedralen sein sollte. Die erste rechtliche Grundlage des eidgenössischen Solddienstes in Frankreich entstand durch Franz I. (1515–1547), der die Annäherung an seine ehemaligen Feinde suchte. Er schloss mit der Eidgenossenschaft am 29. November 1516 den Vertrag von Freiburg, der zum «Ewigen Frieden» führte.[48] Im Schutzbündnis von 1521 konnte Franz I. die Anwerbung schweizerischer Söldner für seinen Dienst durchsetzen, wobei diese angeblich nur für defensive Zwecke, sprich für die Verteidigung des französischen Territoriums, verwendet werden durften.[49] Nach dem Ewigen Frieden von 1516 und dem Bündnisvertrag von 1521 wurde im Jahre 1561 eine weitere Kapitulation unterzeichnet, die bis 1671 ihre Gültigkeit behielt.[50]

Der französische König sicherte sich damit ein starkes Kontingent kriegserprobter, im Abendland weithin bekannter und von allen Fürsten begehrter Truppen, ein Privileg, das ihm bedeutende wirtschaftliche Zugeständnisse wert schien.[51] Um den Eidgenossen die Forderungen nach Soldtruppen schmackhaft zu machen, wurden hohe Pensionsgelder bezahlt, Rohstoffimporte und zahlreiche Wirtschaftskonzessionen versprochen. Besonders Zollfreiheiten waren begehrte Geschenke.[52] Frankreich strebte vor allem politische und militärische Vorteile an, währenddem für die Schweiz eher ökonomische Interessen im Vordergrund standen.[53] Aber auch bei innenpolitischen Auseinandersetzungen trat Frankreich vermittelnd auf, um durch Beratung, Versprechen oder auch Bestechung auf aussenpolitische Entscheidungen der Orte Einfluss zu nehmen. Der Botschafter nahm in der Eidgenossenschaft Wohnsitz und schliesslich wurde Solothurn, nicht zuletzt aus konfessionellen Gründen, Ambassadorenstadt. Trotz oft nicht eingehaltener Zusagen und leerer Versprechungen konnte Frankreich seine Attraktivität fast drei Jahrhunderte aufrechterhalten.[54] Somit erhielten die Söldnerbeziehungen der eidgenössischen Orte mit europäischen weltlichen und kirchlichen Fürsten jene Grundform, die bis ins 18. Jahrhundert – bis zum Zusammenbruch der Beziehungen im Revolutionsjahr 1792 – gültig blieb und für alle späteren Abkommen zwischen der Schweiz und Frankreich sowie mit anderen Staaten als Muster dienen sollte.[55]

Schweizer Söldner in nicht französischen Heeren

Schweizer Söldner begegnen uns in den europäischen Kriegen des 16. Jahrhunderts bei allen Parteien. Manche mögen sich aus persönlichem Glaubenseifer der einen oder anderen Konfliktgruppe angeschlossen haben; andere liessen sich in Kontingente anwerben, die aufgrund vertraglicher Abmachungen von den Obrigkeiten der

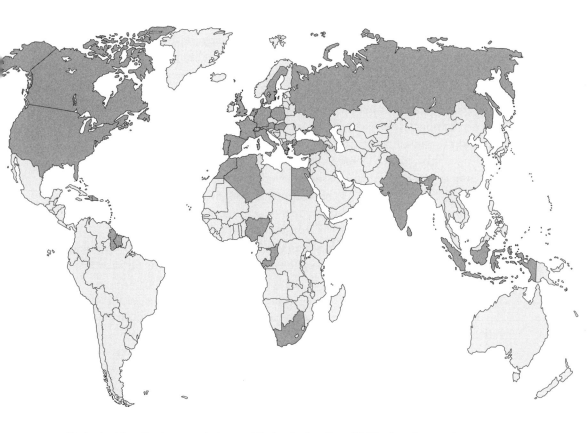

Die in dunklem Ton hervorgehobenen Länder der heutigen Weltkarte zeigen auf, wo Schweizer überall in «Fremden Diensten», vom 15. bis zum 20. Jahrhundert, anzutreffen waren.

katholischen oder reformierten Orte den Krieg führenden Mächten zugesichert worden waren.[56] Es wäre jedoch sehr problematisch, allein das konfessionelle Element als Motivator für «Fremde Dienste» zu sehen.

Besonders Spanien war bei der Werbung aktiv. Infolge der Glaubensspaltung bezog es die Truppenkontingente ausschliesslich aus den katholischen Ständen. Neben Spanien und Frankreich bemühten sich zu gewissen Zeiten fast alle bedeutenderen Staaten Europas, vor allen die oberitalienischen Städte sowie Piemont-Sardinien, Venedig und Genua, das Grossherzogtum Parma, Modena und die Toskana, das päpstliche Rom und Neapel, um schweizerische Krieger.[57] Auch mit anderen europäischen Staaten wurden Kapitulationen ausgehandelt, so mit Savoyen, Ungarn, mit der habsburgischen Monarchie, mit Holland, Sachsen-Polen und England. Dazu kamen auch Staaten, mit denen keine formelle Kapitulation abgeschlossen wurde, wie Schweden, Sachsen und Bayern. Auch in dänischen, preussischen, russischen und portugiesischen Diensten befanden sich Eidgenossen, die – eigentlich gegen die Grundregel der Nichtverwendung in Kolonien – selbst auf Kriegsschauplätzen in Übersee wie in Kanada, Indien oder in niederländischen Diensten – sogar in Ceylon und in Indonesien – anzutreffen waren.[58]

Zweifelsohne war der Einfluss Frankreichs am grössten und wirkte am stärksten auf die politische, wirtschaftliche, gesellschaftliche, militärische und konfessionelle Schweiz. Wahrscheinlich hat die französische Diplomatie als erste europäische «Grossmacht» die Chance erkannt, die genügsamen territorialen Interessen und die fast unersättlichen wirtschaftlichen Ansprüche des Landes gegeneinander auszuspielen und für eigene Interessen zu nutzen.[59] Die Soldverträge hatten eine enorme sicherheitspolitische Auswirkung. Durch die Bündnisse mit der Eidgenossenschaft verpflichteten sich die fremden Herren, das eidgenössische Territorium zu achten und es im Notfall zu schützen.[60] Niemand hatte Interesse an inneren Konflikten, die nur begehrtes Menschenmaterial unnötig banden. Dubler geht wahrscheinlich etwas weit, wenn er sagt:

«Durch die aktive Teilnahme am Weltgeschehen wuchs die Eidgenossenschaft in eine Art Neutralität hinein und diese stillschweigend anerkannte Sonderstellung hatte sie ihrem ‹Menschenreichtum› zu verdanken, der für die europäischen Mächte eine unentbehrliche Quelle von tüchtigen Kriegern darstellte. Es mag irgendwie seltsam erscheinen, aber infolge der militärischen Fertigkeit der Schweiz konnte sich diese Neutralität heranbilden; oder anders gesagt waren die Dienstwilligen Schweizersöldner der Preis für die Untastbarkeit des eidgenössischen Territoriums.»[61]

Zu einer vergleichbaren Wertung kommen die Autoren der «Schweiz in der Geschichte», fügen aber ein neues Element hinzu, nämlich die Unfähigkeit zu einer widerspruchsfreien und gemeinsamen eidgenössischen Aussenpolitik:

«Aus politischer Hilflosigkeit gegenüber widersprüchlichen Bündnisverpflichtungen, aus der Beschlussunfähigkeit der Tagsatzung und aus dem Desinteresse der einzel-

nen Orte an einer gemeinsamen Aussenpolitik entwickelte sich im Lauf des 16. Jahrhunderts im Umgang mit dem Ausland ein Neutralitätsverhalten, das sich in der Praxis insofern bewährte, als es das Gebiet der Eidgenossenschaft aus den europäischen Konflikten heraushielt. Dafür musste allerdings der Preis auf den Schlachtfeldern Europas vergossenen Reisläuferblutes bezahlt werden.»[62]

Dass die Neutralität durch das Blut der Söldner erkauft worden sei, ist ein beliebtes Bild. Es übersieht aber, dass die Opfer keinen ausreichenden Grund darstellten, die Schweiz zu verschonen, wenn übergeordnete strategische Interessen (Benützung der Alpentransversalen für denjenigen, der Krieg in Oberitalien und im Donauraum führt) zu verfolgen waren. Abschliessend können wir zu dieser zweiten Periode festhalten, dass der Kriegsdienst für den einzelnen Söldner wegen des Fehlens einheimischer Angebote eine interessante Einnahmequelle war. Mit den Pensionen und den in den Soldverträgen vereinbarten sonstigen Vorrechten wurde das Reislaufen auch für die Obrigkeit einträglich und verlockend. Diese beiden Interessen waren nicht deckungsgleich.

Die Regierungen standen vor einem unlösbaren Dilemma. Zum einen wollte der Staat die freien Krieger gar nicht bändigen und domestizieren. Sie belasteten den Staatshaushalt in keiner Weise, übten die Kriegstätigkeit ohne Ausbildungskosten aus, und oft liessen sie sich auf eigene Rechnung anstellen, um im Sinne der Staatsinteressen frei zu operieren. Der Staat brauchte in lange dauernden Konflikten solche, «die es gerne taten». Zum andern lag die militärische Zuständigkeit grundsätzlich beim einzelörtischen Regiment. Die Tagsatzung hatte nur in den Gemeinen Herrschaften eine gewisse Befehlsgewalt. Es lag deshalb im Interesse der Obrigkeit, die Eigenständigkeit der freien Krieger einzuschränken und ausschliesslich in den eigenen Dienst zu stellen. Zwangsläufig gibt es fliessende Übergänge vom privaten, fehdischen zum obrigkeitlichen Krieg. Oft begegnen wir der Tatsache, dass ein Gefecht *muotwillig* ausgelöst worden ist, zum Beispiel der entscheidende Angriff der katholischen Innerschweizer gegen die reformierten Zürcher bei Kappel.[63]

Auch die Anführer waren meist beides in Personalunion: ein privater Krieger und ein Hauptmann im Dienste der Obrigkeit (Heini Wolleb, Hans Waldmann, Niklaus Conrad etc.). Es lag im Interesse der Regierungen, die Rache unter ihre Kontrolle zu bekommen, den Fehdegang zum Rechtsgang zu machen. Die «Bluotharste», die «Frye Gesellschaft» konnten jedoch zu nichts gezwungen werden. Die Grenzen der obrigkeitlichen Macht wurden immer wieder klar aufgezeigt. Zu Strafprozessen durften beispielsweise im Kanton Bern nur maximal drei Männer mitgenommen werden. Die militärischen Befehlshaber mussten zudem 1411 schwören, eine Tracht Prügel nur aus dienstlichen und nicht aus persönlichen Gründen zu verabreichen.[64]

Diese Unterwerfung unter den obrigkeitlichen Willen erfolgte in mehreren Schritten und mit diversen Rückfällen. Im Stanser Verkommnis von 1481 werden beispielsweise freie Zusammenrottungen verboten. 1489 hebt Schwyz dieses Verbot eigenmächtig wieder auf. Die freien Krieger lagen im Interesse des Ortes. Die Städte waren in diesem Punkt zurückhaltender. Es darf vermutet werden, dass das städtische Leben durch solche freie Krieger stärker gefährdet worden wäre als das landschaftliche. Zur Zeit der Reformation kommt noch eine arbeitsethische Komponente dazu. Neben der staatlich gelenkten Kriegführung lebte das freie Kriegertum bis ins 16. Jahrhundert hinein weiter. Aufgrund der unaufhörlichen Kriegszüge entstand eine Schar von Müssiggängern und gewerbsmässigen Reisläufern, die anscheinend an nichts anderes dachten, als über die Grenzen hinweg wieder in den Solddienst zu ziehen.[65]

So traten die Eidgenossen einerseits als freie Söldner im Dienste fremder Potentaten auf und andererseits verfolgten sie eigene staatliche Ziele. Das führte zwangsläufig zu einer starken Belastung des eidgenössischen föderativen Politsystems. Die Problematik bestand nicht zuletzt darin, dass die einzelnen Orte mit mehreren, untereinander auch verfeindeten Parteien Bündnisse eingingen, sodass oft in beiden Lagern Schweizer Söldner anzutreffen waren. Damit begann eine völlig neue Dimension und Intensivierung der «Fremden Dienste». Die identischen Elemente des 14., 15. und beginnenden 16. Jahrhunderts kennen wir nun: Die militärische Abwanderung übernahm die Rolle eines wirtschaftlichen Ventils und der Ableitung gewaltsamen, innenpolitisch destabilisierenden Potenzials. Überschüssige Kraft konnte immer wieder abfliessen.

Man mag sozioökonomische Gründe – von diesen sind wir in unserer Analyse ausgegangen – oder archaische Kriegslust als Erklärungsmotive nennen, wohl aus beiden Motiven ist das schweizerische Reisläufertum hervorgegangen. Es gibt gute Gründe anzunehmen, dass sich innere Wirren und Streitigkeiten möglicherweise derart verschärft hätten, dass die Existenz der Eidgenossenschaft ernsthaft in Gefahr geraten wäre. Kriegslustiges Volk weilte im Ausland und die Regierungen konnten mit diesem Gewaltinstrument nicht in schwelende Konflikte eingreifen.[66]

> PETER MERTENS

Schweizerische Reisläufer – deutsche Landsknechte: eine mörderische Rivalität

Im September 1912 ist Wilhelm II., deutscher Kaiser und König von Preussen, als Beobachter zu Gast bei den Manövern des III. Armeekorps im Raum Wil. In seiner Bankettrede zum Abschluss seines Besuchs konstatiert er in der ihm eigenen pathetischen Weise:

> *«Als am Ausgang des Mittelalters der Glanz des Rittertums erblasste, da sind es die tapferen Eidgenossen gewesen, welche vorbildlich wurden für die Schöpfung, die Ausrüstung und Ausbildung der Landsknechte, der ersten deutschen Fussoldaten. Denn allbekannt ist es, dass das eidgenössische Fussvolk auf zahlreichen Schlachtfeldern hohen Ruhm geerntet hat. Dass die jetzigen Eidgenossen, dieser ruhmreichen Geschichte eingedenk, als tüchtige Soldaten in den Fussstapfen ihrer Vorfahren wandeln, das zu sehen, hat meinem Soldatenherzen wohlgetan.»*[1]

Wilhelm II., der sich selbst wohl gerne als der grösste Patriot im Deutschen Reich sieht, ist nun nicht gerade bekannt für diplomatisches Fingerspitzengefühl. Dies gilt vor allem dann, wenn es um die deutsche militärische Ehre geht. Bei seinem vermutlich ehrlich gemeinten Lob muss er also etwas übersehen haben. Denn die, welche er hier in einem Atemzug nennt, die schweizerischen Reisläufer auf der einen Seite, die (süd-)deutschen Landsknechte auf der anderen Seite, sind für lange Jahrzehnte geradezu erbitterte Feinde.[2] Ausserdem schneiden die deutschen Fusstruppen in den Schlachten mit ihren Gegnern aus der Schweiz lange Zeit nicht besonders gut ab.

Um die nicht nur für die Entstehung einer ersten «deutschen» Infanterie[3], sondern auch für die weitere Entwicklung des schweizerischen Reisläufertums massgebliche Interdependenz dieser beiden wichtigsten Söldnergruppen ihrer Zeit zu veranschaulichen, sollen im Folgenden zunächst als Ergänzung zur vorangegangenen Darstellung des Reisläufertums die Grundzüge des Landsknechtswesens skizziert werden. Danach folgen ein Überblick über den Verlauf des Konfliktes zwischen «Schweizern» und «Deutschen» und abschliessend eine Erörterung der wesentlichen Ursachen für deren ungewöhnlich scharfe Rivalität.

Die Landsknechte

Eine eindeutige Definition des Begriffs «Landsknecht» ist nicht möglich. Keinesfalls lässt er sich von «Lanze» ableiten. Denn die Landsknechte benutzen nicht diese Waffe, sondern den Spiess oder die Pike. Eine andere Erklärung stützt sich darauf, dass «Landsknecht» im 15. Jahrhundert eine übliche Bezeichnung für einen «Büttel», «Gerichtsboten» oder einen «Gendarmen» gewesen sei.[4] Wäre dem so, dann hätte Kaiser Maximilian I. (1459–1519) den Begriff quasi umgewidmet, weil er für seine neu zu schaffende Söldnertruppe eine verharmlosende Bezeichnung benötigte. Diese sollte den beunruhigten Ständen vermutlich vorgaukeln, es handele sich bei diesen Formationen um eine Art Polizei. Nicht zuletzt aus etymologischen Gründen am schlüssigsten erscheint indes, unter «Landsknechten» schlicht «Kriegsknechte aus deutschen (also des Kaisers) Landen» zu verstehen.[5] Oder etwas ausführlicher:

«Ein überwiegend mit langen Spiessen nach Schweizer Art, auch mit Hellebarden und Handrohren kämpfendes Fussvolk, dessen Männer aus oberdeutschen Gebieten stammen und das sich abhebt von Fussknechten aus dem niederdeutschen Raum.»

Ein weiteres Merkmal ist, dass diese Truppe *«im taktischen Verband des Gevierthaufens»* kämpft und dabei auf Schutzwaffen (Schilde) verzichtet.[6] Damit wäre der seit Mitte der 1480er-Jahre belegte Begriff als eine Art Qualitätsmerkmal zu interpretieren, das auch dazu dient, sich von den Söldnern aus anderen Ländern abzugrenzen – vor allem aber von denen aus der Schweiz. Schliesslich gilt ja Kaiser Maximilian I. als der «Vater der Landsknechte». Es wäre allerdings nicht korrekt, ihn – wie oft behauptet – als den eigentlichen Begründer des Landsknechtswesens anzusehen. Vielmehr hat sich dieses schon vor ihm allmählich aus dem zeitgenössischen Söldnerwesen und als Gegenreaktion auf die dominierende Taktik der schweizerischen Fusssoldaten entwickelt.

Eine wichtige Rolle spielt dabei Peter von Hagenbach, der Landvogt des burgundischen Herzogs Karl der Kühne in den von Österreich-Tirol verpfändeten Landen am Oberrhein.[7] Um die Position Burgunds in den österreichischen Erblanden zu sichern, beginnt er ab 1471 ein Heer aufzustellen. Dieses umfasst neben Schweizern auch deutsches Fussvolk und wird wie das schweizerische Vorbild ausgerüstet. Anfangs lassen sich in der Kampfführung der deutschen Fusssöldner noch böhmische Einflüsse erkennen. Denn anders als ihre Mitstreiter aus der Schweiz benötigen sie noch die von den Hussiten erfundene «gepanzerte» Wagenburg als Rückendeckung. Nach Hagenbachs Scheitern im Kampf gegen den Konstanzer Bund integriert Herzog Karl die Konzeption seines Statthalters in eine grosse Heeresreform. Karl der Kühne scheitert aber, weil er im Kern weiterhin auf das reiterliche Element setzt, das sich in den Burgunderkriegen 1476/77 der *«geballten Angriffs- und Abwehrkraft»* des schweizerischen Gevierthaufens nicht gewachsen zeigt.

Nun ist es Maximilian, Erzherzog von Österreich, ab 1486 König und seit 1493 deutscher Kaiser, der die Landsknechtsidee aufgreift. 1477 heiratet er die Tochter des burgundischen Herzogs und gewinnt dadurch neben Burgund auch die Niederlande. Diesen Machtzuwachs der Habsburger akzeptieren aber weder Frankreich noch die niederländischen Stände. Um in den kommenden 15 Jahren sein Territorium und seine Interessen verteidigen zu können, führt Maximilian deshalb eine erneute Heeresreform durch. Ausgangspunkt der Reform ist die Schlacht bei Guinegate im Jahr 1479. Maximilian besiegt hier die französischen Ritter mit einem Heer allein aus flämischen Fusssoldaten, die aber nach dem schweizerischen Vorbild mit blanken Waffen, Spiessen und Hellebarden kämpfen. Eine wichtige Rolle für den Erfolg spielt auch, dass es dem jungen Erzherzog gelingt, seine Adeligen dazu zu bewegen, abgesessen und Seite an Seite mit den einfachen Soldaten zu kämpfen. Doch verschafft die erfolgreiche Anwendung der schweizerischen Taktik Maximilian nur für kurze Zeit Luft. Denn sein aus Volksaufgeboten bestehendes Heer löst sich sofort nach der gewonnenen Schlacht wieder auf. Deshalb gliedert er die Reiter aus und formiert sie zu einer schweren Reiterei. Vor allem aber baut er sich «*ein schlagkräftiges Fussvolk*» aus Söldnern auf, das ihn unabhängig von den nur «*bedingt einsetzbaren*» Aufgeboten macht.

Anders als diese aus Jülichern, Flamen und Brabantern bestehenden Verbände rekrutieren sich Maximilians Söldnerformationen in erster Linie aus Süddeutschen[8] und zunächst auch aus einigen wenigen Schweizern, die als Ausbilder, Leibwächter und «Korsettstangen» fungieren. In der Mitte der 1480er Jahre beginnen die Landsknechte, eine eigene Identität zu entwickeln. Fürchteten sie sich zuvor oft, in einer Schlacht ohne Schweizer an ihrer Seite kämpfen zu müssen, so gewinnen sie nun zunehmend an Selbstvertrauen. Und sie fangen an, mit ihren Lehrmeistern zu rivalisieren. Konstituierend für diese Entwicklung sind mehrere Faktoren:

1. Die Ausbildung durch erfahrene schweizerische Reisläufer.
2. Die genossenschaftliche Organisation mit demokratischen Elementen.
3. Eine Selektion bei der Werbung. Zum Beispiel werden (anfangs) keine Leibeigenen aufgenommen. Ausserdem ist für Mittellose die Aufnahme zunächst fast unmöglich, da jeder Landsknecht Ausrüstung, Bewaffnung und Kleidung selbst stellen muss.[9]
4. Ein hoher Anteil von Adeligen und Patriziern.
5. Das Aufkommen von Söldnerunternehmern wie z. B. Georg von Frundsberg. Diese bewirken organisatorische Verbesserungen, vereinheitlichen die Ausrüstung und sind in der Lage, die Vorfinanzierung auch grösserer Formationen zu gewährleisten.
6. Ein wachsendes Identifikationspotenzial durch fähige und vorbildliche Führer.
7. Erste militärische Erfolge.
Die Bereitschaft des Führungspersonals, in einer fast schon an moderne militärische Menschenführung erinnernden Weise seine Funktion als Vorbild wahrzunehmen, illustriert eine Begebenheit aus dem Jahr 1485.
Beim Kampf um das niederländische Schloss Oudenaarde sitzt Erzherzog Maximilian höchst selbst von seinem Pferd ab und geht zu Fuss weiter vor. Sei-

71

nem Beispiel folgen der Herzog von Geldern und rund drei Dutzend weitere Adelige.[10]

Reisläufer und Landsknechte: idealtypische Unterscheidungsmerkmale

Wenngleich die Entwicklung des Landsknechtswesens sich stark am schweizerischen Modell orientiert, so gibt es doch einige signifikante Unterschiede, vor allem in der Ausrüstung, Bekleidung und Bewaffnung.[11]

Kennzeichen eines Reisläufers (auf der Abbildung rechts) ist im Allgemeinen das Schweizerkreuz (hier am Kniestrumpf). Ungeachtet der bis zum Ende des 16. Jahrhunderts weit gehend fehlenden Uniformierung und der damit verbundenen Individualität des Sichkleidens, versehen demgegenüber die Landsknechte ihre Bekleidung gerne mit dem Andreaskreuz (hier auf dem Jackenunterteil).

Als Kopfbedeckung tragen sie idealtypisch eine eng anliegende Kappe mit Ohrenschutz oder ein Barett, an dem eine nach vorne gerichtete Straussen- oder Pfauenfeder angebracht ist. Ihre Kontrahenten bevorzugen stattdessen nach hinten weisende Federn oder Straussenfedernbüsche. Hauptwaffe beider Parteien ist in der Regel der zwischen vier und fünf Meter messende Langspiess, wobei das Spiesseisen der Landsknechtswaffen, abweichend von der gängigen Blatt- oder Dolchform, bisweilen auch eine Rautenform aufweist («Froschmaul»). *«Geradezu verheiratet»* ist der frühneuzeitliche Söldner, wie Baumann es formuliert, *mit seiner ‹kurzen Wehr›»*:[12] dem Schweizer Degen oder dem Schweizer Dolch, gelegentlich auch dem Anderthalbhänder(-Schwert) auf Seiten der Reisläufer, dem Katzbalger – ein Kurzschwert mit breiter Klinge –, und dem Dolch auf Seiten der Landsknechte, von denen manche zudem, wie auf der Abbildung zu sehen, einen zweihändig zu führenden Bi(den)händer besitzen. Hellebarden finden sich hingegen eher in den Händen der Hauptleute und Feldweibel.

In seinem «Regiment loblicher Eydtgnoschafft» von 1576 streicht Josias Simler noch ein weiteres äusseres Merkmal heraus:

«Sy bruchend trummeeren, trummen und pfyffen, doch ist ein grosser underscheid zwüschent dem Landsknechtischen und Eydgnosischen schlag, dann der unser etwas gmecher ist.»[13]

[Sie benutzen Trompeten, Trommeln und Pfeifen, doch gibt es einen grossen Unterschied zwischen dem Trommelschlag der Landsknechte und dem der Eidgenossen, denn unsere Schlagfolge ist etwas gemächlicher.]

Unterschiede sind auch bei der taktischen Aufstellung zu finden. Denn um das Jahr 1500 beginnen die Führer der Landsknechte, die von den Schweizern übernom-

Wenngleich die Entwicklung des Landsknechtswesens sich stark am schweizerischen Modell orientiert, so gibt es doch einige signifikante Unterschiede in der Ausrüstung, Bekleidung und Bewaffnung, wie dieser Holzschnitt von Urs Graf, «Tod mit Dirne, Landsknecht und Eidgenosse», zeigt.

mene Organisation der Gewalthaufen zu ändern. Sie erhöhen den Anteil der Langspiesse und gehen zum so genannten geschichteten Haufen über. Das heisst: Auf etwa fünf bis sechs Glieder mit Langspiessen folgen jeweils ein bis zwei Glieder mit kürzeren Stangenwaffen oder Bihändern. Letztere sollen nach dem Aufeinanderprallen der Spiesserreihen den Nahkampf führen. In den schweizerischen Gewalthaufen zählt die jeweilige Langwaffenschicht dagegen zumeist nur vier Glieder, was damit zusammenhängt, dass die Reisläufer im Unterschied zu den Landsknechten ihre Langspiesse knapp hinter der Mitte halten. Dies erlaubt dem einzelnen Kämpfer die Nutzung des Spiesses auch zum Fechten, nimmt aber dem Haufen auch einiges an Tiefenwirkung.[14]

Die wichtigsten Aufeinandertreffen während der Blütezeit des Landsknechtswesens

Die Landsknechtsformationen zeigen sich indes zunächst über fast ein Viertel Jahrhundert den Gewalthaufen ihrer schweizerischen Lehrmeister nicht gewachsen. Evident wird dies namentlich an ihren ersten grossen Aufeinandertreffen während des Schweizer- bzw. Schwabenkriegs 1499: Die Schweizer behalten bei Hard, bei Frastanz, beim Schwaderloh, an der Calven und bei Dornach klar die Oberhand und fügen ihren Gegnern Verluste zu, welche die eigenen Ausfälle jeweils um ein Mehrfaches übersteigen.

Die zentralen Merkmale dieser Schlachten sind erstens die taktische Überlegenheit der Schweizer, die vor allem in einer klaren Schwerpunktbildung und in einem flexibleren Manövrieren zum Ausdruck kommt,[15] zweitens die höhere Moral und ein unbedingter Siegeswillen der Schweizer, drittens die relativ schnellen Schwerpunktwechsel der Schweizer auf operativer Ebene, die sich in einer quantitativen Überlegenheit auf dem Gefechtsfeld niederschlagen (besonders in den Gefechten bei Frastanz und an der Calven), und viertens die vielen Führungsfehler und die mangelnde Koordination der Unterführer auf der Seite des Schwäbischen Bunds, vor allem beim Einsatz der Artillerie. Darüber hinaus sind noch ausgeprägte Disziplinlosigkeiten in einzelnen Landsknechtstruppenteilen zu nennen; zum Beispiel als in der Schlacht bei Hard die stark emotionalisierten Mannschaften ihre Führer mit unmissverständlichen Drohungen zum Angriff drängen, ohne das Eintreffen der im Anmarsch befindlichen Verstärkungen abzuwarten.

Jene Siege spiegeln freilich die strategische Situation nur bedingt wider. Insgesamt bringt der Schwabenkrieg zwar einen politischen Erfolg für die Schweizer. Wirtschaftlich und militärisch hingegen endet der Konflikt eher in einem Patt.[16] Nicht die Schlachten prägen das Bild dieses Kriegs, sondern die vielen *«ohne strategische Überlegungen unternommenen [...] Überfälle und Plünderungen».*[17] Zugleich markiert der Schwabenkrieg den Beginn einer Wende. Er präsentiert *«sich als Krieg im Wandel, in welchem sich traditionelle Fehden und Kriegszüge auf der Grundlage moderner Söldnerwerbung vermischen».*[18]

Die weitere Entwicklung sieht ein zunehmend professionelleres Agieren der am schweizerischen Vorbild orientierten, zirka 500 Mann starken Landsknechtsfähnlein, welche die Dominanz der Reisläufer auf den Schlachtfeldern nun sukzessive brechen. Den letzten grossen, nach bewährtem Muster erfochtenen Sieg gegen die Landsknechte erringen die Reisläufer 1513 bei Novara.

Stellt man die Frage, warum das expandierende Landsknechtswesen zu einem bedeutenden, vielleicht sogar zum wichtigsten Faktor für die Entzauberung des Mythos von der Unbesiegbarkeit der schweizerischen Reisläufer wird, so findet sich die Antwort darauf am ehesten, wenn man die Aufmerksamkeit auf die grossen Aufeinandertreffen der Jahre 1515 bis 1525 richtet.

Der erste grosse Rückschlag bei Marignano im Jahr 1515 kann – wie Walter Schaufelberger es in seiner Analyse der Schlacht deutlich herausgearbeitet hat – keineswegs einer irgendwie gearteten Ungunst der Stunde zugeschrieben werden.[19] Stattdessen sind die Ursachen in strukturellen Defiziten zu suchen, die in erster Linie auf einer Interdependenz politischer, taktischer und technologischer Faktoren basieren. Auf eine Erörterung der komplexen politischen Hintergründe kann an dieser Stelle verzichtet werden, da dies bereits weiter oben erfolgt ist. Den Einfluss des technologischen Faktors erschliesst indessen schon eine blosse Bestandsaufnahme der Truppenkontingente, die 1515 beim heutigen Melegnano einander gegenüberstehen.

Die eidgenössischen Truppen, die Maximilian Sforzas Herrschaft über das Herzogtum Mailand sichern sollen, summieren sich auf insgesamt etwa 35 000 Mann. Zirka 31 000 davon sind Schweizer, der Rest rekrutiert sich aus freien Söldnern. Man verfügt über knapp 1000 Hakenbüchsen und eine nicht mehr genau feststellbare, aber wohl an zwei Händen abzählbare Anzahl von Geschützen. Auf der Seite der Franzosen stehen Franz I. etwa 24 000 Landsknechte – darunter die 6000 Mann starke Schwarze Garde aus dem Nordwesten Deutschlands –, 4500 Gascogner Armbrustschützen, Basken, andere Franzosen und zudem einige Schweizer an Fusstruppen zur Verfügung. Hinzu kommen mindestens 1600 mit Lanzen ausgestattete, berittene Gens d'Armes und eine vergleichbare Zahl sie begleitender Bogenschützen zu Pferd. 6000 bis 8000 Mann dieses Heeres sind mit Handbüchsen ausgestattet. Des Weiteren erhält die «französische» Armee durch wenigstens 40, eher 60, nach einer Quelle sogar 150 Geschütze verschiedener Kaliber eine beträchtliche Feuerunterstützung. Die Schweizer marschieren also mit einer ähnlich starken infanteristischen Komponente auf wie die Landsknechte. Sie verfügen aber über deutlich weniger Handfeuerwaffen bzw. Artillerie und über so gut wie keine berittenen Kräfte.

Der Verlauf der Schlacht am 13. und 14. September 1515 ist schnell erzählt. Das schweizerische Fussvolk setzt gegen den Rat seiner Führer durch, dass zum Angriff übergegangen wird, ohne die avisierten Verstärkungen abzuwarten. Es führt seinen Vorstoss – wie es seinem Selbstverständnis entspricht – zuerst gegen den gegnerischen Defensivschwerpunkt, die Schwarze Garde. Die Landsknechtsfähnlein weichen, brechen aber im Unterschied zu früheren Begegnungen unter dem gegnerischen Druck nicht auseinander. Immer wieder fallen französische Lanzenreiter taktisch geschickt den Schweizern in die Flanke; überdies müssen die Eidgenossen Verluste durch das Feuer der teilweise in oder hinter künstlichen Geländeverstärkungen postierten Kanonen und Handbüchsenschützen hinnehmen. Zwar erbeuten sie mehrere Geschütze; bei Einbruch der Dunkelheit ist die Schlachtentscheidung jedoch – anders als erhofft – nicht zu ihren Gunsten gefallen. Als die dezimierten Reisläuferformationen am Morgen des nächsten Tags wieder antreten, sind sie zu schwach, um sich gegen die durch die Nicht-Niederlage moralisch gestärkten Landsknechte und deren mittlerweile durch venezianische Reiterei verstärkte Unterstützungstruppen durchzusetzen.

Die Reste des schweizerischen Heeres brechen daraufhin die Angriffsoperation ab und gehen zum kämpfenden, aber geordneten Rückzug über. Dieser gelingt unter anderem deshalb, weil die französischen Führer wegen der Erschöpfung der eigenen Truppen und wohl ebenso aus übertriebenem Respekt vor der offenbar nicht vollständig gebrochenen Kampfkraft der Gewalthaufen auf eine systematische Verfolgung und damit auch auf eine denkbare Zerschlagung des zurückweichenden Gegners verzichten. Beachtet man, dass sie damit der eidgenössischen Armee prinzipiell die Möglichkeit zur Rückgewinnung der Initiative auf dem Gefechtsfeld lassen, so kann das Ergebnis der Schlacht aus einer taktischen Perspektive, entgegen der heute üblichen Auffassung, durchaus als ein Remis gewertet werden.[20] Aus einer strategischen und vor allem aus einer politischen Perspektive ist die Behauptung des Schlachtfelds von Marignano durch das «französische» Landsknechtsheer jedoch unzweifelhaft als Niederlage der Reisläufer einzuschätzen, weil mit ihrer Preisgabe des Kampfplatzes zugleich das Ende aller weiteren potenziellen Ambitionen der Eidgenossenschaft in Oberitalien verbunden ist.[21]

Für die weitere Entwicklung des Verhältnisses zwischen Landsknechten und Reisläufern ist es wichtig festzuhalten, dass bei jener Egalisierung der schweizerischen Vorteile in Bezug auf die Kampfkraft im Wesentlichen vier taktische und technologische Teilfaktoren zusammenwirken:

1. Das Kooperieren von Infanterie, Artillerie und Kavallerie auf französischer Seite. Hierbei übernehmen die Artillerie, die Kavallerie und die leichten Distanzwaffen die Abnutzung des Gegners. Die Landsknechte fungieren derweil je nach Lage als Defensivbollwerk oder als Stossformation.
2. Die partielle Anlehnung der Landsknechtsfähnlein an befestigte Stellungen.
3. Die Unterschätzung der Bedeutung dieser Faktoren durch die Schweizer.

Schlacht zwischen deutschen Landsknechten und Schweizern. In den italienischen
Kriegen geraten die Landsknechte an ihre kampfkräftigsten Gegner, ihre alten
Lehrmeister – die Schweizer Reisläufer. Die Schweizerschlachten in Italien zählen
zu den blutigsten Gemetzeln, die sich Söldnerheere je geliefert haben.

4.   Die mangelnde Planung und die schlecht getimte Eröffnung des Angriffs der Schweizer.

Interessanterweise ziehen die schweizerischen Reisläufer und ihre Anführer aus diesen bei Marignano teuer erkauften Erfahrungen augenscheinlich kaum Lehren. Rund sechseinhalb Jahre später, am 27. April 1522, erleiden sie nämlich bei Bicocca erstmals gegen ein zudem zahlenmässig unterlegenes Landsknechtsheer auch taktisch eine Niederlage, und zwar aufgrund von Schwächen und Fehlern, die den bei Marignano zutage getretenen frappant ähneln:[22] Die Schweizer, diesmal im Sold des Königs von Frankreich, drängen vorzeitig zum Angriff, sodass die eigene Artillerie kaum zum Einsatz kommt, während die gegnerische Artillerie die vorgehenden Männer aus zunächst sicherer Distanz ungehindert mit einem Kugelhagel überschüttet. Eine nachhaltige Wirkung entfalten hier ausserdem die spanischen Schützen Kaiser Karls V., die in Teilen erstmals die Arkebuse einsetzen können, deren Durchschlagskraft und Kadenz den Handfeuerwaffen älteren Typs um einiges überlegen ist. Hinzu kommt, dass die auf Seiten des deutschen Kaisers kämpfenden Landsknechtshaufen ihre beiden Flügel an unwegsames Gelände anlehnen und den Nahkampf aus leicht überhöhten Positionen aufnehmen können.[23]

Besonders deutlich wird an dem Geschehen nahe Bicocca, dass die Differenz zwischen Erfolg und Misserfolg von nun an nicht mehr in der grösseren Zahl an Fusstruppen zu suchen ist. Trotz aller Skepsis, die man gegenüber kontrafaktischen Überlegungen hegen sollte, spricht nämlich einiges dafür, dass noch 1515 bei Marignano die Schlacht in der entscheidenden Phase durch das Hinzutreten der – kurz zuvor abmarschierten – «Infanterie» aus Bern, Freiburg und Solothurn zugunsten der Schweizer gekippt wäre. Knapp sieben Jahre später gilt das Gleiche freilich nicht mehr. Bei Bicocca sind die eidgenössischen Söldner ihren Erzrivalen aus dem oberdeutschen Raum quantitativ deutlich überlegen. Genauso deutlich scheitern die Gewalthaufen aber auch am Widerstand der Landsknechte. Die schematisch und nicht durchdacht angreifenden Reisläufer treffen auf einen selbstbewussten Gegner, der besser geführt wird, disziplinierter agiert, moderner ausgerüstet ist, taktisch mit mehr Umsicht operiert und der die frühneuzeitliche Form des Gefechts der verbundenen Waffen beherrscht.

Spätestens mit Bicocca endet also die Erfolgsstory der rein infanteristisch und hauptsächlich mit der blanken Waffe kämpfenden Gewalthaufen. Die Ernüchterung, die sich angesichts der hohen Verluste am Ende des ersten Schlachttags unter den Schweizern breit macht, könnte kaum deutlicher zu Tage treten als in dem Faktum, dass sie sich am nächsten Morgen weigern, erneut gegen das kaiserliche Heer anzutreten. Stattdessen ziehen sie es vor, in ihre Heimatorte zurückzukehren – ein bis dahin völlig unbekanntes Verhalten.

Sinnbildlich für den Niedergang der Taktik der Gewalthaufen und den Aufstieg der eng an die Fähnlein der Landsknechte gebundenen neuen Gefechtsführung ist das Schicksal zweier Männer, die bei Bicocca in der ersten Schlachtreihe kämpfend aufeinander getroffen sein sollen: Während der Unterwaldner Arnold Winkelried, eine der herausragenden Persönlichkeiten unter den Reisläufern, fällt, wird der wohl prominenteste Landsknechtsführer, Georg von Frundsberg, lediglich verwundet.[24] Frundsberg aber ruht sich nicht aus auf seinem Erfolg. Die Zukunftsträchtigkeit der Feuerwaffen offenbar richtig einschätzend, erhöht er in seinem Heer systematisch und deutlich den Büchsenschützenanteil auf Kosten des Anteils der «Spiesser».

Seine endgültige Entzauberung erfährt der Mythos von der Unbesiegbarkeit der schweizerischen Reisläufer allerdings erst vor Pavia, am 24. Februar 1525.[25] Frundsbergs Schreiber Adam Reissner überliefert die zentralen Ereignisse dieser Schlacht folgendermassen:[26]

«Alphonsus[27] [hat] den kleinern Hauffen der Schweitzer angeplatzt, die waren erschrocken, als sie das Geschütz und die reysige Pferdt verloren, haben nicht gern zur Wehr gegriffen, das Hertz war inen genommen, sie hetten den Hasen im Busen, und gaben bald die Flucht. Man sagt, Johan Diesspach, der bey den Schweitzern in grossem ansehen, und ir Hauptmann war, als er sahe, dass der Hauff der Schweitzer nicht wolt angreiffen, und geflohen, hat er sie gescholten. Und als er sie auch mit Streychen nicht hat können auffhalten, da hab er solche Schand nicht wöllen erleben, und sey under die Feind gelauffen, und gern umbkommen. Der ander Hauff der Schweitzer, der grösser war, hat eine kleine weil sich gewehrt. Als sie aber mit Handroren umbgeben, und die Kugeln wie Platzregen in sie giengen, auch die Häuptleut in ersten Gliedern niderlagen, da sie sahen, dass der reysig Zeug zu Boden gangen, haben sie die Wehr von inen geworffen, den Rücken gekehrt, und sind schändlich geflogen.»[28]

Aber auch die Landsknechte machen eine Erfahrung ganz eigener Art:[29]

«Die Teutschen Landsknecht auff dess Frantzosen seyten, der Schwartz Hauf genannt, haben sich herzu gethan, und mit grossem Neyd den Keyserischen Fussknechten zugesetzt. Sie wollten Ehr eynlegen und irem König, der inen viel jar viel Kronen zur Besoldung gegeben, redlich beystehen. Dargegen waren die Keyserischen Landsknecht under dem von Frundsberg auch begirig wider sie, darumb, dass sie dem Keyser und dem Teutschen Namen zuwider dem Frantzosen, der ein stäter Feind dess Keysers war, wider die Teutschen, ire Brüder und Blutfreund, kriegten.»

In beiden Lagern kämpfen also grössere Landsknechtskontingente. Dabei wird die für die Franzosen kämpfende so genannte Schwarze Garde von den ungefähr doppelt so starken Truppen Frundsbergs geradezu niedergemetzelt. Unter Söldnern aus der Eidgenossenschaft wäre ein solches Verhalten dagegen anscheinend kaum denkbar gewesen; zumindest finden sich keine Belege für nennenswerte Gefechte zwischen grösseren Gruppen von Reisläufern.

Die oberdeutschen Landsknechte und ihre Interessenvertretungen können indes nicht lange von ihren Erfolgen gegen die Schweizer profitieren. Bereits 1527 führt der Sacco di Roma den Verantwortlichen die Unberechenbarkeit der freien Söldner drastisch vor Augen. Nicht zuletzt deshalb beginnen nun die Fürsten, das Kriegswesen zu reorganisieren, um einerseits die Infanteristen besser in das Gefecht der verbundenen Waffen einzubinden und andererseits die genossenschaftliche Organisation der Landsknechte zu entmachten.[30] Wenngleich das freie Landsknechtswesen eine Erscheinung ist, die rund eineinviertel Jahrhunderte währt, ist seine Blütezeit also kurz: Sie beginnt mit Marignano 1515 und endet mit dem Sacco di Roma 1527.

Das Fremdbild der Reisläufer und der Landsknechte[31]

Gleichsam ein Ritual vor jeder Schlacht, in der Landsknechte und Reisläufer aufeinander treffen, sind die gegenseitigen, mitunter wüsten Beschimpfungen, Beleidigungen und Provokationen. Die Ursachen dafür sind auf einer tieferen Ebene zu suchen als auf der einer blossen, bewusst initiierten psychologischen Kriegführung. Sie haben ihre Vorgeschichte und sie haben Wurzeln, die ausserhalb des engeren militärischen Bereichs zu verorten sind.

Kaum anders als die Realinjurien, die man sich gegenseitig auf dem Schlachtfeld zufügt, sind die meisten jener Verbalinjurien sehr derber, aus heutiger Sicht mitunter primitivster Natur. Als offensichtlichste Spitze solcher wechselseitiger Beleidigungen kann der Kuhspott gelten:[32] Aus der Sicht der (Ober-)Deutschen sind die Schweizer «Kuhbauern» oder «Kuhmäuler», riechen wie Kühe oder neigen gar zur Unzucht mit Kühen. So taufen schwäbische Landsknechte 1499 vor Ausbruch des Schweizerkriegs in Bendern ein Kalb auf den Namen «Ammann Ruedi» und verkleiden in Guttenberg Kühe mit Brautkleidern, um anschliessend nach deren – schweizerischem – «Bräutigam» zu rufen. Gelegentlich soll es sogar genügt haben, wenn Landsknechte den Reisläufern auf der gegnerischen Seite ein einfaches «Muh!» entgegenbrüllten, um die Schweizer zum Vorstossen zu provozieren. In einem Landsknechtsspottlied vom Herbst 1499 ist zu vernehmen:[33]

«O Maximiliane,	*[O Maximilian,*
des römischen richs ein küng,	*König des römischen Reichs,*
vernim dise ding:	*vernimm diese Dinge:*
(und tu darzu!)	*(und handle entsprechend!)*
es lit obnen an dem Rin ein stat	*es liegt oben am Rhein eine Stadt*
die heisset Chur,	*die Chur heisst,*
darinn lüjet ouch ein schwizer ku;	*darin gibt es auch eine schweizerische Kuh,*
willtu das nit weren,	*wirst Du dagegen nichts unternehmen,*

die schwizer puren   *so werden die Schweizer Bauern*
werdent sich meren.»   *sich vermehren.]*

Kaiser Maximilian, der «Vater der Landsknechte», geht in seinem Manifest vom April 1499 gar noch einen Schritt weiter, indem er die Eidgenossen als Heiden bzw. unehrliche, hinterlistige und grobe Bauern charakterisiert, *«in denen doch kein tugend, adelich gblüet, noch mässigung* [sei], *sunder allein uppikeit*[34], *untrüw, verhassung der Tütschen nation, irer recht*[mässig]*en, natürlichen herschaft, darvon sie sich* [...] *gescheiden haben».*[35]

Zwar dominiert das Bild vom Kuhschweizer die Beschimpfungen. Doch finden sich daneben andere Charaktermerkmale, die man von deutscher Seite als typisch für die Reisläufer ansieht. Verwiesen sei hier exemplarisch auf ein Landsknechtslied Jörg Graffs. Dort heisst es u. a.: *«Das Geld wollen wir verschlemmen, das der Schweizer für seine Handschuhe ausgibt.»*[36] Geiz ist hier also die Eigenschaft, die den Schweizern zugeschrieben wird. Als weitere Vorurteile finden sich Habsucht, Geldgier, Grausamkeit und eine «schrankenlose Gewalttätigkeit». Ausserdem erhalten die Reisläufer von ihren Konkurrenten Spottvornamen wie «Heini» oder «Ruedi».[37] Selbst die Bezeichnung «Schwizer» für die Gesamtheit der Eidgenossen ist ursprünglich als Beleidigung zu verstehen, da die Bewohner Südwestdeutschlands sie als ein Synonym für das Grobschlächtig-Bäuerische verwenden.[38]

Die Schweizer Söldner revanchieren sich auf ihre Weise. Josias Simler betont in seiner Darstellung «De Republica Helvetiorum» den grossen Zusammenhalt der Eidgenossen und grenzt sie dadurch – wohl mit Blick auf die Ereignisse in der Schlacht von Pavia – klar von ihrem deutschen Widerpart ab. Spöttisch bemerkt er:[39] *«Es ist wol bey den Landsknechten im Bruch, das sy ein anderen Brüder nennend, und meinend etliche die Tütschen syend von den Römeren Germani, das da ein Bruder heisst, gnennt worden. Aber diss sind rowe Brüder die stäts mit einandern schlahend und houwend, und da sy mit zerschnittnem angsich rowsehend, habend sy meer söliche wunden von iren Brüderen, dann von iren fyenden empfangen, das sy Billich nach dem Griechischen Sprüchwort die Cadmeischen*[40] *möchtend gnennt werden, die selbs einandern zu tod schlugend. Dargegen by den Eydgnossen unn in iren lägern ist meerteils guter frid unn ruw.»*[41]

Neben den derben und primitiven Vorurteilen finden sich indes auch dezenter gehaltene. Wie z. B. jene verächtlichen Bemerkungen, mit denen die Schweizer im Anschluss an ihre Niederlage von Marignano die Defensivtaktik der Landsknechte kommentieren: Die schwäbischen und bayrischen Söldner werden als Dachse, Feldmäuse, Murmeltiere oder Schweine im Mist verhöhnt, weil sie sich teilweise in Gräben oder hinter strohbedeckten Erdwällen verschanzt haben. Niklaus Manuel Deutsch hat die hinter dieser Stichelei verborgene hilflose Wut der Schweizer nach der Schlacht von Bicocca im seinem «Bicoccalied» festgehalten:

«Botz Marter, Küri Velti!	*[Gottes Marter Quirin und Valentin!*[42]
du hast vil lieder gmacht,	*Du hast viele Lieder gemacht,*
rüempst dich in aller welte,	*rühmst dich in aller Welt,*
du habest gewunnen ein schlacht.	*du hättest eine Schlacht gewonnen.*
Du lügst, als wit dir's mul ist	*Du lügst, so weit wie dein Maul ist*
Und rüempst dich dinr eignen schand,	*und rühmst dich deiner eigenen Schande:*
der graben het dir's leben gfrist,	*Der Graben hat dir das Leben gerettet,*
keins lantsknechts gwer	*aber keines Landsknechts Waffe*
noch hand, [...]	*oder Hand, [...]*
ich schiss dir ein dreck uf d'nasen	*ich scheiss dir einen Dreck auf die Nase*
und dri in knebelbart!»[43]	*und drei in den Knebelbart.]*

Insgesamt lässt sich allerdings feststellen, dass in den Quellen erheblich weniger Belege für schweizerische Schmähreden und Spottgedichte über die Landsknechte zu finden sind als umgekehrt. Augenscheinlich bevorzugen die Reisläufer anstelle der verbalen Beleidigung eher die handfesten Formen der «Konfliktbewältigung».[44]

Motive für die ausgeprägte Rivalität zwischen den schweizerischen Reisläufern und den (süd-)deutschen Landsknechten

Wie lässt sich nun der Hass, die mörderische Rivalität zwischen Landsknechten und Reisläufern erklären? Die nahe liegendste und in der Literatur am häufigsten zu findende Antwort lautet: *«Die Schweizer wurden besser bezahlt, die Schweizer wurden bevorzugt, die Schweizer beanspruchten Privilegien bei der Beuteverteilung.»*[45]

Es habe sich deshalb bei den Landsknechten ein Neid eingestellt, der durch die Reihe der Niederlagen gegen die Schweizer zum Ende des 15. Jahrhunderts noch vertieft worden sei. Die Vielzahl der Schmähungen und Spottgedichte und die Erbarmungslosigkeit während der Schlachten wären folglich als Ventil der Missgunst der Landsknechte zu verstehen. Als Motiv auf Seiten der Reisläufer hingegen wird – neben der zum Prinzip erhobenen Unbarmherzigkeit im Gefecht – einerseits der Wunsch nach Revanche für jene Beleidigungen genannt. Andererseits findet sich immer wieder der Hinweis, dass dabei der in der Eidgenossenschaft verbreitete Hass auf den in den Reihen der Landsknechte zahlreich vertretenen Adel eine wichtige Rolle gespielt habe.

Diese Argumentation greift aber deutlich zu kurz, etikettiert sie doch in unzulässiger Weise das Landsknechtsheer als «Adelsheer» und die schweizerischen Gewalthaufen als «Bauernheer». Denn *«es wäre naiv zu glauben, es bei den Innerschweizer Hauptleuten mit ungebildeten Kuhhirten zu tun zu haben».* Vielmehr entstammen diese Söldnerunternehmer entweder dem *«führenden Handels- oder Rentnerpatriziat»*, sind *«Stadt- und Landadelige»* oder *«auch bürgerliche Vertreter, meist aus*

Der Schweizerische Reisläufer (links) gilt im 15. Jahrhundert als besonders tapferer und geschickter Söldner. Erst als im frühen 16. Jahrhundert sein Hauptkontrahent, der (ober-)deutsche Landsknecht (rechts), ihm nun besser ausgerüstet und geführt gegenübertritt, schwindet allmählich der Mythos von der Unbesiegbarkeit der «Schweizer».

der Kaufleuteschicht». Auch in Schwaben stehen sich *«der arme Kleinadel und die Bauern [...] vor allem im Alltag nah und orientieren sich gleichermassen eher an den Idealen der Eidgenossen auf der anderen Seite des Rheins als an der tradierten lehens-rechtlichen Ständeordnung».*[46]

Vor dem Hintergrund der allgemeinen politischen und gesellschaftlichen Lage wirkt indes nicht nur die zuletzt kritisierte Auffassung verkürzt. Auch der ökonomische Wettbewerb zwischen den beiden Söldnerorganisationen scheint in seiner Bedeutung überschätzt zu werden, zumal es zwischen den Schweizern und den Fusstruppen aus Frankreich und Spanien zu keiner derartigen Zuspitzung der Rivalität kommt wie mit den deutschen Landsknechten. Unterbewertet werden dagegen zwei übergeordnete Entwicklungen, die den soziopsychischen Orientierungs- bzw. Bezugsrahmen für die Interaktion (und Kommunikation) der schweizerischen und der oberdeutschen Infanteristen formen.

Der erste Vorgang vollzieht sich ausserhalb des militärischen Kontexts und bildet quasi die gesellschaftliche Vor- und Parallelgeschichte dieses Intergruppenkonflikts. Mit der zunehmenden Verselbständigung der Eidgenossenschaft gegenüber dem Reich kommt es im Verlauf des 15. Jahrhunderts nämlich auch zu einer Distanzierung und wachsenden Entfremdung zwischen den unmittelbaren Nachbarn südlich und nördlich des Rheins.[47] Zugleich Begleiterscheinung und Folge dieses Abgrenzungsprozesses sind eine ungeschickte Fehdepraxis der schweizerischen Städte gegenüber ihren schwäbischen Nachbarn und drastische Verunglimpfungen der Schweizer durch ebendiese.[48] Selten ist freilich eindeutig zu klären, wer im Einzelfall Verursacher und wer Opfer ist. Die Oberdeutschen und die Schweizer, die sich später als Landsknechte oder als Reisläufer anwerben lassen, lernen dadurch die Grundmuster für ihr jeweiliges Feindbild bereits in ihrer Kindheit oder Jugend.[49] Es gehört zu ihrer zivilen Sozialisation.

Der Hass, der sie in der Schlacht insbesondere gegen ihren Hauptgegner zu unvorstellbarer Härte befähigt, hat seine Wurzeln demzufolge im psychischen Prozess der Bildung regionaler Identität.[50] Auf eine derartige Bindung des Konflikts an die regionale Herkunft der Soldaten weist auch eine der ersten Überlieferungen handfester Beleidigung hin. Sie stammt aus dem Jahr 1488; aus einer Zeit also, der Schlachten zwischen Reisläufern und Landsknechten noch unbekannt sind. Nördlinger Landsknechte sollen während des Feldzugs in den Niederlanden angeblich ihre Zürcher Mitkämpfer durch eine Anspielung auf deren vermeintlich praktizierte Sodomie beleidigt haben. Nach der Klage Zürichs an den Rat der Stadt Nördlingen hätten deren Söldner den Schweizern damit bösartig ein zutiefst unchristliches Verhalten unterstellt.[51]

Die zweite massgebliche Entwicklung ist die allmähliche Ausformung eines Berufskriegerstands in Oberdeutschland im Verlauf des späten 15. Jahrhunderts. Konstituierendes Element dieses Vorgangs ist die Bildung eines beruflichen Ethos, das klare Abgrenzungen nötig macht, um ein möglichst eindeutiges Selbstbild zu erhalten. So kann man zwar Hermann Romer zustimmen, wenn er konstatiert, dass es sich bei Landsknechten und Reisläufern letztlich um das gleiche Muster von Berufskriegern handelt. Widersprechen muss man aber seiner Folgerung, der *«Gegensatz von Landsknecht- und Reisläuferheeren, der die historiographische Forschung über Jahrhunderte dominierte»*, sei ein (rein) synthetischer. Denn diese Interpretation übersieht, dass gerade bei zwei sehr ähnlichen, um knappe soziale, psychische oder wirtschaftliche Ressourcen konkurrierenden Personengruppen das menschliche Bedürfnis nach Distinktion und einer unverwechselbaren eigenen Identität besonders stark ausgeprägt ist.[52]

Dieser Prozess der Ausbildung eines beruflichen Selbstverständnisses wird noch verstärkt, indem viele Landsknechte keine *«eigentliche Heimat»*[53] mehr haben und für sie das Fähnlein – in der «Gart»[54] wohl auch die blosse mentale Repräsentation ihres Berufs – der neue soziale (und psychische) «Ort» ihrer Selbstidentifikation wird.

Ausblick

Während der Reisläufer heute offenbar einen festen und im Wesentlichen positiv bewerteten Platz in der Geschichte der Schweiz einnimmt, wird sein Landsknechtspendant in Deutschland meist skeptisch gesehen. Die historische Bildung ignoriert ihn weit gehend und in der Gesellschaft sind die Begriffe «Söldner» und «Landsknecht» eher negativ konnotiert. Das günstige Bild von den Reisläufern dürfte u. a. damit zusammenhängen, dass sie einerseits für die Schaffung einer politisch eigenständigen Schweiz einen wichtigen Beitrag geleistet haben, und andererseits auch die hohe Reputation der aus ihren Reihen hervorgegangenen Päpstlichen Schweizergarde auf sie zurückstrahlt. Ähnliche Leistungen können die Landsknechte nicht für sich verbuchen, zumal deren Identifikationspotenzial im Prinzip kaum über den süddeutschen Raum hinausreicht. Hinzu kommt sicherlich, dass sie im Nachkriegsdeutschland gewissermassen «Opfer» der Skepsis und Kritik gegenüber jeglichen mit dem vormaligen deutschen Militarismus assoziierbaren Inhalten geworden sind, diente der Name «Landsknecht» im Zweiten Weltkrieg doch als Vorlage für die Bezeichnung der deutschen Soldaten als «Landser» und trug darüber hinaus ausgerechnet eine Division der Waffen-SS den Namen des wohl berühmtesten Landsknechtsführers (Georg von Frundsberg).

Die Päpstliche Schweizergarde

Weshalb fremde Garden?

Viele Herrscher der Renaissance waren durch den Sturz ihrer Vorgänger an die Macht gelangt; ihnen fehlte somit der Schutz der Person, die Tradition und Legitimation ihrer Herrschaft, weshalb sie ständig in Unsicherheit lebten. Um sich an der Macht zu halten, übten sie alle Künste Machiavellis aus, lange bevor dieser überhaupt geboren war. Aus den unterschiedlichsten Gründen führten diese Herrscher zudem häufig Krieg gegeneinander. Allerdings sandten sie nicht ihre eigenen Untertanen in die Schlacht, da sie diese nicht bewaffnen wollten. So warben sie Söldnertruppen an und bezahlten sie mit dem, was Eroberungen, Lösegelder, Konfiskationen und Plünderungen einbrachten. Kühne Abenteurer zogen über die Alpen, verkauften ihre Dienste als Condottieri an den Meistbietenden und wechselten mit der Höhe des Angebots die Partei.

Begleitet wurden diese Söldnerführer von Banden beutehungriger Soldaten, die hofften, im Krieg Gewinn zu machen und reich zu werden. Auch viele Schweizer Söldner liefen trotz der Verbote der heimatlichen Obrigkeit als Söldner nach Italien oder stellten sich in den Dienst des Kaisers oder des französischen Königs.[1] An manchen Höfen dieser Zeit hatten sich die Herrscher mit einer Garde zu ihrem Schutz umgeben, beispielsweise die Höfe von Frankreich und Burgund mit schottischen und englischen Bogenschützen. Es waren fremdländische Soldaten, denn fremdsprachige Truppen neigten weniger zur Fraternisierung mit der Zivilbevölkerung, da sie durch die Sprache isoliert waren und dadurch verlässlicheren Schutz boten.[2] Zu unterscheiden ist dabei zwischen einer zahlenmässig bescheidenen Truppe zum Schutz von Leib und Leben eines Herrschers und den grossen Söldnerverbänden, die Bestandteil eines Heeres waren.

Auch andere Länder wie Österreich, die Niederlande und Neapel folgten diesem Beispiel. Da sich Papst Julius II. lange Zeit am französischen Hof aufgehalten hatte, orientierte er sich an diesem Vorbild.

Les «Cent Suisses» du Roi

Im Jahre 1494 unternahm König Karl VIII. von Frankreich einen allerdings missglückten Feldzug nach Neapel, auf dem ihn auch 8000 Schweizer Söldner begleiteten. Dieses Erlebnis wird den König bewegt haben, einerseits das Bündnis mit den

Eidgenossen am 1. November 1495 zu erneuern und andererseits den Schutz seiner Person fortan einer neuen, dauernd im Dienst stehenden Garde anzuvertrauen. Mit zwei Erlassen in Lyon vom 27. Februar 1496 und am 12. Mai 1497 schaffte Karl VIII. die erste dauernd in französischen Diensten stehende Schweizer Truppe. Es entstand die «Compagnie des Cent Gardes du corps du roi Suisses», die «Kompanie der hundert Schweizer Leibgardisten des Königs». Bekannt wurden die «Hundertschweizer» unter dem Kürzel des Namens «Compagnie des Cent Suisses». Die Truppe zählte 106 Mann und stand unter dem Kommando eines französischen Capitaine-Colonel. Wie alle Truppen in französischen Diensten sprach die Kompanie ihr eigenes Recht in Anwendung der Gesetze, die in ihrer Heimat galten.[3]

Zu den Aufgaben der «Cent Suisses» gehörte es, die Person des Königs und seinen Palast zu schützen. Im Schutz der Garde befanden sich ausserdem das königliche Siegel und die Kleinodien des Königtums. Die Gardisten begleiteten und schützten den König auf seinen Reisen und wurden im Kampf an vorderster Front eingesetzt. Dass solche Einsätze sehr gefährlich waren, zeigt das Beispiel der Schlacht von Pavia 1525. Neben den 5000 Schweizer Söldnern und vielen anderen opferte sich auch die Garde der «Cent Suisses» für König Franz I., was diesen allerdings nicht von der Gefangennahme bewahrte.[4]

Das Regiment der Schweizergarden

Neben dieser eigentlichen Schweizergarde gab es auch die grossen Soldverbände, die in Frankreich und im übrigen Europa im Einsatz waren; 1480 standen allein in Frankreich 8000–10 000 Schweizer im Dienst. Für die Zeit bis zur Revolution sprechen Berechnungen von über 600 000 Mann in französischen Diensten, deren Aushebung von der Tagsatzung und den Kantonen offiziell bewilligt wurde. Dazu kamen die nicht bewilligten Werbungen, sodass die wirkliche Zahl wesentlich höher liegen muss. Im Jahre 1616 wurden die Schweizer im «Régiment des Gardes Suisses» mit französischen Verbänden in einer Brigade zusammengefasst. Das Regiment setzte sich aus zwölf Kompanien Fusstruppen zu je 200 Mann zusammen. Diese Truppen sicherten den äusseren Bereich des Palastes und der königlichen Residenzen und begleiteten den König überallhin. Ursprünglich wurden diese Soldaten in der Umgebung untergebracht, im 18. Jahrhundert in den Tuilerien und in Kasernen der Umgebung von Paris zusammengefasst.

Daraus wird klar, dass schweizerische Söldner in früherer Zeit als Truppen in grösserer Zahl für die begrenzte Dauer eines Feldzuges, später auf unbegrenzte Zeit und in kleinerer Zahl als Palast- oder Leibwachen auf lange Dauer angeworben wurden. Schweizergarden erscheinen bezeichnenderweise erstmals an jenen Höfen, deren Fürsten persönlich Schweizer Truppen in Dienst hatten und deren Verhalten somit aus eigener Erfahrung beurteilen konnten. Wegen ihres militärischen Könnens,

König Ludwig XI. stellte 1480 ein Schweizer Hilfskorps regulär auf und gewährte von 1481 an Schweizer Soldaten Privilegien, die in der Folge weiter ausgebaut wurden. 1497 wurde die Gardetruppe der Hundertschweizer – die erste ständige eidgenössische Truppeneinheit – in Paris geschaffen.

ihrer Tapferkeit und Treue waren Schweizer Söldner besonders beliebt. Von Anfang an übten die «Cent Suisses» eine grosse Anziehung aus, sodass auch andere Fürsten bestrebt waren, Schweizer in Dienst zu nehmen. 1597 schuf sich der Herzog von Savoyen eine Leibgarde der «Hundertschweizer», 1609 der Kurfürst Friedrich III. von Brandenburg und 1730 der König von Sachsen.[5]

Im Gefolge des französischen Königs auf dem Kriegszug nach Neapel war auch der spätere Papst Julius II. Während des Pontifikates von Papst Alexander VI. hielt sich der Kardinal Giuliano della Rovere aus Sicherheitsgründen am Hofe des französischen Königs auf. Er gehörte mit zum Personenkreis, der den König in seinen Italienplänen unterstützte, wenn auch aus anderen Gründen als der König. Somit kannte der nachmalige Papst die Schweizer Truppen aus eigener Erfahrung, er kannte ihr soldatisches Können und wusste um deren Interesse an Kriegsruhm, Geld- und Beutemachen. Ausserdem lag das Herkunftsgebiet dieser Krieger dem möglichen Einsatzgebiet Rom und Italien nahe, was schnelle Werbung, Aufstockung und Ersatz der Söldner ermöglichte.

Die Verhandlungen Papst Julius' II. mit den Eidgenossen

Als Julius II. nach seiner Wahl zum Papst im Jahre 1503 seinen Personenschutz zu organisieren begann, wird er sich wohl der früher gesammelten Erfahrungen erinnert haben. Die spanischen Wachen, die ihn an die Herrschaft des Borgia-Papstes erinnerten, verabschiedete er und seine Landsleute kamen für ihn nicht in Frage, da sie zu sehr im Eigenen verstrickt und damit zu unsicher waren. Wie wenig er dem römischen Adel traute, zeigte sich darin, dass er dessen Mitglieder aus der Palastgarde entfernte und keinen Römer zum Kardinal ernannte.[6]

Selber kannte er die Schweizer schon seit langer Zeit, denn 1473 hatte ihm sein Onkel das Bistum Lausanne übertragen. Die Berner hatten den Widerstand des Domkapitels mit Waffengewalt gebrochen und waren in Rom in persönliche Beziehungen zum Kardinal getreten. Diese Beziehungen blieben beim Abschluss des Bündnisses, das Papst Sixtus IV. 1479/80 mit den Eidgenossen einging, wohl nicht ohne Einfluss. Der Vertrag wurde auf Lebenszeit des Papstes abgeschlossen und gestattete ihm die Werbung schweizerischer Söldner. Er musste sich dabei mit der jeweils bewilligten Anzahl zufrieden geben und durfte sie nur auf dem Lande, nicht aber auf dem Wasser einsetzen.[7]

Als Julius II. daran ging, eine Garde zu gründen, wird er sich eines Schweizer Klerikers erinnert haben, der sich während des Pontifikates von Innozenz VIII. eine Zeit lang am päpstlichen Hof aufgehalten hatte. Der Papst forderte am 1. Februar 1505 Peter von Hertenstein, Erzdiakon der Domkirche von Sitten, auf, unverzüglich nach Rom zu kommen, wo er Kenntnis nahm vom Wunsch des Papstes nach einer Leibwache. Auch konnte er gleich eine geeignete Person als Kommandanten vorschlagen, nämlich einen weitläufigen Verwandten, den Urner Kaspar von Silenen, einen kriegserfahrenen Hauptmann.

Der Papst scheint mit dem Vorschlag zufrieden gewesen zu sein und verlieh seinem Gesandten als Dank und zur Aufmunterung die Würde eines päpstlichen Kämmerers. Peter von Hertenstein reiste in die Schweiz zurück und legte der Tagsatzung am 9. September 1505 das Breve des Papstes vom 21. Juni 1505 vor. In diesem Schreiben begehrte der Papst, *«zweihundert Fussknechte aus euren Landen in Sold zu nehmen. Auf Gottes Eingebung hin haben Wir die Absicht, ihren Dienst für die Bewachung Unseres Palastes einzusetzen. Wir vertrauen darauf, dass ihre Treue und Waffenerfahrung Unserem Bedürfnis entsprechen wird. Deswegen appellieren Wir in Gott an euren Geist der Ehrerbietung, damit ihr Peter die Erlaubnis gewährt, zweihundert Fussknechte nach seiner Wahl in Sold zu nehmen und zu Uns herabzuführen. Es wird eurer ganzen Nation Ruhm bringen, dass eure Männer vor andern zur Bewachung des Apostolischen Palastes berufen wurden.»*[8]

Auffallend ist, dass Julius II. 200 «gwardiknechte» begehrte; der französische König hatte für sich die «Cent Suisses». Ob der Papst damit seine Stellung über den weltlichen Herrschern anspricht, kann nur vermutet werden. Wenn die Schweizer als Palastwache angefordert werden, darf man davon ausgehen, dass der Papst auch den Schutz seiner Person meinte. Ein zweites Breve des Papstes vom gleichen Tag sollte Peter von Hertenstein, Kaspar von Silenen und den «ducentos Elvetios pedites» freien Durchzug nach Rom sichern.[9] Peter von Hertenstein versicherte an der Tagsatzung in Zürich vom 9. September 1505 den Anwesenden, dass der Papst die Kriegsknechte nur zu seinem persönlichen Schutz begehre. Die Versammlung versprach baldige Antwort; doch die nächsten zwei Tagsatzungen Ende September und Ende Oktober verstrichen, ohne dass ein Entscheid gefällt wurde. Der Grund für das Zögern der Tagsatzung war durchaus verständlich. Die Behörden wussten seit langem um den verderblichen Einfluss des Reislaufens und die daraus erwachsenden sittlichen Folgen. Die Obrigkeit war sich auch bewusst, dass sich durch das freie Reislaufen Eidgenossen in verschiedenen Heeren gegenüberstanden und sich der Bruderkampf oft kaum verhindern liess. Als aber 1505 wieder französische Gelder lockten, trat ein Ort nach dem anderen von der früher gemachten Vereinbarung des «Pensionenbriefes» vom 21. Juli 1503 zurück, der unter Androhung schwerer Strafen das freie Reislaufen und die Annahme von Pensionen ohne obrigkeitliche Bewilligung untersagt hatte.

Als die Werbung für Frankreich plötzlich wieder frei erfolgen durfte, hielt es der päpstliche Bevollmächtigte nicht mehr für notwendig und sinnvoll, auf einen Entscheid der Tagsatzung zu warten, und begann, selber Kriegsknechte anzuwerben.[10] Doch statt der gewünschten 200 Soldaten brachte er nur 150 zusammen; die französische Werbung war scheinbar erfolgreicher. Die Gefahr in französischen Diensten war zwar grösser, aber dieser Dienst versprach mehr Beute, was ver-

lockender war als die Aussicht auf zwar friedlichen, dafür langweiligen Wacht-
dienst.

Der Marsch der ersten Gardisten nach Rom

Nach erfolgter Werbung machten sich Anführer und Gardisten Ende des Jahres
1505 auf den Weg nach Rom. Da die meisten Söldner aus den Herrschaftsgebieten
von Zürich und Luzern stammten, darf vermutet werden, dass sie trotz der Win-
terzeit über den Gotthard zogen. Die Gardisten marschierten zuerst nach Mailand,
wo Peter von Hertenstein bei der Fuggerbank 500 Dukaten abhob; dann ging es
weiter nach Pavia, wo sie auf den mittelalterlichen Pilgerweg trafen, die «Via Franci-
gena», den «Frankenweg». Von Fidenza aus konnten sie über den Cisa-Pass den
Apennin überqueren oder weiter der Via Emilia bis Bologna folgen, denn ab 1300
begann sich ein neuer Reiseweg zu entwickeln, der den Apennin von Bologna aus
in Richtung Florenz überquerte. Es ist allerdings nicht anzunehmen, dass die Gardisten diesem Weg gefolgt sind, denn die Stadt suchte sich nach dem Tod von Papst
Alexander VI. von der Herrschaft des Papstes zu lösen und erklärte sich als unabhängig. So ist anzunehmen, dass man diese Strecke gemieden und den Weg über
den Cisa-Pass gewählt hat.

Der Weg führte über Lucca und Siena nach Acquapendente, nördlich des Bol-
senasees, wo bei der Fuggerbank erneut Geld bereit lag, diesmal 200 Dukaten. Weiter führte der Frankenweg über Viterbo und Sutri direkt auf den Monte Mario, wo
die künftigen Gardisten – wie alle Rompilger – zum ersten Mal die Ewige Stadt und
damit ihren künftigen Einsatzort sahen. Für die Werbekosten hatten die Fugger
4900 Dukaten «largorum» und 974 gewöhnliche Dukaten zur Verfügung gestellt.
Mit 774 Dukaten bezahlten sie auch den ersten Monatssold der Schweizer. Die Ge-
samtsumme von 5068,68 Gulden erscheint in der päpstlichen Kammerrechnung
vom 4. Februar 1506; diese Auslagen sind der Fuggerbank natürlich gegen Zins zu-
rückbezahlt worden.[11]

Am Donnerstag, dem 22. Januar 1506, gegen fünf Uhr abends, zogen die
Schweizer durch die Porta del Popolo in der Ewigen Stadt ein. Zuvor waren sie auf
Geheiss des Papstes von Kopf bis Fuss neu ausgestattet worden. Von der Porta del
Popolo marschierte die Truppe zum Campo de' Fiori und von dort zum Vatikan.
Auf der Loggia Pauls II. bei der alten Peterskirche erwartete sie der Papst und er-
teilte ihnen den Segen. Noch am gleichen Abend bezog die neue päpstliche Garde
aussen am Palast des Papstes ihr Quartier.[12] Der 22. Januar 1506 gilt daher als
Gründungstag der päpstlichen Schweizergarde.

Der Papst scheint seine «gwardiknechte» hoch geschätzt zu haben, bezahlte er
ihnen doch beinahe das Doppelte des damals gebräuchlichen Kriegssoldes, was einem einfachen Gardisten vier Dukaten Monatssold einbrachte. Ob Julius II. damit

Unter dem Pontifikat von Papst Julius II. (1503–1513) gelang die Wiederherstellung des Kirchenstaates sowie die Förderung der italienischen Renaissance. Durch seine Aufträge hat er Bramante für den Umbau des Vatikanpalastes und den Plan für einen Neubau des Petersdoms (Grundsteinlegung im Jahre 1506), Michelangelo u.a. für das Riesenwerk der Deckenfresken in der Sixtinischen Kapelle und Raffael für die Arbeit an den Stanzen im Vatikan gewonnen. Zum Schutz seiner Person gründete er eine neue päpstliche Leibwache, die Schweizergarde.

einen Anreiz für neue Werbung geben oder wiederum seine Höherstellung über die weltlichen Herrscher zum Ausdruck bringen wollte, kann wieder nur als Vermutung formuliert werden. Ausserdem wurden den Gardisten die Kosten für die Reise in die Garde und zurück in die Heimat vergütet und die zollfreie Einfuhr von Wein in ihr Quartier erlaubt. Auch in der Heimat muss die Schweizergarde bald einen guten Namen gehabt haben, denn in der Folge bewarben sich auch Söhne vornehmer schweizerischer Familien um die Aufnahme und dienten zum Teil als einfache Gardeknechte; der grosszügige Sold mag das seine dazu beigetragen haben.

Ihren Dienst hat die Garde wahrscheinlich unverzüglich nach der Ankunft in Rom aufgenommen; wie es sich im Einzelnen damit verhielt, ist nicht überliefert. Aber entgegen der Versicherung Peter von Hertensteins, die Garde werde nicht für Kriegsdienste verwendet, begleitete sie den Papst bereits im August des Jahres 1506 auf dem Feldzug gegen die abtrünnigen Städte Perugia und Bologna. Da allerdings das Kardinalskollegium und der ganze Hofstaat den Papst begleiteten, scheint es sich nicht um einen gefährlichen Einsatz gehandelt zu haben. Tatsächlich ergaben sich die beiden rebellischen Städte schon beim Herannahen des päpstlichen Heeres, sodass der Papst am 11. November 1506 im Triumph in die Stadt einzog.

Für den begonnenen Feldzug liess der Papst durch zwei Gardeknechte zusätzliche Hilfstruppen aus der Eidgenossenschaft anwerben und heranführen. Nach dem Kriegszug trat ein Teil davon neu in die Garde ein und bis zum Sacco di Roma wuchs die Schweizergarde auf 189 Kriegsknechte an.

Zur Erinnerung an diesen ersten Marsch nach Rom wurde im Zusammenhang mit dem 500-jährigen Jubiläum der Gründung der Garde im Jahre 2006 das Ganze wiederholt oder «nachempfunden». Auf der historischen Strecke marschierten im April 2006, 86–100 ehemalige Gardisten in Tagesetappen von Bellinzona nach Rom.

Kaspar von Silenen, der erste Kommandant

Der erste Gardehauptmann, Kaspar von Silenen, stammte aus einem vornehmen Geschlecht des Kantons Uri. Sein Vorfahre, Arnold von Silenen, Landammann von Uri, soll an der Gründung der Eidgenossenschaft auf dem Rütli teilgenommen haben. Schon im 13. Jahrhundert hatte die Familie das Meieramt des Fraumünsters von Zürich in Silenen inne und durch den Verkehr über den neu eröffneten Gotthardpass kam die Familie früh zu ihrem Reichtum. Kaspar von Silenen soll im Jahre 1467 zur Welt gekommen sein; später weilte er mit seinem Vater in Frankreich und wurde dort in den Kriegsdienst eingeführt. Zurückgekehrt gab ihm sein Vater 1485 die kaum 18-jährige Anna von Roverea, die Tochter eines waadtländischen Adeligen, zur Frau. Auch Kaspars Grossmutter, Isabella von Chevron, entstammte savoyischem Adel und durch die Heirat verstärkten sich die Bindungen

Die Päpstliche Schweizergarde ist heute die Schutztruppe und Ehrenwache eines religiösen «Weltamtes» und zugleich ein international angesehenes Aushängeschild der Schweiz. Papst Julius II. ersuchte die Eidgenössische Tagsatzung im Sommer 1505 um eine Garde von 200 «Fussknechten». Es liessen sich fürs Erste nur 150 Söldner anwerben, die nach Rom aufbrachen. Sie zogen dort am 22. Januar 1506 ein. Dieser Tag gilt darum als Gründungstag der Garde. Die Blutprobe folgte auf tragische Weise bei der Plünderung Roms am 6. Mai 1527. Es fielen 147 Schweizer bei der Verteidigung von Papst Klemens VII. Darum ist der 6. Mai der jährliche Ehrentag mit der Vereidigung neuer Gardisten.
Das Bild zeigt die Kranzniederlegung am 6. Mai zur Erinnerung an den Sacco di Roma im Jahre 1527.

zum Welschland und zu Frankreich. Im Jahre 1492 erneuerte Kaspar in Luzern sein Bürgerrecht, was alle, die länger als ein Jahr abwesend waren, tun mussten.

Die französische Gesinnung der Silenen wird darin deutlich, dass Kaspar auf dem Feldzug König Karls VIII. von Frankreich nach Neapel teilnahm. 1497 wurde Kaspar von seiner Vaterstadt Luzern mit der Vogtei Ebikon betraut und in den Rat der Hundert gewählt. Drei Jahre später zog er als Hauptmann von 300 Kriegsknechten mit den Franzosen nach Italien. Er soll auch an der Gefangennahme des Herzogs Ludovico il Moro beteiligt gewesen sein. Nach Luzern zurückgekehrt, wurde er in den Rat der Neun aufgenommen. Im Jahre 1500 schlossen König Ferdinand von Aragon und Sizilien und König Ludwig XII. von Frankreich einen Vertrag zur Teilung des Königreichs Neapel. Im folgenden Jahr vertrieben die Verbündeten den König von Neapel, überwarfen sich aber bei der Verteilung der Beute. Als daher im Jahre 1503 Ludwig XII. seine Truppen im Kriegsgebiet verstärken musste, stützte er sich auf Kaspar von Silenen. Vom gleichen Jahr datiert aber auch der «Pensionenbrief» und folglich lehnten die Eidgenossen den Antrag auf Werbung ab. Als aber Kaspar von Silenen trotzdem Soldaten für Frankreich zu werben begann, kam es zum Konflikt mit der Regierung. Er wurde aus dem Rat entlassen und gab darauf sein Luzerner Bürgerrecht auf. Seine Hoffnung auf Kriegsdienst in Frankreich scheint sich allerdings nicht erfüllt zu haben, denn 1505 befand er sich wieder in Luzern.

Währenddessen hatte sich aber die Lage in der Eidgenossenschaft erneut verändert, der Pensionenbrief war aufgekündigt und Frankreich als Geschäftspartner wieder aktiviert. Kaspar von Silenen stellte dem Rat das Begehren, sein Bürgerrecht erneuern zu können, was ihm auch gewährt wurde. Nun schlug Peter von Hertenstein seinen Verwandten dem Papst als Gardekommandanten vor, und damit begann für Kaspar von Silenen ein neuer Lebensabschnitt. Die Ironie des Schicksals wollte es, dass er den Rest seines Lebens in den Dienst einer Politik stellte, die seiner Frankreich freundlich gesinnten Herkunft und eigenen Vergangenheit widersprach. Er scheint damit keine Mühe bekundet zu haben; mit Eifer und Erfolg widmete er sich der neuen Aufgabe und diente den Eidgenossen auch als Verbindung zum Papst.

Die ersten Jahre nach der Gründung

Lange Zeit galt Papst Julius II. als Anhänger französischer Politik in Italien, der Luzerner Chronist Diebold Schilling bezeichnete ihn gar als «einen guten Franzos». Während der für ihn gefährlichen Herrschaftszeit Papst Alexanders VI. lebte er am französischen Hof und nach seiner Wahl zum Papst vertrieb er mit Hilfe Frankreichs die Venezianer aus den Gebieten der Romagna, die sie dem Kirchenstaat widerrechtlich entrissen hatten. Um 1510 nahm der Papst eine Neubeurteilung seiner Politik vor und wollte der «Bedrohung der italienischen Freiheit» durch die Franzosen ein Ende setzen, wozu er die Hilfe der Eidgenossenschaft benötigte. Der Moment, mit ihnen in Verhandlungen zu treten, war günstig, denn im März 1509 lief der mit Frankreich auf zehn Jahre abgeschlossene Soldvertrag aus. Auch hatte er den geeigneten Unterhändler mit den Eidgenossen ebenfalls zur Hand; es war Matthäus Schiner, Bischof des Wallis, den er als Gegner der Franzosen kannte. Matthäus Schiner wurde im Jahre 1499 zum Bischof von Sitten erhoben. Für ihn hatten sich der Kaiser und der Herzog von Mailand eingesetzt; gegen ihn waren die Franzosen. Schiner war ein Gegner der französischen Politik in Norditalien und versuchte, die Söldner von französischen Diensten abzuhalten.

Das Wallis war der Eidgenossenschaft als «Zugewandter Ort» eng verbunden, und sein Bischof hatte bedeutenden Einfluss auf die eidgenössische Politik. Es gelang ihm, am 14. März 1510 die Eidgenossenschaft und seine eigenen Landsleute zu einem fünfjährigen Bündnis mit Papst Julius II. zu bewegen. Dieser verpflichtete die Schweizer zum Schutz der Kirche, der Person des Papstes und des Kirchenstaates. Sie hatten 6000 Mann zu stellen und durften ohne Einverständnis des Papstes keine Verbindung mit einer dritten Macht eingehen. Umgekehrt durfte der Papst die eidgenössischen Truppen nur im Interesse der Kirche verwenden, und die Eidgenossen erhielten genaue Zusagen, was Sold, Jahrgeld und Verpflegung betraf. Für seine Verdienste wurde Matthäus Schiner 1511 vom Papst zum Kardinal und ein Jahr später zum päpstlichen Gesandten ernannt. Während des Feldzugs nach Perugia und Bologna war der Papst beinahe in französische Gefangenschaft geraten, da er vergeblich in Bologna auf die angeworbenen Schweizer wartete. Diese hatten nach empfindlichen Niederlagen gegen die Franzosen ihren Vorstoss abgebrochen und sich nach Chiasso zurückgezogen.

Zornentbrannt machte der Papst den Eidgenossen schwere Vorwürfe wegen ihres Verhaltens, und diese beschlossen, um die Wogen wieder zu glätten, eine Delegation an ihn abzuordnen. Die Garde befand sich während des gesamten Kriegszugs ständig in der Nähe des Papstes, um ihn zu beschützen. Als sich die eidgenössische Delegation Rom näherte, ritt ihr Kaspar von Silenen entgegen und geleitete sie in die Stadt. Aber auch in Rom liess der Papst die Schweizer seinen Ärger spüren und lehnte alle Soldforderungen ab, weil sie ihm durch ihren Rückzug grosse Kosten verursacht und ihn persönlich in grosse Gefahr gebracht hätten.

Im Jahre 1512 kam es zum so genannten Pavierzug, an dessen Zustandekommen Schiner massgeblich beteiligt war; der Feldzug bereitete der Herrschaft der Franzosen in Oberitalien ein schnelles Ende. Der Papst änderte nun abrupt sein Verhalten und forderte die Eidgenossen auf, eine neue Gesandtschaft nach Rom zu entsenden, da «manche Fragen europäischer Politik» zu besprechen seien.

Die 18 Mitglieder der Delegation, zu denen auch Marx Röist, Bürgermeister von Zürich, zählte, wurden von Kaspar von Silenen am 10. November bereits in Florenz empfangen. Der Aufenthalt wurde für die Gesandten zu einem unterhaltenden Fest; aber von der Besprechung wichtiger Fragen war keine Rede. Sogar dem Gardekommandanten schien es, der Papst widme den Gesandten wenig Aufmerksamkeit, obwohl er selber um deren Kommen nachgesucht hatte.

Am 20. Februar 1513 starb Julius II. im Alter von 70 Jahren. Als Gardehauptmann traf Kaspar von Silenen die nötigen Massnahmen, um eine Unordnung zu verhindern, die jeweils beim Tod eines Papstes auszuarten drohte. Er verstärkte seine Mannschaft auf 300 Gardisten und besetzte mit ihnen alle Eingänge des Vatikanischen Palastes, während die Truppen der Kardinäle die Umgebung des Vatikans bewachten. Trotz der getroffenen Massnahmen kam es beim Totengottesdienst in St. Peter zu einer Auseinandersetzung, bei der zwei Personen von den Gardisten erschossen wurden.

Das Kardinalskollegium teilte der Eidgenossenschaft den Tod des Papstes mit und versprach, der Nachfolger werde das Bündnis erneuern, wozu auch die Schweizer bereit sein sollten. Am 11. März 1513 schloss das Konklave mit der Wahl Giovanni de' Medicis zum neuen Papst Leo X. (1513–1521). Einer der ersten Regierungsakte des neuen Papstes war die Bestätigung der Schweizergarde und ihres Hauptmannes Kaspar von Silenen.

«*dieser babst Leo hatt die frommen gwardaknecht wider angenommen und inen den dienst zu[o]gesagt, des si vast fro[e]lich sind, haben ouch hienacht ir besunder fro[e]idfür gemacht und mit tra[e]fflichem schyessen triumphyert.*»[13]

Damit anerkannte Leo X. den Beitrag der Garde zur Aufrechterhaltung von Ruhe und Ordnung im Vatikan. Nach der Krönung ritt der neue Papst in feierlichem Aufzug zum Lateran, um von seiner Kathedrale Besitz zu ergreifen. Die Schweizergarde schritt unmittelbar vor ihm her, gekleidet in die Farben Blau, Rot, Gelb des Medici-Wappens; der Kommandant ritt hoch zu Ross. Die Herrschaft Leos X. war eine Zeit grosser künstlerischer und kultureller Blüte; an seinem Hof wirkten die grössten Künstler und bedeutendsten Gelehrten seiner Zeit. Leos Name blieb jedoch vor allem mit der Entstehung der lutherischen Reformation in Deutschland verbunden. Mit dem Ablasshandel finanzierte der Papst den Bau der Peterskirche, was Luther veranlasste, seine berühmt gewordenen Ablassthesen zu formulieren. Mit deren Verbreitung begann die Reformation, die zur Auflösung der Einheit der Christenheit im Abendland führte. Die wirklichen Gründe für die Reformation lagen allerdings tiefer; es war der Zustand der Kirche, die Verachtung der grundlegenden Prinzipien des christlichen Lebens, die Sittenlosigkeit, in der vor allem der Klerus lebte, und die Tatsache, dass die nötigen Reformen nicht durchgeführt wurden.

Der Gardehauptmann stand auch beim neuen Papst in grosser Gunst, weshalb er immer wieder um Empfehlung und Vermittlung gebeten wurde, wenn ein Schweizer in die Garde einzutreten wünschte. Während der neuen Kriege gegen die Franzosen scheint die Garde weiterhin ihren Dienst als Wacht- und Begleitmannschaft des Papstes erfüllt zu haben. Das Gardequartier wurde allerdings zu einer Art Unterschlupf für schweizerische Reisläufer, die zu Hause für ihren gesetzwidrigen Dienst bei fremden Herren bestraft worden wären. Sie zogen es vor, in die Garde einzutreten, bis sich ihnen die Gelegenheit bot, zu den päpstlichen Truppen ins Feld zu ziehen. Für einen dieser Feldzüge des Papstes reiste Kaspar von Silenen zurück in die Schweiz und warb dort verbotenerweise 300 Kriegsknechte. Mit diesen und anderen zugelaufenen Söldnern – rund 1800 Mann – gelangte er im August 1517 in die Nähe von Rimini, wo er die päpstliche Hauptmacht abwarten wollte. Den Truppen wurde Quartier im wenig befestigten Borgo San Giuliano angewiesen, von wo aus nur eine schmale Brücke in die sichere Stadt führte.

Die Kommandanten der Schweizer wurden gewarnt, dass 8000 Feinde von Urbino her vorstiessen, und Kaspar von Silenen sprach gegenüber einem seiner Gardisten: *«die fyent wend uns morn überfallen und wir soltend in die statt ziehen uff unser vorteil, so sind die knecht voll win und kann kein anschlag hinacht tu[o]n.»*[14]

Am frühen Morgen gelang es dem Gegner, unbemerkt in den Borgo einzudringen und über die schlafenden Schweizer herzufallen. Der Lärm weckte die anderen, die sofort den Kampf aufnahmen, den Gegner zurückdrängten und sich über die Römerbrücke in die sichere Stadt zu retten vermochten. Mehrere hundert Schweizer, darunter der Kommandant der Schweizergarde, bezahlten den überraschenden Angriff mit ihrem Leben. Der Papst betrauerte den Tod seines Gardekommandanten und liess am 26. August einen feierlichen Totengottesdienst halten, dem eine grosse Zahl von Erzbischöfen und Bischöfen beiwohnten.

Wo Kaspar von Silenen beigesetzt wurde, ist nicht bekannt; weder in Rimini noch in Rom hat sich ein Grabstein oder eine Inschrift erhalten. In der Schweiz machte man nicht viel Aufhebens um seinen Tod, war der Gardekommandant doch wegen verbotener Werbung als ungehorsamer Bürger und von den Schwyzern gar als «Hauptaufwiegler» zum Tode verurteilt worden. Weder seine Familie noch sein Bruder Christoph, Leutnant in der Garde, kehrten in der Folge in die Heimat zurück, sodass ihre Burg in Küssnacht zerfiel und die beschlagnahmten Güter in fremder Hand blieben.

Die «Fremden Dienste» im 17. und 18. Jahrhundert

Diese Periode ist von zwei problematischen Aspekten bestimmt: Zum einen ist es die binnenörtische Überführung des genossenschaftlich-gefolgschaftlich orientierten Wehrwesens im Spätmittelalter zum besoldeten militärischen Instrument im Ancien Régime[1] und zum andern die Entwicklung der schweizerischen Regimenter in «Fremden Diensten». Die wichtigste Frage stellt sich für beide Aspekte so: Wie war es möglich, dass aus der freiheitstrunkenen, ungebärdigen Mannschaft des Mittelalters eine disziplinierte, Uniform tragende, in den genau gleichen Handgriffen geübte Mannschaft entstand? Ohne die entsprechende Veränderung im Ausland, die bezüglich der Wesensart der Krieger ebenso schwierig zu durchschauen ist wie die der kantonalen Milizen, wäre es in der Eidgenossenschaft wohl nie zu dieser Entwicklung gekommen. Teilweise war die Disziplinierung der Truppen durch die Waffen bedingt. Die aufkommende Feuerwaffe war ohne präzise Anwendung von entsprechenden Griffen gar nicht zu bedienen. Der Schwedenkönig Gustav Adolf hat die Handgriffe am Gewehr auf hundert reduziert. Folglich muss es früher noch mehr gegeben haben. Diese konnte man nur drillmässig erlernen.

Im Ganzen liegt die Wesensart der Krieger im 17. und 18. Jahrhundert in den Bedingungen des Untertanen begründet und nicht in der Welt des frei geborenen Mannes. Durch das Soldwesen hat das Ausland die Eidgenossen zu damals modernen europäischen Anschauungen erzogen und die Selbständigkeit des Individuums weit gehend gebrochen. Als dann die Französische Revolution das Wesen des Letzteren wieder belebte, wussten viele nicht mehr, welchen Gefühlen und Gewohnheiten sie sich hingeben sollten. Das ist wohl die entscheidende innere Ursache des Zusammenbruchs von 1798. Indessen ist die stolze Art des freien Kriegers nicht ganz untergegangen. Gerade im fremden Solddienst hat sich der eidgenössische Angriffsgeist, der entschlossene Drang zum Nahkampf, immer wieder unter Beweis gestellt und den Marktwert der Söldner bestimmt.

Die Heeresentwicklung bis zum Dreissigjährigen Krieg

Die Geschlossenheit, der innere Zusammenhalt und der bedingungslose Einsatz der Truppen waren die Voraussetzungen der Erfolge des Fussvolkes, das sich im 15. und 16. Jahrhundert endgültig zu einer Waffengattung entwickelte. Das 16. Jahrhundert markierte deshalb nach einer langen Vorgeschichte einen Wendepunkt in der militärischen Entwicklung Europas. Nicht allein die Erfindung des Schiesspulvers hatte dem Rittertum den Todesstoss versetzt, sondern auch die urwüchsige infanteristische Gefechtsweise der Eidgenossen.[2] Doch auch dem machtpolitischen Sturmlauf der Letzteren wurde bald Einhalt geboten. Mit der experimentellen Naturwissenschaft der Renaissance wurden waffentechnische Fortschritte möglich, die sich vor allem in der Artillerie und in den Handfeuerwaffen manifestierten. Das Feuer wurde zunehmend Gefecht bestimmend. Das mussten auch die Eidgenossen erfahren.

Die Feuerwaffe setzte ihrem ungestümen und früher unwiderstehlichen Angriff Schranken. Die Taktik der reinen «Gewalthaufen» musste sich ändern. Das französische Heer Franz I. zeigte 1515 in Marignano deutlich, dass der künftige Sieg auf europäischen Schlachtfeldern nur noch durch den Kampf der verbundenen Waffen möglich war. Das kriegerische Geschehen wurde in der Folge von der Artillerie, den immer zahlreicher auftretenden Schützen mit stetig verbesserten Feuerwaffen und der aufkommenden Schlachtkavallerie dominiert. In der Schlacht von Bicocca vom 27. Juli 1522 bewiesen die Landsknechte Frundsberg ihre Ebenbürtigkeit gegen die schweizerischen Truppen, welche unter Arnold von Winkelried standen. Die Hypothese, dass dieser Söldnerführer – neben dem sagenumwobenen Drachentöter Struthan von Winkelried – dem früher unbekannten Helden von Sempach den Namen gegeben hat, ist überaus spannend und einleuchtend. Die gültige Beweisführung ist jedoch noch nicht gelungen. Für die besiegten Eidgenossen wog die Niederlage von Bicocca weitaus schwerer als die von Marignano. War man in Marignano noch trotzig abgezogen, so hatte Bicocca dem eidgenössischen Angriffssystem den definitiven Todesstoss versetzt.

Damit war die einst gefürchtete und als unschlagbar geltende eidgenössische Infanterie jedoch nicht nutzlos geworden, doch musste sie in der Folge in der Gesamtheit der zur Verfügung stehenden Waffengattungen – im Kampf der verbundenen Waffen – ihren Platz finden. Mit der Schlacht bei Ceresole am 14. April 1544, wo die Franzosen die kaiserlichen Truppen besiegten, fand die erste Periode der frühneuzeitlichen Gefechtsform ihren Abschluss.[3] Aufgrund der veränderten Entwicklung entstand auf dem Schlachtfeld eine neue Aufstellungsform, die unter dem Namen «ungarische Ordonnanz» oder «kaiserlicher Tercio» spanischer Herkunft bekannt wurde.[4] Diese neue Aufstellungsform verband die Gewehrschützen mit den entsprechend verminderten, nur noch aus Pikenieren bestehenden Nahwaffenträgern zu einem kompakten taktischen Körper.

Im Gegensatz zum veralteten infanteristischen Gewalthaufen umrahmten nicht mehr Langspiessträger, sondern vielmehr die Schützen den Kern der Pikeniere und Träger kurzer Waffen. Gegenüber dem schwerfälligen Truppenkörper der kaiserlichen Heere bestand die niederländische, «oranische» Version aus einer eher flach aufgestellten Formation, die weitaus weniger in die Tiefe ging und nach dem antiken Beispiel der Römer und Byzantiner in kleinere und kleinste Abteilungen

Die Schweizer kämpften in bis zu 50 Gliedern tiefen Gewalthaufen. Vorne standen
die Pikeniere mit ihren fünf Meter langen Spiessen, dahinter kamen die Halbartenträger
und Schwertkämpfer. Die Schlacht in Marignano 1515 zeigte deutlich, dass der künftige
Sieg auf europäischen Schlachtfeldern nur noch durch den Kampf der verbundenen
Waffen möglich war. Das kriegerische Geschehen wurde in der Folge von der Artillerie,
den immer zahlreicher auftretenden Schützen mit stetig verbesserten Feuerwaffen und
der aufkommenden Schlachtkavallerie dominiert.

unterteilt war. Demzufolge musste eine zweite oder dritte Linie aufgestellt werden, um der Gefahr eines gegnerischen Durchbruchs entgegenzuwirken. Somit gelangte man zur «Treffenbildung» und «Treffentaktik», die bereits der Römer Scipio mit durchschlagendem Erfolg gegen Hannibal in der Schlacht bei Zama (202 v. Chr.) angewendet hatte. Der Vorteil dieser neuen Schlachtordnung lag darin, dass die wendigen taktischen Körper schnell und sich wechselseitig unterstützend manövrierten und somit an mehreren Stellen zeitgleich grössere Kampfkraft erzeugen konnten als die mächtigen Schlachtvierecke der Spanier. Die Schwäche wiederum bestand in ihrer hohen Druckempfindlichkeit der einzelnen Treffen. Wurde der Truppenkörper von der Auftreffwucht eines feindlichen Gewaltstosses zerrissen, drohte der Zerfall des lebenswichtigen Zusammenhaltes.

Demzufolge war die taktische Besonnenheit des Führers äusserst wichtig und ein intensiver Exerzierdrill musste die Standfestigkeit der Reihen erzeugen. Um dieses Ziel zu erreichen, wurden in allen modernen Armeen Exerzierreglemente geschaffen, in denen Vorschriften zur Truppenausbildung niedergeschrieben waren. Aber auch die Kavallerie – keine blosse Fortbildung des Rittertums – gewann zusehends an Bedeutung, indem die Geschwindigkeit des Pferdes geschickt mit der Feuertaktik verbunden wurde. Die grösste Änderung der oranischen Heeresreform betraf vor allem die Disziplinierung der Truppen. Dem ungezügelten Geist des söldnerischen Kriegshandwerks wurde Einhalt geboten. Damit mutierten die freien Krieger und Söldner zunehmend zu Berufssoldaten im modernen Sinn. Von den ausgebildeten, spezialisierten und an strenge Ordnungsgesetze gebundenen Berufssoldaten konnte die Führung härteste körperliche Strapazen und absoluten Gehorsam verlangen. Somit übernahm die oranische Heeresschule die Rolle der Eidgenossen als taktische Lehrmeisterin in Europa.[5]

Mit dem Dreissigjährigen Krieg ging die Entwicklung rasant weiter, denn der Schwedenkönig Gustav Adolf übernahm nicht nur das oranische System, sondern er entwickelte es weiter. Die Schlachtordnung wurde noch beweglicher und noch feuerkräftiger gemacht als jene der Niederländer.[6] Das von Gustav Adolf angeführte Heer war seinen Gegnern in der ersten Zeit derart überlegen, dass die anderen zum Handeln gezwungen waren. Hinter diesen militärischen Erfolgen stand aber eine effiziente politische Basis. Das schwedische Königreich nahm unter Gustav Adolf die Form einer Militärmonarchie an, in der das Heer nach dem oranischen Muster diszipliniert, organisiert und einexerziert auftrat. Er war sich bewusst, dass in der Schlacht der Sieg von der Feuerkraft und der Stosskraft der Verbände, vom offensiven Zusammenwirken aller Waffen abhing. Die Anzahl der Pikeniere wurde reduziert und Musketiere kamen hinzu. Leichte, bewegliche Feldgeschütze wurden zur Unterstützung der Infanterie mitgezogen und konnten situativ Feuerschwerpunkte setzen. Mit der Artillerie als Reserveelement machte Gustav Adolf Schlacht entscheidende Manöver und seine Kavallerie suchte in hoher Gangart die Entscheidung, indem sie mit der blanken Waffe tief in die feindlichen Glieder eindrang. Das vorderste Glied hatte vor der Attacke eine Pistolensalve abzufeuern.

Im Verlauf der Schlacht von Breitenfeld vom 17. September 1631 manifestierte sich die taktische Überlegenheit der Schweden gegenüber dem veralteten kaiserlich-spanischen Kriegswesen deutlich. Die grossen Infanterievierecke der kaiserlichen Heere kamen nicht mehr zur Aktion und wurden vom schwedischen Musketen- und Artilleriefeuer zermürbt sowie von den wendig geführten Reiterschwadronen auseinander gesprengt. Wie schon in den Epochen zuvor spielten die einzelnen Schlachten keine unabdingbar entscheidende Rolle. Sieger und Verlierer erlitten massive Verluste.[7] Während des Dreissigjährigen Kriegs tauchten einzelne militärische Führer auf, die das Militärunternehmertum bis zur Perfektion beherrschten. Literarisch am bedeutendsten ist Wallenstein. Seine Vollmachten kamen der Stellung eines selbständigen Kriegsherrn gleich. Wallenstein schloss mit verschiedenen Obersten Verträge, die diese verpflichteten, ihm auf eigene Kosten Regimenter zuzuführen. Zahlreiche Militärunternehmer – Wallenstein inklusive – stellten gleichzeitig zwei oder gar mehrere Regimenter auf, woraus sich eine Trennung zwischen Truppeninhaber und Truppenführer ergab. Diese Trennung wurde institutionalisiert und vor allem mit der Entstehung der «stehenden Heere» allgemein gültig.[8]

Der Beginn der «stehenden Heere»

Nach dem Dreissigjährigen Krieg, in den 70er Jahren des 17. Jahrhunderts, fand in Europa die Epoche des freien Söldnertums ein Ende. Die bisher nur für Feldzüge angeworbenen Truppen wurden vereinheitlicht und in ständige Heere umgewandelt.[9] Das europäische Wehrwesen entwickelte sich somit vom ungebundenen, nur für den Kriegsfall angeworbenen Einsatzheer zum immer bereiten und permanent im Einsatz stehenden Fürstenheer. Dieses wurde kontinuierlich besoldet, drillmässig ausgebildet und mit disziplinierten Truppen besetzt.[10] Frankreich kann als Paradebeispiel für die Entwicklung der stehenden Heere betrachtet werden. Das strategische Ziel der Machterweiterung bis zur europäischen Hegemonie sollte gegen aussen erreicht und die monarchische Gewalt nach innen beschirmt werden. Durch die Reformwerke von Michel le Tellier (1603–1685) und dessen Sohn François Michel Marquis de Louvois (1641–1691)[11] standen dem französischen König zwei hervorragende Persönlichkeiten zur Seite.

Wie schon in Schweden wurde auch der Staat auf die Grossmachtpolitik ausgerichtet. Die Wehrverfassung stimmte im Zeitalter des Absolutismus voll mit der Staatsverfassung überein. Das stehende Heer lag als politisches Machtmittel allein in der Hand des Monarchen, jederzeit beliebig nach seinem Willen verwendbar. Mit dem Ende des Dreissigjährigen Krieges veränderte sich die europäische Kriegstechnik und in allen Heeren kam es zu einer deutlichen Aufstockung der Truppenbestände. Die neue Lineartaktik erforderte eine Aufsplitterung der Verbände, eine Ausdünnung der Kampflinien und genaue Bewegungsabläufe der Einheiten.[12] Es musste peinlichst darauf geachtet werden, dass die kilometerlangen, parallel zum Feind stehenden Truppenkörper ihre vorgeschriebene Frontbreite bereits beim Aufmarsch einnahmen, da es während des Manövers keine Möglichkeit zu Korrekturen mehr gab.

Die geschickte Wahl des Geländes und die Operationskunst waren Schlacht entscheidend. Sobald die Ordnung der feindlichen Schlachtlinie zerstört war und die angeschlagene Armee ihre Stellung verlassen musste, galt der Sieg als gesichert. Das taktische Ziel lag somit im Durchschneiden der Verbindungslinien, im Lahmlegen des Transportverkehrs, in Störaktionen sowie in der Zerstörung feindlicher Vorratsplätze.[13] Dazu gehörten vorbereitende Massnahmen wie die Abnützung des Gegners durch kleine Gefechte, durch sinnlose Märsche aufgrund falscher Meldungen und durch psychologische Kriegführung. Das Ziel war es, beim Aufeinandertreffen zur richtigen Zeit, am richtigen Ort, die Übermacht zu besitzen. Die gesamte Organisation der Heere, ihre Gliederung und Führung, die Ausbildung und Erziehung, das Offizierskorps und die personelle Ergänzung waren vollständig auf die Linertaktik abgestimmt. Selbstverständlich stimmten auch die Grundsätze der Strategie, der Operationskunst und der Taktik mit ihr überein. Alle Truppenbewegungen – wie Anlage und Verlauf einer Schlacht – blieben unlösbar an ein genau festgelegtes, überall gleiches Ordnungsschema gebunden, an die «Ordre de Bataille». Sie wies jedem Regiment bzw. Bataillon den Platz in der grossen Schlachtformation zu.

Dieser Schematismus und diese Kriegsmathematik haben der Illusion der Berechenbarkeit von Schlachten Vorschub geleistet. Um diese hohen Anforderungen zu erreichen, bedurfte es jahrelangen Exerzierens. Vor allem das neuartige Steinschlossgewehr erzielte seine optimale Wirkung nur durch technische Beherrschung des Lade- und Schiessvorgangs. Diese Manipulationen mussten bis zum Automatismus minutiös geübt und unzählige Male wiederholt werden. Waren die Einzelschützen gedrillt, so mussten die lang gezogenen, hintereinander liegenden Schützenlinien beweglich gemacht und aufeinander abgestimmt werden.[14] Die früher relativ individuelle Bewaffnung und Ausrüstung wurde durch eine kostspielige Uniform und eine standardisierte Bewaffnung ersetzt.[15] Die billigen Engroseinkäufe der unternehmerischen Söldnerführer des 17. Jahrhunderts wurden zur Regel. Frankreich vollzog diesen Schritt um 1670 und beeinflusste als führende Militärmacht bis ins 18. Jahrhundert den Uniformstil anderer Heere.[16]

Aus diesem Grund und auch aus Amortisierungsüberlegungen – im Durchschnitt reichten drei bis vier Jahre gerade aus, um die Investitionen für die Aufstellung einer Kompanie mit der Ratenzahlung des Soldes zu amortisieren – wurde die Dienstzeit verlängert. Somit kann die These des «Kanonenfutters» relativiert werden, denn es war nicht das Ziel der Feldherren, ihre langjährig ausgebildeten Berufssoldaten aus purem Siegeswillen aufzuopfern. Diese waren ihr Kapital. Fiedler beschreibt diesen besonderen Umstand so:

«War der Einsatz der Kriegsmittel zu absolutistischer Zeit aufs schärfste durch die Schonung der Truppen, durch die beschränkte Wirksamkeit der Lineartaktik und die Hemmnisse der Heeresversorgung bestimmt, so mussten sich daraus typische Konsequenzen in Bezug auf die Strategie ergeben. Ihr Hauptobjekt waren nicht die feindlichen Streitkräfte, sondern deren Nachschub- und Stützpunktnetze. Keine Seite besass das notwenige Instrumentarium, den Gegner durch direktes Vorgehen mit einem gewaltigen Vernichtungsschlag niederzuwerfen.»[17]

Die grosse schweizerische Stärke der individuellen Entfaltung und der Tapferkeit ging im System der zunehmenden Präzision und des Drills unter und musste in der Folge angepasst und verändert werden.[18] Mit dem Drill wurde absoluter Gehorsam und eiserne Disziplin gegenüber dem Ausbildner und im Dienstbetrieb gefordert, sodass die ehemals rauflustigen und wilden Kämpfer zu gehorsamen Berufssoldaten «gezüchtigt» wurden.[19] Die Zeit des lockeren und ungebundenen Reislaufens voller Abwechslung, Abenteuer, belebender Improvisation und Gefahren war endgültig vorbei. Durch die starren Normen der Reglemente und Ordonnanzen verloren die «Fremden Dienste» ihr alt bekanntes «Freiheitsgefühl» und ihre ehemalige Anziehungskraft, da Selbstbestimmung und Selbstverantwortung im Sinne eines übergeordneten militärischen Systems unterdrückt wurden.[20]

Die «Kriegsromantik» mit kurzen Feldzügen und reicher Beute gehörte der Vergangenheit an und neue Gefühle in Form von Heimweh und Melancholie traten an ihre Stelle.[21] Die europäischen Reformen wurden in der Schweiz vielfach als Entwertung der «Fremden Dienste» betrachtet. Diese hatten ihren äusseren Glanz völlig verloren. Viele klagten, dass in den stehenden Heeren dem Söldner Glück und Freiheit gestohlen worden seien; die Befürworter lobten, dass das Heer dafür an Halt und Ordnung gewonnen habe. Galt der Schweizer während Jahrhunderten als treuer und mutiger Kämpfer, zeichnete sich ab der zweiten Hälfte des 17. Jahrhunderts vermehrt eine sich langsam ausbreitende Dekadenz ihrer militärischen Fertigkeit ab. Parallel dazu nahm der militärische Ruf der Eidgenossen Schaden und die Löhne sanken.[22]

Die Söldner waren dem Willen ihres Geldgebers ausgeliefert und standen unter der moralischen Verpflichtung des Fahneneides. In keiner Art und Weise war eine tiefere seelische Bindung zum jeweiligen Auftraggeberstaat gefordert. Fiedler schreibt:

«Eine Verpflichtung der Untertanen zum Wehrdienst, die nur zwecks Landesverteidigung möglich schien, lag nicht im besonderen Interesse des absolutistisch regierten Grossstaates. Er verfolgte offensive Kriegsziele und benötigte hierfür brauchbare Truppen. Vor allem entsprach es den Erfordernissen des Merkantilismus, dass die Rekruten weniger aus dem eigenen als aus einem fremden Lande kamen.»[23]

107

Rigorose Zuchtmittel, eine strikte Heeresdisziplin und eine lange Reihe abgestufter Strafen richteten sich gegen Müssiggang, Spielen, Saufen, Exzesse sowie Vergehen und Verbrechen aller Art. Die Bestrafung kannte keine Grenzen und ging vom einfachen Arrest und Soldentzug zu Peitschen- und Rutenschlägen über und fand seine drakonischste Strafe im «Gassenlaufen». Schwerste Delikte wie tätliche Widersetzlichkeit und Ungehorsam, Desertion, Meuterei oder Feigheit vor dem Feind wurden mit dem Tode bestraft. Das Jahr 1670 kann somit als europäische Zäsur gewertet werden. Wenn wir nur zwei Perioden der «Fremden Dienste» unterscheiden wollen, so war damit die erste zu Ende.

Die Truppenorganisation

Der Wirrnis der Heereswirtschaft wurde durch gefestigte Formen entgegengewirkt. Die Heere wurden straffer geführt und vereinheitlicht. Das Heer gliederte sich nach wie vor in die drei herkömmlichen Waffengattungen der Neuzeit – die Infanterie als Hauptelement im Zentrum, die Kavallerie an den Flügeln und die Artillerie als Unterstützungselement entlang der Gefechtsfront. Für die Gefechte wurden klar definierte taktische Formationen eingenommen, die sich aus unteilbaren Gefechtskörpern zusammensetzten. Die Kompanien – ehemalige «Fähnlein» – wurden zu Bataillonen und diese wiederum zu Regimentern zusammengefasst, die den Namen des ihnen vorstehenden Obersten trugen.[24]

Die Regimenter entstanden ursprünglich aus einer freien Vereinigung mehrerer «Fähnlein», wobei die Hauptleute einen aus ihrer Mitte zum «Primus inter Pares» wählten. Mit der Entstehung der stehenden Heere galt der Regimentsinhaber als höchstes Organ und das Regiment bildete die oberste taktische und administrative Stufe.[25] Man unterschied zwischen den verschieden grossen Garde- und Linienregimentern, die jeweils von einem Regiments- und einem Bataillonsstab kommandiert wurden. Dienten die ersten primär dem Schutz und der Sicherheit des Dienstherrn, wurden die zweiten vorwiegend in den Feldzügen als Angriffswaffen eingesetzt. Die Unterschiede zwischen den einzelnen europäischen Truppen waren sehr deutlich. Von den jeweiligen Umständen hing es beispielsweise ab, wie hoch der Anteil der Ausländer und Einheimischen war, wie die Dienstzeit fixiert, die Versorgung geregelt und das Offizierskorps zusammengesetzt wurde.

Es entstand eine klare Gliederung der Befehlsstruktur – eine präzise Führungshierarchie – und die kommandierenden Offiziere avancierten zu taktischen Führern.[26] Es war der Auftraggeber, der das Ernennungs- und Beförderungsrecht innehatte. Für die Bestimmung prestigeträchtiger Stellen wurde auch der Generaloberst – verantwortlich für alle militärischen Geschicke – konsultiert. Zu einem späteren Zeitpunkt wurden die Militärstellen entweder von der örtlichen Behörde, dem Regimentsinhaber, vom Dienstherrn respektive von seinem militärischen

Unterwaldner und Luzerner Truppen. Der Wirrnis der Heereswirtschaft wurde durch gefestigte Formen entgegengewirkt. Die Heere wurden straffer geführt und vereinheitlicht. Das Heer gliederte sich nach wie vor in die drei herkömmlichen Waffengattungen der Neuzeit – der Infanterie als Hauptelement im Zentrum, der Kavallerie an den Flügeln und der Artillerie als Unterstützungselement entlang der Gefechtsfront. Für die Gefechte wurden klar definierte taktische Formationen eingenommen, die sich aus unteilbaren Gefechtskörpern zusammensetzten.

Oberbefehlshaber oder von seinem Gesandten in der Schweiz vergeben. Mitte des 17. Jahrhunderts und vor allem nach dem Spanischen Erbfolgekrieg[27] zogen die eidgenössischen Orte das Recht an sich, die Vergabe der Hauptmanns- und Oberstenstellen zur Bildung von Regimentern und Kompanien aus machtpolitischen Überlegungen selbst zu bestimmen.[28]

Die Regimenter und Kompanien wurden nach wie vor an kapitalkräftige Bewerber verkauft, und waren aufgrund der profitablen Renditen sehr gefragt. Obwohl das militärische Unternehmertum mit dem Souveränitätsprinzip des Absolutismus in keiner Symbiose stand, gelang es den Auftraggeberstaaten (noch) nicht, eigenständig über die Truppen zu verfügen. Die Staatsschuld war zu hoch und wurde durch andauernde Kriege stets von neuem strapaziert. Der Oberst war der taktische Führer und hatte die administrative Oberaufsicht über das Regiment.[29] Ferner kontrollierte er die Hauptleute und Subalternoffiziere sowie die militärische Fertigkeit und das Material. Er erstattete den Behörden wie auch dem Generalobersten periodisch Bericht. Er führte und vertrat sein Regiment gegen aussen und konnte zeitgleich im Besitz eines Bataillons oder einer Kompanie sein.[30]

Generalunternehmer mehrerer Regimenter gab es in der Eidgenossenschaft nicht, da sie den heimischen Obrigkeiten wohl zu mächtig geworden wären.[31] In den «Kompanierödeln» wurden die Mannschaftslisten zusammengestellt und in der Reihenfolge des Dienstranges – Offizier, Unteroffizier, Spezialist (Fourier, Prevost, Kompanieschreiber, Feldscher, Tambour, Pfeifer und Trabant) und Soldat – festgehalten. Nachdem der Kompaniekommandant seine Offiziersauswahl getroffen hatte, wurde diese mit den Ernennungsformalitäten des Regimentskommandanten abgesegnet.[32] Nebst der militärischen Umstrukturierung formierten sich immer zahlreicher, von den Orten nicht gebilligte Kompanien, die zumeist illegal oder stillschweigend rekrutiert wurden, um den horrenden Ausgaben für «avouierte» Truppenkörper zu entgehen.[33]

Aus verschiedenen Gründen lehnten die Tagsatzung und die örtlichen Behörden die Bildung von «Freikompanien» ab. Sie waren der Auffassung, dass solche Verbände zu einer empfindlichen Schädigung des Solddienstes führten, da ihnen die Oberaufsicht genommen wurde und die Soldaten damit der Willkür des Kompanieinhabers und dessen Dienstherrn ausgesetzt seien, die sie oft für offensive Zwecke einsetzten.[34] Ein eher inoffizieller Grund zur Ablehnung bestand darin, dass in den «Freikompanien» auch Männer der einfachen Bevölkerungsschichten den Offiziersgrad erlangen konnten, ein Privileg, das ansonsten nur «regimentsfähigen» Familien zugesprochen war. Der Kampf gegen die illegalen Truppenbestände war hoffnungslos, da bis zum 18. Jahrhundert das Bedürfnis und die Nachfrage nach Kriegshandwerkern zu gross war und Verbote sich nur schwer durchsetzen liessen.[35]

Der nicht «avouierte» Solddienst griff in der Folge immer weiter um sich, zumal Frankreich und vermehrt auch andere europäische Staaten den neu geschaffenen Verbänden ähnliche finanzielle Vorteile versprachen wie den offiziellen Truppen.[36] In der Fremde genossen die schweizerischen Heere zum Teil die Befreiung von Lokalabgaben, das Privileg des Marketenderwesens und eine weit gehende Exterritorialität. Sie wahrten ihre Unabhängigkeit gegenüber ihrem Auftraggeber, indem sie eine Art Kriegsgemeinde mit eigener Disziplinar- und Gerichtsbarkeit, Jurisdiktion und Polizeigewalt darstellten. Mit national zusammengestellten Sondergerichten, eigenen Regeln und Vorschriften sowie der Beibehaltung von eidgenössischen Gebräuchen, die durch die Kapitulationen zugesichert waren, behielten die Schweizer Regimenter im Ausland ihre eidgenössische Identität und bildeten einen in sich geschlossenen Fremdkörper.[37]

Offiziere

Die Vorrechte der Offiziersstellen wurden von den regierenden und herrschenden Familien beansprucht, sodass die militärische Leistung nicht mehr zum Tragen kam und der Aufstieg der einfachen Bevölkerungsschicht in den Offiziersrang verunmöglicht wurde.[38] Die Kommandantenposten wurden stets mit Häuptern aristokratischer Familien besetzt, die als «Geburtsadel» dieses unantastbare Erbe gegen Eindringlinge standesfremder Elemente abzuschotten versuchten. Mit dem Übergang vom Söldnerheer des 17. Jahrhunderts zum stehenden Heer bildete sich somit ein geschlossener Offiziersstand heraus![39]

Wollte ein junger Kadett rangmässig aufsteigen, musste er aus gutem Hause sein und war auf finanzielle Unterstützung angewiesen, um beispielsweise einen älteren Offizier aus seiner Position herauszukaufen oder zu einem späteren Zeitpunkt selbst eine Kompanie zu übernehmen. Ferner war das Leben als Offizier und repräsentativer Würdenträger wegen des luxuriösen Lebens mit hohen Kosten verbunden. Je bekannter und einflussreicher die Familie war, desto grösser war die Chance, Offizier oder Hauptmann zu werden.[40] Wichtige Voraussetzungen für das Erlangen des Offiziersgrades waren eine solide Ausbildung und die Kenntnis fremder Sprachen.[41]

Es gab zwei Wege, wie man die Offizierswürde erlangen konnte. Der erste galt für den unerfahrenen Nachwuchs, zumeist Mitglieder führender Familien, die noch zu jung für ein Amt in der Heimat waren und zwischen dem Konfirmationsalter und dem 20. Lebensjahr in den Dienst traten. Sie wurden als Kadetten zusammengefasst und erhielten auf Regimentsstufe eine militärische Grundausbildung. Danach versetzte man sie in eine Kompanie, wo sie je nach Tüchtigkeit und Bedarf nach einigen Jahren in den Grad eines Offiziers erhoben wurden.[42] Der zweite und eher seltenere Weg führte über die militärische Tüchtigkeit als Sergeant.[43] Ziel aller Offiziere war es, sich eine angemessene Stellung zu verschaffen, um zu einem späteren Zeitpunkt entweder innerhalb des Regiments oder in der Heimat davon profitieren zu können.[44]

In der Folge spielte auch die Anciennität eine wichtige Rolle, indem das Aufrücken in eine freie Stelle nach dem Rangdienstalter – unabhängig vom Adelsprädikat – vonstatten ging.[45] Die Offiziere sahen ihre Aufgabe im agonalen Kampf, der ihnen Ruhm und Ehre einbringen sollte, und überliessen die ihrer Ansicht nach nicht standesgemässen Aufgaben der Truppenausbildung und der inneren Dienste den Drillmeistern und Unteroffizieren.

Unteroffiziere

Zu den Unteroffizieren gehörten die Sergeanten und Korporäle, wobei die ersten die Funktion des späteren Feldweibels ausübten und die Korporäle vor allem in der Ausbildung eine wichtige Rolle übernahmen.[46] Sie lehrten, korrigierten, straften, brüllten und beschimpften die Soldaten beim Exerzieren, sodass der ruppige und laute Unteroffizierston nicht nur gefürchtet, sondern auch sprichwörtlich wurde.[47] Zur Gruppe der Spezialisten gehörte der Fourier, ehemals auch «Marketender» oder «Vivandier» genannt, der als nicht kombattanter Soldat auf Rechnung des Hauptmanns den Wein und die Lebensmittel zu besorgen und an die Kompanie zu verkaufen hatte.[48] Der Prevost war eine Art Militärpolizist und für die Sauberkeit in den Quartieren verantwortlich. Seine Hauptaufgabe bestand darin, die von den Offizieren ausgesprochenen Strafen zu vollstrecken. Der Kompanieschreiber musste über genügend Schulbildung verfügen und die Schönschrift beherrschen. Er war für die Korrespondenz verantwortlich und führte die «Kompanierödel» mit allen Ein- und Austritten. Die Feldscher waren mit dem Gesundheitsdienst beschäftigt. Selten aber hatten alle Kompanien diesen Posten besetzt, da man dem Sanitätsdienst nicht die notwendige Aufmerksamkeit schenkte, sodass sich Seuchen rasch ausbreiten konnten.[49] Das erklärt, weshalb so viele Soldaten bereits im ersten Dienstjahr verstarben.[50]

Jeder Arzt musste sein Chirurgenbesteck selber mitbringen und engagierte sich zumeist für ein oder zwei Jahre. Der Aufenthalt in einem Regiment diente ihm dazu, auf dem Gebiet der Kriegsverletzungen Erfahrungen zu sammeln, um in der Heimat eher zu einer Praxis zu gelangen.[51] Die Tambouren und Pfeifer erleichterten in Friedenszeiten das Marschieren und übermittelten im Krieg die Kommandos. Diese Posten wurden zumeist mit jungen und körperlich eher schwächeren Rekruten besetzt.[52] Die Trabanten waren absolut zuverlässige Soldaten, welche die Kompaniekasse bewachen und den Hauptmann beschützen mussten. Spezialisten waren auch die Grenadiere, die im Kampf stets in vorderster Front den Regimentern feindliche Hindernisse oder Palisaden wegräumen und Befestigungen erstürmen mussten. Bis zum Jahre 1763, als Frankreich die Grenadierkompanie als fixe Einheit dem Bataillon unterstellte, wurden sie nur in Kriegszeiten aus den besten Soldaten aller Kompanien ausgewählt.[53]

Soldaten

Rangtiefstes Glied in der militärischen Hierarchie war der Söldnersoldat, der seinen befohlenen Auftrag zu erledigen hatte und für Lohn sein Leben riskierte. Während in Friedenszeiten der Solddienst oftmals langweilig war und sich lediglich auf Sicherungseinsätze beschränkte, bargen die Schlacht und der Krieg zahlreiche Risiken. Je mehr man in feindliche Lande stiess, desto schwieriger und unsicherer gestalteten sich die Verköstigung und das Quartier. Kam für gewisse Etappen gar eine Meerfahrt hinzu, wurde die Not schnell bleibender Gast. Aufgrund der stetig wachsenden Heeresstärke begann Frankreich gegen Ende des 17. Jahrhunderts mit dem Kasernenbau, um die Bürger von der kaum noch tragbaren Quartierlast zu befreien. Zahlreiche Ordonnanzen und Verordnungen regelten die Verpflegung, Bekleidung sowie die Einquartierung der Truppen. Aber auch dem verheerenden Grundsatz, dass der «Krieg den Krieg ernährt», sollte Einhalt geboten werden, indem kriegerisch involvierte Gebiete möglichst verschont werden sollten. Dies bedingte aber von der Heeresleitung eine pünktliche und regelmässige Sold- und Lebensmittelzufuhr. Auch in diesem Bereich war Frankreich vorbildlich, indem durch Kriegsminister Louvois die ersten Magazine zur Kriegsversorgung gegründet wurden.[54]

Viele, die den Kämpfen selbst entkommen waren, erlagen anschliessend ihren Verletzungen, Erkrankungen oder den Strapazen der Heimfahrt! Es waren also nicht allein die Schlachtfelder, die viele Opfer forderten. Die Sterblichkeitsrate war schon in Friedenszeiten erschreckend hoch, weil die chirurgischen und klinischen Möglichkeiten fehlten und die Fachkenntnisse des Sanitätspersonals nicht genügten. Pfister weist in seiner Publikation auf die hohe Sterblichkeit während der Dienstzeit hin. Anhand seiner Analysen starben weit mehr Soldaten aus dem Berner Aargau des 18. Jahrhunderts durch Krankheiten und Epidemien[55] als während der Schlachten. Er schreibt:

«Die Narkose kannte man damals noch nicht, denn diese Wohltat wurde erst 1844 entdeckt. So blieb denn bis dahin nichts anderes übrig, als unbeteiligt mit den zur Verfügung stehenden einfachen Mitteln und Kenntnissen aus der unglücklichen Lage des Verwundeten noch das Beste zu machen. Die Schmerzen zu vermeiden war nicht möglich. [...] Fast immer waren Schuss- und Sprengverletzungen zu behandeln. Die Kriegschirurgen unterschieden fünf Arten von Verletzungen: Streifschüsse – Haarseilschussverletzungen – Durchschüsse – Steckschüsse – Schussfrakturen mit Zertrümmerung der Knochen. [...] Es war allgemein üblich, nach der Operation die Wunden mit dem heissen Glüheisen zu verschorfen. [...] Dieses Ausglühen der Wunden bedeutete sicher das Letzte an Schmerzen, das ein Mensch noch ertragen imstande war, aber es rettete das Leben. Ohne diese glühende Marter wären in den Krankenanstalten des 18. Jahrhunderts, diesen wahren Infektionshöhlen, unweigerlich zum Tode führende Infektionskrankheiten aufgetreten.»[56]

113

Eine in den Kapitulationen festgesetzte Regelung besagte, dass mindestens zwei Drittel eines Regiments aus Schweizer Bürgern bestehen musste – eine Klausel, die nur in den wenigsten Fällen eingehalten und auf jede erdenkliche Art und Weise zu unterlaufen versucht wurde.[57] Im 18. und 19. Jahrhundert kam es in einzelnen Truppenkörpern sogar vor, dass kaum noch ein Drittel aus der Eidgenossenschaft stammte! Die eidgenössische Vielsprachigkeit ermöglichte den Ausländern das Vertuschen der fremden Herkunft. Der Grund, weshalb ausländische Soldaten den Weg in schweizerische Regimenter suchten, bestand darin, dass die Schweizertruppen von den Dienstländern bevorzugt entschädigt wurden und somit der Sold sicher und regelmässig bezahlt werden konnte.[58] Somit erscheint die Aussage des französischen Ministers Choiseul wohl berechtigt, der erstaunt war, dass von den 18 000 Schweizern, die der französische König besoldete, nur 3000 wirklich aus der Eidgenossenschaft stammten.[59]

Am Ende einer Dienstzeit gab es drei Möglichkeiten: Entweder kehrte man in die Heimat zurück, man blieb in der Fremde oder die Entscheidung wurde durch den Tod vorweggenommen. Ausgediente und schwer Verstümmelte wurden zumeist ausgemustert und heimgeschickt. Damit entstand ein sozialpolitisches Problem, da viele Soldaten sich bereits jung anwerben liessen, während Jahrzehnten in «Fremden Diensten» verweilten und meist als moralisch-sittlich angeschlagene Kriegsveteranen zurückkehrten. Sie wurden von der Gesellschaft isoliert und hatten durch den geringen Verdienst kaum finanzielle Reserven. Im Idealfall erhielten sie einen Monatssold als Reisegeld oder eine Gratifikation und im absoluten Glücksfall eine Pension zugesprochen.[60] War dies nicht der Fall, blieb ihnen keine andere Wahl, als bis zu ihrem Tod im Dienst zu stehen, obwohl sie der Truppe eher zur Last fielen, da trotz grosser Erfahrung die Strapazen zu gross waren und die Leistungen nicht mehr erbracht werden konnten.[61]

Eine andere, eher seltenere Möglichkeit bestand darin, als «Türschweizer» einen trinkgeldträchtigen Posten vor Palästen, Kirchen und Kabinetten zu finden. Das unbestreitbare Selbstbewusstsein, das die Schweizer auf den Schlachtfeldern bekannt gemacht hatte, schuf ihnen einen ehrenvollen Platz in der ausländischen Gesellschaft, indem nur Schweizer – zu Beginn jedenfalls – diese Arbeiten verrichten durften.[62]

Der Solddienst als Unternehmen

Das Solddienstwesen entwickelte sich während des Dreissigjährigen Kriegs immer mehr zu einem Unternehmertum und erreichte einen ersten Höhepunkt unter Wallenstein. In der Folge begann die von Hans Conrad Peyer als dritte Phase bezeichnete Epoche des lang andauernden, disziplinierten und uniformierten Dienstes in stehenden Heeren, welche die Zeit von der zweiten Hälfte des 17. Jahrhunderts bis zur Mitte des 18. Jahrhunderts dominierte.[63] Wie bereits beschrieben, verfügten die Potentaten Europas aufgrund der zu hohen Staatsschuld noch über keine eigenständigen Truppen. Die «Fremden Dienste» waren durch ein regelrechtes privates und wirtschaftliches Unternehmertum charakterisiert und durchdrangen das zivile Leben im 18. Jahrhundert derart, dass weder an ihren Bedürfnissen vorbeiregiert oder budgetiert werden konnte noch sonst ein Lebensbereich ohne ihren Einfluss denkbar war.[64]

Die Truppengesuche wurden durch die Gesandten fremder Mächte an die Tagsatzung gerichtet. Nachdem diese einem Bündnis zugestimmt hatte, leitete sie das Begehren an die Orte weiter, die bis ins Jahre 1798 über die alleinige Kompetenz verfügten, ein ausländisches Anliegen anzunehmen oder abzulehnen.[65] Standesgemäss kapitulierte Dienste setzten voraus, dass die örtlichen Behörden stark genug waren, ihre Interessen gegenüber den Solddienstmächten und Offizieren durchzusetzen. Zu Beginn beteiligten sich die eidgenössischen Orte selten und gingen nicht über die Rekrutierungszusicherungen und Werbeerlaubnisse hinaus.[66] Der Grund lag in der Tatsache, dass die Regierungen nebst der Verantwortung der militärischen Verteidigung des kantonalen Territoriums keine weiteren Aufwendungen für Werbung, Ausrüstung und Risiken einer möglichen Vernichtung von Truppenkörpern im Ausland auf sich nehmen wollten. Somit gab man die Fremdtruppen auf Rechnung und Gefahr hin in die Hand eines Dritten – eines Solddienst-Generalunternehmers –, der für die Risiken und den Unterhalt der Truppen aufzukommen hatte.

Regimenter und Kompanien wurden an kapitalkräftige, interessierte Bewerber verkauft, welche die «Fremden Dienste» zur persönlichen Bereicherung zu einem eigentlichen Unternehmertum umfunktionierten. Wie aber soll das Phänomen des Soldunternehmertums erklärt werden? Schafroth verglich es mit einem postmodernen Unternehmen, das einen grösseren Auftrag übernimmt und mit seinem Stab von Fachleuten und Maschinen sowie unter Beizug angeworbener und geeigneter Arbeitskräfte an die Ausführung geht. Die Rechtslage, die Anstellungs- und Soldverhältnisse sowie die Anforderungen einer Truppe wurden durch die «Kapitulationen»[67] festgelegt, die vom Auftraggeber und dem Unternehmer abgeschlossen wurden und nach Beendigung erneuert oder aufgelöst werden konnten.[68] Der eigentliche Soldunternehmer und Befehlshaber einer Kompanie war der Hauptmann.[69] Er war nicht nur Führer und Kompanieeigentümer, sondern ernannte als Generalunternehmer auch die Offiziere und Unteroffiziere, war verantwortlich für die Rekrutierung und den Bestand, besorgte die Ausrüstung, beschäftigte sich mit Disziplinarfällen innerhalb der Kompanie, organisierte die Verpflegung und musste monatlich seine Regierung über den Stand der Dinge informieren.[70]

Er trug die Haftung, die finanziellen Risiken und die Verantwortung für seine Truppe.[71] Als Militärunternehmer bewegte sich der Inhaber einer Kompanie in einem dreifachen Verhältnis. Zunächst war er seinem fremden Kriegsherrn verpflich-

115

tet, der ihn in den Dienst nahm und von dessen Zahlungsfähigkeit er abhing. Des Weiteren musste er sein Unternehmen auch gegenüber seiner Heimatbehörde mit Gewinnbeteiligungen absichern und letztlich war er der direkte Auftraggeber seiner Soldangestellten, aus deren Dienst er Gewinn für sich selbst verbuchen wollte.[72] Wie jedes Unternehmen benötigt man zu Beginn ein Anlage- und Betriebskapital, das entweder aus privatem Besitz, von der Verwandtschaft oder aber durch Anleihen von Banken investiert wird.[73] Die Hauptrisiken des Unternehmertums lagen in der Zahlungsunfähigkeit oder schlechten Zahlungsmoral des Monarchen und schliesslich im Erfolg auf dem Schlachtfeld. Demzufolge war eine wichtige Voraussetzung, vermögend zu sein, da nach jedem Feldzug die Kompanien und Regimenter überschuldet waren und sich erst nach einigen Friedensjahren finanziell erholen konnten.[74]

Vor allem Kriegszeiten versetzten Militärunternehmer durch missliche Abrechnungsverhältnisse, verspätete oder erst gar nicht getätigte Bezahlungen stets in finanzielle Bedrängnis, da die Kosten unberechenbar waren und gegenüber dem Soldherrn nicht immer geltend gemacht werden konnten. Im Extremfall führte ein einziger Feldzug – verbunden mit Krankheiten und Seuchen[75], Verletzungen, Desertionen und Kriegsverlusten – zum völligen Ruin eines Kompaniekommandanten.[76] Auch während Friedenszeiten, in denen Truppen permanent im Militärquartier oder im Garnisonsort stationiert waren, lauerten Gefahren in Form von Trink- und Spielsucht oder Geschlechtskrankheiten wie Syphilis. Trotz nicht zu unterschätzender finanzieller Risiken regte sich in besitzenden Kreisen, bei einzelnen Orten und Banken sowie vermögenden Privatpersonen – in der Hoffnung auf einen möglichst hohen Renditesegen – ein grosses Investitionsinteresse. Selbst Klöster und Zünfte investierten in Form von Kapitalvorschüssen, um sich einen Anteil am erhofften Gewinn zu verschaffen.[77]

Um die finanziellen Risiken und die Investitionslast zu vermindern, kam die Tendenz auf, Kompanien «in corpore» zu führen.[78] Das bedeutete eine ökonomische Aufsplitterung der Kräfte, in der einzelne sowie zusammengeschlossene Teilhaberschaften Anteile einer Kompanie erwarben. So entstanden – je nach Anzahl der Miteigentümer – so genannte «Halb- oder Viertelkompanien». Diese «geteilten Kompanien» konnten von einem Teilhaber allein oder als «Halb- oder Viertelkompanien» von zwei oder gar vier Mitbesitzern geführt werden, wobei die militärischen Geschicke zumeist an eine dritte Person – betreffend Führung und militärischer Kenntnis – abgegeben wurden.[79] Die finanziell haftenden Besitzer blieben zumeist in der Heimat, gingen ihren gängigen Geschäften nach, versuchten die Beschlüsse der Regierung zugunsten ihrer Militärunternehmen zu beeinflussen und hofften auf möglichst hohe Einkünfte. In der Folge unterschied man zwischen dem teilhabenden «Capitaine par commission» und dem eigentlichen Kompaniekommandanten als «Capitaine Propriétaire» oder «Titulaire».[80] Der militärisch führende «Haupt-

Rückzug von Meaux unter Oberst Ludwig von Pfyffer von Luzern im Jahre 1567.
Abmarsch des Schweizer Regiments mit dem königlichen Hof. Die eidgenössischen Orte
gaben Fremdtruppen auf Rechnung und Gefahr hin in die Hand eines Dritten – eines
Solddienst-Generalunternehmers – der für die Risiken und den Unterhalt der Truppen
aufzukommen hatte. Regimenter und Kompanien wurden an kapitalkräftige, interessierte
Bewerber verkauft, welche die «Fremden Dienste» zur persönlichen Bereicherung zu
einem eigentlichen Unternehmertum umfunktionierten.

mann per Kommission», auch «Manimanist» genannt, musste in periodischen Abständen seinem Besitzer die «Kompanierödel» – eine komplette Bestandesliste – zukommen lassen.

Aufgrund der Tatsache, dass die Perspektive in finanzieller Hinsicht bis zu Beginn des 18. Jahrhunderts durchaus positiv war, waren die zu vergebenden Stellen als Regiments- oder Kompaniekommandant äusserst begehrt. Bis ins 19. Jahrhundert hinein stellte das Militärunternehmertum ein wichtiges politisches, finanzielles und militärisches Aufstiegsmedium der Oberschicht dar. Die aus ländlichen Grossgrundbesitzern und städtischen Patriziern hervorgegangene neue Oligarchie sicherte sich den Gewinn bringenden Arbeitszweig des Söldnerwesens und vergab die aussichtsreichen Stellen entweder sich selbst, den verdienstvollsten oder den meistbietenden Familien.[81] Das Recht, Offiziere für den fremden Kriegsdienst zu nominieren, blieb wie ein Feudalbesitztum in derselben Familie. Hatte diese zu einem bestimmten Zeitpunkt kein Familienmitglied als Führungskraft zur Verfügung, so verlieh man die Stelle zeitweise einem Verwandten oder pachtweise dem geeigneten Meistbietenden. Demzufolge wurde die Offizierslaufbahn ein ausschliessliches Privileg der ländlichen oder städtischen Oberschicht, die den Nepotismus stark förderte, um den «regimentsfähigen Familien» Gewinn, Aufstiegsmöglichkeiten, Reichtum, politischen Einfluss und weit gespannte Kontakte zu sichern.[82] Aus diesem Phänomen heraus entstand nicht nur eine so genannte Soldaristokratie, sondern auch eine extreme Machtakkumulation einzelner Familien, auf deren Bestreben hin erbliche Regimenter entstanden.[83] Im 18. Jahrhundert verwischten sich oft staatliche und private Grenzen, da die herrschenden lokalen Patrizierfamilien sich auch eifrigst am Militärunternehmertum beteiligten.[84]

Finanzielle Aspekte

Die finanzielle Perspektive blieb bis ins 18. Jahrhundert hinein lukrativ, sofern die Dienstherren ihren vertraglichen Verpflichtungen nachkamen. Die Kapitulationen setzten die zu zahlenden Summen sowie die dazugehörenden Bestimmungen fest. Die auf Söldner angewiesenen Herrscher zahlten den eidgenössischen Orten, welche die Anwerbungen von Truppenkontingenten gestatteten, Pensionen. Diese Zahlungen, die zum Teil den Charakter von offiziellen Lizenzzahlungen für die Werbeerlaubnisse hatten und einer Art Schmiergelder zur Gewinnung einflussreicher Sympathisanten gleichkamen, wurden im 15. Jahrhundert eingeführt und vor allem im 16. Jahrhundert allgemein üblich. Diese Pensionen lagen in der Höhe zwischen 200 000 Livres und max. 600 000 Livres, sind aber von der Forschung bisher zu wenig untersucht worden.[85] Sie wurden zum Teil den Staatskassen zugewiesen oder an Ratsmitglieder verteilt, denen zumeist die Familien der regierenden Schicht angehörten. Wie die Verteilung funktionierte, kann nur schwerlich nachkonstruiert werden; sicher aber ist, dass die Pensionen in gewissen Orten zur Entwicklung und Festigung der Aristokratie beigetragen haben.[86] Die Pensionen waren sicherlich wichtig, hatten aber bestimmt nicht jene Bedeutung, wie oft in der Sekundärliteratur behauptet wird, da sie weitaus kleinere Einkünfte einbrachten als der Solddienst.[87]

Zu diesen Staatspensionen konnten auch private Zahlungen – Bestechungs- und Schmiergelder – hinzukommen, die bestimmten, hoch gestellten, für die in Verhandlungen wichtigen Personen ausgerichtet wurden.[88] Konnte sich ein solddienstinteressierter Unternehmer, nachdem sein Ort eine Kapitulation mit einer fremden Macht eingegangen war, eine Stelle als Kompanieeigentümer sichern, erhielt er von seinem Auftraggeber finanzielle Vorschüsse zur Rekrutierung, zu Nachwerbungen und Ergänzungen der zwischen 20 und 30 Prozent liegenden Abgänge sowie eine Pauschalzahlung für Verpflegung, Kleider, Ausrüstung, Bewaffnung usw. Die Kompanie- und Regimentskommandanten waren verpflichtet, eine bestimmte Anzahl Mann – den so genannten «Soll-Bestand» – laufend in ihren Rängen zu halten. Abgestuft nach dem Effektivbestand erhielt der Hauptmann vom Auftraggeberstaat eine Pauschalzahlung, «Gratifikation» genannt, die nicht für den klar festgelegten Truppenbestand, sondern für eine höher angesetzte fiktive Zahl von Männern ausgehändigt wurde, um allfällig entstehende Lücken – provoziert durch Tod, Krankheiten oder Desertionen – innerhalb einer in der Kapitulation vorgesehenen Frist zu kompensieren und die Truppeninhaber zur jeweiligen Vollzähligkeit ihrer Bestände anzuspornen.[89] Dementsprechend wurden die genauen Bestände, auf deren Basis die Abrechnungen erfolgten, an monatlichen Inspektionen, den «Revuen» oder «Musterungen», kontrolliert.[90]

Konnten die Kontingente nicht den erwünschten «Soll-Bestand» aufweisen – was finanzielle Einbussen mit sich brachte –, versuchte man die Lücken mit Neuwerbungen, entlassenen Soldaten oder mit Deserteuren und Gefangenen zu ergänzen.[91] Eine andere oft praktizierte Massnahme war die «Vermietung» von Truppenkörpern, indem einer Kompanie die mangelnde Zahl von Männern von einer anderen Einheit gegen Entgelt zur Verfügung gestellt wurde, um während einer Inspektion den nötigen «Soll-Bestand» aufzuweisen.[92] Da es keinen «Schlachtensold» und keine individuellen Plünderungszüge mehr gab, musste der Soldat mit dem ausbezahlten Sold seinen Lebensunterhalt und den Selbsteinkauf für die tägliche Verpflegung finanzieren.[93] Pro Tag und pro Mann erhielt der Kompanieführer von seinem Auftraggeber das so genannte «Platzgeld» ausbezahlt, mit dem er wöchentlich die Truppenangehörigen besoldete, wobei nie der ganze Betrag ausbezahlt wurde. Der monatlich zurückbehaltene Soldanteil – «faux frais» genannt –, der in regelmässigen Abständen mit jedem einzelnen Soldaten abzurechnen war, diente der Erneuerung und Neubeschaffung von Waffen, Bekleidungsstücken und Ausrüstungsgegenständen.

War der Sold bis zur nächsten Auszahlung bereits ausgegeben worden, erhielt der Soldat zur Deckung der täglichen Bedürfnisse einen Vorschuss, den «Prêt», der jeweils vom Lohn abgezogen oder als Schuld angerechnet wurde. Für jeden Kompanieangehörigen wurde ein «Décompte-Blatt» erstellt, auf dem die finanziellen Angelegenheiten notiert und die Schulden beim Hauptmann aufgezeichnet wurden. Peyer errechnete vom Ende des 15. Jahrhunderts bis gegen Mitte des 16. Jahrhunderts einen durchschnittlichen monatlichen Mannschaftssold von etwa neun Livres, der bis auf 15–18 Livres anstieg. Mit dem Übergang zu den stehenden Heeren ging dieser Sold gegen Ende des 18. Jahrhunderts leicht zurück.[94] Vom Sold abgezogen wurden das Handgeld, das bei der Werbung ausbezahlt wurde, und die Reisekosten von der Heimat bis zum Musterungsplatz, aber auch die Verpflegung, die Arztkosten, die Bekleidung und Bewaffnung.

Jahr	Sold pro Monat	Maurergeselle in Zürich	Kornpreis in Zürich für 1 Mütt Kernen = 82 Liter
1480	9 lb	5 lb	
1500			2 lb
1550	15–18 lb	9 lb	4 lb
1600	15–18 lb	10 lb	8 lb
1650	13–18 lb	20 lb	9 lb
1700	13–18 lb	20 lb	8 lb
1740	13–18 lb	20 lb	9 lb
1760	13–18 lb	25 lb	10 lb
1780	13–18 lb	25 lb	12 lb
1790	12–18 lb	38 lb	12 lb

(lb=Livre)

Der durchschnittliche Sold lag gegen Ende des 15. Jahrhunderts fast doppelt so hoch wie jener eines städtischen Maurerlohnes. Im 16. Jahrhundert stiegen beide an und während gegen Mitte des 17. Jahrhunderts der Sold sank, stieg der Maurerlohn weiter an. Bis zur Mitte des 18. Jahrhunderts hielten sich die Löhne, bis in der zweiten Hälfte des Jahrhunderts der Maurerlohn stark anstieg und der Sold weiter absank. Am Ende des 18. Jahrhunderts verdiente ein Maurer zwei- bis dreimal so viel wie ein Soldat in «Fremden Diensten».[95] Bis zum 18. Jahrhundert war es möglich, mit dem verdienten Geld Ersparnisse anzulegen. Danach begann, wie auch aus der Tabelle ersichtlich, eine Stagnation und Reduktion. Demzufolge konnten fast keine Ersparnisse mehr erzielt werden und vermehrt musste vom «Prêt» Gebrauch gemacht werden, was zahlreiche Soldaten in finanzielle Engpässe oder in eine gefährliche Verschuldung führte.

Das Elend des gemeinen Soldaten war im 18. Jahrhundert offenkundig und im Vergleich zu den vorhergehenden Jahrhunderten, in denen der Solddienst zweifellos gute Verdienste versprach, sank der reale Wert des Soldes und die Abzüge von Sold und Handgeld vervielfältigten sich![96] Oftmals waren die Männer nach Abschluss einer offiziellen Dienstzeit bei ihrem Hauptmann derart verschuldet, dass ihnen der «Abschied» und somit die Entlassung nach Hause verwehrt blieb und sie sich für eine weitere Dienstperiode verpflichten mussten.[97] Andere wiederum kehrten mit Zahlungsversprechungen und einem «Restzettel» nach Hause zurück, da die Soldherren nicht über die nötigen finanziellen Ressourcen verfügten.

Schafroth errechnete anhand von Abtretungsverträgen einen durchschnittlichen Kapitalwert für eine 150 Mann starke Kompanie im 18. Jahrhundert von 16000 Livres. Für Werbungskosten, Rekrutentransporte, Uniformierung und Ausrüstungsreserve musste gemäss seinen Aussagen mit einem Betriebskapital der gleichen Höhe gerechnet werden. Diese rund 32000 Livres entsprechen nach seinen Umrechnungen dem Wert von rund 240000 Schweizerfranken. Eine vom bernischen Rat beauftragte Kommission untersuchte 1700 im Zusammenhang einer beantragten Kapitulation für holländische Dienste eine Kapitulation und kam auf folgende Zahlen für ein Regiment von zehn Kompanien zu 150 Mann:

Gewinn eines Kompanieinhabers	in Friedenszeiten:	533 Livres pro Monat 6396 im Jahr
Gewinn eines Kompanieinhabers	in Kriegszeiten:	734 Livres pro Monat 8808 im Jahr

Ein aus Offizierskreisen eingereichtes Gegengutachten reduzierte die möglichen Jahreseinkommen auf 5780 Livres in Friedens- und 7284 Livres in Kriegszeiten. Der Gewinn eines Regimentskommandanten berechnete Schafroth mit 10820 Livres im Jahr.[98] Die Höhe des Gewinns hing vom Geschick des Truppeninhabers bei der Werbung, Soldfestsetzung und Desertionsverhinderung, von Kampf- und Krankheitsverlusten sowie beim Ein- und Verkauf von Waren sowie von der Behandlung des Soldherrn ab. Der wirtschaftliche Erfolg setzte sich aus den Pauschaleinnahmen und Ausgaben zusammen, der im günstigsten Fall zwischen 15 und 40 Prozent der Pauschale ausmachte.[99]

Während gemäss Peyer im 16. und 17. Jahrhundert jährliche Gewinne von 4000 bis 8000 Livres pro Kompanie durchaus möglich waren, begann sich gegen Ende des 17. Jahrhunderts die finanzielle Gesamtlage zu verschlechtern.[100] Seit dem Aufkommen der kostspieligen stehenden Heere versuchten die Truppenunternehmer den Sold der Mannschaft und den Gewinn der Offiziere immer stärker einzuschränken. Die Gewinnaussichten der Offiziere waren ungewiss, da ihre Einkünfte einerseits von der Führungsfähigkeit der Kompanieunternehmer, den Bedingungen der Kapitulationen, dem Einsatz der Kompanie und der Finanzkraft des Herrschers abhingen.

Die häufige Zahlungsunfähigkeit der Soldherren führte zu grossen Verlusten, die Kosten der Anwerbung stiegen, die Fahnenflucht gehörte zu den alltäglichen Übeln, die Verluste auf den Schlachtfeldern nahmen aufgrund zahlreicher Erbfolgekriege zu und die finanzielle Kontrolle des Dienstherrn verstärkte sich. Diese negative Tendenz erreichte ihren Höhepunkt Ende des 18. Jahrhunderts, als zahlreiche Militärunternehmer hoch verschuldet waren und sich das Solddienstunternehmen zu einem einzigen Verlustgeschäft entwickelte. Jenseits der Verlustschwelle befanden sich nur noch vereinzelte Soldunternehmen, die neben dem unsicher gewordenen Gewinn ihrer Truppenkontingente noch regelmässig hohe jährliche Funktionszulagen in der Höhe von 8000 bis 20 000 Livres erhielten.[101] Somit war am Ende des 18. Jahrhunderts die Aufstellung einer Kompanie ohne Anleihen kaum mehr möglich. Im günstigsten Fall konnte noch der standesgemässe Lebensunterhalt eines Kompanieinhabers gesichert werden. Aus diesem Grund kann die Verstaatlichung der Truppenkontingente – die in Frankreich ab 1760 eingesetzt hat – nachvollzogen werden.

Die Heeresentwicklung in der Eidgenossenschaft

Aus der Fülle der möglichen Themen aus dem innereidgenössischen Bereich seien nur wenige kurz angesprochen, einerseits um die vielschichtigen Wechselbeziehungen zu den Entwicklungen in den «Fremden Diensten» aufzuzeigen und andererseits um das Umfeld zu skizzieren, das die Bündnisverträge und Pensionen beeinflusst hat.

Das stehende Heer

Die Diskussion um die Bildung eines eigenen stehenden Heeres ist in den eidgenössischen Orten immer dann aufgenommen worden, wenn unerwartet ein europäischer Krieg auch die Schweiz bedrohte. Zum Beispiel hat die Konferenz der evangelischen Städte und Orte zu Zürich am 22. und 23. Februar 1628, mitten im Dreissigjährigen Krieg, beschlossen, es werde für erforderlich erachtet, unverzüglich eine Anzahl fremden Kriegsvolkes zu Ross und zu Fuss in gemeinsamem Namen und auf gemeinsame Kosten pro rata jeden Ortes zu werben. In gefährlichen Zeiten sollten keine Kosten gespart werden, weil es viel besser sei, etwas Kosten aufzuwenden und bei den Freiheiten zu bleiben, als infolge des Sparens daran Schaden zu nehmen. Das Leiden der Reichsstädte im Kriegsgebiet sei abschreckend genug.

Durch die wider ihren Willen einquartierten Kriegsknechte würden ihnen höhere Kosten entstehen als die, welche sie für ein starkes Wehrwesen rechtzeitig hätten aufwenden müssen. Zürich dachte an die Anheuerung von *«ein paar thusent im Kriegswesen gereglete fremde Mann»*. Stadtingenieur Haller machte gar den Vorschlag, fremde Söldner zu dingen, weil sie minderwertiger seien als die *«frommen burger oder landlüten»*, die man sonst in den Krieg schicken müsste. Auch wenn eine Anzahl ins Gras beissen müsste, so müsse man sich keine Sorgen machen, dass ihnen jemand nachweinte und *«eine ehrsame oberkeit ihnen wyb und kind erzüchen müsste»*. Sowohl die Bemühungen in Bern als auch in Zürich scheiterten nicht zuletzt an den mangelnden finanziellen Mitteln. Durch die Verschonung der Schweiz vor den Kriegswirren wurde die innere Schwäche der beiden Stadtorte nicht sichtbar. Erst der Erste Villmergerkrieg von 1656 deckte die militärischen Missstände klar auf.[102] Die Auszüger unter dem Kommando von Offizieren, die in «Fremden Diensten» geschult worden waren, mussten durch geworbene Truppen verstärkt werden. 32 geworbene Kompanien waren nötig, um die Bestände einigermassen zu füllen. Noch war es möglich, Freiwillige aus dem eigenen Gebiet, besonders aus dem Waadtland, zu rekrutieren und nur einige teure ausländische Reiter anzustellen.

Die Niederlage gegen die immer noch infanteristisch urtümlich angreifenden Innerschweizer Truppen weckte das alte Bern auf. Entgegen starker Widerstände wurde das Wehrwesen gezielt gefördert und modernisiert, doch der 1712 wiederum bei Villmergen glücklich erkämpfte Sieg täuscht darüber hinweg, dass er nur gegen Kantone möglich wurde, die den waffentechnischen Fortschritt noch deutlicher verschlafen hatten als Bern. Erst mit dem 1792 aus französischen Diensten entlassenen Standesregiment von Ernst erhielt die Stadt für vier Jahre einen modern ausgebildeten Truppenkörper.

Am Ende des 18. Jahrhunderts entstand in der Helvetischen Republik zum ersten Mal ein kleines stehendes Heer von rund 1500 Mann, das in erster Linie für Ruhe und Ordnung im Innern des Landes zu sorgen hatte. Zusammenfassend kann gesagt werden, dass in den wirtschaftlich starken Städten der Einkauf von Spezialisten die Regel war, die Bildung von stehenden Freiwilligen- und Söldnertruppen jedoch regelmässig scheiterte. Die von Ort zu Ort unterschiedlich geregelte allgemeine Wehrpflicht alimentierte die verschiedenen Auszüge. Erst das «Defensionale von Wil» 1647 formierte für den Kriegsfall ein gemeinsames Heer von 36 000 Mann mit 147 Geschützen. Jeder der drei Auszüge zerfiel in zwei Korps zu 30 Kompanien à 200 Mann. Die konfessionelle Spaltung erschwerte die Organisation und den Einsatz in der Schlussphase des Dreissigjährigen Krieges. Auch dem Defensionale von Baden von 1668 mit 40 200 Mann und 60 Geschützen war nur eine geringe Lebensdauer beschieden, da die katholischen Orte bald die Zusammenarbeit aufkündigten.

Hausvätermiliz

1604 schuf der bernische Kriegsrat einen zweiten Auszug von vier freien Fähnlein. Diese 1200 Mann sollten aus lediger Mannschaft bestehen, während der erste nur «haushäbliche» Männer, also Verheiratete, aufbot. In kurzen Kriegen hat sich die Hausvätermiliz bewährt; dauerte das Aufgebot etwas länger, so sehnten sich die Aufgebotenen rasch nach der Familie. 1610 wurde ein dritter Auszug von 6000 Mann geschaffen, der gleich gebildet war wie der erste. Die Offiziersposten waren den Bürgern und den Rückkehrern aus «Fremden Diensten» vorbehalten. Auch Zürich stellte 1629 ausser den fünf freien Kompanien 94 «ordinari»-Kompanien Fussvolk und 13 Kompanien Reiter auf. Auch diese kann man grösstenteils als Hausvätermiliz bezeichnen. Luzern entschloss sich 1643 zur Errichtung eines festen Auszuges von 6000 Mann. Der Aufbau des Auszügerdienstes in den grössten eidgenössischen Stadtorten – die Wehrpflicht dauerte in der Regel vom 16. bis zum 55. Altersjahr und auszugspflichtig wurde man mit der Gründung eines eigenen Hausstandes –, schwergewichtig auf der Hausvätermiliz, lässt sich hauptsächlich durch das starke Bedürfnis nach Mannschaften für die «Fremden Dienste» erklären.

Das erste zaghafte Einbinden der ledigen Wehrpflichtigen deutet auf eine abnehmende Attraktivität des Reislaufens hin. Im 19. Jahrhundert war die Trendwende vollzogen und man schickte nach Möglichkeit zuerst die Unverheirateten ins Feld. Die fachliche und menschliche Kompetenz, welche die Berner Offiziere noch im Zweiten Villmergerkrieg bewiesen haben, scheint mindestens 1767 nicht mehr vorhanden gewesen zu sein. Generalleutnant Lentulus hat ihnen in seinem Inspektionsbericht kein gutes Zeugnis ausgestellt. Sie hätten keine Ahnung, wie sie die Soldaten führen sollten, noch weniger seien sie in den Ausbildungsbelangen bewandert. Schmähen und Lästern mache den Soldaten nur unwillig und die Unfähigkeit der Vorgesetzten zerstöre die Moral der Truppe, kritisierte er. Die Institution der Hausvätermiliz erfüllte in gewissem Sinne eine Komplementärfunktion. Da die jungen Wehrpflichtigen nicht in genügender Anzahl zur Verfügung standen, ersetzte man sie durch die örtlich Gebundenen.

Selbstverständlich gibt es gute Gründe, den Verheirateten mehr Standfestigkeit in der Landesverteidigung zuzutrauen und ihnen aus Überzeugung Ehr und Wehr zu übertragen. Dennoch lässt sich die Vermutung nicht abschütteln, man habe hier aus der Not eine Tugend gemacht. Mit zahlreichen Bündnissen und Soldverträgen schützten sich die einzelnen Orte indirekt vor Angriffen der Nachbarn. Da grundsätzlich alle europäischen Fürsten an schweizerischen Söldnern interessiert waren, vermieden sie es, dass äussere Bedrohungen militärische Kräfte der eidgenössischen Orte banden. Selbst in innereidgenössische Konflikte mischte sich das Ausland gerne ein und versuchte meist, die Wogen zu glätten. Es durfte ja nicht sein, dass wertvolles Söldnerpotenzial auf schweizerischen Schlachtfeldern gebraucht würde oder gar unnütz das Leben liess. Meist hatten die Soldverträge eine Klausel, die besagte, im Falle des Eigengebrauchs könnten die Kontingente zurückgerufen werden.[103] Diesen Fall galt es unter allen Umständen zu vermeiden.

Mit dieser Entwicklung nahmen die Obrigkeiten zunehmend Einfluss auf das Reislaufen. Das freie Kriegertum wurde dabei aber noch lange nicht ausgerottet.

Die wirtschaftlichen Vorteile der «Fremden Dienste» für den Ort und für die einzelnen Regierungsmitglieder sind unübersehbar und von ausserordentlich grosser Wichtigkeit.[104] Die fremden Kriegsdienste beseitigten nicht nur das Missverhältnis zwischen der Bevölkerungsgrösse und der Arbeitskapazität des Landes, sondern förderten auch die Beziehungen mit den Auftraggeberstaaten, vor allem mit Frankreich, wo die Schweiz zahlreiche Vorrechte und Handelsvergünstigungen und eine weit gehende Zollfreiheit erlangte.[105] So konnten mangelnde Versorgungsmittel wie Salz oder Getreide über vereinfachte Wege importiert und mit der Bereitschaft zum ausländischen Dienst kompensiert werden.[106] Zur offiziellen «Lizenzzahlung» für die Werbeerlaubnis flossen beträchtliche Summen in Form von Jahrgeldern oder Pensionen in die Eidgenossenschaft.[107] Die Allianzen und Militärbündnisse gaben aber auch der konfessionellen Politik der katholischen wie evangelischen Orte den erwünschten Rückhalt. Der Solddienst bereicherte nicht nur die Offiziere, auch die Regierungen profitierten davon, indem zahlreiche Stellenlose ausser Landes geschafft werden konnten und somit soziale wie auch wirtschaftliche Probleme für eine gewisse Zeit eingedämmt wurden.

Stadtwachen und Freifähnchen

Besoldete Wächter wurden in den meisten Städten gehalten. Für ihre Dienste auf Mauern und Schanzen sowie an den Toren wurden sie zeitweise auch von Bürgern unterstützt. Der militärische Wert dieser Stadtwachen war beschränkt. Anders war dies in den Korps der Freiwilligen, die sich in den meisten Städten bildeten. Einen besonderen Stellenwert kommt beispielsweise der Zofinger Freikompanie zu, die 1798 bei Neuenegg an der Seite der Berner focht. Zürich kannte seit 1599 vier «Freifähnli», deren Bestände von rund 300 Mann aus den Ämtern und Gemeinden rekrutiert wurden. Alle erhielten eine Fahne mit den Standesfarben und wurden durch Zünfte und Herrschaften (Ämter und Vogteien) besoldet. Sie verstärkten den kantonalen Auszug und waren diesem in der Regel qualitativ mindestens ebenbürtig.

Für unseren Betrachtungsgegenstand scheint uns abschliessend die Bemerkung zulässig, dass sich im 17. und 18. Jahrhundert zwei Wehrformen bildeten: Einerseits war das die meist schlecht ausgerüstete und noch schlechter ausgebildete kantonale Miliz und andererseits waren es die dem europäischen Standard entsprechenden Schweizer Regimenter in «Fremden Diensten».

Die Werbung und Rekrutierung im 18. Jahrhundert

Der Einsatz einer schweizerischen Soldtruppe fing nicht erst auf dem Schlachtfeld an, sondern bereits in der Heimat, bei der Werbung und Musterung, also dort, wo Arbeitsplätze zu vergeben waren und wo die Arbeit des Werbers begann.[108] Vor Beginn der eigentlichen Werbetätigkeit musste eine Reihe von administrativen, vertraglichen, organisatorischen und finanziellen Problemen gelöst werden, die durch Sonderinteressen einzelner Orte und kantonspolitische Versteifung geprägt und wie alles in der Schweiz von Stand zu Stand verschieden waren. Überall galt jedoch, dass ein Dienstherr oder ein Auftraggeberstaat mit dem jeweiligen Ort eine «Kapitulation» unterzeichnen musste, denn nur mit dieser «Avouierung» – dem verklausulierten Versprechen alljährlicher Rekrutierungserlaubnisse – der obersten Behörden erhielten die fremden Regierungen die offizielle Billigung, ein kantonales Kontingent im Ausland zu führen.[109] Damit verbunden erhielten die Regiments- und Kompanieinhaber das nötige Werberecht sowie das zeitlich befristete Werbepatent für ein bestimmtes, örtlich definiertes Territorium.[110]

Tendenziell erlangte man dieses Ziel aber nur, wenn die entscheidenden Regierungspersonen am Unternehmen direkt oder teilweise interessiert waren.[111] Dieses Interesse musste meist teuer erkauft werden. Das Werberecht wurde ausschliesslich Bürgern des eigenen Kantons gewährt, um abzusichern, dass Solddienstfreiwillige des Herrschaftsgebiets ausschliesslich Offiziere des gleichen Kantons als Kommandanten hatten. Nur auf diese Weise blieb die Homogenität einer Kompanie oder eines Regiments gewahrt und konnten die nötigen Zwangsmittel zur Aufsicht und Kontrolle der geforderten Ordnung aufrechterhalten werden.[112] Vermochte ein Hauptmann die Mehrheit der Stimmen einer Landsgemeinde oder der einflussreichen Regierungspersönlichkeiten zu gewinnen – die sich stets das Vorrecht für die zu vergebenden Hauptmannsstellen sicherten – und bezahlte er die geforderten Sitz- und Schmiergelder, so wurde ihm die freie Werbeerlaubnis erteilt.[113] Nun folgten die Gebühren für die Werbekonzession, das Werbepatent, die Rekrutenpässe und das Zirkularschreiben an die eidgenössischen Stände und zugewandten Orte.[114]

Die Behörden liessen die bevorstehende Rekrutierung und die Namen der verantwortlichen Werber ausschreiben und die Ankündigungen den zuständigen Landvögten zukommen. Suter beschreibt das in seiner grundlegenden Studie so:

«In der Regel trugen sie [die Militärunternehmer] *den politischen Schlüsselfiguren in ihrem Stand kurzerhand Eigentumskompanien an. Auf diese Weise wurden zwei Ziele gleichzeitig erreicht: fürs erste wurde so jegliche Opposition ausgeschaltet. Zum zweiten bezahlten die mit einer Kompanie oder finanziellen Anteilen beschenkten ‹gnädigen Herren und Oberen› dem Regimentskommandanten, der den Soldvertrag zu Wege gebracht hatte, eine sogenannte ‹Honoranz›.*[115]

Der Einsatz einer eidgenössischen Truppe begann nicht erst auf dem Schlachtfeld, sondern bereits in der Heimat, bei der Werbung und Musterung, also dort, wo Arbeitsplätze zu vergeben waren und wo die Arbeit des Werbers anfing. Zu Beginn des Söldnerwesens kannte man nur die militärische Werbung, bei der ein uniformierter Hauptmann mit Fahne und Militärspiel von Ort zu Ort zog, um für bestimmte und kurzfristige Kriegsunternehmungen geeignete Männer für ein «Fähnlein» zu finden. Mit den stehenden Heeren veränderten sich auch die Werbepraktiken! Die Regimenter schickten ihre Werber und abkommandierten Offiziere in die verschiedensten Ortschaften, um eine permanente, eine über das gesamte Jahr hindurch geführte militärische oder zivile Aushebung zu garantieren.

Durch die jährliche Auswechslungsrate von durchschnittlich 20 bis 30 Prozent des gesamten Mannschaftsbestandes waren die Soldregimenter darauf angewiesen, dass die Verbindung zur Heimat offen stand und der Nachschub an Rekruten ungehindert vor sich gehen konnte.

Militärische und zivile Werbung

Es muss zwischen der Werbung für den Aufbau einer neuen Kompanie und der Ergänzung und Nachwerbung von bestehenden Truppenverbänden unterschieden werden. Die Methode war zwar dieselbe, nur brauchte man für den ersten Fall eine grosse Quantität wehrfähiger Männer, währenddem im zweiten Fall vorhandene Lücken, entstanden durch Heimkehrer, Krankheiten, Desertionen, Gefangenschaften, Wechsel in eine andere Kompanie oder Todesfälle, geschlossen werden mussten. Die Werbung unterstand dem direkten Befehl des Kompaniekommandanten.[116] Es galt nach wie vor die kompanieweise Werbung, da sich die katholischen Orte gegen die regimentsweise Rekrutierung wehrten. Erst im Laufe des 18. Jahrhunderts – im Zusammenhang mit dem dekadent gewordenen Söldnerwesen – wurde auf Stufe Regiment rekrutiert. Bei gleichzeitiger Werbung verschiedener Kompanien erhielt jeder Hauptmann ein klar definiertes Werbegebiet zugesprochen. Katholische Soldaten wurden primär von konfessionsgleichen Herrschaftshäusern eingestellt, währenddem Preussen und die Niederlande eher auf protestantische Söldner setzten. Eine religiöse Motivation zum Eintritt in ein protestantisches Heer wurde durch Prädikanten nach der Aufhebung des Ediktes von Nantes Tatsache, um gegen die Vernichtung des evangelischen Lebens zu protestieren.

Zu Beginn des Söldnerwesens kannte man nur die militärische Werbung, bei der ein uniformierter Hauptmann mit Fahne und Militärspiel von Ort zu Ort zog, um für bestimmte und kurzfristige Kriegsunternehmungen geeignete Männer für ein «Fähnlein» zu finden. Vorzugsweise trat er im Stillen oder auf zentralen Plätzen, während Festen oder anderen wichtigen Anlässen auf, um eine möglichst grosse Schar wehrfähiger Männer anzulocken.[117] Mit den stehenden Heeren veränderten sich auch die Werbepraktiken. Die herkömmliche Prozedur, bei der alle Kriegswilligen auf einem Werbeplatz zusammentrafen, gehörte endgültig der Vergangenheit an. Die Regimenter schickten ihre Werber und abkommandierten Offiziere in die verschiedensten Ortschaften, um eine permanente, eine über das gesamte Jahr hindurch funktionierende militärische oder zivile Aushebung zu garantieren.[118]

Von jeher waren die Tagsatzung und die kantonalen Regierungen bestrebt, die Werbung in geregelte Bahnen zu weisen, um Betrügereien, unerlaubte Werbemethoden oder gar «Falschwerbungen» – Rekrutierungen für unerlaubte Solddienste – zu verhindern.[119] Es entstanden in dieser Periode richtiggehende Werbezentren, wo man sich informieren und registrieren lassen konnte.[120] Generell weilten die Werber in Wirtschaften, da man zu jenem Zeitpunkt auf keine anderen infrastrukturellen Möglichkeiten zurückgreifen konnte. Sie engagierten Zubringer, «Anschlepper» und weitere Gehilfen – so genannte Unteragenten jeglicher Berufsgattung – für Rekrutierungen in der nahe gelegenen Umgebung, die mit einem Kopfgeld entschädigt wurden.[121] Familienangehörige, Verwandte, Wirte und sonstige Zubringer beteiligten sich am Werbegeschäft besonders zu Zeiten, da die Anwerbung infolge scharfer Konkurrenz oder wegen des zu geringen Interesses schwierig war. Die Verachtung und Furcht vor den Werbern war gross, sodass sie im Volksmund auch «Seelenverkäufer» genannt wurden. Oftmals konnten sie ihr Geschäft, durch Pöbeleien, Beschimpfungen und Prügeleien gestört, nur mühsam ausüben. Ihr Lohn bestand aus einer jährlich festgesetzten Entschädigung, aus Pauschalbeträgen pro geworbenen Rekruten oder aus einer gelegentlich bezahlten «Stimulierungssumme».

Bis zum Beginn des 18. Jahrhunderts war der Zustrom so gross, dass die Werber und Kompaniekommandanten keine Mühe bekundeten, den jeweils nötigen Bestand auszuheben.[122] Wer sich anwerben liess, schrieb seinen Namen in eine Werbeliste ein und erhielt das obligate Handgeld.[123] Um einigermassen einen Überblick über die Anwerbungen zu erhalten, mussten Rekrutenverzeichnisse erstellt werden, die den Kanzleien zugestellt wurden, damit die Behörden über den Stand der Dinge informiert waren.[124] Nahezu drei Viertel aller Rekruten hatten das 25. Lebensjahr noch nicht erreicht.[125] Sie mussten konfirmiert und bei guter Gesundheit sein, eine Lehre abgeschlossen haben, ein vorgeschriebenes körperliches Mindestmass erfüllen und sich in keiner chorgerichtlichen Verhandlung befinden.[126]

Wurde einer dieser Punkte nicht erfüllt, liess die zuständige Behörde den Abmarsch nicht zu und schickte die betroffene Person nach Hause, wobei das Handgeld auf Kosten des schuldigen Werbers behalten werden durfte.[127] Am Tag des Abmarsches traf die ausgehobene Truppe an einem bestimmten Sammelplatz zusammen.[128] Erschien eine rekrutierte Person nicht am festgesetzten Ort, wurde sie von der verantwortlichen Behörde aufgefordert, an einem bestimmten Tag vorzusprechen, um über die Bestrafung wegen der nicht erlaubten Abwesenheit zu debattieren.[129]

Der Transport zum Regiment, «Recrüe» genannt, umfasste in der Regel zehn bis 20 Mann, die entweder vom Werber, von bewaffneten Führern oder Angehörigen der Kompanie zu einem vereinbarten Rekrutendepot begleitet wurden. Nicht immer hielten die Rekruten den Anstrengungen der langen Märsche stand, sodass sie entweder den Strapazen erlagen oder auf dem Weg zurückgelassen wurden, um zu einem späteren Zeitpunkt mit einer anderen Gruppe den Zielort zu erreichen. Die Hauptaufgabe des Transportführers bestand darin, die Rekruten permanent zu überwachen, um Desertionen zu vermeiden, allfällige Auflehnungen zu unterdrücken und die ganze «Recrüe» an den vereinbarten Zielort zu führen.[130] Im Dienstgeberland angekommen, wurden die Neulinge auf eigene Kosten in eine Uniform gesteckt und bewaffnet. Anschliessend kam die Eingliederung in die Truppe![131] Interessant ist das Phänomen, dass die Masse der rekrutierten Männer jeweils nach ihrer Nationalität eingeordnet wurde. So entstanden die Fremdenregimenter der Schweizer, Deutschen, Iren oder Wallonen!

Die «Kopfgelder» variierten je nach internationaler Lage und passten sich der «Qualität» der Rekruten an. Auf europäischem Gebiet ging es in erster Linie um die Nationalität. Daraus lässt sich unschwer eine Konkurrenzsituation erkennen. Insbesondere das Verhältnis zwischen Schweizern und deutschen Landsknechten war zeitweise schwer belastet und meist herrschte Todfeindschaft. In zweiter Linie ging es um die physische Verfassung des Kandidaten. Dasselbe galt für die Handgelder auf der kleinräumigen Ebene, wo typische «Burgergeschlechter» eine grössere Abfindung bekamen als sonstige Kantonsangehörige. Die Letzteren erhielten aber immer noch mehr als Ortsfremde oder Ausländer. Gemäss Peyer stieg das Handgeld, das dem Soldaten bei der Anwerbung ausbezahlt wurde, von ursprünglich 4 Livres um 1700 auf 36 Livres im Jahre 1770 und auf 120 Livres im Jahre 1790.[132] Erst nach mehrmonatiger und intensiver Werbetätigkeit, wenn sich auf dem Rekrutenmarkt allmählich «Austrocknungserscheinungen» bemerkbar machten, erfolgte eine gewisse Angleichung der Tarife. Zumeist erhielten die Kantonsangehörigen die Handgelder in der Landeswährung ausbezahlt, währenddem den übrigen Eidgenossen und Ausländern, die in der Regel die Zahlung erst am Zielort erhielten, auch Fremdwährungen ausbezahlt wurden.[133]

Der Verdienst der Werber hing davon ab, ob er auf eigene Kosten warb und dementsprechend die Rekruten an den Meistbietenden weiterverkaufte oder ob er als Angestellter eines Kompaniekommandanten eingesetzt war. Der Beruf war dann finanziell risikoreich, wenn er sich verpflichtete, für einen festgelegten Pauschalbetrag Rekruten an einen klar definierten Ort zu liefern. Damit versuchten die Militärunternehmer die finanziellen Verluste – provoziert durch mögliche Desertionen – zu limitieren und sie als Lasten den Werbern aufzubürden.

Werbeschwierigkeiten im 18. Jahrhundert

Bis gegen Ende des 17. Jahrhunderts liess sich die Nachfrage nach Söldnern meistens mühelos und ohne Beeinträchtigung des übrigen Arbeitsmarktes befriedigen. Das Angebot übertraf zumeist die Nachfrage, sodass die Hauptleute ihre Kompanien ohne grössere Anstrengungen binnen weniger Tage aufstellen und oft unter einer mehrfach grösseren Anzahl von Bewerbern auswählen konnten. Wo die Solddienste behördlich untersagt waren – erwähnt sei Zürich von der Reformation 1522 bis 1614 und Bern bis 1582 –, entwickelte sich eine rege Schwarzmarktbewegung.[134]

Im 18. Jahrhundert wurde es immer schwieriger, motivierte und freiwillige Eidgenossen für den fremden Kriegsdienst zu finden. Das Söldnerhandwerk war von einer tiefen Depression und einer zunehmenden Dekadenz gekennzeichnet. Der Hauptgrund dafür lag in der Tatsache, dass seit der Entstehung der «stehenden Heere» der Dienst in der Fremde stark an Attraktivität und Anerkennung verloren hatte. Das Söldnerhandwerk geriet in den eidgenössischen Orten in gesellschaftlicher Hinsicht zunehmend in Verruf und wurde auch von nicht intellektuellen oder reformierten Kreisen moralisch verworfen. Gleichzeitig verbesserten sich die zivilen Existenzmöglichkeiten in den Bereichen der Landwirtschaft, des Gewerbes und in der rasch wachsenden Textil- und Verlagsindustrie, sodass die Kompensationsfunktion der «Fremden Dienste» an Stellenwert verlor.

Immer mehr junge Männer konnten auf den risikoreichen und nun oftmals schlechter bezahlten Solddienst verzichten.[135] Auf politischer Ebene brachte die neue liberale Bewegung die diversen Regimenter im Dienste «despotischer» Herrscher in Misskredit und auch für die militärischen Dienstherren wurde es immer schwieriger, die kostspieligen ausländischen Truppen zu rechtfertigen.[136] Für die militärisch und politisch orientierten Ämteraristokratien der katholischen Orte, die für die wirtschaftliche Neuorientierung und das Verlagssystem, das in keiner Weise dem Standesbewusstsein der führenden Familien entsprach, nicht viel übrig hatten, entstand eine schwierige Situation. Auf der einen Seite oblag den örtlichen Behörden die Pflicht, für das Wohl der einheimischen Bevölkerung zu sorgen und somit die neuen Wirtschaftszweige zu fördern. Auf der anderen Seite mussten die zumeist aus den regierenden Verwandtschafts- oder Bekanntenkreisen stammenden Militärunternehmer unterstützt werden, da auch die Obrigkeit oftmals in militärische Geschicke involviert war. Zum Dritten wurde die Werbung durch die Abnahme der Dienstwilligen, die zunehmende Desertion – was eine intensivere Werbetätigkeit verlangte –, die steigenden Handgelder sowie aufgrund der zunehmenden Teuerung immer kostspieliger und das Soldunternehmertum verkam zum Verlustgeschäft.[137]

Die Verbannung lästiger oder fehlbarer Elemente in fremde Kriegsdienste wurde gegen Ende des Jahrhunderts geradezu zur Regel und führte dazu, dass sich die allgemeine Abneigung gegen Solddienste verstärkte. Zu diesen verbrecherischen Kreisen wollte man nicht gehören. Um dennoch qualitativ gute Soldaten in den Dienst stellen zu können, wurden die Handgelder für diese merklich erhöht. Die Folgen dieser Entwicklung waren einerseits eine zunehmende Rarität von valablen Dienstfreiwilligen und andererseits eine brutale Rivalität zwischen den Werbern.[138] Deshalb begannen die Militärunternehmer um die Mitte des 18. Jahrhunderts bei grossen Werbekampagnen die regimentsmässige und gemeinschaftliche Werbung, die «Comunella», einzuführen, um zu verhindern, dass sich verschiedene Werbeagenten in die Quere kamen und sich gegenseitig Rekruten durch höhere Anzahlungen abwarben.[139]

Gegen Ende des Jahrhunderts konnten es sich freiwillige Rekruten erlauben, den Erlass der Werbe- und Reiseunkosten, die ihnen bisher vom Sold abgezogen wurden, zu verlangen oder diese als zusätzliches Handgeld entgegenzunehmen.[140] Durch das Erlassen der «Werbeplatz- und Reisekosten» versuchten die Kompanieinhaber zumindest die Handgelder möglichst tief zu halten.[141] Das Kernproblem aber war die für die Werbung notwendige Bargeldbeschaffung. Die beschränkten finanziellen Möglichkeiten der meisten Werber wirkten sich auf die Werbung aus, indem sie gezwungen waren, «billiges» Volk zu rekrutieren. Das erwies sich aber als kontraproduktiv, weil der Ruf der Regimenter darunter litt. Eine andere Methode des Sparens versuchte der Militärunternehmer, indem er die bereits im Dienste stehenden Truppen möglichst lange an die Kompanie zu binden versuchte. Man versprach zum Beispiel höhere Handgelder, wobei nur ein kleiner Teil sofort ausbezahlt wurde. Der Rest sollte dann später beim Regiment bezogen werden, was in den seltensten Fällen eintraf. Da der Soldat nach Empfang der persönlichen Ausrüstung, die er selber zu bezahlen hatte, derart verschuldet war, wurde der Rest des Handgeldes zur Schuldentilgung benötigt. Während der Dienstzeit war Alltägliches auf Kredit zu haben. Damit verschuldeten sich die Söldner dermassen, dass nach abgelaufener Dienstzeit aus diesen Gründen oft eine Wiederanstellung erfolgen musste.[142]

Damit verminderte man zwar nötige Neurekrutierungen und teure Werbeunternehmungen in der Schweiz, provozierte aber auch Missmut bei den Truppen, was zu Desertionen führte.[143] Obwohl die traditionelle Geschichtsschreibung den eidgenössischen Söldner stets vom Vorwurf der Desertion frei gesprochen hat, nahm sie im Laufe des 18. Jahrhunderts auch unter Schweizern stark zu und bildete das grosse Dilemma aller Armeen.[144] Die Desertionswilligkeit war weder vom Dienstalter noch vom Regimentsstandort noch vom Grad abhängig. Der Söldner in stehenden Heeren war zweifellos grossen psychischen Spannungen ausgesetzt, da man jahrelang von der Familie und der Heimat getrennt blieb und auf den Feldzügen stets den Tod vor Augen hatte.[145] Die unerfreulichen Dienstverhältnisse, die schlechte Verpflegung, der mangelnde Sanitätsdienst, die mörderischen Kämpfe, der geisttötende Drill, der absolute Gehorsam gegenüber dem Vorgesetzten, das langweilige Garnisonsleben, die ungünstigen Unterkunftsverhältnisse, Soldrückstände, nicht zuletzt das Heimweh, die Enttäuschung über den unkorrekten Werbevorgang sowie die Angst, nach absolvierter Dienstzeit wegen der vorhandenen Schuldenlast nicht entlassen zu werden, gehören zu den Hauptgründen des militärischen Ausreissens.[146]

Die Studien von Pfister ergeben, dass gegen Ende des 18. Jahrhunderts zwischen 20 und 43 Prozent sich illegal von der Truppe entfernten.[147] Es gab kaum Rezepte gegen diesen höchsten Grad der militärischen Pflichtverletzung, unter der vor allem die Kompaniekommandanten litten, da Material und Person ersetzt werden mussten. Auf der einen Seite stützten sie sich auf das «Gwaltpatent», indem die kreditierten Deserteure der zuständigen heimischen Behörde denunziert wurden, die in der Regel die Flüchtigen in der Heimat gefangen nehmen liessen.[148] Auf der anderen Seite wurden drakonische Strafen angewendet wie «Spiessruten- oder Gassenlaufen», Gefängnisstrafen, Zwangsarbeiten in Steinbrüchen oder Haft auf Galeeren. Alle diese Massnahmen sollten die notwendige Abschreckung erzeugen.[149]

Die Militärunternehmer versuchten mit allen Mitteln, die Übelstände vor der einheimischen Bevölkerung zu verbergen, zensurierten die Soldatenbriefe oder verhinderten gar, dass die Klagen einen Adressaten fanden. Die wenigen, die erhalten geblieben sind, tönen etwa so:

«Als wan wir gestollen hätten [...] Es gefallt mir gahr nit hir. Das Schwartzbrod ist hir teurer als in Schweitz das weisse [...] Es ist kein Soldat bey unser Company der nicht rüdig ist [...] Es ist mich gerauen genug das ich von Haus gegangen bin, ich wollt 2 Finger ab der Hand geben ich were wider daheim.»[150]

Im Laufe des 18. Jahrhunderts entstand ein immer dichter gespanntes Netz von Werbern, die listig und kühl berechnend, mit allen Verführungskünsten und Blendungen junge Männer vom Solddienst zu überzeugen versuchten.[151] Um die Erhaltung der Werbekapazität aufrechtzuerhalten, wurden in einzelnen Gegenden Emigrationsversuche, die nicht den Eintritt in fremde Kriegsdienste zum Ziel hatten, kurzerhand verboten, um junge Männer zu Werbe- und Arbeitszwecken in der Schweiz zu halten.[152]

Je schwieriger die Rekrutierung wurde, desto raffinierter gingen die Werber vor.[153] In den Wirtshäusern setzte man neugierigen Personen üppige Speisen vor, um sie an den «hohen Lebensstandard» des Söldnerwesens zu gewöhnen. Der ausgeschenkte «Engagierwein» löste die Zunge und benebelte den Verstand, sodass der angetrunkene Mann dem Werber schliesslich hilflos ausgesetzt war. Sobald jemand das vom Werber in Aussicht gestellte Handgeld oder den «Haftpfennig» entgegengenommen hatte, galt er als «geworben» und trat in ein persönliches Dienstverhältnis mit dem Kompaniekommandanten ein, der das Handgeld, die Kosten für die Werbezecherei, die Verpflegung, das Saufgelage sowie das Reisegeld von der Heimat ins Rekrutendepot vorfinanziert hatte.[154]

Listige Rekruten erkannten rasch, dass man mit den Handgeldern eine Menge Geld verdienen konnte, und liefen so von einem Werbeplatz zum anderen. Mit dem Aufkommen der aggressiven Werbepolitik stieg auch die Zahl der Personen, die sich betrogen fühlten, ihren Entscheid bereuten, sich an nichts mehr erinnern konnten oder gegen die nicht konforme Werbemethode vorzugehen versuchten.[155] «Reufällige» besassen theoretisch die Möglichkeit, das empfangene Handgeld zurückzuerstatten, und wenn sie für die vorhandenen Auslagen der Werbezecherei die nötigen finanziellen Ressourcen aufbrachten – was zumeist nicht der Fall war –, konnten sie sich loskaufen. War dies nicht möglich, so musste die rekrutierte Person entweder abmarschieren oder einen Dienstfreiwilligen finden. Die Zahl der «Loslassungen» nahm im 18. Jahrhundert zu, wie auch die verlangte Entschädigungssumme, sodass sich daraus ein richtiggehendes Geschäft entwickelte.[156] Der Niedergang des Soldwesens war in vollem Gange und liess sich nicht mehr stoppen.

Kulturaustausch und Kulturtransfer

Besonders die obrigkeitlichen Söldnerkontingente der späteren Zeit hatten eine, die heimischen Grenzen überbrückende Funktion. In fremden Uniformen war oft die sprachliche und konfessionelle Annäherung zwischen den Vertretern der einzelnen Orte leichter als zu Hause. Vorsicht ist jedoch geboten, bereits von einer Nationalisierung der verschiedenen, zum Teil zerstrittenen Bevölkerungsschichten des lockeren Staatenbundes zu sprechen, wie dies De Vallière tut:

«Der Geist, der in diesen Regimentern herrschte, stand in scharfem Gegensatz zu der politischen und religiösen Zerrissenheit im Heimatlande. In der Uniform gab es [...] nur Schweizer, die alle der gleichen Fahne ihre Treue gelobt hatten. War das Gefühl der nationaler Zusammengehörigkeit in der Heimat selbst noch so sehr geschwunden, es lebte wieder auf in fremden Landen.»[157]

Zweifellos gab es verbindende Riten. In den fremden Garnisonen und Feldlagern wurden auch gegen Widerstand heimatliche Gebräuche, Jodeln und Schwingen, beibehalten. In französischen Diensten soll den Freiburger Truppen das Singen des «Ranz des vaches» verboten worden sein, weil dabei alle vom «hemweh» gepackt worden seien. Kontakte mit fremden Kultur- und Wirtschaftsräumen, unstete Lebensformen, das Gefühl der Unsicherheit und die unterschiedlichen Erfahrungen im Ausland führten zur Ausbildung einer eigenen Reisläuferkultur.[158] Der im Ausland gebildete Offizier wurde als grosser Nutzen für die Instruktion der eigenen Nachwuchskräfte betrachtet.[159] Der Soldatenberuf wurde in vielen Familien als Erbteil vom Vater auf den Sohn übertragen.[160] Der Offiziersdienst war für die Oberschicht von höchster Relevanz, wobei dies regional zu differenzieren wäre, denn beispielsweise waren katholische Kantone (z. B. katholisch Glarus oder Uri) zu allen Zeiten überproportional vertreten und hatten die stärkste Ausprägung einer Soldaristokratie.[161] Vor allem in der adligen Gesellschaft und in regierungsfähigen Familien galt der Gang der Söhne ins Ausland als wichtiger Schritt zu einem weltmännischen Schliff, zur Weiterbildung und zum Erlernen militärischer Kenntnisse.[162]

Schweizer Söldnerführer wurden von europäischen Fürsten zu Obersten und Generälen ernannt und durch Adelsdiplome und Ehrentitel ausgezeichnet. Durch die Teilnahme an kleineren und grösseren Feldzügen unter berühmt gewordenen Feldherren erhielten sie eine ausgezeichnete Ausbildung im militärischen Bereich und in der Menschenführung.[163] Rodolphe de Stürler hat diese Herausforderung eindrücklich geschildert:

Der Kulturtransfer, der nicht auf die Tradition der Solddienste zurückzuführen ist, hat sich in allen gesellschaftlichen Bereichen manifestiert, insbesondere in Bildung, Architektur, militärischer Fertigung, Inneneinrichtungen, Kirche und Sprache. Nur rund ein Drittel aller in «Fremden Diensten» engagierten Männer kehrten in ihre Heimat zurück, von denen viele durch Kriegsverletzungen und Verstümmelungen als Arbeitskraft nicht mehr in Frage kamen. Während die Einen mit reicher Beute, Waffenruhm oder sonstigen Ersparnissen in die Heimat zurückkamen, kehrten die Anderen verarmt und verwahrlost heim, um im Heimatdorf einen kümmerlichen Lebensabend zu verbringen.

135

«Statt unter den Arkaden Berns spazieren zu gehen und ein Leben zu führen, das im Grunde kein anderes als das eines Taugenichts ist, habe ich gelernt Hitze, Kälte und die Strapazen forcierter Märsche zu ertragen; und endlich habe ich mit eigenen Augen das wilde Schauspiel, das ein Schlachtfeld darbietet, gesehen, und über die Lehre, die es uns erteilt, nachgedacht.»[164]

An den diversen Höfen lernten die Offiziere das formelle Auftreten und Benehmen sowie Fremdsprachen, verbesserten sich durch eine intensive Briefkorrespondenz im Schreiben und wurden durch die Bekanntschaft mit fremden Kulturen und Mentalitäten weltoffener.

Da der lockere Staatenbund der Eidgenossenschaft keine regelmässigen und dauerhaften diplomatischen Beziehungen mit den europäischen Mächten aufrechterhalten konnte, wurde dieser Part oftmals indirekt von Schweizer Offizieren übernommen. Der Dienst, die Erfahrung und das Leben in der Fremde beeinflussten die Wissenschaften und Künste, indem die erlebten Sitten und Eindrücke in die Heimat mitgenommen wurden und sich hier in meist helvetisierter Ausprägung neu entfalten konnten.[165] Diese friedliche Durchdringung der eidgenössischen Kultur – stark gefördert von Offiziersfamilien – hat den Geschmack und den Charakter des Volkes zweifellos beeinflusst und den Austausch der Ideen begünstigt.[166] Dieser «Kulturaustausch» fand seinen wohl grössten Niederschlag – das zeigt sich vornehmlich in der Bauart diverser Patrizierhäuser – in der Art zu leben und zu wohnen. Zahlreiche Schlösser und sakrale Kunstwerke zeugen von dieser Phase und übten einen wichtigen Einfluss auf die Entwicklung der heimischen Wirtschaft und regionalen Kunst aus. Durch die «Fremden Dienste» blieben die Schweizer in Fühlung mit der europäischen Zivilisation. Sie begünstigten den Austausch von Ideen und geistigen Strömungen und trugen so gewaltig zur intellektuellen Entwicklung der Heimat bei. Viele Offiziere und Soldaten hatten Gelegenheit, in fremden Hauptstädten zu leben, zu reisen und sich in ausländischen Gesellschaften, Bibliotheken, Universitäten und Schulen zu bilden.[167]

Zahlreiche pensionierte Offiziere gründeten nicht nur Archive und Bibliotheken, sondern hinterliessen auch ihre Memoiren für die Nachwelt. Durch ihre Initiative entstanden die ersten Privatschulen.[168] Nur rund ein Drittel aller in «Fremden Diensten» engagierten Männer kehrten in ihre Heimat zurück, von denen viele durch Kriegsverletzungen und Verstümmelungen als Arbeitskraft nicht mehr in Frage kamen.[169] Während die Einen mit reicher Beute, Waffenruhm oder sonstigen Ersparnissen in die Heimat zurückkamen, kehrten die Anderen verarmt und verwahrlost heim, um im Heimatdorf einen kümmerlichen Lebensabend zu verbringen. [170] Zudem wurden verrohte Sitten, die man sich im Ausland in Form von Müssiggang, Trunk und Spiel angewöhnt hatte, in die Schweiz importiert. Nicht wenige vermischten sich mit heimischen Gebräuchen und liessen vaterländische Tugenden in Vergessenheit geraten.

Kritische Stimmen

Durch die teilweise wenig attraktiven Verhältnisse in den stehenden Heeren vermehrten sich die Schattenseiten der fremden Kriegsdienste. Sie sind selbst von Zeitgenossen immer wieder mit moralischer Entrüstung als kaum menschenwürdig bewertet worden.[171] Die Gegensätze zwischen Arm und Reich nahmen zu und der soziale Klassenunterschied verschärfte sich. Der sich neu etablierende Adel gestaltete sich zu einer Herrschaft der «Bevorzugten», und aristokratische Regierungen verfielen immer mehr machtbesessenen Gelüsten, schlossen sich zu Oligarchien zusammen, die sich jeder Neuerung feindlich entgegenstellten und den Nepotismus stark förderten.[172] Selbst der sonst wenig kritische De Vallière schreibt:

«Die städtischen Patriziate neigten unter dem Einfluss der grossen Monarchien und der Offiziere im Fremdendienst, die alle Mitglieder der regierenden Aristokratie waren, immer mehr zur Autokratie.»[173]

Zu den Nachteilen des Solddienstes gehörten die zunehmende Korruption innerhalb der politischen Führungsschichten und der schädliche Einfluss fremder Gesandten, die für ihre politischen Zwecke mit Bestechungsgeldern wilde Parteikämpfe auslösten. Das Aufkommen von egoistischen Solddienstinteressen zerstörte das Gemeinwohl und der bis zum Exzess gesteigerte Partikularismus brachte den eidgenössischen Bund quasi an den Rand des Abgrunds.[174] Noch einmal De Vallière:

«Und dennoch liegt etwas Wahres am Vorwurf der Käuflichkeit! [...] Das Wort trifft eine Anzahl dunkler Persönlichkeiten, geheime Agenten und zweifelhafte Ehrenmänner, die beflissen waren, die ‹Geschenke des freigebigen Königs› unter sich zu verteilen. Auf diese mochte das vielberufene Wort ‹kein Geld, keine Schweizer› seine Anwendung finden.»[175]

Mit der militärischen Auswanderung verliessen wie früher nicht nur Erwerbslose und Menschen am Rande des Existenzminimums die Heimat, sondern teilweise auch gute Arbeitskräfte. Die eidgenössische Wehrkraft – nach wie vor kantonal ausgelegt, sehr schlecht ausgebildet und ausgerüstet – wurde dadurch bestandesmässig und qualitativ empfindlich geschwächt.[176] Hefti beklagt dies sicher zu Recht:

«Die Eidgenossenschaft war im 18. Jahrhundert eines der ‹schlechtest bewehrten Gemeinwesen Europas› geworden. Jeder Kanton besass seine eigenen Einrichtungen und Gewohnheiten. Uniform, Bewaffnung, Zeit und Art der Militärübungen waren von Ort zu Ort verschieden.»[177]

Mit dem Aufkommen der hierarchischen Truppengliederung in den stehenden Heeren gab es nebst Kameradschaft und Fürsorglichkeit oft auch Ausbeutung und Misshandlungen.[178] Die wohl eindrücklichsten Schilderungen liefert diesbezüglich Ulrich Bräker, der in der Fremde sein Glück suchte, in die preussische Armee gepresst wurde und das entsetzliche und erbärmliche Dasein als Soldat erleben musste.[179] Höhepunkt aller negativen Auswüchse war sicherlich das Gemetzel zwi-

137

schen Schweizertruppen in verschiedenen Heeren. Die eigenen Regierungen versuchten zwar solche Konfrontationen durch vertragliche Klauseln zu vermeiden, aber durch die Nichteinhaltung der Bedingungen kam es immer wieder dazu. Besonders die grauenhaften Vorfälle im Jahre 1709 in Malplaquet, wo sich Schweizertruppen regelrecht gegenseitig aufspiessten, rüttelten die schweizerische Bevölkerung auf.[180]

Obwohl die Proteste gegen den Solddienst nie verstummten – wie zum Beispiel die Stimme Zwinglis, der den Solddienst als schlimmstes politisches Übel verdammte und somit Zürich während rund 100 Jahren vom Kapitulationswesen fern hielt –, wurden die fremden Kriegsdienste immerzu mit dem unzweifelhaft vorhandenen Bevölkerungsüberschuss gerechtfertigt. Wo das Exportgewerbe sich noch nicht entfaltet hatte und wo es an wirtschaftlichen Alternativen und Arbeitsplätzen fehlte, bildete sich rasch ein Rekrutierungsgebiet. Grundlegend aber ist, dass die «Fremden Dienste» auch im 17. und 18. Jahrhundert ein Produkt der europäischen Entwicklung waren. Sie boten dem Einzelnen eine berufliche Beschäftigung an – je nach individuellem Motiv –, entweder eine temporäre oder aber dauernde Lösung.[181]

Der fremde Kriegsdienst galt in den meisten Orten weiterhin als eine Selbstverständlichkeit und wurde – trotz der sich stetig weiterentwickelnden Neutralitätspolitik und der nie abflauenden Kritik – nie mehr so ernsthaft hinterfragt wie durch die Reformatoren. Diese Soldpolitik der Obrigkeiten wurde stets mit dem Prinzip der gleichmässigen Begünstigung aller Krieg führenden Länder als Basis einer effizienten Neutralitätspolitik begründet.[182] Der Handel mit den Soldaten konnte erst dann wirksam bekämpft werden, als die Schweiz andere, ebenso einträgliche «Produkte» zu verkaufen hatte, die in der Lage waren, die erhaltenen ausländischen Summen für die «überzähligen Söhne» zu kompensieren.[183] Ein Verbot des Reislaufens hätte eine Erwerbsmöglichkeit beendet, ohne eine andere zu öffnen.[184]

François Lefort – ein Schweizer im Dienste des Zaren

Der Genfer François Lefort war einer der ersten Schweizer überhaupt, dessen Weg 1675 ins Zarenreich führte, zu einer Zeit, als die Schweiz lediglich als loser Bund der eidgenössischen Orte existierte und Russland im Westen noch Moskowien hiess. Lefort erwarb sich die enge Freundschaft Zar Peters des Grossen. Er starb 1699 in Moskau als General, Admiral, Statthalter von Nowgorod und Präsident aller Räte. Der Moskauer Stadtteil Lefortowo erinnert noch heute an diesen Schweizer, der die militärischen Reformideen des jungen Zaren massgeblich mitformte und damit am Anfang einer Entwicklung stand, die Russland von einem rückständigen, halborientalischen Staatsgebilde zum Rang einer europäischen Grossmacht führte.

Die frühen Jahre: Genf, Marseille und die Niederlande

Die Leforts hiessen ursprünglich Lifforti und kamen als protestantische Glaubensflüchtlinge in der Mitte des 16. Jahrhunderts aus dem Piemont nach Genf, wo sie bald zu einigem Wohlstand kamen und zur Oberschicht gerechnet werden müssen. Die Stadtrepublik Genf selbst befand sich in der zweiten Hälfte des 17. Jahrhunderts in einer Umbruchphase. Die strenge calvinistische Gesellschaftsordnung aus der Reformationszeit machte vor allem bei der jungen Generation einer offeneren, mehr nach Luxus und leichter Unterhaltung strebenden Lebensführung Platz. Der Glanz des französischen Hofes und ein barockes Lebensgefühl erreichten auch Genf. Dieser Generationenkonflikt, in dem die Alten an den traditionellen religiösen und sozialen Formen festhielten, während die Jungen sich aus diesem engen Korsett zu befreien versuchten, spielte sich im Kleinen auch im Hause Lefort ab. François Lefort wurde im Januar 1656 geboren.[1] Er war der vierte und letzte Sohn von Jacques Lefort, einem reichen Kaufmann und – wie wir heute sagen würden – Pharmagrosshändler. Genau diese Laufbahn war auch für François vorgesehen. Er wurde streng calvinistisch erzogen, zuerst von einem Hauslehrer und dann im so genannten Collège. Er erhielt also ein für die damalige Zeit beträchtliches Mass an Bildung. Mit 14 Jahren wurde er zu einem Geschäftspartner des Vaters nach Marseille in die Lehre geschickt. Anschliessend hätte er nach Genf zurückkehren sollen, um hier sein Leben als Kaufmann zu fristen. Doch der junge François zeigte wenig Neigung, dieser von seiner Familie festgelegten Bestimmung zu folgen.

Kaum war er in Marseille angekommen, liess er sich in der dortigen Garnison als Kadett der französischen Armee einschreiben. Sein Vater erfuhr einige Monate später davon und holte ihn umgehend nach Genf zurück, um ihn unter seiner strengen Kontrolle in seinem Sinne zu formen. Der Charakter der Menschen, mit denen François Lefort Umgang pflegte, wies allerdings in eine andere Richtung. Er suchte den Kontakt zu jungen ausländischen Adligen, die sich auf ihren damals üblichen Bildungsreisen gelegentlich in Genf aufhielten und so wie er von einer militärischen Laufbahn träumten. Unter dem Einfluss dieser Gesellschaft wandte er sich endgültig vom Kaufmannsberuf ab. Im damaligen Genfer Kontext mag dieses Verhalten aussergewöhnlich, ja geradezu skandalös erschienen sein. Im weiteren Umfeld tat Lefort allerdings etwas nicht gar so Unübliches. Wir haben es mit einer ausgesprochenen Adelsgesellschaft zu tun. Die Trennlinie allerdings zwischen Adel und gehobenem Bürgertum war nie ganz scharf gezogen, und es gab in diesem Bürgertum durchaus starke Tendenzen, die Standesgrenze nach oben zu überwinden. Eine relativ häufig vorkommende Strategie bestand im Erwerb von Grundbesitz, eine andere in einer Offizierslaufbahn, also genau das, was Lefort offensichtlich anstrebte. Einer dieser ausländischen Adligen, in deren Umfeld sich Lefort bewegte, war Karl Jakob, der zweiten Sohn des Herzogs von Kurland. Das heute zu Lettland gehörende Kurland war damals ein kleiner polnischer Vasallenstaat im Baltikum, ein Überrest aus dem alten Territorium des Deutschritterordens. Auf Anregung des baltischen Prinzen hat Lefort sich nach den Niederlanden begeben, um sich dort in einem kurländischen Regiment um eine Offiziersstelle zu bewerben. So gelang ihm der Ausbruch aus dem Genfer Milieu. Im Juni 1674 verliess er seine Heimat, mit kaum einem Sou in der Tasche und natürlich ohne Einverständnis der Familie. Nun, was hat eine militärische Einheit aus dem Baltikum in Holland zu suchen?

Der grössere Zusammenhang ist in der Aussenpolitik Ludwigs XIV. zu sehen, die eine territoriale Ausdehnung an die Rheingrenze anstrebte. Dagegen hatte sich eine Koalition der bedrohten Nachbarstaaten sowie Englands gebildet. In den 1670er Jahren führte diese Koalition einen Krieg gegen Frankreich, der sich in den südlichen Niederlanden und dem angrenzenden Gebiet, das wir heute als Belgien kennen, abspielte. Die Vereinigten Niederlande waren von ihrem Potenzial her damals durchaus eine ernst zu nehmende Macht, wenn auch eher zu Wasser als zu Land. Ihre Finanzkraft erlaubte aber die Anwerbung ausländischer Söldnertruppen, unter denen sich auch ein Regiment aus Kurland unter dem Befehl des dortigen Thronfolgers befand. Dieser Krieg wurde für François Lefort also zum Sprungbrett weg aus seiner Heimat. Als Freiwilliger nahm er an einer verlustreichen Belagerung der Festung Grave an der Maas teil und machte hier seine ersten militärischen Erfahrungen. Er wurde durch eine Kanonenkugel leicht verwundet, liess sich aber dadurch nicht von seinem Vorhaben, Offizier zu werden, ablenken. Kurz danach erreichte ihn die Nachricht vom Tod seines Vaters.

Er stand jetzt an einem Scheideweg und wäre fast wieder nach Genf zurückgekehrt. Er hätte es getan, wenn er gewusst hätte, dass sein Vater ihm ziemlich viel

Geld vermacht hatte. Seine Familie vermied es aber, ihn darüber zu informieren. Wahrscheinlich hatte sie Angst, das «Enfant terrible» würde sein Erbe doch nur verprassen. Lefort trennte sich in der Folge von den Kurländern und fand sich alsbald verarmt, verschuldet und ohne Beschäftigung gestrandet in Amsterdam und später in Nimwegen.

Russland im 17. Jahrhundert[2]

Das russische Staatsgebilde kannte man in Westeuropa noch nicht als Russland, sondern als Moskowien, da es sich im Kern um das vergrösserte Herrschaftsgebiet der Grossfürsten von Moskau handelte, die sich ihre konkurrierenden Nachbarn einverleibt hatten. Man darf nicht ausser Acht lassen, dass das Territorium des europäischen Russlands seit Mitte des 13. Jahrhunderts aufgrund der Unterwerfung durch die Mongolen vom Rest des Kontinents völlig abgeschottet war. Die Renaissance beispielsweise fand in Russland nicht statt. Nachdem es den frühen Moskauer Grossfürsten im 15. Jahrhundert gelungen war, die Mongolenherrschaft abzuschütteln, wurde aus der erzwungenen Isolation eine freiwillige. Iwan III. heiratete eine Tochter des letzten byzantinischen Kaisers, nannte sich – abgeleitet von Caesar – Zar und schuf den Mythos von Moskau als «Drittes Rom». So war es für Moskowien plötzlich aus einem Gefühl der Überlegenheit heraus nicht mehr wichtig, sich mit dem Rest der Welt auseinander zu setzen.

Auf der anderen Seite war auch das Interesse Westeuropas an diesem riesigen Reich im Osten kaum vorhanden. Die wenigen Reiseberichte, die damals kursierten, schilderten Russland als einen halb in Asien gelegenen, rückständigen Staat mit einem barbarischen und dummen Volk, das von einem Despoten mit korrupten Beamten und einer borniert und arrogant auftretenden Oberschicht dominiert wird.[3] Einzig England und Holland bemühten sich aus handelspolitischen Gründen aktiv um nähere Kontakte. Moskowiens spärliche Beziehungen zum Ausland wurden nicht in erster Linie auf dem Landweg abgewickelt, der den Russen viel zu wenig bewusst war, sondern über den einzigen Hochseehafen Archangelsk am Weissen Meer. Um 1520 war das gesamte nord- und ostrussische Territorium unter moskowitischer Kontrolle. Mitte des 16. Jahrhunderts wurde durch die Eroberung der Tatarenkhanate Kasan und Astrachan das Kaspische Meer erreicht. Im Osten waren bis zur Mitte des 17. Jahrhunderts die riesigen Weiten Sibiriens durchdrungen und die Grenzen Chinas erreicht worden.

Die moskowitische Expansion gelangte an den Grenzen mächtiger Nachbarn an ein vorläufiges Ende: Schweden im Norden, Polen-Litauen im Westen und das mit dem Osmanischen Reich verbündete Khanat der Krimtataren im Süden. Der Zar herrschte über eine Bevölkerung, die in der Mitte des 17. Jahrhunderts grosszügig geschätzt etwa 10 Millionen Menschen umfasste. Im Vergleich dazu hatte das viel kleinere Frankreich 19 und Österreich 20 Millionen. Die Spitze der Gesellschaft bildete der Adel, der seinerseits durch die so genannten Bojaren dominiert wurde, die Angehörigen des mächtigen alten Grund besitzenden Hochadels. Neben einer verschwindend kleinen Mittelschicht aus Kaufleuten, Handwerkern und anderen Stadtbewohnern sowie der orthodoxen Geistlichkeit bestand der grosse Rest der Bevölkerung aus Bauern, die grossenteils an den Boden gebunden bzw. leibeigen waren.

Die landwirtschaftliche Produktion unterschied sich im riesigen russischen Reich natürlich aufgrund der klimatischen und geografischen Gegebenheiten zum Teil beträchtlich. Im Schnitt gelang es den russischen Bauern kaum, mehr als das Doppelte oder allenfalls Dreifache aus dem Boden zu holen, was sie als Saatgut eingebracht hatten. Da die russischen Bauern arm waren und die Güter, die sie zum täglichen Gebrauch benötigten, selbst herstellten, bildete die bäuerliche Bevölkerung auch keinen Markt für ein städtisches Handwerk, das in Russland fast ebenso fehlte wie ein Kaufmannsstand. Wohlhabende Städte als wirtschaftliche Zentren, wie sie im späten Mittelalter überall in Westeuropa entstanden waren, und aus denen heraus sich die Renaissance und damit die Neuzeit entwickelte, gab es im Russland des 17. Jahrhunderts praktisch nicht. Aufgrund der ungünstigen strategischen Position lag der Aussenhandel vollständig in den Händen ausländischer Kaufleute, die mit Zollvergünstigungen und anderen Privilegien angelockt werden mussten.

Der Zar nannte sich zwar «Autokrator – Selbstherrscher» – herrschte aber alles andere als allein. Er musste bei seinen Entscheidungen Rücksicht nehmen auf den Hochadel, der mit der Duma einen eigenen Rat bildete, die orthodoxe Kirche und die so genannten Strelitzen[4], eine Art russischer Prätorianergarde. Die staatliche Verwaltung fand in Ämtern statt, die aus der Hofhaltung der Zaren hervorgegangen waren. An ihrer Spitze standen Bojaren, die nicht nach ihren Fähigkeiten, sondern nach dem Ansehen ihrer Familie ausgewählt worden waren.[5] Wir haben ein im wahrsten Sinne des Wortes mittelalterliches Staatsgebilde vor uns, das dem, was damals in Westeuropa üblich war, in fast jeder Hinsicht um mindestens 200 Jahre hinterherhinkte. Dieser Befund gilt auch für das Militärwesen.

Die moskowitische Armee des 17. Jahrhunderts bestand aus einer Mischung alter und neuer Formationen.[6] An erster Stelle stand die altertümlich ausgerüstete Adelsreiterei, die bei Bedarf mit ihren Hilfstruppen – den abhängigen Bauern der Adligen – aufgeboten wurde. Der Kampfwert dieser Truppe war äusserst gering. Das Rückgrat der Armee bildeten lange Zeit die von Iwan dem Schrecklichen gegründeten Musketiereinheiten, die bereits erwähnten Strelitzen. Es handelte sich um ein erbliches Berufssoldatentum. Die Angehörigen ihrer Einheiten lebten mit ihren Familien in eigenen Stadtquartieren und gingen in Friedenszeiten auch gewerblichen Tätigkeiten nach. Die Strelitzen stellten ursprünglich den modernsten und schlagkräftigsten Teil der russischen Armee dar, waren aber in ihrem Kastendenken jeglichen militärtechnischen Neuerungen abgeneigt und politisch zunehmend unzuverlässig. In den 1630er Jahren wurden erstmals so genannte Regimenter neuer Ordnung aufgestellt, die aus einheimischen Soldaten bestanden, die von ausländischen Solddienstoffizieren nach westeuropäischer Manier ausgebildet wurden. Das Bild der moskowitischen Armee des 17. Jahrhunderts wird erst vollständig, wenn man die Kosakeneinheiten sowie Reitertruppen der unterschiedlichen Steppenvölker hinzunimmt, die der Zar im Bedarfsfall aufbieten konnte.[7]

Die Kampfweise war in den russischen Weiten und vor allem in den Steppengebieten im Süden natürlich anders als in Mitteleuropa. Die Kavallerie hatte eine viel grössere Bedeutung. Die russische Infanterie wurde nicht in Linienformation in die Schlacht geführt, sondern eher in Haufen. Die Schlacht selbst löste sich dann wie im Mittelalter in zahllose Einzelkämpfe auf. Eine Armee ist immer auch ein Spiegelbild ihres Hauptgegners. Die moskowitische Armee war für den Kampf mit tatarischen Reiterheeren konzipiert, hatte aber schon gegen die osmanischen Türken Mühe und konnte gegen eine modern ausgerüstete und organisierte Armee wie diejenige Schwedens kaum bestehen. Die Bewaffnung war veraltet, eine Artillerie fehlte fast völlig und Spezialisten wie Militäringenieure gab es kaum. Das Moskowitische Reich hatte zu Beginn des 17. Jahrhunderts eine Krisenzeit durchlaufen, die durch Machtkämpfe unter dem Hochadel, Bauernaufstände und Hungersnöte gekennzeichnet war. Die Nachbarn profitierten von der Schwäche: Zeitweise standen polnische Truppen im Land, Schweden baute seine Herrschaft im Baltikum aus und der Süden Russlands wurde von Tatareneinfällen heimgesucht. Erst mit der Wahl des Bojaren Michail 1613, der die Dynastie der Romanow begründete, die sich bis 1917 an der Macht hielt, konsolidierte sich die Lage.

François Lefort in Russland: die ersten Jahre

In dieses Moskowien reiste nun im Spätsommer 1675 François Lefort. Es stellt sich die Frage, was er über dieses Land wusste. Aus den Briefen, die er kurz vor der Abreise nach Genf geschrieben hat, geht hervor, dass er praktisch keine Ahnung hatte, worauf er sich einliess. Die vorher erwähnten Reiseberichte scheint er nicht gekannt zu haben. Wenn er sie gelesen hätte, wäre er wahrscheinlich nicht nach Russland gegangen. So aber liess er sich – vor allem aus Geldnot – von einem holländischen Oberstleutnant anwerben, der ihm einen Posten als Hauptmann anbot und die Absicht hatte, mit anderen Offizieren in moskowitische Dienste zu treten.[8] Anfang September 1675 kamen die holländischen Handelsschiffe, auf denen Lefort und seine Gefährten gereist waren, in Archangelsk an. Der Genfer gab sich dort gegenüber den russischen Behörden als Preusse aus Danzig aus. Wahrscheinlich ging er davon aus, dass man seine Heimatstadt in Russland nicht kannte, Preussen hingegen schon. Dennoch sass Lefort ein halbes Jahr lang in Archangelsk fest, weil der lokale Vertreter des Zaren die Ausländer nicht ins Land liess. Ein gutes Beispiel der damaligen moskowitischen Xenophobie.[9] Schliesslich kam es in Moskau zu einem Thronwechsel, und wir finden Lefort im Sommer 1676 in der so genannten Deutschen Vorstadt bei Moskau wieder, wo alle in Russland lebenden Ausländer zwangsweise wohnen mussten. Durch diese Massnahme sollte auf Druck der orthodoxen Kirche der – wie man meinte – verderbliche Einfluss der «Westler» auf die russische Bevölkerung minimiert werden.[10]

Als Lefort dort ankam, befand sich die mit einer Holzmauer umgebene Siedlung mit etwa 1500 Einwohnern auf dem Höhepunkt ihres Bestehens. In seinem ersten Brief nach Genf gibt er eine detaillierte Beschreibung seines neuen Wirkungsortes, übrigens eine der wenigen existierenden Quellen zu diesem Thema überhaupt.[11] Vor allem Deutsche, Engländer und Schotten lebten dort, meist Lutheraner oder Calvinisten; die Umgangssprache war deutsch. Die Mehrzahl der Ausländer ging einer militärischen Tätigkeit nach; daneben gab es aber auch Ärzte, Apotheker, Kaufleute und eine ganze Anzahl Handwerker – Menschen mit Kenntnissen und Fähigkeiten, wie sie in Moskowien nicht vorhanden waren. Trotz der Anordnung der Behörden, die Tore nachts geschlossen zu halten, wurde die Deutsche Vorstadt, dieses «Fenster nach Westen», zu einem attraktiven Anziehungspunkt für aufgeschlossene moskowitische Adlige, die hier erste Eindrücke der westeuropäischen Kultur vermittelt bekamen.

Für die kommenden 20 Jahre wurde die Deutsche Vorstadt für François Lefort zum Dreh- und Angelpunkt seines Lebens. Er kam bei schottischen Offizieren unter und schlug sich mit Gelegenheitsarbeiten als Sekretär und Bote durch; zuerst beim dänischen und dann beim englischen Gesandten am Zarenhof. Zeitweise trug er sich mit dem Gedanken, Russland in Richtung Kopenhagen oder London wieder zu verlassen, denn die Aussicht auf eine Offiziersstelle hatte sich zerschlagen. Schliesslich heiratete er in die Familie des aus Schottland stammenden Generals Patrick Gordon ein, der ihn unter seine Fittiche nahm.[12] Als schottischer Katholik, von Jesuiten unterrichtet, war Gordon in schwedischen und polnischen Diensten gewesen, bevor er 1661 nach Moskau kam. Als Lefort ihn kennen lernte, war Gordon der wohl fähigste ausländische Offizier in moskowitischen Diensten. Ende der 1680er Jahre bekam er dann das Oberkommando über alle «Regimenter Neuer Ordnung» und trug durch seine umfassenden Kenntnisse und Erfahrungen, die weit über das rein Militärische hinausgingen, viel zur Erneuerung der moskowitischen Armee bei. Gordon liess Lefort in seinem Haus wohnen und verschaffte ihm 1678 eine Stelle als Hauptmann im russischen Heer.

Die nächsten zweieinhalb Jahre verbrachte er unter Gordons Kommando in der Gegend von Kiew mit der Verteidigung des Grenzlandes gegen türkische und tatarische Truppen.[13] Immer wieder kam es zu Tatareneinfällen, verbunden mit der Verwüstung ganzer Ortschaften, und der Verschleppung von Tausenden von Rus-

François Lefort von Genf (1656–1699). General und Admiral im Dienste Peters I. von Russland, Begründer der russischen Marine, Präsident aller Räte Russlands, Vizekönig des Grossfürstentums Nowgorod und ausserordentlicher Gesandter.

sen und Russinnen auf Sklavenmärkte des Osmanischen Reiches. Die militärischen Anstrengungen Moskowiens waren demzufolge hauptsächlich darauf ausgerichtet, die offene Südgrenze besser zu sichern. Bei der Kosakenhauptstadt Tschigirin am Dnjepr kam es zu den ersten direkten Kampfhandlungen der Geschichte zwischen russischen und türkischen Einheiten; zum ersten von insgesamt etwa einem Dutzend russisch-türkischer Kriege bis 1917. Lefort war an der schliesslich erfolglosen Verteidigung von Tschigirin gegen die Türken ebenfalls beteiligt, was aus einem Brief an seine Familie hervorgeht. Abgesehen von der kurzen Episode in den Niederlanden hat Lefort das Kriegshandwerk in dieser Zeit von Gordon gelernt, der in diesen Jahren für Lefort zentralen Figur. Er führte den Genfer, der zunächst völlig auf sich allein gestellt und praktisch mittellos sich in einer völlig fremden Umgebung durchschlagen musste, in die gehobene Gesellschaft der Deutschen Vorstadt ein und brachte ihn in Kontakt mit aufgeschlossenen russischen Adligen, was für Leforts weiteren Aufstieg entscheidend war.

Einige Jahre später, 1687, finden wir Lefort als Bataillonskommandanten auf einem Feldzug gegen die Krimtataren unter dem Befehl des Fürsten Golizyn, des damals mächtigsten Mannes in Moskau; wir würden ihn heute als eine Art Premierminister bezeichnen.[14] Die Kampagne wurde zu einem Fiasko. Vom Gegner gelegte Steppenfeuer behinderten den Anmarsch, sodass Soldaten und Pferde unter Nahrungsmangel litten. Die Tataren stellten sich keiner offenen Schlacht und schliesslich zwangen die akuten Versorgungsschwierigkeiten zum Abbruch des Unternehmens. Golizyn hatte die Regeln der damaligen Kriegsführung missachtet und versucht, in einem wasser- und futterlosen Steppengebiet einen Feldzug zu führen. Allein durch Hunger, Durst und Krankheiten, ohne grössere Feindeinwirkung, wurde fast das ganze Heer vernichtet. François Lefort bestätigte seinem Bruder gegenüber diesen Misserfolg.[15]

Zwei Jahre später folgte ein erneuter Vorstoss gegen die Krim. Lefort war jetzt Oberst und befehligte ein Regiment. Auch dieses Unternehmen brachte keinen Erfolg. Zwar stellten sich die Truppen des Tatarenkhans zweimal einer offenen Schlacht, doch konnte das strategisch wichtige, am nördlichen Ende der Landbrücke zur Krim gelegene Perekop erneut nicht eingenommen werden.[16] Trotzdem (oder deshalb …): Die 1680er Jahre brachten dem Schützling von Gordon den beruflichen und gesellschaftlichen Aufstieg. Unter den Ausländern der Deutschen Vorstadt war Lefort etabliert. Ende 1684 hatte er sich ein Haus bauen lassen, das er mit seiner Frau Elisabeth Souhay, einer französischen Katholikin, und seinem einzigen überlebenden Kind, Henri, bewohnte. Er veranstaltete häufig Feste und Bälle – das erste Mal übrigens aus Anlass der Genfer Escalade –, an denen auch russische Adlige teilnahmen. Das Aufbauen und die Pflege von Beziehungen zu einflussreichen Leuten war etwas, was Lefort beherrschte und was ihm bei seinem zügigen Aufstieg sicherlich geholfen hat.

Zar Peter und François Lefort

Das Jahr 1690 brachte den entscheidenden Umbruch in Leforts Leben. Im Jahr zuvor war der junge Zar Peter, für den seine Halbschwester Sofija bisher regiert hatte, volljährig geworden. Nach einem kurzen Machtkampf, bei dem nicht zuletzt die Haltung der ausländischen Offiziere den Ausschlag gab, hatte er Sofija in ein Kloster sperren lassen und die Herrschaft übernommen. Mit Peter I. betritt eine der wichtigsten, aber wohl auch umstrittensten Persönlichkeiten der neueren russischen Geschichte die Bühne.[17] 1672 geboren, erlebte er als Kind einen Militäraufstand mit einem Massaker im Kreml. Gewisse bedenkliche Züge seines Charakters lassen sich mit diesen blutigen Ereignissen erklären: Peter neigte zu Gewaltausbrüchen und zeigte als Erwachsener einen starken Hang zur Grausamkeit. Er hatte ein ständiges nervöses Zucken im Gesicht, das sich bei grosser Aufregung auf den ganzen Körper ausdehnte. Man geht heute davon aus, dass Peter an einer milden Form der Epilepsie gelitten haben muss. Mit zehn Jahren wurde er zusammen mit seinem älteren, aber geisteskranken Stiefbruder zum Zaren ausgerufen, wobei seine Stiefschwester Sofija die Regentschaft übernahm. Peter selbst wurde bis zu seiner Volljährigkeit weit gehend von Moskau fern gehalten.

Er lebte auf der Sommerresidenz seines verstorbenen Vaters und beschäftigte sich mit handwerklichen Tätigkeiten und Kriegsspielen. Er besass zwei Spielregimenter mit mehreren hundert Soldaten, die er selbst unter gleichaltrigen Spielkameraden aus allen Ständen rekrutiert hatte. Mit diesen Spielregimentern veranstaltete er regelrechte Manöver. Das Zünden von Sprengladungen und das Abfeuern von Geschützen, die er sich aus dem Moskauer Arsenal hatte kommen lassen, schienen Peter besonders Spass zu machen. Diese fast ausschliessliche Konzentration auf das Praktisch-Technische und Militärische kennzeichnet auch den Erwachsenen, denn Peter I. war nie ein Theoretiker, sondern stets ein Pragmatiker, der die Dinge ausprobierte, bis sie in seinem Sinne funktionierten. Das Dorf, in dem Peter seine Kindheit und einen Teil seiner Jugend verbrachte, lag einige Kilometer von Moskau entfernt an der Jausa, einem kleinen Nebenfluss der Moskwa. In einiger Entfernung lag an eben diesem Flüsschen auch die Deutsche Vorstadt.

Wenn Peter ein technisches Problem oder eine Frage hatte, dann suchte er sich die Lösung oder Antwort nicht in seiner russischen Umgebung, sondern in der Ausländervorstadt. So brachte ihm der Kaufmann Franz Timmermann den Gebrauch eines Sextanten bei, und mit Hilfe des Holländers Carsten Brant machte er erste Segelversuche auf der Jausa. So führte die De-facto-Verbannung des jungen Peter aus Moskau dazu, dass bei ihm das, was wir als Bildung bezeichnen würden, völlig vernachlässigt wurde. Zeit seines Lebens hatte er Mühe beim Schreiben. Andererseits aber wurde er durch seine Spiele zu einer ganz am Praktischen orientierten Persönlichkeit. Durch seine Beziehungen zur Ausländervorstadt erhielt er erste, wenn auch

147

nur rudimentäre Eindrücke von der damaligen westeuropäischen Lebensweise. Man muss dies im Auge behalten, wenn man die enge Verbindung zwischen Peter und François Lefort verstehen will.

François Lefort war dem jungen Zaren Peter persönlich wohl anlässlich seiner Beförderung zum Oberstleutnant 1683 zum ersten Mal begegnet; zu seinem Vertrauten und Freund wurde er aber erst zu Beginn der 90er Jahre. Am 3. September 1690 besuchte Peter I. Lefort erstmalig in dessen Haus, kam in der Folge immer häufiger zum Essen und blieb schliesslich auch über Nacht.[18] Das mag auf den ersten Blick unspektakulär erscheinen, doch die Tatsache, dass ein Moskowiter Zar in der Ausländersiedlung ein- und ausging, bedeutete unter den damaligen Gegebenheiten einen eklatanten Bruch mit der Tradition. Im Herbst des Jahres 1690 entstand zwischen dem Zaren und François Lefort eine persönliche Beziehung, die rational nur schwer fassbar ist, denn Peter war 18 Jahre alt und Lefort Mitte 30. Der junge Zar hatte erst die Herrschaft übernommen, war aber auf seine Aufgabe in keinerlei Weise vorbereitet. Andererseits entwickelte er durch die Ereignisse in seiner Kindheit eine ausgesprochene Abneigung gegen die traditionelle russische Lebensweise und das höfische Zeremoniell im Kreml.

Als Herrscher suchte er diesbezüglich nach Änderungen, die ihm bei seinen Besuchen in der Deutschen Vorstadt vor Augen geführt wurden. Er brauchte einen Ansprechpartner, der die damalige westeuropäische materielle Kultur und Lebensweise sozusagen in sich repräsentierte. Das waren nicht die älteren Männer wie Timmermann oder Brant, an die Peter sich zuerst gewandt hatte, auch nicht der äusserst fähige, aber als Mensch eher zurückhaltende und nachdenkliche Gordon, sondern Lefort, der offensichtlich genau zur persönlichen Struktur Peters passte.[19] Die Quellen – auch die kritischen – sind sich hier einig: Der Genfer blieb bis zu seinem Tod die engste Vertrauensperson des jungen Zaren. Als Günstling profitierte Lefort in mancherlei Hinsicht: Der Zar beförderte ihn zum Generalleutnant und verlieh ihm in der Folge eine ganze Reihe weiterer Titel. Man muss hier aber vorsichtig sein, denn Titel und Tätigkeit differieren oft. Daneben erwies Peter seinem Gefährten jeden erdenklichen Freundschaftsdienst, füllte dessen Keller mit Wein und Bier, bezahlte ihm die Schulden und liess sein Haus erweitern. Für die Darstellung der äusseren Verhältnisse der ersten Jahre dieser engen Freundschaft steht uns ein Genfer Augenzeuge zur Verfügung: Philippe Senebier kam im Juni 1691 von Riga nach Moskau, wohnte in Leforts Haus und berichtete in mehreren Briefen nach Genf unter anderem über das Leben seines Landsmannes als Günstling des Zaren.[20] Peter I. hasste wie erwähnt das mittelalterlich-byzantinische Moskauer Hofprotokoll und nutzte Leforts Haus in der Deutschen Vorstadt, um den Zwängen im Kreml zu entfliehen.

Die Festlichkeiten, die Lefort jeweils organisierte und organisieren musste, haben jedoch seinem Ruf bis heute geschadet! Leforts Haus mutierte für eine bestimmte Zeit in den 1690er Jahren zu einer Art «Ersatzzarenhof» und wurde auf Kosten des Staates prächtig ausgebaut. Ein anderer Augenzeuge aus diesen Jahren, François Leforts Neffe Pierre, der 1694 nach Moskau gekommen war und selbst jahrzehntelang in Russland als Offizier diente, beschreibt in einem seiner Briefe Leforts Anwesen.[21] Diese Augenzeugenberichte sind natürlich mit einer gewissen Vorsicht zu geniessen, da es sich um Briefe an Leforts Familie in Genf handelt. Sie geben aber dennoch eine Vorstellung von Leforts damaliger Position. Lefort sass gewissermassen im goldenen Käfig: Er wurde beruflich wie privat vom Zaren total in Anspruch genommen.

«General» und «Admiral» Lefort

Neben seinen Pflichten als Majordomus und enger Vertrauter des Zaren hatte Lefort weiterhin militärische Aufgaben. 1692 wurde ihm, nun bereits General, das Kommando über das so genannte Erste Auserwählte Regiment übertragen. Zusammen mit einer weiteren Einheit, die Gordon kommandierte, und Peters ehemaligen Spielregimentern sollte daraus der Kern einer neuen russischen Armee nach westeuropäischem Muster gebildet werden. Die militärischen Reformen Peters I. nahmen hier ihren Anfang. Anlässlich dieser Ernennungen kam es zu Differenzen zwischen Lefort und Gordon, der sich als rangältester Offizier verständlicherweise zurückgesetzt und übergangen fühlte und offenbar versuchte, Leforts Ernennung zu hintertreiben.[22] Zusätzlich zu seinen Aufgaben als Truppenkommandant bei der Ausbildung und dem Training der neuen Regimenter erhielt Lefort vom Zaren immer wieder Sonderaufträge.

Im Frühling und Sommer 1692 beschäftigte sich Peter fast ausschliesslich mit den Geheimnissen des Schiffsbaus und der Seefahrt. Auf einem See in der Nähe Moskaus sollte eine kleine Flotte gebaut werden, wobei der Zar selbst Hand anlegte. Lefort erhielt den Auftrag, in Moskau zu bleiben und alle notwendigen Materialien zu beschaffen und in die Werften transportieren zu lassen.[23] Die Zusammenarbeit zwischen den beiden folgte häufig diesem Muster. Lefort hatte für die Unternehmungen des Zaren die logistische Basis zu gewährleisten. Ein See hatte sich bald einmal als zu klein für die nautischen Ambitionen des Zaren erwiesen. Im folgenden Jahr 1693 reiste er daher nach Archangelsk, um auf dem Weissen Meer zu kreuzen. Lefort war auch hier wieder für die Bereitstellung der Infrastruktur zuständig. Für den zweiten Aufenthalt Peters in Archangelsk im Sommer des folgenden Jahres liess er für 40 000 Taler, wie es heisst, beim Bürgermeister von Amsterdam eine Fregatte samt Besatzung kaufen.[24]

Lefort konnte hier seine Beziehungen spielen lassen, denn er kannte den Bürgermeister namens Nicolaas Witsen aus seiner Zeit in Amsterdam persönlich. Man erkennt an dieser Episode die Methode Peters I.: Er liess westeuropäische Kriegstechnik nach Russland importieren, experimentierte mit Hilfe seiner ausländischen Freunde und Ratgeber eigenhändig mit ihr, bis er die Funktionsweise bzw. die Konstruktionsprinzipien begriffen hatte, und behielt dann, an russische Verhältnisse angepasst, was ihm für seine Zwecke geeignet erschien. Praktisch all seine Reformmassnahmen folgen diesem Muster. Im Frühling 1695 nahm Zar Peter die expansive Politik seiner Vorgänger wieder auf. Zwei strategische Ziele wollte er erreichen: Zum einen den Vorstoss übers Baltikum an die Ostsee, zum anderen die Kontrolle über die Nordküste des Schwarzen Meeres. In einem ersten Feldzug sollten die Osmanen von der Mündung des Don vertrieben werden. Es scheint, als ob die Entscheidung des Zaren, den Kriegsschauplatz im Süden von der Krim an den Don zu verlegen, auf die Anregung Leforts zurückzuführen ist, der die Schwierigkeiten der beiden Feldzüge in den 1680er Jahren am eigenen Leib erlebt hatte. Das Oberkommando der dafür aufgestellten Armee bildete einen Kriegsrat aus einem russischen Bojaren, um der Tradition Genüge zu tun, den Generalen Lefort und Gordon sowie dem Zaren, der als einfacher Kanonier wirkte.

Anfang Juli 1695 wurde mit der Belagerung der osmanischen Festung Asow begonnen. Die alte Festungsstadt markierte damals den nordöstlichsten Punkt des osmanischen Herrschaftsbereichs. Sie war stark befestigt – wenn auch nicht im Stil eines Vauban – und mit 8000 Mann gut besetzt. Lefort bezog mit seinem Regiment Stellung an der linken Flanke, wo er sowohl durch die Kavallerie der mit den Türken verbündeten Tataren als auch durch Ausfälle aus der Festung unter grossen Druck geriet.[25] Das ganze Unternehmen gestaltete sich schwieriger als angenommen. Mehrere Sturmangriffe scheiterten, die russische Artillerie erwies sich als mangelhaft und die Mineure leisteten dilettantische Arbeit, sodass die Sprengungen im eigenen Lager mehr Schaden anrichteten als an den Festungsmauern. In der Folge kam es vor allem zwischen Lefort und seinem einstigen Mentor Gordon zu Streitigkeiten und schliesslich zum endgültigen Bruch.[26]

Als die Verluste stiegen, die Versorgungsschwierigkeiten zunahmen und der Winter nahte, wurde die Belagerung schliesslich abgebrochen und der Rückzug nach Moskau angetreten. Auf diesem ersten Feldzug nach Asow musste der Zar die schmerzliche Erfahrung machen, dass sich der Krieg von den spielerischen Manövern, wie er sie bis dahin gekannt hatte, drastisch unterschied. Lefort und Gordon waren sich darüber wohl im Klaren, doch nur der Schotte scheint Peter in dieser Hinsicht beraten zu haben. Vieles deutet darauf hin, dass Lefort, anders als Gordon, kaum Kritik an den militärischen Entscheidungen des Zaren geübt hat, sondern sich auf die Rolle des treuen Ausführungsgehilfen beschränkte. Gordon beklagte sich explizit darüber, dass der Zar häufig die in seinen Augen wenig zweckmässigen Vorschläge Leforts befolgte, und schob diesem damit einen Teil der Schuld am Misserfolg des Feldzugs zu. Diese Anschuldigungen mögen teilweise durch Eifersucht und gekränkte Eitelkeit gefärbt sein, doch auch die übrigen Quellen weisen auf eine

Als Zar regierten Peter I. (1672–1725) und sein älterer Bruder Iwan V. (bis zu dessen Tod 1696) gemeinsam seit 1682 das Land. Peter der Grosse orientierte sich stark am Westen. Schon als Kind unterhielt er Beziehungen zu den in Moskau lebenden Deutschen. Er bereiste inkognito verschiedene Länder Westeuropas, liess Bücher aus dem Französischen, Englischen, Niederländischen und Deutschen übersetzen und leitete zahlreiche Reformen in Russland ein, wie die Umgestaltung der Armee und die Einführung des julianischen Kalenders. Auch im Hinblick auf Technik und Wissenschaft orientierte sich Peter I. am Westen.

wenig überzeugende militärische Leistung Leforts in dieser Kampagne hin. Man kann durchaus argumentieren, dass die Belagerung möglicherweise erfolgreich hätte abgeschlossen werden können, wenn Lefort und Gordon besser zusammengearbeitet hätten.

In Peters Augen bedeutete der Fehlschlag nicht, dass seine Reformkonzepte falsch gewesen wären, sondern bloss, dass sie noch nicht konsequent genug umgesetzt worden waren. Die Lehren waren rasch gezogen und der Plan eines zweiten Feldzugs bald gefasst. Die Belagerung Asows war nach Ansicht des Zaren an den Unzulänglichkeiten der Mineure gescheitert und daran, dass die Russen seinen Hafen in Ermangelung von Schiffen nicht hatten blockieren können; die Festung war durch die türkische Flotte weiterhin ungestört versorgt worden. Zusätzlich zur Belagerung durch eine Landarmee sollte Asow in einem zweiten Anlauf mit Hilfe einer noch zu bauenden Flotte von der See abgeschnitten werden. Peter befahl den Bau einer Werft in Woronesch, an einem Nebenfluss des Don, wo bis im April 30 Galeeren und mehrere hundert Lastkähne gebaut wurden. Über den unmittelbaren Anlass des ersten Feldzuges nach Asow hinaus ist dieser forcierte Flottenbau auch damit zu erklären, dass Peter sich an England und vor allem Holland orientierte, die ihre Macht und ihren Wohlstand dem Besitz starker Kriegs- und Handelsflotten verdankten. So wurde der Zar zum Gründer der russischen Marine, zu deren erstem Admiral er Lefort ernannte, der aber in dieser Zeit an einem äusserst schmerzhaften Bauchgeschwür litt und dadurch ausser Gefecht gesetzt war. Als Kommandeur dieser ersten russischen Flotte tritt er deshalb beim zweiten Feldzug nach Asow nicht in Erscheinung.

Der Feldzug begann im April 1696. Der Einsatz der Schiffe erwies sich als äusserst effektvoll, indem die Festung von jedem Nachschub abgeschnitten und die türkische Flotte in die Flucht geschlagen werden konnte. Die russische Artillerie stellte sich wiederum als wenig effektiv heraus, bis es unter Anleitung österreichischer Spezialisten, die Peter aus Wien hatte kommen lassen, gelang, Teile der Befestigung zum Einsturz zu bringen und die türkische Besatzung zur Kapitulation zu zwingen. Der erfolgreiche zweite Feldzug nach Asow hatte weit reichende Konsequenzen. Für Peter I. persönlich war es ein grosser Erfolg, der seine in Moskau höchst umstrittenen bzw. abgelehnten Reformkonzepte bestätigte. Das russische Reich seinerseits hatte nun Zugang zum Schwarzen Meer, der Flottenbau wurde weiter forciert und Russland avancierte zu einer Seemacht. Auf der anderen Seite war die grosse Abhängigkeit von westeuropäischem Know-how und von dort angeworbenen Spezialisten überdeutlich geworden. Von Westeuropa her bedeutete der russische Sieg bei Asow keine Sensation; die unmittelbaren Nachbarn und Konkurrenten, allen voran Schweden und Polen, mussten sich aber mit der offensichtlich gewachsenen Stärke Russlands unter Peter I. auseinander setzen.

Die «Grosse Gesandtschaft»

Eine wirkliche Sensation war die nächste grosse Unternehmung des Zaren, eine Reise in verschiedene westeuropäische Länder, die unter der Bezeichnung «Grosse Gesandtschaft» bekannt geworden ist. Sie markiert auch den Höhepunkt in François Leforts Karriere in russischen Diensten. Die Absicht, das, was er von seinen Bekannten in der Ausländervorstadt erfahren hatte, auch mit eigenen Augen zu sehen, hatte den Zaren schon einige Zeit beschäftigt, und es gibt Hinweise darauf, dass Lefort ihn überhaupt erst auf die Idee gebracht haben könnte. Als geeignetste Form einer solchen Reise wurde eine umfangreiche diplomatische Gesandtschaft gewählt, unter deren Personal sich der Zar, nach eigenem Willen – inkognito – mischen konnte, obwohl man ihn überall erkannte; es war der hoch gewachsene junge Mann mit dem Zucken im Gesicht.[27] Leiter dieser «Grossen Gesandtschaft» war François Lefort, dem zwei russische Adlige mit diplomatischer Erfahrung zur Seite gestellt wurden.

Offizieller Anlass für die Mission waren Verhandlungen zur Gründung einer europäischen Koalition für einen neuen Krieg gegen das Osmanische Reich; inoffiziell aber beinhaltete sie andere Ziele, insbesondere Sondierungen für eine mögliche militärische Auseinandersetzung mit Schweden.[28] Lefort erhielt aus diesem Anlass vom Zaren den altertümlichen Titel eines «Statthalters von Nowgorod» verliehen, hauptsächlich aber, um ihn gegenüber hochrangigen Gesprächspartnern zu wappnen. Im März 1697 brach die Gesandtschaft auf und erreichte im August nach Zwischenstationen in Riga, Mitau und Königsberg Amsterdam, die Hauptstadt der Vereinigten Niederlande, die als der modernste Staat Europas galten. In Holland beschäftigte Peter sich fast ausschliesslich mit den Geheimnissen des Schiffsbaus und arbeitete zu diesem Zweck einige Zeit lang in einer Werft. Da er von den Kenntnissen der holländischen Schiffsbauer nicht restlos überzeugt war, begab er sich, ohne Lefort, nach England, wo er die theoretischen Grundlagen der Seefahrt und der Navigation erlernte und ein Flottenmanöver der Royal Navy beobachten konnte.

Bei allem, was Peter in Holland oder England unternahm, war er fast nur am Materiellen und an der Technik interessiert. Vom europäischen Geist der damaligen Zeit der frühen Aufklärung nahm er wenig auf, allenfalls ein Gefühl für rationales staatliches Handeln. Während der Zar also Schiffe baute, übernahm François Lefort die diplomatischen Geschäfte. Sein Neffe Pierre nahm als Sekretär an der Gesandtschaft teil und hat in zahlreichen Briefen nach Genf darüber berichtet. Lefort verhandelte manchmal allein, dann wieder als Berater und Dolmetscher mit Peter zusammen. Diplomatische Vertreter aus halb Europa trafen mit dem Zaren und Lefort zusammen. Dadurch, dass in den Gazetten über die Gesandtschaft viel geschrieben wurde, kam Lefort zu einem internationalen Renommee. Der Aufenthalt in Amsterdam dürfte für ihn ganz persönlich auch eine grosse Genugtuung gewesen sein. Von hier aus war er vor über 20 Jahren mittellos nach Moskowien aufgebrochen und hierher kehrte er nun an der Seite des Moskowiter Zaren zurück. Inhaltlich drehten sich die Gespräche mit Vertretern der Niederlande um die Lieferung von Kriegsmaterial und Schiffen, die aber verweigert wurden.

Holland wollte Frankreich, das mit dem Osmanischen Reich verbündet war, nicht verärgern; man nahm an, dass Russland die Schiffe im Schwarzen Meer einsetzen würde. Mehr Erfolg hatte Lefort bei seinem Versuch, auf die polnische Thronfolge Einfluss zu nehmen. Für das polnische Wahlkönigtum standen sich damals zwei Kandidaten gegenüber: der von Frankreich, Schweden und dem Osmanischen Reich geförderte Prinz Conti und der russische Wunschkandidat, König August der Starke von Sachsen. Für die russische Aussenpolitik war es von entscheidender Wichtigkeit, wer auf dem polnischen Thron sass: entweder ein Verbündeter oder ein Gegner. Mit reichlichen Bestechungsgeldern und russischem Druck gelang es, August den Starken durchzusetzen. Wichtige Verhandlungen in dieser Sache fanden offenbar in Leforts Schlafzimmer statt.[29] Das offizielle Hauptziel der Mission, nämlich die Gründung einer Koalition für einen Krieg gegen das Osmanische Reich, in dem Russland seine Position am Schwarzen Meer ausbauen und festigen konnte, wurde nicht erreicht. Lefort und der Zar, der eine grosse Bereitschaft für den Kampf gegen «die Feinde der Christenheit», wie er es nannte, erwartet hatte, mussten feststellen, dass der Kreuzzugsgedanke längst erloschen war.

Die europäischen Mächte waren am Ende des 17. Jahrhunderts vollauf damit beschäftigt, den hegemonialen Ansprüchen Frankreichs entgegenzutreten. Der Spanische Erbfolgekrieg stand vor der Tür und zu einem neuen Türkenkrieg war somit niemand zu bewegen.[30] Historisch von grösserer Bedeutung war die Tatsache, dass Peter und Lefort bei ihren Gesprächen erkannten, dass sie bei einem Angriffskrieg gegen Schweden keine gegen Russland gerichteten Massnahmen zu fürchten brauchten. So konnten die für diesen geplanten Krieg entscheidenden Bündnisse angebahnt werden. Für eine kurze Zeit nahm Lefort also an der hohen europäischen Politik im ausgehenden 17. Jahrhundert teil. Im Herbst 1698 erfolgte die Rückreise über Wien nach Moskau. Während seines Aufenthalts in Holland war Lefort dafür besorgt, Techniker, Handwerker und Offiziere für den Dienst in Moskowien anzuwerben und diese nach Archangelsk befördern zu lassen. Er organisierte damit einen eigentlichen Technologieschub und Wissenstransfer von Westeuropa nach Russland.[31]

Nach seiner Rückkehr in die Sloboda im September 1698 befand sich François Lefort auf dem Höhepunkt seines Lebens. Er war Inhaber der höchsten militärischen und zivilen Ämter und genoss die ungetrübte Gunst des Zaren. Aber der rastlose Aktivismus an Peters Seite begann seinen Tribut zu fordern. Lefort hatte während der ganzen 1690er Jahre immer wieder an Fieberzuständen gelitten, und eine schlecht heilende Verletzung nach einem Sturz vom Pferd machte ihm zu schaffen. Nach der Rückkehr verschlechterte sich sein Zustand erneut. Er zog sich eine Grippe zu, von der er sich nicht mehr erholte, und starb am 2. März 1699 im Alter von nur 43 Jahren. Am 21. März gab der trauernde Zar seinem Freund ein fürstliches Begräbnis. Leforts ausgedehnter Besitz in der Deutschen Vorstadt erhielt bald den Namen Lefortowskaja sloboda und wurde später unter der Bezeichnung Lefortowo zu einem Stadtteil Moskaus.

❯ HANS STEFFEN

Kaspar Jodok von Stockalper und sein Soldunternehmen[1]

Kaspar Jodok Stockalper: Persönlichkeit und Karriere

Kaspar Jodok Stockalper war – nebst dem «Schweizerkönig» Ludwig Pfyffer von Altishofen (1524–1592) – einer der mächtigsten, reichsten und faszinierendsten Persönlichkeiten des 17. Jahrhunderts. Er lebte von 1609 bis 1691, war Vater von 14 Kindern; Grossvater und Urgrossvater waren Unternehmer, Politiker und Soldführer. Kaspar Jodok studierte an den Jesuitenschulen in Venthône und Brig, in Freiburg im Breisgau und kehrte als öffentlicher Notar nach Brig zurück. Dort begann er eine beispielhafte politische und unternehmerische Karriere, in der er alle wichtigen politischen Ämter durchlief, die das damalige Wallis zu vergeben hatte. Er begann seine Karriere als Kommissar der Pestwache in Gamsen, diente sich durch viele Ämter des Zendens (Bezirk) und des Landes hoch und krönte seine Karriere als Landeshauptmann. Gleichzeitig baute er ein beeindruckendes Unternehmen auf.

Die Basis dazu legte er als Handelsunternehmer. Rund um dieses Kerngeschäft baute er eine grössere Anzahl von Nebengeschäften – unter anderem den Solddienst –, die alle auf ihre Art synergetisch zum riesigen Gesamtgewinn beitrugen. Seine militärische Karriere begann Stockalper als Oberst ob der Mors – des Wallis ohne das Untertanenland –, also als eine Art Generalstabschef und Kommandant der Walliser Truppen. Eine weitere wesentliche Voraussetzung für erfolgreiche Solddiensttätigkeit war, dass er sich als Abgeordneter im Landrat und später als Landeskanzler (1652–1670) in diplomatische und politische Missionen zum französischen Ambassadoren in Solothurn abordnen liess und dadurch an der Eidgenössischen Tagsatzung Kontakte knüpfen konnte. Treu seinem Wahlspruch *nihil solidum nisi solum* investierte er grosse Summen in Grund und Boden. Er holte Kapuziner (1652), Ursulinen (1663) und Jesuiten (1662) nach Brig, baute ihnen Klöster und Schulen. Politische Macht, erfolgreiches Unternehmertum und gekonnte Imagepflege, verbunden mit einem ausgeprägten Klientelismus, machten ihn zu einem Potentaten – manche sagten und sagen einem Despoten – oder kleinem König. Louis XIV. soll ihn «le roi de Simplon» genannt haben.[2]

Doch der Glanz erlosch jäh. Im Jahre 1677 rotteten sich Leader aus den Führungsschichten gegen ihn zusammen und brachten einen ganzen Katalog von Anschuldigungen vor, unter anderem Staatsbeleidigung, ungerechte Bereicherung am Salzhandel und am Solddienst. Stockalper flüchtete 1679 ins Exil nach Domodossola. Am 4. Juni 1685 durfte er nach Brig zurückkehren, wo er vergrämt und teilweise ausgeplündert sechs Jahre später starb.

Rahmenbedingungen für das Soldgeschäft im 17. Jahrhundert im Wallis

Entwicklungslinien im Solddienst

Der Solddienst hatte sich – zumindest aus der Perspektive Stockalpers und seiner Söldner – um 1670 grundlegend geändert:[3]

- Übergang zu stehenden Heeren;
- Abschaffung oder zumindest Zurückstufung der Pike;
- Verbot des Plünderns;
- Versuch der französischen Krone, dem Unternehmer vorzuschreiben, wie hoch der Sold der Söldner sein soll;
- Rückgang respektive Verschwinden der Freikompanien.

Stockalpers Solddiensttätigkeit fiel in die Jahre 1639–1679, also in die Zeit vor den Reformen, die klassische Zeit des Reisläufertums und Solddienstes. Tatsache ist, dass Stockalper um die Mitte des 17. Jahrhunderts keine Mühe hatte, genügend Söldner zu rekrutieren. Innert kürzester Zeit, meist Wochen, hatte er eine Kompanie beisammen. Die Werber hatten im 17. Jahrhundert ein leichtes Spiel. Unlautere Werbepraktiken sind für diese Zeit noch nicht bekannt; es gab nicht einmal eine eigentliche Werbeorganisation. Die Werbung oblag Offizieren der Kompanie auf ihrem Heimurlaub, Landvögten – fürs Untertanenland – oder Einzelpersonen – bei Stockalper meist «*Faktoren*» genannt.

*Politische und militärstrategische Rahmenbedingungen
im Wallis des 17. Jahrhunderts*

Entscheidend für einen Unternehmer war vermutlich, ob eine genügend grosse Nachfrage nach Walliser Truppen bestand. Stockalper fand ausserordentlich günstige Voraussetzungen: Verschiedene Mächte waren an Walliser Truppen interessiert, obwohl sie als weitaus weniger zuverlässig galten als eidgenössische!

Die strategische Lage der Landschaft Wallis

In strategischer Hinsicht lag das Wallis zwischen der Freigrafschaft und Mailand, die damals beide der spanischen Linie der Habsburger angehörten.[4] In der Kriegssituation um die Mitte des 17. Jahrhunderts und vor allem in der kritischen Kriegs-

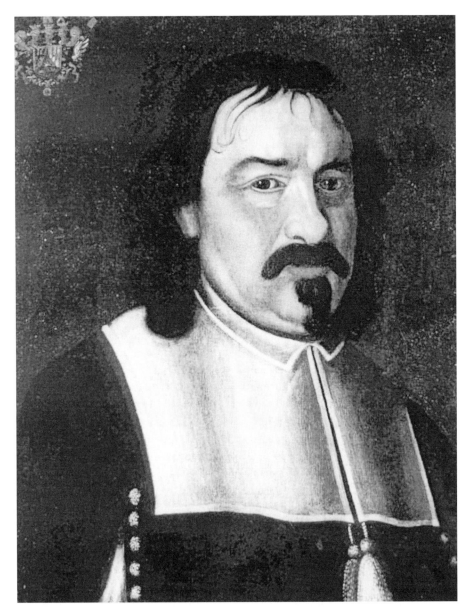

Kaspar Jodok von Stockalper war der Fugger der Alpen. Er handelte mit Salz, Eisenerz etc. und verkaufte Söldner ins Ausland. Kaspar Jodok ist als «König des Simplons» und «Grosser Stockalper» in die Geschichte eingegangen.

lage der Jahre 1660–1678 wollte Frankreich mit allen Mitteln verhindern, dass die Walliser mailändische Hilfstruppen passieren liessen. Bei den Mailändern dagegen war das Durchgangsrecht sehr gefragt. Wie sehr das Wallis umworben war, zeigt das folgende Beispiel: Im Jahre 1648 soll der Gouverneur von Mailand dem Wallis das «Val d'Ossola» und ein Regiment versprochen haben. Dies veranlasste den französischen Gesandten, dem französischen Hofe nahe zu legen, man könne ein Zusammengehen der Walliser mit Mailand nur verhindern, wenn man regelmässig Pensionen bezahle, Stockalper billiges und genügend Salz anbiete und den Wallisern ebenfalls ein Regiment offeriere.

Die Walliser wussten diese günstige strategische Lage zu vergolden. So drohten sie des Öfteren, mailändische Truppen passieren zu lassen, falls Frankreich den Salzpreis erhöhe. Stockalper wehrte sich in den Jahren 1654 bis 1657 energisch gegen eine Erneuerung der Allianz mit Frankreich und liess sich sein Einlenken fürstlich abgelten.

Das Wallis fühlte sich – als Zugewandter Ort –
nicht an die Auflagen der Eidgenossen gebunden

Seit 1613 versuchte man auf eidgenössischer Ebene durch Tagsatzungsbeschlüsse das Anwerben von Kompanien besser in den Griff zu bekommen. Jede Kompanie sollte von der Tagsatzung avouiert (anerkannt) werden. Die Walliser und Bündner hielten sich als Zugewandte Orte meist nicht an die von der Tagsatzung mit grosser Regelmässigkeit ausgesprochenen Verbote der Anwerbung von Freikompanien. Die Soldherren – so auch Stockalper – traten vor allem dann in Erscheinung, wenn die Tagsatzung keine Truppen liefern konnte oder wieder einmal das Entsenden von Freikompanien verbot. Umgekehrt richtete Frankreich regelmässig Truppenanfragen an das Wallis, sobald die Eidgenossen sich quer stellten.

Im Jahre 1640 schrieb der französische Gesandte, man habe den Wallisern ein Regiment zugesprochen, um den Eidgenossen zu zeigen, «*qu'ils n'ont pas d'occasion de se rendre si difficile, et qu'on se peut passer d'eux*».[5] Stockalper erscheint hier – einmal mehr – als jemand, der mit grosser Gerissenheit und grossem Kalkül nationale und internationale Gegebenheiten zu seinen Gunsten auszunützen vermochte. Er konzentrierte sich denn auch konsequent auf das Entsenden von Freikompanien. Er erkannte früh, dass die so genannte «Kompaniewirtschaft» die gewinnträchtigste Form der Solddienste war, jene Form auch, die am flexibelsten gehandhabt werden konnte. Wir stellen fest: Sowohl von der Nachfrageseite her – kriegslustiger Ludwig XIV. mit einem gewaltigen Bedarf an Truppen – als auch von der Angebotsseite – keine Schwierigkeiten, im Wallis des 17. Jahrhunderts Söldner zu finden – war die Situation für Stockalper ideal. Die politische Lage verschaffte dem Wallis zusätzlich eine glänzende Ausgangslage. Die nachstehend aufgeführten Soldgeschäfte müssen im Lichte dieser äusserst günstigen Rahmenbedingungen gesehen werden.

Stockalper und der Solddienst

Kaspar Jodok Stockalper begann als Handelsunternehmer. Seine grosse Leistung bestand wohl darin, dass er die Gunst der Stunde zu nutzen wusste und Handelsströme, die in normalen Zeiten über Gotthard, Grossen St. Bernhard und andere Pässe flossen, über den Simplon «umzuleiten» verstand. Der Dreissigjährige Krieg mit Wirren in Graubünden und mit damit verbundenem Unterbruch des Handels waren dazu seine Chance. Er inszenierte geschickt seinen Einstieg ins Handels- und Transportgeschäft, indem er einige spektakuläre Transporte über den Simplon arrangierte. 1634 transportierte er mitten im Winter eine Prinzessin mit einem Gefolge von 50 Edlen über den Simplon und machte so an vielen Höfen Europas von sich reden. Zudem knüpfte er Kontakte zu wichtigen Handelshäusern Europas, u. a. zum grossen Handelshaus Donquart in Antwerpen und zu den Gebrüdern Grimm in Solothurn. In gewisser Weise war er ein typischer Frühkapitalist.

Sein Kapital investierte er und die Profite daraus wurden immer wieder reinvestiert, sodass sein Unternehmen immer grösser und leistungsfähiger wurde. Um den regionalen und internationalen Handel gruppierte er nach und nach viele kleine, mittlere und grössere Betriebe. So kaufte er ein Eisenbergwerk an der Simplonroute, verschaffe sich viele Monopole und baute sich in der Folge gewissermassen ein zweites Standbein auf: den Solddienst. Solddienst hatte in der Familie Stockalper Tradition. Schon sein Grossvater Crispin und vor allem sein Urgrossvater Peter führten Kompanien in Frankreich. Kaspar verkörperte innerhalb der Familie, aber auch landesweit, eine neue Generation und einen neuen Typus des Soldführers. Im Gegensatz zu den in einer Person zusammengesetzten Truppenführern und Unternehmern betrieb Stockalper das Söldnerwesen einzig als Geschäftsmann.

Abgesehen von wenigen Monaten hat er nie selbst Truppen geführt; die Ehre des Feldes lag ihm ferner als die Ehre des Geldes. Den Kriegsruhm überliess er andern, seinen Zeitgenossen wie etwa den von Erlach, den Zurlauben, den Stuppa, den Planta oder den Salis. Stockalpers Leistung im Solddienst war nicht ausserordentlich. Doch erhielt sein Soldunternehmen dank seiner unternehmerischen Fähigkeiten eine solide Grundstruktur. Das Unternehmenssegment «Solddienst» trug dauernd und über saisonale Erfolge hinaus wesentlich zum Unternehmergewinn bei. Um die Leistung Stockalpers im Solddienst richtig situieren zu können, müssen die Rahmenbedingungen und der unternehmerische Spielraum genauer untersucht werden. Welches waren die militärischen, wirtschaftlichen und politischen Voraussetzungen, unter denen Stockalper Geschäfte tätigen konnte?

161

Bilanz und Erfolgsrechnung Stockalpers[6]

Einnahmen

Die Frage, wie viel man mit einer Kompanie einnehmen konnte, erscheint auf den ersten Blick einfach zu beantworten, denn in den Kapitulationen wurden genaue Zahlen festgelegt. Stockalper erhielt für eine Kompanie von 200 Mann monatlich 1449 Kronen zu 58 Sols, mithin 4202 Pfund 8 Sols. Diese genauen und klaren Zahlen sind aber in Wirklichkeit nur eine Art Rahmenvertrag. Durch zusätzliche Verhandlungen konnte man dieses Einkommen wesentlich verbessern. Abmachungen im Falle von Stockalper besagten, dass die Kompanie mindestens 140 Mann umfassen musste, andernfalls wurde nur der effektive Bestand verrechnet.

Bei einem Bestand von über 140 Söldnern erhielt der Unternehmer aber «Extras», insbesondere kassierte er für Bestände von 170 und mehr gleich viel wie für 200 Söldner. Für Bestände zwischen 140 und 170 erhielt Stockalper pro fehlendem Mann bis auf 200 – so genannte «places mortes» – noch zusätzlich drei Kronen, also ca. einen halben Lohn. Diese vertraglichen Abmachungen hatten aber noch andere Vorteile.

Die Einnahmen und damit der Gewinn hingen stark von den Zahlen ab, die bei der monatlichen Musterung beglaubigt wurden. Stockalper – und mit ihm andere Unternehmer – manipulierten diese Zahlen. So liess man beim Auszählen einzelne Söldner zweimal passieren, stellte Bauern der Gegend für einen Tag in Dienst oder füllte die fehlenden Bestände mit Ausländern auf. Letzteres war allerdings nicht häufig: Stockalper nahm in den 40 Jahren seiner Tätigkeit in der untersuchten Kompanie nur gerade 34 Ausländer in den Dienst, was acht Prozent der Gesamtzahl aller seiner Söldner ausmachte. Wesentlich zum guten Ergebnis trugen aber auch eine Unmenge von Nebeneinnahmen bei. Ein Beispiel dazu: Stockalper erzielte auch durch Lebensmittelhandel Gewinne. So wurde das Kommisbrot bis 1654 zum Ankaufspreis weitergegeben. Ab 1654 verrechnete man den Söldnern – à la mode de Mollondin, wie es im Kommentar heisst – statt zwei Sols pro Ration (Ankaufspreis) deren drei und gewann so pro Ration ein Sol. Stockalper setzte in dieser einen Kompanie 1654 beispielsweise 22 800 Rationen ab, was immerhin einen zusätzlichen Gewinn von 845 Pfund ergab.

Ausgaben

Diesen Einnahmen standen auch gewichtige Ausgaben gegenüber. Gewinn kann aber auch erzielt werden, wenn man die Ausgaben möglichst tief hält! Eine Soldkompanie hatte einerseits grosse Investitionskosten – Auslagen für Werbung, Rekrutentransporte, Uniformierung und Ausrüstung –, anderseits verschlangen

Löhne und Unterhaltkosten grössere Summen. Die Werbekosten umfassten vor allem das den Söldnern bei der Werbung ausbezahlte Handgeld. Dessen Höhe war nicht fixiert und pendelte in der Stockalperkompanie zwischen null und 20 Pfund. Geschickte Werber sparten einige hundert Pfund an Werbekosten. Oft musste man aber den Söldnern zusätzlich Naturalabgaben zusprechen wie Strümpfe, Bänder, Hüte und manchmal ein Schwert. Auf dem Marsch nach Frankreich erhielten die Söldner nochmals bis zu 15 Pfund, sodass für den Kompanieinhaber das «Fortbringen» einer Kompanie in etwa 200-mal 15 bis 27 Pfund ausmachte, also zwischen 3000 und 4000 Pfund. Die französische Krone offerierte einen Vorschuss von 2000 Pfund. Stockalper scheint diesen Vorschuss nur zu Beginn seiner Karriere bezogen zu haben (1640).

Später finanzierte er diese Kosten selber, ja er streckte oft andern diese 2000 Pfund vor, damit diese eine Kompanie aufstellen konnten. Ein zweiter grosser Ausgabenposten war die Uniformierung, die zur Zeit Stockalpers um die 54 Pfund pro Söldner kostete. Für die Waffen mussten im Durchschnitt neun Pfund fünf Sols für Musketen respektive 17 Pfund für Pike, Brustpanzer usw. ausgelegt werden. Die Uniformierung, die Werbekosten wie auch das Handgeld wurden bis auf den letzten Rappen auf die Söldner überwälzt (auch das Handgeld). Sie begannen mithin ihren Dienst mit Schulden in der Höhe von fünf bis sechs Monatslöhnen. Für den Hauptmann beliefen sich die Werbe-, Transport- und Ausrüstungskosten auf stolze 17 000 Pfund.

Diese Summe ist sehr hoch, nicht wesentlich tiefer als vergleichbare Beträge im 18. Jahrhundert. Am Beginn einer unternehmerischen Soldtätigkeit standen also jeweils grosse Investitionen. Neben diesen Investitionskosten waren die Löhne bei weitem der grösste Ausgabenposten und deshalb entscheidend für die Gewinnmarge. Stockalper bezahlte zwischen 62 und 80 Prozent der Gesamteinnahmen wieder in Form von Löhnen aus. Diese Marge (60 oder 80 Prozent) bildete den unternehmerischen Spielraum.

Jeder einzelne Söldner hatte einen mit Stockalper individuell ausgehandelten Sold. Es lag im fundamentalen Interesse des Unternehmers, die Löhne möglichst tief zu halten. Je tiefer die Löhne der Söldner waren, umso grösser war der Gewinn des Unternehmers. Denn der Hauptgewinn des Soldherrn bestand in der Marge zwischen jenem Geld, das er für die Krone pro Söldner erhielt, und jenem, das er den Söldnern effektiv ausbezahlte, präzise ausgedrückt: der Differenz zwischen Platzgeld und tatsächlich ausbezahlten Löhnen. Stockalper erhielt total 4202 Pfund 8 Sols, was pro «Platz» oder Söldner 21 Pfund ausmachte. Er bezahlte den Söldnern individuell ausgehandelte, stark variierende Löhne zwischen 15 und 18 Pfund 8 Sols. Auf der Aufwandseite gab es auch Unterhaltskosten. Das waren Fixkosten, sodass Stockalper hier relativ wenig einsparen konnte. Zu diesen gehörten die damals auf allen Stufen ausbezahlten Schmiergelder. Stockalper be-

163

zahlte in den Jahren 1649 bis 1660 immerhin ca. ein Prozent aller Einnahmen als Schmiergelder.

Er musste Beamte bestechen, damit die geschuldeten Gelder auch wirklich ausbezahlt wurden, und er schmierte Kontrolleure und Kommissäre bei den häufigen Inspektionen der Kompanie. Es konnte durchaus vorkommen, dass Stockalper einzelnen Kommissären bis zu 500 Pfund an Schmiergeld zusteckte. Stockalper hat sich an einer Stelle in den Hauptrechnungsbüchern genau notiert, wie viel er an einer einzigen Kompanie gesamthaft verdiente. Innerhalb von 24 Jahren waren es genau 145 083 Pfund! Das ergibt nach einer Reihe von Umrechnungen – 16 Jahre war es nur eine Halbkompanie – eine effektiv ausgewiesene Einnahme für eine Kompanie von jährlich 9067 Pfund. Hätte die Krone alle ihre Schulden bezahlt, wäre er sogar auf jährlich 13 750 Pfund gekommen. Vergleiche mit Zahlen aus anderen Arbeiten ergeben, dass seine Einnahmen über dem Durchschnitt liegen. So untersuchte im Jahre 1700 eine Kommission im Auftrage des bernischen Rates die Gewinnmöglichkeiten von Hauptleuten in holländischen Diensten.

Sie kam für eine Kompanie von 150 Mann auf 6396 Pfund in Friedenszeiten und 8808 Pfund in Kriegszeiten, was umgerechnet auf 200 Mann 8528 respektive 11 744 Pfund ausmacht. Für Zürich hat man die Gewinnmöglichkeiten für den Beginn des 18. Jahrhunderts mit ca. 10 000 Pfund angegeben. Es gilt aber unmissverständlich festzuhalten: Soldeinnahmen waren ein Risikogeschäft, denn jeder Verlust von Söldnern – durch Tod, Desertion etc. – bedeutete, dass diese ihre Schulden nicht mehr zurückbezahlen konnten und der Unternehmer erhebliche Verluste machte. Bereits auf dem Transport konnten Desertionen die Bestände schwächen. Stockalper senkte das Risiko dadurch, dass er mit der Auslieferung der Uniformen zuwartete, bis die Söldner einen entsprechenden Betrag auf ihrem Konto hatten, was meist nach vier bis fünf Monaten Dienst der Fall war.

Ein weiterer beachtlicher Risikofaktor war damals der Zahlungsverkehr. Man muss wissen, dass die Krone meist nicht direkt bezahlte und schon gar nicht in bar, sodass die Gelder durch mehrere Hände und Konti gingen. Des Öfteren bezahlte die Krone die Soldgelder nicht aus, sondern wies Städte und Einzelpersonen an, dies in ihrem Namen zu tun. So war Stockalper beispielsweise auf die Stadt Amiens «assigniert». Solche Partner behielten aber bis zu 25 Prozent der geschuldeten Summe zurück. Barzahlungen flossen in der Regel über Lyon durch die Kassen der Herren Burlamachi. Sie erfolgten meist mittels Wechsel. Auch hier fielen Unkosten an, genau gleich wie beim Wechsel von der einen Währung in die andere. Bei verschiedenen Summen steht in den Rechnungsbüchern ein lapidarer Kommentar wie: *mir zalt von 1500 1200*. So konnte es ohne weiteres vorkommen, dass bis zu 30 Prozent der geschuldeten Summe unterwegs «verschwand».

Der grösste Unsicherheits- und Risikofaktor waren aber die Zahlungsmoral und die Zahlungsfähigkeit der französischen Krone. Bis in die Zeiten Colberts, also bis 1660, zahlte Frankreich sehr schlecht. In den besonders kritischen Jahren 1648 bis 1658 hatte Stockalper nach Angaben in seinen Rechnungsbüchern beim französischen König ein Guthaben von insgesamt 155 220 Pfund 10 Sols, das später teilweise abgegolten wurde. Immerhin musste er – wie er ausdrücklich festhält – einen Verlust von 75 000 Pfund hinnehmen. Da der Soldherr als Besitzer der Kompanie für die Löhne haftete, diese also trotzdem ausbezahlt werden mussten, konnten solche Unregelmässigkeiten einige Unternehmer in grosse Schwierigkeiten bringen. Ein klassisches Beispiel im Wallis ist Anton Stockalper, ein Vetter von Kaspars Vater, der sich im Solddienst verschuldete und schiesslich hingerichtet wurde.

Die Gesamteinnahmen Stockalpers aus dem Solddienst sind schwer zu berechnen. Dies ist vor allem darauf zurückzuführen, dass es nur für eine einzige Kompanie detaillierte Zahlen gibt. Für alle andern Kompanien fehlen entscheidende Angaben. Sicher ist, dass Stockalper aus dem Solddienst weitere Einnahmen generierte. Er hatte weitere Kompanien in Frankreich, Savoyen und Venedig. Diese verwaltete er nicht selber, sondern vermietete sie oder stellte das Geld für Werbekosten, Ausrüstung etc. zur Verfügung. Die Berechnung der Gesamteinnahmen aus dem Solddienst ist damit eine spekulative Angelegenheit, quasi eine Hochrechnung. Meine vorsichtige Schätzung der Gesamteinnahmen aus dem Solddienst, die andere Historiker nachgerechnet haben, beläuft sich auf eine Summe von 250 000 bis 300 000 Pfund. Diese Einnahmen geben aber nur unzulänglich an, welche Bedeutung der Solddienst im Gesamtunternehmen Stockalpers hatte. Genauso wichtig waren für Stockalper die Vorteile, die sich für seinen Konzern aus Synergien ergaben. Seine Tätigkeit im Solddienst verschaffte Stockalper für seine andern Segmente unschätzbare Vorteile. Er notierte sich an mehreren Orten in seinen Rechnungsbüchern, wie er vorgehen wollte, um den Solddienst als Trumpf in den Verhandlungen mit Frankreich einzusetzen. So setzte er sich in Bezug auf Allianzverhandlungen mit Frankreich die folgenden Minimalziele für seine Truppen:

- günstige Salzpreise;
- Transit der Handelsgüter aus Flandern und Frankreich nach Italien über den Simplon;
- Wachen für die Handelsgüter in Lyon;
- Gleichstellung der Walliser Händler mit andern Schweizer Grossunternehmern in allen Belangen.

Insbesondere konnte Stockalper dank dem Solddienst den Salzpreis eine Zeit lang auf dem tiefen Niveau von vier Pfund pro Minot halten und er widersetzte sich mehrmals erfolgreich massiven Erhöhungen. (Ein Minot entsprach in etwa einem Sack von 50 Kilogramm. Gewicht und Kurswert des Geldes variierten aber dauernd. Siehe dazu Dubois, Die Salzversorgung des Wallis.) Zudem bot ihm der König zur

Tilgung der Soldschulden verbilligtes Salz an. Dies ist u. a. für 1652 belegt, wo sich Stockalper einen Teil seiner Guthaben durch Salz auszahlen liess.

Vermögen Stockalpers

Über den Immobilienbesitz liegen für den Zeitpunkt des Sturzes von Kaspar Jodok Stockalper zeitgenössische Schätzungen vor.[7] Die Kommissare nehmen die Addition selber vor: «*A Gomesia usque ad Sanctum Leonardum [...] taxa se extendit ad 2 200 200 libras Mauricenses.*» Wenn man sich eine Vorstellung machen will von der Kaufkraft der 2 200 200 Walliser Pfund, muss man fragen, welche Realwerte man mit dieser Summe Ende der 70er Jahre hätte kaufen können und wie lange welche Berufsgruppe hätte arbeiten müssen, um dieses Geld zu verdienen. Die Umrechnung vollzieht man am besten über Kühe, weil die Kuh ein altes Zahlungsmittel ist und in der agropastoralen Produktion eine Art Leitwährung darstellt. Zum Zeitpunkt der Niederschrift dieses Inventars hätte man mit 2 200 200 Pfund etwa 122 233 durchschnittliche Kühe erwerben können. Das ergibt eine Kolonne von ca. 270 Kilometern oder, Kopf an Hinterteil, von Gletsch nach Annecy oder von Brig nach Genua. Eine Magd im Hause Stockalper hätte 366 700 Jahre dienen müssen, um diesen Betrag zu erwirtschaften. Ein wahrhaft gigantisches Vermögen, das nicht einmal den gesamten Lebensertrag darstellt!

Wirtschaftliche Bedeutung der Solddienste für das Oberwallis

Sold

Die wirtschaftliche Bedeutung lag einerseits in den Löhnen von Söldnern und Offizieren – Schätzungen über den Anteil am Volkseinkommen –, andererseits in der Verbesserung der wirtschaftlichen Rahmenbedingungen für die Landschaft Wallis. Über die Einnahmen von Offizieren sind wir genau im Bilde. Einzelne Offiziere Stockalpers verdienten monatlich 135 oder jährlich 1620 Pfund. Die Frage, wie viel Söldner verdienten und wie viel sie nach Hause zurückbrachten, beschäftigte bisher viele Autoren. Im Falle der Stockalper-Kompanie kann nach Bearbeitung der Quellen folgende Aussage gemacht werden: Ein Söldner verdiente zwischen 15 und 18 Pfund 18 Sols. Doch wie viel oder wie wenig ist das? Wie viel ein Söldner verdiente, welches seine regelmässigen und unregelmässigen Ausgaben waren und wie viel ihm am Schluss blieb, soll an einem Beispiel exemplarisch gezeigt werden.[8]

Das Stockalperschloss wurde zwischen 1658 und 1678 von Kaspar Jodok von Stockalper vom Thurm erbaut. Das ganze Schloss stellte er unter den Schutz der Heiligen Drei Könige und nannte seine Türme Kaspar, Melchior und Balthasar. Neu wurde ein aussergewöhnlicher Barockgarten mit Rosengärten, Springbrunnen und Rebbergen angelegt.

Beispiel eines Söldnerkontos:
Abrechnung von Venzil Meidler (Archiv von Roten, Raron, Bd. 4)

	Extras:	Livres
1. Periode		
6 avril	à Paris pour boire à lui et a son camarade de un écu d'or la moitie	2-17
15 avril	arrivé à la compagnie	1-10
14 novembre	argent comptant	5-14
		10-1
2. Periode		
8 janvier	reçu une paire de souliers	4
3 février	en argent reçu	3
		7
3. Periode		
9 mars	reçu argent comptant	3
14 mars	reçu comptant	3
27 mars	reçu pour payer le chirurgien	3
13 avril	reçu argent comptant	1-10
24 avril	reçu argent comptant	1-10
6 mai	reçu argent comptant	1
17 mai	reçu argent comptant	1-10
	plus une paire de bas de toile	0-16
25 mai	reçu argent comptant pour payer ses raccomodages de bas	1-10
15 juin	à reçu tant poudre que mèche, étant allé à Collombre	0-11
22 juin	reçu argent comptant	0-15
11 août	Montreul, a reçu argent.	1-10
22 septembre	reçu argent comptant	1-15
17 octobre	a reçu une chemise	3
	reçu un habit rouge neuf en écarlate avec les bas	64
20 novembre	à Mart a reçu un chapeau gris	4-10
10 décembre	à Dunkerque a reçu argent comptant pour	0-16
20 décembre	raccomoder ses souliers	1- 5
17 octobre	argent comptant à Montreul	3
		97-18

Beispiel eines Söldnerkontos:
Abrechnung von Venzil Meidler (Archiv von Roten, Raron, Bd. 4)

	Extras:	Livres
4. Periode		
5 janvier	à Dunkerque a reçu argent comptant	0-15
22 janvier	à Dunkerque a reçu … argent	3
9 février	à Denys a reçu argent comptant	0-19
16 février	a reçu une paire de souliers	4
11 mars	a reçu une bandouliere neuve	6
	plus une chemise de toile blanche	4
24 mars	a reçu argent	1-10
5 avril	a reçu argent pour le jour de sa fête	3-15
18 mai	a reçu argent	0-15
15 juin	a reçu argent	1-10
	plus ¼ de toile pour doubler son haut de chausse	0-16- 3
3 juillet	a reçu deux douzaines d'aiguillettes rouges	3-12
	plus une paire des bas de toile blanche	0-19
24 juillet	a reçu une paire de souliers de Gabosh	4
11 août	a reçu une chemise toile demi-blanche	2-15
26 août	a reçu argent comptant	0-20
31 août	a reçu argent comptant	0-15
13 juillet	a reçu de la poudre pour aller à la plaine de Collombre	0- 4
16 octobre	paye pour lui au charretier d'armes	9- 6
23 octobre	paye pour lui a Mathys le vivandier	8
12 octobre	a reçu dans le bois de Vincenne tant poudre que mèche	0- 6
30 octobre	a reçu une paire de bas rouges bordés	4-10
	plus a reçu argent	1-10
26 novembre	a reçu tant poudre que mèche pour aller à Vincenne	0- 7
		57-7- 3
		+ 6- 7
		63-14- 3
Schlussabrechnung:		
solde:	32 mois et demi à 18 livres	585
dépenses:	argent de semaine	356-14
	extras	182- 6-6
total		539- 0-6
avoir de Meidler		45- 2-3

Bei den Zahlen handelt es sich um Livres (= Pfund), Sous oder Sols und Deniers. In diesem französischen Rechnungssystem gilt: 1 Pfund = 20 Sous = 240 Deniers. Wieviel ein Pfund in Bezug zu heutigen Währungen wert war, ist schwierig zu sagen. Zum Verhältnis der verschiedenen Münzwerte untereinander siehe: Furrer, Münzvademecum für den Umgang mit Kaspar Stockalpers Handels- und Rechnungsbüchern.

Die Analyse des Abrechnungsblattes soll von hinten – Schlussabrechnung – beginnen. Venzill Meidler tat 32 ½ Monate Dienst und hatte am Schluss ein Guthaben von 45-2-3. Leider wurde ein Teil dieser Beträge nicht in bar ausbezahlt, sondern in «billets» oder «promesses». Man gab den Söldnern also ein Zahlungsversprechen, das sie in der Heimat einlösen sollten, oder aber sie wurden zur Auszahlung an Rolland, den «secretarius» und Zahlmeister des Königs, verwiesen. Da dies meistens geschah, wenn dieser Rolland die Zahlungen an Stockalper zurückbehielt, kam diese Verweisung einem Betrug am Söldner gleich, denn Rolland wird kaum bezahlt haben. Die Ausgaben unterteilen sich in Wochengeld («argent de semaine») und «Extras». Zur Bestreitung ihres Lebensunterhaltes wurde ihnen wöchentlich 2 Pfund 4 Sols – im Winter 2 Pfund 8 Sols – ausbezahlt, was monatlich 8 Pfund und 16 Sols ausmachte oder ungefähr 50 Prozent des Lohnes.

Bei Meidler waren es 61 Prozent. Über die restlichen 50 Prozent wurde genau Buch geführt. Die meisten Söldner begannen mit Schulden von mehreren Monatslöhnen (Handgeld, Ausrüstung etc). Nicht so Meidler: Er begann beinahe schuldenfrei. Das heisst u. a., dass er bei der Werbung kein Werbegeld erhielt. Auf der Durchreise durch Paris wurde immer tapfer getrunken. Meidler gab 2 Pfund 17 aus, was als bescheiden interpretiert werden kann. Bis er seine Uniform erhielt, ging es fast zweieinhalb Jahre! Und die Ausgaben waren happig: mehr als drei Monatslöhne! Es fällt auf, dass er in den ersten beiden Jahren fast keine Extras bezog. Und plötzlich, ab der dritten Periode bezieht er immer wieder Bargeld oder Geld, um seinen Geburtstag zu feiern, oder grössere Summen für den Lebensmittelhändler. Man kann das überinterpretieren. Aber möglicherweise hat er sich da etwas gegönnt.

Pensionen[9]

Bei den Pensionen muss zwischen den «pensions par estats» und «par rôle» unterschieden werden. Interessant sind in unserem Zusammenhang in erster Linie die «pensions par rôle», für die so genannte Pensionenrödel existierten. Immerhin konnten jährlich beträchtliche Summen verteilt werden. Die Landschaft Wallis bezog in Spitzenjahren – so zum Beispiel 1680 – von Frankreich 12 788 Pfund. In den Landratsabschieden tauchen aber in der Regel nur die 3000 Pfund der «pensions par estats» oder «friitgelt» (Friedgeld) auf. Es verbleiben mithin 9788 Pfund zur Verteilung. Diese Summe bietet einen enormen Spielraum.

- Wer Zendenkastlan oder sogar Landeshauptmann war, bekam immer einen ansehnlichen Betrag, unabhängig davon, ob seine Familie oder sein Zenden zur Frankreichpartei gehörte oder nicht.
- Die «Pensions des particuliers et de volonté» wurden gemäss Weisungen aus Solothurn an jene ausgeschüttet, die eine klare französische Linie verfolgten.

Und es wird in den Quellen ausdrücklich erwähnt, dass der «distributeur» diese Beträge nach Belieben erhöhen oder vermindern konnte. Damit bekommt eben der «Distributeur», also der Verteiler der Pensionen, grosse Macht. Er kann die Geldmittel einsetzen, um seine Klientel bei Laune zu halten.

Oft war der «distributeur» der Landeshauptmann oder der Landesschreiber. Begehrt war aber auch der Posten jenes Mannes oder jener Gruppe, welche die Pensionen in Solothurn abholten. Im 16. Jahrhundert geschah dies in einem bestimmten Turnus; nicht so im 17. Jahrhundert. Für die 1660er Jahre z. B. ist belegt, dass Stockalper viele Jahre hintereinander persönlich diese Gelder holte. Wieweit es wirklich von Bedeutung war, wer diese Pensionen abholte, ist bisher nicht untersucht. Es bestanden allerdings Vorwürfe an Stockalper, er halte Pensionen zurück. Aus einem Konto geht auch hervor, dass Stockalper offenbar in Solothurn erreichen konnte, dass 50 Pfund, die bisher dem Landeshauptmann Zuber zugesprochen worden waren, nun ihm zustanden.

Verbesserung der wirtschaftlichen Rahmenbedingungen durch den Solddienst

In vielen Bereichen der damaligen Walliser Wirtschaft spielte der Solddienst eine nicht zu unterschätzende Rolle.

* Für die beteiligten Soldunternehmer und Offiziere, also für eine kleine Oberschicht, waren die Solddienste oft die Quelle ihres Reichtums, aber gleichzeitig auch von Verlust und Konkurs (Beispiele im Wallis Anton Stockalper, Hieronimus Welschen, Johannes Kräyg, Hilarius Zenzünen etc.).
* Die Einnahmen aus Solddienst und Pensionen machten einen grossen Teil der Staatseinnahmen der Landschaft Wallis aus (insbesondere Pensionen!).
* In der monetären Situation des Wallis waren sie die wichtigste Möglichkeit, Gold- und Silbermünzen zu beschaffen. Unter Bischof Adrian von Riedmatten z. B. wurde im Wallis kein Geld geprägt. Die Münzen im Umlauf waren von schlechter Qualität. Deshalb war die Nachfrage nach ausländischen Münzen, vor allem grossen Handelsmünzen, sehr gross. Immer wieder erliess der Landrat ein Verbot, solche Münzen auszuführen oder zu wechseln. Es erstaunt nicht, dass der Landrat immer wieder darauf achtete, dass diese Pensionen in Gold- und Silbermünzen ausbezahlt wurden. Nur so kam man an diese Währungen heran.
* Das Wallis musste Unmengen an Salz einführen. Es gab aber umgekehrt für den Staat nur gerade drei nennenswerte Einnahmequellen: Exporte von Dienstleistungen im Solddienst und Export von landwirtschaftlichen Über-

schussprodukten und Monopolgebühren. Neben der wirtschaftlichen Bedeutung der Solddienste sind auch viele Auswirkungen des Solddienstes auf kulturelle, politische und soziale Bereiche im Wallis des 17. Jahrhundert zu beachten.

Schlussbemerkungen

Das Geschäft mit dem Krieg, vor allem der Export von Soldaten, ist ethisch diskutabel. Die Unternehmerpolitik von Kaspar Jodok Stockalper ist die eines Kapitalisten. Viele seiner Verhaltensweisen sind aus heutiger Sicht zu verwerfen, waren aber in der damaligen Zeit nicht nur überall verbreitet, sondern bei den Vordenkern (der Kirche etc.) und auch beim Volke akzeptiert. Der Sturz Stockalpers war – beim jetzigen Stand der Forschung – nicht das Resultat eines Volksaufstands, sondern folgte aus einem Machtkampf innerhalb der Führungsschicht. Undiskutierbare Tatsache ist, dass der Solddienst im 17. Jahrhundert für die Führungsschicht der Republik Wallis Wohlstand und für viele tausend Walliser Arbeit und Verdienst brachte. Für Teile der Walliser Bevölkerung – und das scheint mir aufgrund der Fakten undiskutabel – bedeutete der Solddienst Überleben in schwierigen Zeiten! Insbesondere bei grösseren Katastrophen (wie zum Beispiel der Unwetterkatastrophe im Jahre 1641) war der Solddienst die einzige Alternative zu völliger Armut!

Ich würde mir wünschen, dass in all den Diskussionen um Stockalper und um den Solddienst beide Aspekte gebührend zum Zuge kommen. Zum Abschluss drängen sich folgende Feststellungen auf:

1. Stockalper war Unternehmer, nicht Soldherr oder gar Truppenführer. Solddienst betrieb er aus wirtschaftlichen Überlegungen.
2. Solddienst war ein wichtiger Baustein in Stockalpers riesigem Imperium. Durch Solddienst wurden grosse Synergien frei. Stockalper benutzte Solddienst für seinen politischen Aufstieg, zum Aufbau und zur Pflege seiner Klientel. Er erzwang durch den Solddienst bessere Bedingungen für seine Geschäfte mit Frankreich. Der Solddienst blieb trotz allem ein Kerngeschäft!
3. Der Solddienst spielte im 17. Jahrhundert weit über seine militärische und wirtschaftliche Bedeutung hinaus eine zentrale Rolle im sozialen und politischen Leben dieser Zeit.

❯ Marcus Kradolfer

Die Werbung und Rekrutierung am Beispiel der preussischen Werbungen in Schaffhausen im 18. Jahrhundert

Das stehende Heer Preussens

Die Basis des Heeres, auf das der spätere Soldatenkönig und sein Nachfolger Friedrich der Grosse zurückgreifen konnten, wurde vom Grossen Kurfürsten zwischen 1655 und 1660 gelegt. Er hatte das Militär als Stütze des Herrscherhauses entdeckt. In der Regierungszeit von Friedrich Wilhelm I. (Soldatenkönig) von 1713 bis 1740 verdoppelte sich der Bestand der Armee auf beinahe 80 000 Mann. Ein Land, das an Ausdehnung acht anderen Mächten nachstand, besass 1740 das viertgrösste Heer in Europa.[1] Auch Friedrich II. (Friedrich der Grosse) verdoppelte den Bestand der Armee in der Zeit von 1740 bis zum Ausbruch des Siebenjährigen Krieges (1756) auf rund 160 000 Mann, 1757 waren es sogar 190 000 Mann. Einerseits zog Preussen seine Bevölkerung stärker zum Kriegsdienst heran als das restliche Europa, andererseits war man natürlich auf ausländische Söldner angewiesen. Bereits der Soldatenkönig hatte erkannt, dass ein Teil des Bedarfs an Soldaten nur mit der Auslandwerbung gedeckt werden konnte (der Ausländeranteil im Heer belief sich auf etwa ein Drittel der Gesamtstärke).[2]

Die Auslandwerbung wurde zur Schonung des Landes 1718 eingeführt und ab 1721 besser organisiert und weiter ausgebaut.[3] Vor allem waren die beiden Könige an so genannten *«langen Kerls»* interessiert. Die grössten dieser langen Kerls waren 190 cm oder länger und bildeten eine 2000 Mann starke Elitetruppe, die königliche Garde. Als Messlatte für die Infanterie im Allgemeinen sollten Leute ohne Wachstum, d. h. unter dem Mindestmass von fünf Fuss sechs Zoll (ca. 172 cm), gar nicht rekrutiert werden. Von der Länge des Gewehrlaufes hing die Schussweite ab und ein rasches Laden erforderte eine entsprechende Armspannweite. Es machte einen erheblichen Unterschied, wenn die vorrückenden Bataillone das Feuer schon auf 200 anstatt 150 Meter Distanz eröffnen und ihre Salven bis zu dreimal in der Minute abfeuern konnten. Brandenburg hatte schon unter dem Grossen Kurfürsten die Schweiz als Rekrutierungsgebiet entdeckt.

In einem Brief an die reformierten Orte teilte er seine Bewunderung mit über ihre *«Mannschaft in grosser anzahl, und mehrentheils zum krieges wohl geübt»*. 1696 wurde die Einrichtung einer Gardekompanie in Angriff genommen, die in der Schweiz bzw. in den reformierten Orten auf grosses Echo stiess, da der Kurfürst als Beschützer des evangelischen Bekenntnisses über grossen Kredit verfügte. Diese Garde der Hundertschweizer wurde aber von Friedrich Wilhelm I. (Soldatenkönig)

1713 wieder aufgelöst. Die Gründe dafür sind in der mangelhaften Kapitulation zu finden. Der Kurfürst weigerte sich, die anfallenden Uniform- und Quartierkosten zu übernehmen. Wegen des aufwändigen Lebens am Hof und der daraus resultierenden Verschuldung, betraf dies vorwiegend die Offiziere. Obwohl durch die Abdankung der Hundertschweizer die Beziehungen zur reformierten Schweiz strapaziert wurden, blieben diese bestehen. Erstens war Preussen für die reformierten Orte ein politisch immer einflussreicherer Glaubensverbündeter und zweitens war Preussen ja daran interessiert, sein Heer aufzubauen.[4]

Die Schaffhauser Werbekammer 1723–1830[5]

Wollte ein Offizier in der Stadt Schaffhausen werben, musste er sich bei der ab 1723 eingerichteten Werbekammer anmelden. Damit der Werber eine Bewilligung bekam, mussten vier Punkte des mit Datum vom 21. Februar 1724 vom Rat betätigten Reglements erfüllt werden:

1. Es soll nur werben dürfen, wer eine «speciale Permission» des Kleinen Rates besitzt. Zuwiderhandelnde werden ohne alle Gnade mit 100 Talern bestraft.
2. Alle diejenigen, die zu unerlaubten Werbungen Anleitung geben oder solchen Vorschub leisten, verfallen derselben Busse.
3. Wer werben will, muss ein authentisches Patent vorweisen.
4. Es ist eine besondere Kommission geordnet, die auf Kosten der Werber die Gesuche prüft und Sorge trägt, dass die Werbungen vorschriftsgemäss erfolgen.

Die Erlaubnis für ein erfolgreiches Werben hing von der gewünschten Anzahl der zu rekrutierenden Männer ab. Waren bloss einige *«Kerle»* gefordert, wurde dem Offizier die Erlaubnis eher erteilt, als wenn der Werber um 100 oder mehr Mann nachsuchte. Hatte der Werber seine Leute gefunden, so stellte er sie pflichtgemäss der Werbekammer vor, deren Schreiber die Personalien aufnahm. Gleichzeitig musste sich der Angeworbene äussern, ob die Werbung mit rechten Dingen verlaufen war oder ob List oder gar Gewalt im Spiel gewesen seien. In den Kompetenzbereich der Werbekammer fiel auch die Ahndung von Übertretungen der gesetzlichen Vorschriften, wobei die angedrohte Höchststrafe von 100 Talern kaum je ausgesprochen wurde. Ein besonders scharfes Auge warf die Behörde auf nicht konzessionierte Werber, auch auf Einheimische. Einige Beispiele:

*   Es wird berichtet, dass ein gewisser Laurenz Schenkel von Uhwiesen 1781 um 20 Gulden gebüsst wurde, weil er zwei Schaffhauser Untertanen in einer Wirtschaft ein Glas Wein einschenken liess, um sie zu locken und zu engagieren.

- Auch wird von einem Salomon Schmid aus dem Thurgau berichtet, der mit sieben Mann in Herblingen arretiert worden war. Als Strafe erhielt er eine «Einreisesperre» für den Kanton Schaffhausen.[6]
- Das nahe gelegene Rheinau/ZH hatte diesbezüglich einen recht zweifelhaften Ruf. So ersuchte ein Guntmadinger Vater um Hilfe bei der Werbekommission, weil sein 14-jähriger Sohn sich in Rheinau für englische Dienste hatte anwerben lassen und es dem Vater trotz viermaligen Vorsprechens nicht gelungen war, den Burschen frei zu kriegen.[7]
- Von einem Wirt namens Caspar Tobler wird berichtet, der in Neuhausen ein mehr oder weniger erlaubtes Werbezentrum eingerichtet hatte, was ihn aber nicht daran hinderte, verbotenerweise Leute nach Rheinau zu führen.[8]

Werbeagenten

Eine Nebenrolle in Werbesachen spielten die preussischen Gouverneure in Neuenburg und preussische Diplomaten, nicht aber der Werbeplatz Neuenburg als solches. Seit 1707 war das Fürstentum in Besitz der preussischen Könige und eine bedeutende Rekrutierungsbasis. Trotz seiner Werbeinteressen unterhielt der preussische König in der Schweiz keine ständige Vertretung. Die Werber wurden direkt durch den König angewiesen, was Erfolg versprechender war als Bemühungen des diplomatischen Personals.[9]

Militärische Werber

Gemäss neuerer Forschung sind 245 Offiziere mindestens einmal in der Schweiz aufgetaucht, um Werbeaufträge zu erledigen. Diese Offiziere sind aufgrund ihres Status und der Funktion aktenkundiger als beispielsweise ihre Helfer (Unteroffiziere oder Soldaten). Die Offiziere benötigten zur Werbung von ihren Regimentern folgende Papiere: den Antrag, den Pass zur Werbung, die Kapitulationen sowie das Empfehlungsschreiben des Königs. Zudem waren die Offiziere für die ihnen anvertraute Mission verantwortlich; unter anderem für einen korrekten Ablauf der Werbung und das Kontrollieren der eigenen Mitarbeiter. Des Weiteren mussten sie daran interessiert sein, vor Ort die Obrigkeit für ihr Anliegen zu gewinnen.[10]

Wo ein Gesuchsteller Verhandlungsgeschick und politisches Feingefühl bewies, wurden ihm die Türen weiter geöffnet als dort, wo man lokale Bräuche und Bestimmungen ignorierte oder eine falsche Strategie anwandte. Zudem musste er sich die Gunst der Behörden dauerhaft sichern. Generell überliess der Offizier seinen Helfern das Aufspüren potenzieller Rekruten; wobei es aber in seine Kompetenz fiel, Verhandlungen mit den Kandidaten zu führen oder Kapitulationen abzuschliessen. Zum Abschluss des Kontraktes überreichte der Offizier dem Rekruten

175

ein Handgeld. Die Festlegung des Handgeldes hing einerseits vom Verhandlungsgeschick der Parteien ab, wobei List und Alkohol oft im Spiel waren, anderseits richtete sich der Preis nach Angebot und Nachfrage. Für preussische Dienste im Speziellen war die Grösse natürlich massgebend! Um 1730 bekam 300–600 Taler
geboten, wer zwischen 5 Schuh 10 Zoll und 6 Schuh gross war; also ca. 183–188
Zentimeter.[11]

Die Aufenthaltsdauer der Offiziere kann nicht genau bestimmt werden. Zwar
mussten sie ihr Patent den Behörden zurückgeben, doch wurde ihre Abmeldung
oder Wegreise kaum je registriert. Durchschnittlich blieben sie etwas unter vier Monaten.[12] In den Schaffhauser Werberechnungen sind auch längere Aufenthalte zu
finden. So hielt sich beispielsweise ein Leutnant von Troschke zwischen Juli 1765
und Mai 1767 in Schaffhausen auf und erschien mit insgesamt 58 Rekruten 19-mal
vor der Werbekammer.[13]

Eine besondere Gruppe waren jene Offiziere, deren militärischer Status fiktiv
war, sich nie nach Preussen begeben hatten und ausschliesslich in ihrer Heimat ope-
rierten. So kam es vor, dass Friedrich II. einem Wirt in Graubünden ein Patent als
Werbe-Leutnant ausstellte, weil durch die Mitarbeit Einheimischer die Erfolgsaus-
sichten höher waren. So wurde dem Schaffhauser Gastwirt aus Herblingen, Johann
Caspar Siegrist (sein Auftraggeber ein Oberstleutnant Wegelin von Diessenhofen),
ein Patent gegen Lieferung von 12 bis 15 Mann in Aussicht gestellt. Dieser Siegrist
hatte 1744 der Schaffhauser Werbekammer mehrere Rekruten vorgestellt und sich
als Leutnant bezeichnet. Er erhielt die Erlaubnis, die rund 20 Rekruten abzu-
schicken, obwohl viele zu klein waren.[14] Die Erlaubnis erhielt er allerdings nur, weil
sich diese Kerle so ungebührlich aufführten, dass der Stadtrat Leutnant Siegrist aufforderte, seine Mannen so rasch wie möglich wegzuspedieren.[15] Im gleichen Jahr
stellte Siegrist der Werbekammer weitere 23 Rekruten vor. Weil seine Leute jedoch
nicht den Anforderungen entsprachen, wurde er nicht bezahlt. Die Folge war, dass
er seine Dienste nur noch für Sardinien zur Verfügung stellte, wo die Rekruten weniger hohe Auflagen zu erfüllen hatten. Als er jedoch zwei Jahre später eine neue Erlaubnis zur Werbung verlangte, wurde sein Gesuch abgelehnt, weil er *«in keinen
würcklichen kriegs-diensten stehet».*[16]

Ein anderer Schaffhauser in preussischen Diensten war ein Leutnant Spleiss,
der selbst von einem nicht genannten preussischen Offizier angeworben und um
1730 selber als Werbeoffizier tätig war. Er erregte besonderes Missfallen bei Bürgermeister und Rat zu Schaffhausen, weil er *«einen fremden Kerl mit Gewalt und wider den Willen»* in Hemmental und Beggingen anzuwerben versucht hatte.[17]

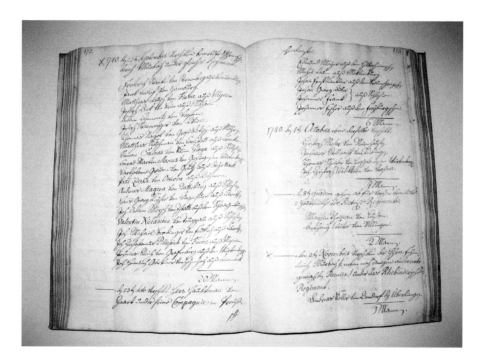

Preussisches Werbequartier im Gasthaus Schiff, Freier Platz, in Schaffhausen (unten). Vor allem von den Gastwirten konnten die Werber profitieren, sodass preussische Offiziere ihre Quartiere oft in gut besuchten Gasthöfen einrichteten, wo Personal und Rekruten verpflegt werden konnten.

Bevor die Werber abreisten, mussten sie die Rekruten der Werbebehörde vorstellen. Diese wurden in das in Schaffhausen von 1725 bis 1747 geführte Werbungsbuch eingetragen (oben). Dadurch konnte die Obrigkeit den Wegzug der Untertanen besser kontrollieren oder bei Bedarf verhindern.

177

Zivile Werber

Zivile Werber waren Helfer, welche die nötigen Kontakte zu potenziellen Rekruten knüpften, über gute Orts- und Personenkenntnisse sowie Beziehungen verfügten und mit den lokalen Besonderheiten vertraut waren. Vor allem von den Gastwirten konnten die Werber profitieren. Oft richteten preussische Offiziere ihre Quartiere in gut besuchten Gasthöfen ein, wo Personal und Rekruten verpflegt werden konnten.[18] Als beispielsweise 1740 drei Handwerksburschen ins Gasthaus Schiff kamen, wurde der grösste von ihnen sogleich vom Kellner gemessen und an einen preussischen Wachtmeister weitervermittelt.[19]

Angeworbene

Die Herkunft der eidgenössischen Rekruten kann vielfach nicht genau bestimmt werden. Umso mehr muss dies auf nicht schweizerische Dienstnehmer zutreffen. Die Quellen verraten sehr oft weder ihre Namen noch ihre Herkunft. Quantitative Auswertungen sind deshalb kaum möglich. Aber: Das in Schaffhausen von 1725 bis 1747 geführte Werbungsbuch bildet in dieser Hinsicht eine Ausnahme. Bevor die Werber abreisten, mussten sie die Rekruten der Werbebehörde vorstellen. Solches galt auch für Bern oder das Fürstbistum Basel.[20] Dadurch konnte die Obrigkeit den Wegzug der Untertanen besser kontrollieren oder bei Bedarf verhindern.

Schaffhausen erhob für jeden Rekruten eine Gebühr. Es ist aber anzunehmen, dass hinter den erfassten Rekruten eine bedeutende Dunkelziffer steht. Obwohl die Gebühren nicht sehr hoch waren, dürften die Werber versucht haben, ihre Leute ohne vorherige Präsentation ins Ausland zu führen. Die Stadt Schaffhausen erteilte seinen Bürgern nur höchst selten die Erlaubnis, in preussische Dienste zu treten. Ab 1720 verbot die Schaffhauser Obrigkeit den preussischen Agenten die Werbung von Untertanen, falls zuvor nicht ihre ausdrückliche Genehmigung eingeholt worden war. Eine zweite Auflage betraf den Rekrutierungsbezirk. Anfänglich stand den Werbern der ganze Kanton offen. Nachdem die Werber aber jenseits der Grenzen Verstösse begangen hatten, versuchte die Obrigkeit, ihren Aktionsradius einzuschränken. So wurde beispielsweise 1739 die Werbung in Herblingen, Thayngen oder dem Reiat verboten. Weil Schaffhausen nicht überall in seinem Territorium uneingeschränkte Herrschaftsrechte ausüben konnte, gewann eine solche Massnahme für ein ungetrübtes Verhältnis zu den Nachbarn immer mehr an Bedeutung.

Karl Schib betont in seiner «Geschichte der Stadt und Landschaft Schaffhausen», dass der Kanton die Herrschaftsrechte über die Mehrzahl der Dörfer mit dem Ausland teilte.[21] Unter den Eidgenossen befand sich nur ein Schaffhauser. Christoph Moser aus Neuhausen erhielt die Bewilligung zur Dienstnahme am 29. September 1740 und wurde am 4. Oktober 1740 durch Hauptmann Zahrt der Werbekammer vorgestellt.[22] Um einen Sonderfall handelt es sich beim Königreich Sardinien. Der Schaffhauser Johannes Rietmann war Bürger von Schaffhausen, brachte es vom einfachen Soldaten zum General und wurde vom sardinischen König geadelt. Die Werbekammer war ihm gegenüber immer sehr grosszügig und erteilte ihm beispielsweise 1726 die Bewilligung, 100 Mann zu rekrutieren, obwohl sein Dienstherr katholischer Konfession war.[23]

Ein besonderer Schweizer in preussischen Diensten muss hier speziell erwähnt werden, weil wir von seiner Autobiografie viel über das Werbewesen und das preussische Militär erfahren: Ulrich Bräker, der arme Mann aus dem Toggenburg. Er wurde 1755 im Gasthaus Schiff an einen preussischen Offizier namens Johann Markoni verschachert.[24] Das Beispiel von Schaffhausen belegt, dass zumindest in den Randgebieten der Eidgenossenschaft die Werbung von Fremden sehr bedeutend war, da viele ausländische Ausreisser eintrafen und für die preussischen Werber demzufolge sehr attraktiv waren. Die Ausreisser waren – Augenzeugenberichte aus der betreffenden Zeit belegen es – das eigentliche Zielpublikum der preussischen Agenten in der Schweiz. Zudem durften die dortigen Untertanen nur mit obrigkeitlicher Bewilligung preussisches Handgeld nehmen. Mehr als die Hälfte der angeworbenen Ausländer stammten aus dem nahen und fernen Einzugsgebiet; besonders aus den Regionen St. Gallen, Thurgau und Zürich.

Im 18. Jahrhundert rekrutierten sich die stehenden Heere vielfach aus den Scharen von Ausreissern, die sie selber produzierten. Ein Armeewechsel wurde begünstigt durch die Existenz neutraler Staaten wie der Schweiz, wo die Flüchtlinge neben Zuflucht einen bedeutenden Söldnermarkt vorfanden. Die Kantone waren dazu umso mehr prädestiniert, als sie deren Auslieferung an die ehemaligen Dienstherren grundsätzlich ablehnten.[25] Zum anderen stiessen die harten Strafen, die festgenommene Ausreisser in ihrem ehemaligen Dienstland erwarteten, auf eine ablehnende Haltung.[26]

Gesamtergebnisse der Werbungen, die in Schaffhausen während der Jahre 1725–1747 durchgeführt wurden:[27]

	Schaffhauser	Übrige Schweizer	Ausländer
Kaiserliche Dienste	106	85	35
Französische Dienste	183	112	140
Holländische Dienste	173	150	95
Sardinische Dienste	283*	800*	4204*
Preussische Dienste	1	18	118
	746	1165	4592
	11,2 %	17,5 %	69 %

Total der Angeworbenen in dieser Zeitspanne: 6653[28]

Verbot der preussischen Werbung in Schaffhausen

In der Regel fielen die preussischen Gesuche in Schaffhausen auf fruchtbaren Boden. Sie trafen hier zahlreicher ein als in den übrigen Kantonen und wurden überdurchschnittlich oft bewilligt (71 von 100). Doch auch Schaffhausen machte wegen ausbleibender Entlohnung im Falle Siegrist und Spleiss Vorbehalte.[29] Diese Vorfälle entfachten eine Kontroverse über die preussischen Rekrutierungen, was zu vorübergehenden Werbeverboten führte. Neben den Werbeeinschränkungen für preussische Offiziere aus dem Jahre 1720 beschloss der Rat wiederum am 11. April 1739 die preussischen Werbungen zu verbieten, *«weilen so gar viele Preussische Offiziere herum streichen, welche allerhand tentiren, um Recrouten zu machen».*[30] Offensichtlich hatte die Obrigkeit den Überblick über die zahlreichen Offiziere verloren.

Auch Bräker erwähnt in seiner Biografie, dass sich in der Zeit seiner Anwerbung 1755 fünf preussische Offiziere (Leutnant Siegrist ausgenommen) in der Stadt aufhielten.[31] Der Fall Johann Conrad Müller führte am 8. Januar 1756 auch zu einem Werbeverbot, das wegen des Siebenjährigen Krieges (1756–1763) bestehen blieb. Müller war der Sohn eines einflussreichen Schaffhauser Bürgers und war von preussischen Agenten auf seiner Wanderschaft angeworben worden. Weil er wider Erwarten nach Ablauf seiner dreijährigen Dienstzeit nicht verabschiedet wurde, drohte der Rat 1754 mit der Einstellung aller Werbungen.[32] Trotz dieser Ankündigung begegnete Schaffhausen den preussischen Agenten weiterhin mit Nachsicht und bewilligte bis Mitte 1755 weitere Rekrutierungen, obwohl Müllers Befreiung nicht gelang. Dank seiner geglückten Desertion konnte Müller später auf eigene Faust zurückkehren. Erwähnenswert ist hier, dass Werbeverbote nach kurzer Dauer wieder aufgehoben wurden oder die Werbekammer gewisse Ausnahmen machte.

Obwohl zur Zeit des Siebenjährigen Krieges die preussische Werbung verboten war, findet sich in der Chronik der Stadt Schaffhausen für das Jahr 1761 ein interessanter Eintrag: *«Schon seit mehreren Jahren war unter der hiesigen Bürgerschaft eine solche Bewunderung für das preussische Heerwesen entstanden, dass sich einige 100 Bürger zur Bildung eines freiwilligen Korps vereinigten, dessen Ausrüstung genau die der preussischen Garde nachahmte und von den Theilnehmern selbst bestritten wurde. Nutzen hatte dieses Korps (dessen meiste Mitglieder unter den Waffen falsche Schnurrbärte trugen) nicht viel. Einzig in diesem Jahre übernahm es während einiger Zeit die Bewachung öffentlicher Gebäude, weil sehr viele nächtliche Einbrüche in der Stadt vorkamen.»*[33]

Schlusswort

Das öffentliche Interesse am preussischen Heer war zu Beginn der 1720er Jahre relativ gross. Danach schadete die Dienstentlassungs- und Falschwerbungs-Problematik seinem Ruf spürbar. Ein wesentlicher Ansporn, in preussische Dienste zu treten, war für die Soldaten das überdurchschnittlich hohe Handgeld. Die starke Nachfrage nach den nicht überaus zahlreichen *«langen Kerls»* führte zu einem raschen Anstieg der Handgelder. Schliesslich bezahlte Preussen besser als die Konkurrenz. Aufgrund der Wirren in der Revolutionszeit und der Besetzung der Schweiz durch fremde Mächte fehlen die Protokolle der Werbekommission für die Jahre 1796–1805.

Unter Napoleon wurde die Institution wieder ins Leben gerufen und ausschliesslich in den Dienst Frankreichs gestellt. Da aber der französische Dienst in Schaffhausen und seiner Umgebung nicht populär war, hatte man Schwierigkeiten, die von Napoleon geforderte Anzahl Soldaten zu rekrutieren. Kein Wunder also, dass die Schaffhauser Regierung zu fragwürdigen Mitteln griff, um Rekruten anzuwerben. Selbst Verbrecher wurden zum Kriegsdienst *«begnadigt»*. Mit der Julirevolution in Paris von 1830 wurde die Schaffhauser Werbekammer aufgehoben.[34] Offenbar waren aber die Erträge des Werbebüros für die Stadt Schaffhausen eine lukrative Sache. So war genügend Geld vorhanden, dass man der Werbekasse zumuten konnte, einen Obolus auch an die Besoldung des obersten Magistraten zu leisten. So bezog der Bürgermeister vor 1798 einen jährlichen Betrag von 70 Gulden aus der Werbekasse.[35]

❯ HANS RUDOLF FUHRER UND NORBERT FURRER

«Denn es sind Wilde» – zum Kulturtransfer der Schweizer Söldner in «Fremden Diensten»[1]

«Es sind Wilde, die aufzuklären und der gesellschaftlichen Vervollkommnung näher zu bringen, wir uns zur Aufgabe gemacht haben.»

Mit diesen Worten informierte das helvetische Direktorium am 21. August 1798 den französischen Oberkommandierenden in der Schweiz, General Alexis Balthasar Henri Antoine de Schauenbourg, über die Widerstandsbewegungen in Stans und Schwyz. Das wirft beklemmende Fragen auf. Waren es also nicht die Besatzungstruppen, die autonom gewütet haben? Waren die Aufständischen gegen die Helvetische Republik 1798 und 1799 wirklich *«Wilde»*, die aufgeklärt und der *«gesellschaftlichen Vervollkommnung»* näher gebracht werden mussten? Hatte durch die Offiziere und Söldner in den *«Fremden Diensten»* kein Kulturtransfer in die Widerstandsgebiete stattgefunden?

«Das Innere der Republik zeigt einige neue Umstände, auf welche wir Ihre Aufmerksamkeit lenken [wollen]. Die ehemaligen kleinen Kantone und besonders die Distrikte Stans und Schwyz sind unruhig. Die Amtsgewalt der Statthalter ist dort verkannt worden und ihre Personen waren in Gefahr. Die wahre Ursache der Unruhen liegt in der Furcht ihrer Priester wegen ihrer Immunität, in ihrem Hass gegen eine Lebensordnung, welche den Aberglauben und den Einfluss der Diener der Kirche zerstört. Der verkündete und öffentlich bekannt gemachte Grund, der Vorwand, sind die vorgeblichen Folgen des Bürgereides, den sie zu leisten haben. Man überredete sie, dass sie versprechen sollen, dem Glauben ihrer Väter abzuschwören.

Bei diesem Stand der Sachen würden strenge Massregeln Märtyrer und nicht Bekehrte machen. Man muss dieses Volk aufklären, bevor es Verbrechen begangen hat, welche man ahnden müsste [...] Es sind Wilde, die aufzuklären und der gesellschaftlichen Vervollkommnung näher zu bringen, wir uns zur Aufgabe gemacht haben. Es ist nötig, sie auszuführen, und wenn Sie mit Ihrer gewöhnlichen Güte uns helfen wollen, zweifeln wir nicht, Erfolg zu haben.»

Schreiben des helvetischen Direktoriums an den französischen Oberkommandierenden in der Schweiz vom 21. August 1798.

Die «Fremden Dienste» – ein schweizerisches Kulturphänomen

Das Phänomen der Schweizer Söldner in «Fremden Diensten» dauerte mindestens 400 Jahre, vom Ende des 15. bis zur Mitte des 19. Jahrhunderts; es gibt Vorformen, die sogar bis ins 13. Jahrhundert zurückführen. Wir finden Schweizer von Portugal bis nach Russland, von Schweden bis Neapel. Traditionell war der Bestand der Schweizer Regimenter in Frankreich mit 13 000–22 000 Mann am höchsten. Davon waren vertragsgemäss zwei Drittel Schweizer. Die Gesamtzahl an Schweizern in «Fremden Diensten» während der vier Jahrhunderte ist schwierig genau zu bestimmen, doch kann von weit über einer Million Mann ausgegangen werden.

«Point d'argent, point de Suisses.» Das ist die anekdotische Verkürzung der Schweizer in «Fremden Diensten». Kritische Äusserungen begleiten dieses schweizerische Kulturphänomen seit seinen Anfängen. Bereits der Zürcher Reformator Ulrich Zwingli und andere Humanisten haben sich gegen die Verwilderung der Sitten in den fremden Kriegsdiensten gewandt und sich dadurch die Todfeindschaft der Innerschweizer Führungsschicht und der Kriegergemeinschaften zugezogen. Heinrich Zschokke, ein überzeugter Anhänger aufklärerischen Gedankengutes, klagte 1823, der «Fremde Dienst» sei ein Handel, in dem man ein Gleichgewicht schaffe zwischen dem Export der Kinder des Vaterlandes gegen die Einfuhr aller Laster der Welt. Mit der Demokratisierung und der Stärkung des Neutralitätsgedankens fanden es liberale Kritiker zunehmend abstossend, fremden Fürsten zu dienen.

Einen grundsätzlich anderen Ansatz finden wir im monumentalen Heldenepos von Hauptmann Paul de Vallière (1877–1959) und in vielen Regimentsgeschichten und Biografien von Militärunternehmern. Der Leitspruch auf dem Löwendenkmal in Luzern «Treue und Ehre» ist noch heute in der päpstlichen Schweizergarde in Rom lebendig und war in beiden Weltkriegen ein wichtiger Beitrag zur Geistigen Landesverteidigung in gefahrvoller Zeit. Der Wertewandel zum heute vorwiegend kritischen Verständnis der «Fremden Dienste» ist offensichtlich. In der aktuellen Forschung interessieren vor allem sozial- und wirtschaftsgeschichtliche Fragestellungen (Kriegerehre und Rechtsdiskurs, Soziolinguistik usw.). Wir greifen eine Problematik heraus: Aspekte des Kulturtransfers.

Kulturtransfer über die Fremden Dienste

Was haben die Söldner und ihre Anführer aus der Fremde zurückgebracht? Die Begegnung der Kulturen muss ja nicht immer Kampf und Krieg, Zerstörung von sozialen Banden und Verwilderung aller Sitten sein, wie dies die Humanisten früher und Samuel Huntington in unseren Tagen aufgezeigt haben. Wegen der besonderen Quellenbasis ist vor allem der Kulturtransfer zur höheren Gesellschaftsschicht

Seit seinem Bestehen ist der 1647 vollendete Freulerpalast das bekannteste Gebäude im Kanton Glarus. Er ist im Bereich des Haus- und Schlossbaus eines der bedeutendsten Gesamtkunstwerke der Schweiz aus dem 17. Jahrhundert. Der «Kulturaustausch» war wohl am intensivsten in der Art zu leben und zu wohnen. Zahlreiche Schlösser und sakrale Kunstwerke zeugen von dieser Phase und übten einen wichtigen Einfluss auf die Entwicklung der heimischen Wirtschaft und der regionalen Kunst aus.

zugänglich. Vieles liegt in wenigen Familienarchiven. Von über fünfzig Eigentums-
kompanien der Innerschweizer Orte in «Fremden Diensten» gehörten über die
Hälfte nur vier Familien. Allein die Schwyzer Familie der Reding unterhielt zwölf
Kompanien, vier in Frankreich, sechs in Spanien und zwei in Neapel.

Was die einfachen eidgenössischen Bauern- und Bürgersöhne empfunden haben, als sie plötzlich in Paris oder in Neapel am Hofe europäischer Fürsten standen,
ist nur in Ansätzen erfassbar. Angesichts der Verschiedenheit zwischen der Bauernstube und den europäischen Fürstenhöfen dürfte das bei vielen zu einem «Kulturschock» geführt haben. Einen einzigartigen Einblick in diese Problematik gibt der
Bericht von Ulrich Bräker, «Das Leben und die Abenteuer des armen Mannes in
Tockenburg», der besonders das Wehrwesen Preussens in der zweiten Hälfte des
18. Jahrhunderts schildert.

Bildung

Praktisch alle regierungsfähigen Familien der eidgenössischen Orte waren direkt am
Soldwesen beteiligt. Die «Fremden Dienste» ermöglichten den edlen Familien einen Bildungsvorsprung. Sie konnten sich dabei Herrschaftswissen, Sprachkennt-
nisse und feinere Manieren erwerben. Heimkehrende Offiziere und Soldaten brachten Erkenntnisse und Methoden aus fremden Ländern in die Heimat, die sie hier
in der Land- und Alpwirtschaft, in der Viehzucht, im Acker-, Obst- und Garten-
bau verwerten konnten. Kunstwerke, Bücher, Musiknoten, Kenntnisse über philo-
sophische und religiöse Strömungen (z. B. des Pietismus in reformierten Gebieten)
lassen sich noch heute in den Tälern finden. Es sind verschiedene Fälle bekannt, dass
einfachen Soldaten eine Schulbildung ermöglicht worden ist. Einige Söldner lernten in der Fremde einen Beruf.

Wohnkultur

Am besten ist die Herrschaftsarchitektur fassbar. Die verschiedenen Herrenhäuser
und die jeweilige Möblierung sind von europäischen Modeströmungen beeinflusst.
Sie wären allein aus den Ressourcen des Landes weder zu bezahlen noch zu gestalten gewesen. Die eidgenössischen Militärunternehmer haben nicht nur in militärischen Fragen internationale Kontakte gepflegt.

Sprache

Ohne Zweifel boten die «Fremden Dienste» dem Schweizer Söldner manche Gelegenheit, andere Sprachen zu lernen. Allerdings konnte er sich unbekannten Idiomen gegenüber auch verschliessen: Gehörte er einem Schweizer Regiment an, so war

er in eine starke «Immigrantengemeinschaft», deren Kommandosprache das Deutsche war, eingebunden; lebte er in einer Kaserne oder im Feldlager, reduzierten sich unter Umständen die Kontakte mit der fremden Umwelt auf ein Mindestmass. Umgekehrt waren solche Kontakte meistens durchaus möglich. Die Offiziere und Soldaten der Garnisonstruppen wurden nicht selten bei Ortsansässigen einquartiert und kamen dadurch in enge Berührung mit ihnen. In der freien Zeit konnten Wirtshäuser und Theater, Bibliotheken und Schulen, Feste und Feierlichkeiten besucht, aber auch einheimische Bekanntschaften gepflegt werden.

Schliesslich bildeten selbst die Schweizer Regimenter keine sprachliche Einheit. Sie setzten sich gewöhnlich – um einen kantonalen Kern – aus Männern verschiedener Mundartgebiete und Sprachregionen zusammen und hatten einen mehr oder weniger hohen Ausländeranteil. Tatsächlich war also das Zusammentreffen mit fremden Idiomen, zumindest mit Nachbardialekten, in der Regel unvermeidlich. Inwieweit machten nun die Schweizer Söldner von diesem «Angebot» Gebrauch? Eine nicht geringe Zahl schlug es aus, lehnte das Ungewohnte ab und verfiel dem Heimweh oder desertierte über kurz oder lang. Das war die Gruppe der «Verweigerer».

Andere, besonders die einfachen Soldaten, blieben ihren mit- bzw. hergebrachten Lebensgewohnheiten, Wertvorstellungen und der heimischen Sprache treu, nahmen aber doch einige wenige Elemente der Kultur des Gastlandes an. Sie «adaptierten» sich schlecht und recht. Sie blieben Schweizer in der Fremde.

Die verbreitetste Antwort aber – jedenfalls seit dem 17. Jahrhundert und vor allem seitens der (meist gebildeteren) Offiziere und Unteroffiziere – war vermutlich die «akkulturative». Sie bestand darin, dem Neuen gegenüber offen zu sein, ohne dem Angestammten zu entsagen, Eigenes und Fremdes möglichst harmonisch zu verbinden. Auf unser Thema bezogen heisst das, die Sprache(n) des Ortes zu lernen, ohne seine Muttersprache aufzugeben, sich zwischen den Idiomen hin- und herzubewegen auf die Gefahr hin, sie hie und da zu vermischen. Diese Gruppe können wir als «Anpasser» bezeichnen.

Bei vieljähriger Dienstdauer schliesslich konnte die Emigration zur Assimilation, zur weit gehenden Verdrängung der Muttersprache durch das «fremde» Idiom führen. Von Beat Rudolf von Ernst (1733–1818), Feldmarschall unter Ludwig XVI., wurde gesagt, er «sey wegen seines langen Dienstes in Frankreich der teutschen Sprache weniger mächtig, als der Frantzösischen». Der Kommandant der Zürcher Milizen gegen die Aufständischen in der Zürcher Landschaft 1795 schrieb alle seine Rapporte an die Regierung in französischer Sprache. Er war nicht mehr in der Lage, in Deutsch zu schreiben. Das waren nun die kulturell «Abtrünnigen».

Die Bereicherung der Sprachkompetenzen und die «Verfremdung» der Sprachgewohnheiten von Militäremigranten sind durch zahlreiche, zum Teil veröffentlichte Briefwechsel, Tagebücher und Lebensbeschreibungen bezeugt – zumindest für die Gruppe jener, die zur Feder griff. So drückt beispielsweise im Deutschen des

Nidwaldners Josef Remigi von Deschwanden (1763–1814), der in Spanien als Hauptmann gedient hat, das Französische durch, wenn er am 5. Juli 1801 seiner Frau aus Autun, wo er gefangen lag, schreibt: *«Vielleicht finde ich eine Gelegenheit, zu Dir zu kommen oder Dich nach* Genua oder *anderswo kommen zu machen.»* «Faire venir» war ihm vertrauter als die deutsche Wendung. Deschwanden soll im übrigen deutsch, lateinisch, italienisch, französisch, piemontesisch, englisch und spanisch gesprochen haben.

Die Quellenlage zur Erfassung des schreibungewohnten oder -unkundigen «gemeinen Mannes» unter den Söldnern ist weniger günstig; was zum Schluss verleiten könnte, seiner geringen Schulbildung wegen sei er unfähig gewesen, sich in fremden Sprachen auszudrücken. Dass dem nicht zwangsläufig so war, lässt sich leicht belegen, und zwar anhand von «Signalementen», d. h. Beschreibungen polizeilich gesuchter Verbrecher und Delinquenten. In der Tat bezeugen (unter Hunderten von durchgesehenen Signalementen aus den Jahren 1750 bis 1850) rund 30 eine Mehrsprachigkeit von entlassenen oder fahnenflüchtigen Söldnern. Diese Mehrsprachigkeit kann man mindestens teilweise dem Dienst in der Fremde zuschreiben. Hier nur zwei Beispiele:

«Leonzi Baumgartner von Russwÿl [Ruswil LU], gewesster Soldat vom Schweizer Regiment Lülleng von Schato-Wiö (Lullin von Chateauvieux) etwann 18. Jahr alt, 5. Fuss 3. Zoll hoch, rauer schlanker Leibsstatur, hat braunlechtes ablanges Angesicht, etwas blonde Kopfhaar in einem Zopf gebunden, mit einer vergette, ist noch sehr wenig gebartet, hat die obere Lefze sehr aufgeworfen, redet ziemlich wohl französisch, und hat eine sehr geschwäzige Zunge, ist beÿnebend ein Lein- und Gingangweber, und ware beÿ seiner Entlassung mit einem dunkelbraunen Rok und gleichen Kamisol u[nd] Zeüg angethan.» (Bern, 21. Oktober 1790).

«Daniel Ernst seines Handwerks ein Schuster, 53. Jahr alt, hat in Piemontesischen diensten gedient, ist ungefehr 5. Schuh 5. Zoll hoch, ziemlich besezt, braunen Angesichts, eine grosse etwas hökerichte Nase, einen starken schwarzen Bart nebst Bakenbart, tief eingedrukte schwarze Augen, schwarze Haare; trägt Haarloken und einen geflochtenen Zopf mit Rubans gebunden, einen weissgrauen Rock und Weste von halblein Zeüg, und schwarze Beinkleid; hat übrigens eine freche zornmütige Mine, spricht Schweizer deütsch und etwas französisch, und ist gewohnt taktmässig oder langsam zu reden.» (Bern, 13. Juni 1795).

Auch ohne statistischen Nachweis können wir behaupten, dass in den Köpfen und Tornistern der heimkehrenden Söldner sehr viel fremdes Sprachgut und Schrifttum in die Schweiz kam. Es stellt sich die Frage, wie gross der Nutzen – oder auch Schaden – dieses Imports für die geistige und materielle Kultur in der Eidgenossenschaft war, in welchem Masse er gar deren gesellschaftliche und politische Entwicklung beeinflusst hat. Die Antwort ist natürlich alles andere als einfach. Um beim rein Sprachlichen zu bleiben, wäre etwa eine Reihe von Wörtern zu nennen, die möglicherweise durch die Vermittlung von Söldnern ins deutscheidgenössische Vokabular eingedrungen sind: Einige dieser Helvetismen werden heute noch unter Soldaten gebraucht, wie Ceinturon, Füsilier, Kantonement, Korporal, Miliz, Sappeur, Tambour, Train und, aus dem «paramilitärischen» Bereich, die Revanche und die Defensive beim Spiel. Nun überschritten aber beileibe nicht nur Söldner und nicht nur Schweizer die Sprachgrenzen. Der vorindustrielle Mensch war bereits erstaunlich mobil. Es ist deshalb fast unmöglich zu bestimmen, in wessen Gepäck und auf welchen (Um-)Wegen die fremden Wörter und Denkweisen jeweils in die Schweiz kamen und wie sie sich dort verbreiteten.

Bei den folgenden zwei Beispielen ist der Transfer nachvollziehbar: Im Prättigau heisst der Wiesensalbei im Volksmund «Holländerli»; dies in Anlehnung an die dunkelblauen Uniformen des Bündner Regimentes in holländischen Diensten und die Helmform der oberen Blütenblätter. Im Bündner Oberland wird ein Gericht aus gebratenen Kartoffeln, Käse und Fett aufgetischt, das «Russers» genannt wird. Das Rezept soll von russischen Soldaten der Armee Suworow dorthin gebracht worden sein – eine Art Kulturtransfer «über die Bratpfanne».

Katakombenheilige

Auch in einem weiteren Bereich fand ein Kulturtransfer statt, der mit den Solddiensten der Eidgenossen zusammenhängt. Es handelt sich um das typisch barocke Phänomen der so genannten «Translation von Katakombenheiligen», also der Überführung von Reliquien aus den römischen Katakomben nach den verschiedensten Destinationen, wo sie als neue Patrone von Klöstern, Kirchen und Kapellen verwendet wurden.

So wurden beispielsweise vor 250 Jahren – ein Jubiläumsjahr, weil die Feier von runden Jubiläen ursprünglich aus der Tradition der kirchlichen Jubeljahre und Heiligen Jahre hervorgegangen ist – die Gebeine des heiligen Firmanus aus Rom nach Sarmenstorf übergeführt und dort in einer Kapelle am 14. Juli 1748 neu bestattet. Die Verehrung der Katakombenheiligen setzte mit der Wiederentdeckung der Katakomben Ende des 16. Jahrhunderts ein. In typisch barocker Manier wurden so nicht nur einzelne Knochen, sondern ganze Leiber von Heiligen aus den Gräbern entnommen, an neue Orte übergeführt und dort prunkvoll gefasst, in voller Gestalt in Reliquiarien zur Verehrung freigegeben. Häufig verband sich mit solchen Katakombenheiligen dann rasch eine Wallfahrt, was für den betreffenden Ort auch ein einträgliches Geschäft war.

Das alte Benediktinerkloster Einsiedeln konnte durch die Erwerbung von rund einem Dutzend Katakombenheiligen seine Attraktivität als Wallfahrtsort weiter ausbauen. Was aber hatte das mit dem «Fremden Dienst» zu tun? Es ist klar, dass ohne Bittsteller vor Ort auch in diesem Bereich nichts zu erreichen war. Dadurch

189

dass seit dem frühen 16. Jahrhundert auch der Papst eine Leibgarde aus Schweizer Söldnern besass, hatten die Klöster und Pfarreien in der Schweiz also Fürsprecher in Rom, die ihnen solche Katakombenheilige vermitteln konnten. Die Offiziere der päpstlichen Schweizergarde sind mehrfach als Vermittler von Katakombenheiligen für das Gebiet der Alten Eidgenossenschaft tätig geworden. Der Gardehauptmann Johann Rudolph aus der grossen Luzerner Solddienstoffiziersfamilie der Pfyffer vermittelte im 17. Jahrhundert allein 25 heilige Leiber in die Schweiz. Einige Klöster und Kirchen kamen zu neuen Heiligen, ohne diese eigentlich bestellt zu haben. Gardehauptmann Jost Fleckenstein legte sich sogar einen Vorrat an, der nach seinem Tod von seiner Frau an verschiedene Kirchen in der Schweiz verschenkt wurde. Insgesamt kam die Schweiz im 17. und 18. Jahrhundert zu rund 150 neuen Heiligen, von denen man die ganzen Gebeine besass.

Widerstand gegen die Helvetik – Tradition gegen Moderne?

Wir kommen damit zum Eingangszitat zurück. Der Widerstand gegen die Helvetik stellt ein komplexes und vielschichtiges Phänomen dar, das weder pauschalisiert noch emotionalisiert werden sollte. Die Widerstandsbewegung wurde zweifellos in ihrem Kern vom Volke getragen. Identitätsstiftende Elemente scheinen im Beschluss der Landsgemeinden in Uri, Schwyz, Nidwalden, Zug und Glarus vom April 1798 deutlich auf: Man wolle *«für unsere heilige Religion, Freiheit und Vaterland, Gerechtigkeit und Eigentum, auch gegen innerliche und äusserliche Feinde bis auf den letzten Blutstropfen streiten und kämpfen».*

Die Fachkompetenz der Offiziere aus «Fremden Diensten» wäre notwendig gewesen, um den Kampf gegen einen auf dem Schlachtfeld gut organisierten Angreifer erfolgreich führen zu können. Die oft charismatischen Führergestalten in den Reihen des Widerstandes verfügten entweder nicht über die notwendigen militärischen Kenntnisse, oder es standen ihnen keine untergeordneten Offiziere zur Verfügung, die fähig gewesen wären, Befehle weiterzuleiten und durch ihre Truppen ausführen zu lassen. Das Know-how aus «Fremden Diensten» blieb grösstenteils auf die untersten militärischen Grade beschränkt. Der militärische Anführer der Nidwaldner, Ludwig Fruonz, war ein Fischer aus Stansstad, der früher als Unteroffizier in französischen Diensten gestanden hatte.

Pater Paul Styger, von seinen Feinden als die «Seele des Aufstandes» bezeichnet, schreibt über die militärische Qualifikation der Befehlshaber in sein Tagebuch:

«Im Unterwaldner Kommando war keine Einheit, indem die Anführer Fruonz und Joller anstatt das Schlachtfeld zu überwachen, selbst unter den Schützen standen und wacker darauf losschossen.»

Die verschiedentlich geäusserte These, wonach das einfache Landvolk lediglich den passiven Anhang der Obrigkeit dargestellt hätte, lässt sich klar widerlegen.

Es waren gerade die einfachen Landleute, die ihren geistlichen und weltlichen Führern den Kampf aufdrängten. Nicht immer mit Erfolg. Der Kampf für die Erhaltung der Souveränität war in den Widerstandsgebieten nicht nur eine politische Notwendigkeit und eine Verteidigung der Religion, sondern die Vorbedingung für das Funktionieren aller wesentlichen Gleichgewichtsmechanismen im politischen, religiösen, wirtschaftlichen und kulturellen Bereich. Es war ein existenzieller Kampf gegen die Moderne und für die bedrohte Identität. Das hat bestimmt nichts mit Unwissenheit und einer fehlenden Bildung zu tun, aber sehr viel mit einem Machtgefälle zugunsten der durch Frankreich unterstützten helvetischen Führungsschicht und mit der Arroganz von Ideologen.

Thesenartig sollen die Ergebnisse zusammengefasst und zur Diskussion gestellt werden:

- Die Darstellung «tumbe Bergler» versus «aufgeklärte Städter» ist für die Auseinandersetzungen in der Schweiz in den Jahren 1798/99 falsch. Die Auseinandersetzung pro und kontra Helvetische Republik trägt markante Züge eines Kampfes zweier Identitäten oder zweier Kulturen, wobei beide Seiten ihre Positionen radikalisierten und die ideologische Polarität bis zur gewaltsamen Konfrontation verstärkten.
- Der Know-how-Transfer, der nicht nur auf die Tradition der Solddienste zurückzuführen ist, hat sich in allen gesellschaftlichen Bereichen manifestiert, insbesondere in Bildung, Architektur, Inneneinrichtungen, Kirche und Sprache. Im militärischen Bereich hat er aber 1798/99 versagt, weil die Führungsschicht gespalten war und sich dem Aufstandsgedanken weit gehend verweigert hat.
- Der Kulturtransfer bei der nicht schreibenden Bevölkerung ist schwieriger zu fassen als bei der Führungsschicht. Die magere Quellenlage bringt methodische Probleme.

Schweizer Königsgarde
in französischen Diensten
in der zweiten Hälfte des
16. Jahrhunderts.
Der Vertrag von 1521
zwischen Frankreich und
den Kantonen regelte
den Kriegsdienst der
Eidgenossen im Ausland.
Dabei verpflichteten sich
die Schweizer, dem König
zwischen 6000 und 16000
Soldaten zur Verfügung
zu stellen, und erhielten
als Gegenleistung den
Schutz des zu diesem
Zeitpunkt mächtigsten
Fürsten Europas.

Regiment der Hundertschweizer in französischen Diensten unter Ludwig XIII., 1618.
V.l.n.r.: ein Schweizer Offizier und Musketier. König Ludwig XI. stellte 1480 ein Schweizer
Hilfskorps regulär auf, und 1497 wurde die Gardetruppe der Hundertschweizer
in Paris unter Karl VIII. geschaffen. Die Truppe der «Cent Suisses» war jedoch eher
ein Paradekorps als eine echte militärische Einheit.

Schweizergarde in französischen Diensten im 18. Jahrhundert. Zu sehen sind Militärs des Regiments de Castella. Die Schweizergarde in Paris war eine von 1616 bis 1792 bestehende Söldnertruppe der Könige von Frankreich. Sie war eine von mehreren historischen Schweizergarden an europäischen Fürstenhöfen.

Schweizer Regiment de Courten im Dienst des Königreichs Piemont-Sardinien von 1782 bis 1798. Zu sehen ist ein Fahnenträger im Range eines Leutnants mit der Ordonnanzfahne von 1784. Im Hintergrund die Festung von Novi. Die Gefahr des Krieges zwischen dem Hause Savoyen und Frankreich, dem «ewigen Verbündeten der Eidgenossenschaft», war von jeher die Ursache gewesen, dass die Werbung für den Dienst im südlichen Nachbarland weniger über Staatskapitulationen als über private, nachträglich zum Teil kompanieweise autorisierte Regimentsverträge ging.

Bataillon de Buoll in österreichischen Diensten 1720. Die eidgenössischen
Stände haben Österreich relativ wenig Söldner geliefert. Die erste Kapitulation mit
Österreich datiert aus dem Jahre 1690; die letzte wurde 1743 unterzeichnet.

Schweizergarde in österreichischen Diensten, stationiert in der Hofburg in Wien, 1731 bis 1745. Trotz der geringen Anzahl Söldner haben auch in österreichischen Diensten zahlreiche Eidgenossen die höchsten militärischen Rangstufen erlangt.

Schweizergarde in sächsischem Dienst 1555–1763. Zu sehen ist ein Trabant in Schweizer Montur 1699. Die Schweizergarde diente als permanente Palastwache in der Dresdner Garnison. Sie bestand mit Unterbrechungen von 1656 bis 1815. Wegen ihrer Uniform – «gelb-blaue Pickelhäringe» – wurde sie des Öfteren verspottet. Als Dresdner Schlosswache waren diese «sächsischen Schweizer» bis 1756 eine verhätschelte Renommiertruppe, die sich auch der Zivilbevölkerung gegenüber viele Freiheiten herausnahm.

Schweizer Generäle in spanischen Diensten, stationiert in Madrid 1734.
V.l.n.r.: Brigadier, General-Hauptmann, General-Leutnant und Feldmarschall.
Die ersten spanischen Schweizer Regimenter führen auf das Jahr 1574 zurück.
Auch im 17. und 18. Jahrhundert zogen zahlreiche Schweizer nach Spanien,
die z. T. in Flandern, Katalonien, in der Lombardei, in Portugal, Sizilien
oder in Nordafrika eingesetzt wurden.

Schweizergarde in päpstlichen Diensten. Zu sehen ist ein Oberst-Hauptmann im «grossen Tenue» während der Legislatur von Pius VI. (1775–1799). Im Hintergrund erkennt man die vatikanischen Gärten mit französischen Soldaten, die den Kirchenstaat 1798 besetzt haben. Das offizielle Geburtsdatum der Päpstlichen Schweizergarde ist der 22. Januar 1506: der Tag, an dem bei Einbruch der Dunkelheit eine Gruppe von 150 Schweizern unter ihrem Hauptmann Kaspar von Silenen aus dem Kanton Uri durch die Porta del Popolo in den Vatikan einzog und von Papst Julius II. gesegnet wurde.

Schweizer unter dem päpstlichen Legat in Bologna im 18. Jahrhundert. Die Kardinäle der römischen Gesandtschaft von Bologna stellten wie in Rom Schweizer Gardisten als Leibwächter ein. Dieser Dienst begann im Jahre 1542 und wurde 1796 aufgelöst.

Schweizer Linienregiment in neapolitanischen Diensten im 18. Jahrhundert (1734–1789).
Die erste Periode des schweizerisch-neapolitanischen Solddienstwesens im Settecento
begann mit der Unterzeichung der Kapitulationsverträge im Jahre 1734 und endete
mit der Entlassung der Truppen 1789/90.

13. Jägerbataillon in neapolitanischen Diensten 1854.
V.l.n.r. Trompeter, Offizier und Unteroffizier in «grossem Tenue».
Die zweite Periode des schweizerisch-neapolitanischen Solddienstwesens
erstreckte sich über die Zeitspanne von 1825 bis 1859, als aufgrund
einer Revolte die Schweizer Regimenter definitiv entlassen wurden.

Schweizer Regiment d'Albemarle in niederländischen Diensten während des
Spanischen Erbfolgekriegs (1701–1714). Zu sehen ist die Regimentsfahne während
der Verschanzung in Denain im Jahre 1712. Als am 23. Oktober 1685 das Edikt von
Nantes durch König Ludwig XIV. im Edikt von Fontainebleau widerrufen wurde, zogen
vorwiegend protestantische Schweizer in den Dienst der Niederlande.

Regiment de Meuron in britischen Diensten 1805–1816, stationiert in Kanada. Obwohl die Bundesverfassung von 1848 den Abschluss weiterer Militärkapitulationen untersagte, rekrutierte beispielsweise das viktorianische England 1855 rund 3338 Schweizer Söldner für den Krimkrieg. Bevor jedoch die «British Swiss Legion» (B.S.L) gegen die russischen Truppen ins Feld ziehen konnte, wurden die Feindseligkeiten eingestellt.

Regiment de Meuron in britischen Diensten, stationiert in Indien 1790.
V.l.n.r.: Chirurg-Major, Major, Tambour, Leutnant, Korporal und Soldat.
Im 18. und 19. Jahrhundert haben Schweizer Söldner in «Fremden Diensten»
in kolonialen Kriegen gekämpft. Britisch-indische Akten äussern sich
lobend gegenüber den eidgenössischen Kämpfern, die selbst auf zwei britischen
Schlachtdenkmälern in Indien verewigt sind.

Legion von Waldner im Dienste der holländischen Nobel-Kompanie in Indien.
Zu sehen ist ein Offizier im Grade eines Majors. Zahlreiche in niederländischen Diensten
stehende Schweizer Truppen wurden – vor allem ab dem 18. Jahrhundert –
in Kolonien eingesetzt. Vorwiegend der Kampf zwischen England und Frankreich
um die Beherrschung der Meere begünstigte das Herumstreifen zur See.

> Hans Rudolf Fuhrer und Robert-Peter Eyer

«Fremde Dienste» im 18. und 19. Jahrhundert

Schweizer in Übersee

Währenddem auf den europäischen Kriegsschauplätzen Schweizer Regimenter und ihre Kommandanten teilweise Berühmtheit erlangten, sind die eidgenössischen Truppen auf dem amerikanischen, afrikanischen und asiatischen Kontinent in der Heimat weitgehend in Vergessenheit geraten, obwohl sie auch dort zum Teil eine ausschlaggebende Rolle gespielt haben. Wenige Beispiele müssen hier genügen.

Im Zuge des Ringens zwischen England und Frankreich um die Vorherrschaft über den nordamerikanischen Kontinent dehnten sich die in Europa ausgefochtenen Kriege auch auf Übersee aus.

Im Jahre 1756 landete eine Reihe erprobter Schweizer Offiziere in den britischen Kolonien, darunter die späteren Generäle Frédéric Haldimand aus Yverdon, Henri Bouquet aus Rolle und Jacques Prévost aus Genf. Im Jahre 1757 konnte nach anfänglich schweren Problemen – Pocken, Malaria, Desertionen – das Regiment zusammengestellt werden. Auch in Srirangapatna, wo die Engländer eine wichtige Schlacht zur Eroberung Indiens führten, halfen Schweizer Söldner den Engländern im 18. Jahrhundert, Indien zu erobern und ihren dortigen Erzfeind Tippu Sultan – auch «Tiger von Bengalen» genannt – zu bekämpfen. Schweizer waren nicht nur bei Srirangapatna dabei, sondern schon bei der wichtigen Schlacht von Plassey (1757).

Der Dienst in Indien war überaus schwer und gefährlich, denn schon auf der Überfahrt starben viele an Krankheiten, und in Indien selbst gab es noch keine Klimaanlagen, Eisenbahnen oder Motorfahrzeuge. Man musste tage-, wochen- oder gar monatelang unter sengender Sonne in den hochkragigen Uniformen marschieren. Von allen eidgenössischen Einheiten im Solde der «East Indian Company» war das Regiment de Meuron – unter Charles-Daniel de Meuron aus Neuenburg, das auch auf dem afrikanischen Kontinent wertvolle Dienste geleistet hatte – das bekannteste. In britisch-indischen Akten werden schweizerische Söldner lobend erwähnt; sie werden auf zwei britischen Schlachtdenkmälern in Indien geehrt.[1] Überall erhielten Schweizer hohe Kommandostellen. Einer wurde beispielsweise Platzkommandant von Kalkutta, ein anderer Oberbefehlshaber über alle britischen Truppen in Ceylon, ein dritter Gouverneur von Madras und ein vierter Gouverneur von Chittagong.

Colonels généraux et inspecteurs généraux des Suisses et des Grisons au service de France, XVIIe–XIXe siècle

Introduction: les capitulations franco-helvétiques

Très tôt déjà les Confédérés passent pour des combattants courageux et assidus. Dès le XVe siècle et jusqu'au milieu du XIXe, les troupes helvétiques vont se mettre au service de puissances étrangères comme le Saint Siège ou l'Empereur, les rois de Naples, d'Angleterre et d'Espagne, la République de Venise et bien sûr la France – cette dernière ayant un droit de préférence aux yeux des Confédérés. Ces alliances militaires se font par le biais de traités appelés «capitulations». Emprunté au mot latin «capitulum», les capitulations désignent un «chapitre» à part dans les traités d'alliance et concernent principalement la levée et l'entretien de troupes sur territoire helvétique. Ces conventions, par lesquelles la France est autorisée à lever des troupes en Suisse, seront fréquemment renouvelées.[1]

La première levée de troupes s'effectue en 1447 lorsque les cantons autorisent Charles VII à prendre à son service quelque quatre mille hommes. Le 21 novembre 1516 est signée à Fribourg une Paix perpétuelle avec François Ier suite à la bataille de Marignan, et cinq ans plus tard, en mai, un traité d'alliance est conclu entre ce dernier et les cantons suisses, les clauses de ce traité servant par la suite de base à toute alliance franco-suisse. Les capitulations vont ainsi se succéder sous l'Ancien Régime, l'Empire ou encore la Restauration jusqu'en 1830. L'une des principales capitulations signées sous le Consulat et mise en application sous l'Empire est signée à Fribourg en 1803 et c'est elle qui tracera la destinée des quatre régiments suisses qui s'illustreront dans nombre de batailles.

Service de France, service des Suisses

Si l'on connaît généralement l'existence des troupes suisses au Service des rois Très Chrétiens, de Charles VII à Charles X, l'organisation de leur haut commandement est souvent ignorée. Les Cantons souverains de l'ancienne Confédération fournissent des troupes au roi de France dès le milieu du XVe siècle, mais celles-ci ne sont levées que pour une durée limitée. La première compagnie permanente est celle des Cent Suisses de la Garde du Roi, instituée en 1481 et organisée en 1496–97 par ordonnances de Charles VIII.

Les Cent-Suisses sont commandés par des gentilshommes français de haut lignage avec le grade de capitaine colonel. Ils font partie de la maison civile du roi aux ordres du Grand Maître de France, à l'instar des Gardes du Corps ou des Gardes de la Porte. Licenciée le 9 août 1792, la compagnie des Cent-Suisses sera rétablie le 15 juillet 1814 sous le nom de «Gardes à pied ordinaires du Corps du Roi».[2] Rappelons que de tout temps les rois de France ont entretenu, pour leur garde personnelle, des troupes qui logeaient sur place – d'où le nom de «maison du roi» – et à la tête de laquelle ils combattaient à la guerre. Par l'ordonnance de 1671, qui organisa précisément la maison du roi, Louis XIV ne fit que régler le rang de préséance de corps qui existaien depuis longtemps. Le premier régiment suisse permanent est celui des Gardes suisses. Il appartient, lui, à la maison militaire du Roi.

Il existait d'autres régiments d'infanterie étrangers, mais non capitulés ou fondés sur des traités: les régiments allemand (1635), irlandais (1692) ou italien (1737) par exemple. Créé en 1610, le régiment des Gardes suisses est organisé définitivement par Louis XIII en 1616.[3] Il sera suivi, mais hors maison militaire, de 18 régiments de ligne de durée variable jusqu'à la suppression des dix derniers en 1792. Quatre régiments de ligne, seulement, seront rétablis sous le Premier Empire. Sous la Restauration (1816–1830), deux régiments de la Garde Royale et quatre de ligne achèvent, en quelque sorte, quatre siècles de tradition militaire helvétique. En 1763, suite aux réformes du duc de Choiseul, les régiments français portent désormais des noms de province, seuls les régiments suisses, hormis les Gardes, conservent le nom de leur colonel propriétaire.[4]

L'organisation, comme l'administration des corps Suisses, n'était pas aisée, en raison d'une volonté politique parfois divergente entre le roi et la diète, d'une autorité bicéphale: les cantons et le roi, et d'intérêts importants et parfois divergents: ceux du service, des finances du royaume et des propriétaires de compagnie ou de régiment. Le système des promotions à l'ancienneté cantonale ou régimentaire n'arrangeait rien, d'autant moins que les officiers provenant des bailliages sujets des Confédérés, comme Argovie ou Vaud, ne bénéficiaient pas des mêmes droits. Le roi ne pouvant assumer le commandement personnel de ces troupes, en délégua les prérogatives à un colonel général – remplacé parfois par un administrateur général – et secondé par un inspecteur général.

La charge de colonel général des Suisses et des Grisons

Avant 1571, la charge de colonel général des Suisses et des Grisons était une fonction temporaire. Elle prenait fin à l'issue d'une campagne. Parfois, deux personnages étaient chargés de la même dignité: l'un, par exemple, colonel général des Suisses dans l'armée des Flandres, l'autre dans l'armée d'Italie. Charles IX rendit cette charge permanente en faveur de Charles de Montmorency-Méru en 1571. Il assumera le commandement général des troupes Suisses. Ses appointements étaient doublés en temps de guerre. Très recherchée, mais fort coûteuse (400 000 livres, rapportent toutefois entre 40 000 et 60 000 livres de pension annuelle), cette charge prestigieuse sera exercée par de grands seigneurs français ou des membres de la famille royale. Sur seize colonels généraux, entre 1571 et 1830, six appartiennent à la Maison de Bourbon, dont le futur Charles X, un à la Maison de Savoie, le comte de Soissons, quatre à des maisons ducales: Montmorency, Rohan, Schomberg, Choiseul; quatre à la haute noblesse: Sancy, Bassompierre, Coislin, La Châtre. Sous le premier Empire, deux maréchaux sont désignés: Lannes et Berthier. Trois colonels généraux: Bassompierre, le duc du Maine et le comte d'Artois, exercent leur charge en deux temps par disgrâce du roi ou de la nation! De 1630 à 1673, le colonel général nommait et brevetait les colonels et capitaines suisses. Il bénéficiait du même rang que le colonel général de l'Infanterie française. Louis XIV supprime cette charge en 1673, mais conserve celle de colonel général des Suisses et se réserve la nomination des colonels, des officiers de l'état-major et des capitaines. A la fin de l'ancien régime, le colonel général jouit des prérogatives suivantes que je classerai en deux groupes, le premier comprend les pouvoirs (1–7), le second, les honneurs (8–16):

1. Toutes les troupes suisses lui sont subordonnées, hormis les Cent-Suisses de la Garde intérieure du Roi. Il propose au roi les officiers aux places vacantes dans les régiments Suisses de colonel, lieutenant-colonel, major et capitaine.
2. Il met son attache (sceau) à leurs commissions.
3. Il donne les brevets à tous les officiers subalternes.
4. Il met son attache (sceau) à toutes les ordonnances concernant les troupes Suisses.
5. Il reçoit les requêtes et les remontrances que les régiments Suisses ont à présenter au roi et les lui remet.
6. Il présente au roi les officiers généraux, les colonels des régiments Suisses et les capitaines des Gardes suisses, nouvellement créés.
7. Le régiment des Gardes qui, sans un ordre exprès, ne bat aux champs que pour le roi et la reine, rend le même honneur à son colonel général, s'il l'exige.
8. Tous les régiments Suisses battent aux champs pour leur colonel général.
9. Quand il est à l'armée, une compagnie suisse, avec le drapeau, monte la garde chez lui.
10. Lorsque le colonel général passe devant les bataillons suisses, ou si ceux-ci défilent, les officiers le saluent de l'esponton ou du fusil.
11. Il dispose de douze hallebardiers suisses, servant auprès de sa personne aux dépens du roi.
12. Il a seul le droit de prendre l'ordre du roi pour le régiment des Gardes Suisses; lorsqu'il ne peut le prendre, le commandant de la Garde Suisse est obligé de le lui porter à son logis.
13. Les drapeaux du régiment des Gardes Suisses sont aux couleurs du colonel général.

14. La compagnie générale, attachée au colonel général, est à la tête du régiment des Gardes Suisses, ayant sa justice et sa police à part, et son drapeau blanc.

15. Enfin, le colonel général porte, derrière l'écu de ses armes, six drapeaux blancs, passés en sautoir, et le fer de la pique en fleur de lys.[5]

Les inspecteurs généraux des Suisses et des Grisons

Secondant les colonels généraux, les inspecteurs généraux des Suisses et des Grisons, succèderont en quelque sorte aux inspecteurs généraux d'infanterie. La charge d'inspecteur général d'infanterie fut instituée sous Louis XIV en 1667. Il y avait 14 inspecteurs généraux: huit pour l'infanterie et six pour la cavalerie. En 1694, ils seront subordonnés à huit directeurs généraux: quatre pour l'infanterie, quatre pour la cavalerie.[6] Abolie par une ordonnance de Louis XVI en 1776, la charge d'inspecteur général d'infanterie sera rétablie en 1779 avec celles des inspecteurs généraux de la cavalerie, des dragons et des hussards. Parmi les Suisses, signalons:

Conrad de Zurlauben, de Zoug, brigadier (1676), est créé inspecteur général d'infanterie, par lettre de Louis XIV du 10 janvier 1679, dans le Languedoc, le Roussillon et Catalogne. Il meurt en fonction en 1682.[7]

Jean-Jacques de Surbeck, de Soleure, brigadier (1691) inspecteur général d'infanterie (1694), lieutenant général (1704).

Urs d'Altermath, de Soleure, brigadier 1704, inspecteur général d'infanterie (1705), maréchal de camp (1718), mort en 1718.

Le 27 janvier 1759, Louis XV crée la charge d'inspecteur général des Suisses et des Grisons, le comte d'Eu étant colonel général. D'ailleurs ce dernier fait part de ses craintes au maréchal de Belle-Isle, Secrétaire d'Etat de la Guerre, sur la perte de ses prérogatives.[8] Tous les régiments Suisses tombent en effet sous le contrôle de l'inspecteur général dont les tâches sont les suivantes:

1. Visiter les troupes au temps prescrit.
2. Examiner s'il ne s'est point introduit d'abus dans les régiments.
3. Le cas échéant, les réprimer.
4. Faire respecter les capitulations.
5. Ordonner aux officiers ce qu'ils doivent faire pour l'entretien et le rétablissement de leurs compagnies.
6. Rendre compte au Secrétaire d'Etat de la Guerre de tous les détails de cet objet.
7. Envoyer les extraits de revues, dans lesquels il observera de n'admettre aucun soldat qui ne soit d'âge et de force convenable pour bien servir et de congédier les contrevenants comme ceux qui ne proviennent pas des pays prescrits par les capitulations.
8. Viser les contrôles des soldats, vérifier leurs engagements.

Besonders die französischen Könige bemühten sich, die beiden strategischen Güter der eidgenössischen Orte, die Alpentransversalen und das kriegerische Potenzial, für ihre eigenen Zwecke zu nützen. Es kann geradezu von einer Art Symbiose zwischen Frankreich und der Alten Eidgenossenschaft gesprochen werden, denn annähernd die Hälfte aller Schweizer Söldner stand jeweils im Dienste Frankreichs. Zu sehen ist ein Batallionskommandant des 8. Schweizer Regiments der Schweizergarde im Jahre 1820, als nach der napoleonischen Periode unter Ludwig XVIII. erneut Schweizer Regimenter in den französischen Dienst aufgenommen wurden.

199

9. Faire exécuter aux régiments dans les places où il se trouvera, l'exercice à la garde montante et descendante, afin d'apprendre aux officiers à bien commander.

10. Contrôler le bon état de l'armement, de l'habillement et des chaussures des soldats et signaler aux capitaines les moindres réparations à effectuer.

11. Mentionner l'état de la compagnie quant à la qualité des hommes, de leurs équipement et armement.

12. Examiner l'âge, les mœurs et la conduite de chaque officier et en faire rapport.

13. Signaler ceux qui ne font pas leur devoir et qui négligent leur compagnie.

14. Exiger des capitaines le paiement des soldes.

15. Signaler au Secrétaire d'Etat de la Guerre les contrevenants à punir.

16. Prendre connaissance des mesures prises pour réparer ce qui manque et changer ce qui doit l'être.

17. Demander aux capitaines leurs délais de complément aux effectifs des compagnies et d'aptitude au service.

18. S'employer près des troupes à tout ce qu'il juge nécessaire au bien du service.[9]

L'inspecteur général disposera des services d'un secrétaire général et d'un commissaire général des Suisses. Signalons deux membres de la famille de Forestier, de Fribourg, entre autres, qui en assumeront la fonction, avant et après la Révolution.[10] Le premier titulaire de la charge d'inspecteur général est Rodolphe de Castella, de Fribourg (1706–1793), qui entre en 1723 au régiment de Bettens, passe aux Gardes Suisses en 1727.[11] Rodolphe de Castella quitte sa charge en 1761, année de la venue au Secrétariat d'Etat à la Guerre du duc de Choiseul. En 1762, ce dernier devient colonel général des Suisses et des Grisons, la même année, le grade d'inspecteur général est attribué à son ami de longue date, le baron Pierre Victor Joseph de Besenval.

Tous deux étaient conscients que la Guerre de Sept ans (1756–1763), avait considérablement affaibli le potentiel militaire et la discipline des troupes suisses. *«Pour combler les vides à moindres frais, des officiers peu scrupuleux avaient procédé à un recrutement intensif de soldats d'origines diverses, qui leur revenaient bien meilleur marché que les Suisses. Certains colonels, qui considéraient leurs régiments comme des patrimoines héréditaires, ‹des fermes qu'il fallait mettre en valeur»»* y trouvaient leur compte. Besenval s'empressa de lutter contre ces abus. Malgré l'appui inconditionnel de Choiseul, Besenval dut faire preuve de diplomatie et de réalisme pour réussir cette réforme en profondeur. A l'égard de la Confédération Suisse, Besenval conseilla à Choiseul d'aller de l'avant, sans se préoccuper des réactions en Suisse. Il suffisait de gagner d'abord les cantons où la France avait de l'influence. Le 10 mai 1764, Besenval obtenait une ordonnance de Choiseul qui ratifiait la réorganisation des régiments Suisses.

L'inspecteur général surveillait personnellement tous les détails du service avec une juste sévérité, zèle et enthousiasme, soignant particulièrement le recrutement.[12] Rappelons que Pierre-Victor de Besenval provenait du canton de Soleure et était fils unique du lieutenant-général et colonel des Gardes Suisses Jean-Victor de Besenval. (1721–1791). Il avait épousé Carherine Bielinska, cousine de la reine de France, Marie Leczinska.[13] Il devient lieutenant-général en 1762, avant de devenir Inspecteur général des Suisses et des Grisons la même année. *«Besenval se montre dans le plus beau jour, en exerçant les fonctions aussi importantes que pénibles de cette charge»*, écrit May de Romainmôtier. Les régiments Suisses au service de France étaient parvenus à l'état le plus brillant de beauté, de bonne tenue et de discipline où ils avaient jamais été, grâce à l'activité et au zèle infatigable de cet admirable chef.[14]

Après sept ans d'intense travail, Besenval n'avait pas attendu la disgrâce de Choiseul, son protecteur, pour abandonner sa charge d'inspecteur général des Suisses et des Grisons. Il y avait accompli une œuvre dont il pouvait être fier et le roi accepta sa démission le 22 février 1770. Opposé à madame du Barry, Choiseul tombe en 1762 et doit abandonner sa charge de colonel général des Suisses et des Grisons au jeune comte d'Artois. Besenval, toujours lieutenant-colonel du régiment des Gardes Suisses, deviendra commandant en chef de la ville de Paris en 1783, commandant en chef du gouvernement de la Champagne, de la Brie, du Bourbonnais, du Berry, de la Touraine et de l'Orléanais.[15] Il compte parmi les intimes du cercle de la princesse de Polignac à la cour de Marie-Antoinette; c'est un homme à la mode *«Le plus Français des Suisses»* comme l'on disait à l'époque. Son hôtel particulier de la rue de Grenelle à Paris abrite aujourd'hui l'ambassade de Suisse. Sa liberté d'esprit lui dicte des Mémoires incisifs et révélateurs. Commandant général des armées à l'intérieur du Royaume le 14 juillet 1789, Besenval désobéit au roi, ne prenant point Paris par la force. Cette décision, sa décision, permit que cette date devienne la Fête Nationale de la France, plutôt que le souvenir sanglant du déclenchement d'une guerre civile. Arrêté sous la Révolution, il sera acquitté et mourra le jeudi 2 juin 1791.

On connaît peu son successeur, Ulysse Antoine baron de Salis-Marschlins, issu de la branche protestante de l'une des plus illustres familles des Grisons qui ne comptera pas moins de 37 généraux au service étranger. Ulysse Antoine obtient par lettres patentes de Louis XV, le 10 mars 1770, la charge d'inspecteur général des Suisses et des Grisons. Cette fonction sera d'ailleurs révoquée le 1er novembre 1771 pour l'inspection particulière des régiments Suisses. Salis-Marschlins conserve néanmoins les honneurs de cette charge, avec la pension de 8000 livres qui y était attachée et reste inspecteur général d'infanterie.[16] On lui reconnaît de grandes connaissances en tactique et des talents supérieurs pour la tenue des troupes. Commandeur de l'ordre du Mérite militaire 1777, maréchal de camp 1780, grand-croix du Mérite militaire en 1782.[17] La fonction d'inspecteur général des Suisses n'est pas reprise pendant la minorité du comte d'Artois, colonel général. Sa charge est administrée par Louis Auguste Augustin d'Affry, (Fribourg), lieutenant-général, ambassadeur, seul chevalier Suisse de l'ordre du Saint-Esprit et malheureux commandant absent du régiment des Gardes Suisses lors de la prise des Tuileries, le 10 août 1792.

Si, sous le Premier Empire, les maréchaux Lannes et Berthier ajouteront à leurs titres et dignités la charge de colonel général des Suisses, il faut attendre la Restauration pour retrouver, en 1816, en la personne du maréchal de camp Nicolas de Gady, un inspecteur général traditionnel. Toutefois, le général Nicolas de Castella de Berlens (Fribourg) en avait exercé sporadiquement la fonction. Lorsque S.A.R. Monsieur, frère du roi Louis XVIII, comte d'Artois retrouve sa charge de colonel général des Suisses en 1816, il demande à Nicolas de Gady (1766–1840), d'organiser les régiments Suisses en France. Ce dernier s'était engagé à l'âge de seize ans au régiment de Castella. Licencié en 1792 avec le grade de capitaine, il s'enrôle dans un régiment à la solde d'Angleterre, participe à la défense de Zurich (1790) et combat les armées de la Révolution, au Tyrol et dans l'Engadine.

De retour à Fribourg, Gady devient secrétaire du landammann de la Suisse qu'il accompagne au sacre de Napoléon et capitaine-général des milices fribourgeoises (1804). En 1805, le voilà colonel fédéral et commandant de brigade et, en 1815, commandant de la 1ère division lors de la campagne de Franche-Comté. En 1816, il participe aux négociations relatives aux nouvelles capitulations militaires avec la France. Sur ces bases, sont constitués deux régiments formant la brigade Suisse de la Garde Royale et quatre régiments de ligne, soit en tout plus de 12 000 hommes. La charge d'inspecteur général des Suisses et de premier aide de camp du comte d'Artois, qu'il reçoit avec le titre de baron et le grade de maréchal de camp en 1816, comportent non seulement la responsabilité de l'exécution de la capitulation, mais aussi la préparation des décisions du colonel général qu'il soumettra au ministre de la guerre ou au roi.

Il restera, jusqu'en 1830, l'intermédiaire incontournable de la Confédération et des plus hautes autorités françaises. En contact permanent avec le colonel général dont il prépare les dossiers à l'intention du roi, le général de Gady est politiquement assimilé à la faction des Ultras. Sa loyauté, son admiration pour les Bourbons, l'incitent à servir inlassablement leur cause, à tout observer, à informer les Tuileries de ce qui se trame en Suisse et à l'étranger contre la couronne. Il aura à combattre plusieurs tentatives de suppression des régiments Suisses en France en raison de leur spécificité et de leur coût. La question du recrutement, l'enrôlement des vétérans de l'Empire, les troubles de Lyon en 1818, l'expédition d'Espagne en 1823, les entorses répétées aux traités, les cas disciplinaires et toute l'administration de ces troupes dévorent son temps au détriment de sa santé.

L'avènement du comte d'Artois au trône de France sous le nom de Charles X, en 1824, provoque la nomination de Gady à la charge d'administrateur de la charge de colonel général des Suisses, pendant la minorité du comte de Chambord. Il l'exercera jusqu'à la révolution de juillet 1830. L'opposition au service étranger est toujours plus véhémente. L'effondrement des Bourbons après les Trois glorieuses, le surprend lors d'un congé en Suisse. Il survivra dix ans à ce bouleversement. Avec Nicolas de Gady s'éteint la charge d'inspecteur général des Suisses et des Grisons que Louis XV, près d'un siècle auparavant, avait instituée en faveur d'un autre Fribourgeois. Les services rendus par ceux qu'Henri IV nommait ses *Compères les Suisses* devaient se poursuivre en harmonie avec les troupes françaises. Mais il fallait surtout qu'entre le roi et la Confédération intervienne, hors des intrigues, un officier sûr, loyal et diligent, reconnu de part et d'autre. Un homme de ressources, capable de maintenir et de contrôler en France les promesses d'un service militaire exemplaire et, en Suisse, la reconnaissance d'un engagement essentiel à l'équilibre économique et politique d'une nation composite.

❯ ROBERT-PETER EYER

Schweizerische Kriegsdienste in Neapel im 18. Jahrhundert

Die «Fremden Dienste» in Neapel müssen in zwei Perioden gegliedert werden:

- Die erste Periode dauert von den ersten Kapitulationsverträgen im Jahre 1734 bis zur Entlassung sämtlicher Schweizer Regimenter im Jahre 1789/90.
- Der zweite Zeitabschnitt umfasst das 19. Jahrhundert – nach der Neapolitanischen Revolution von 1799, dem französischen Intermezzo und dem Wiener Kongress – und erstreckt sich von der Wiederanstellung eidgenössischer Regimenter 1825 bis zu ihrer – nach einer Fahnenmeuterei provozierten – endgültigen Entlassung im Jahre 1859.[1]

Der folgende Aufsatz ist Teil einer gleichnamigen Dissertation, die sich zum Ziel setzt, das militärhistorische Forschungsdesiderat der Schweizer in neapolitanischen Diensten in der Zeitspanne von 1734 bis 1789 grundlegend aufzuarbeiten, indem Aspekte zu Organisation, Struktur und Verdienst der eidgenössischen Truppen analysiert werden.

Die «Fremden Dienste» in Neapel stellen ein sehr komplexes und vielschichtiges Phänomen dar, das die Gesellschaft, Wirtschaft, Bevölkerungsgeschichte und Kultur der Innerschweiz und teilweise des Bündnerlands nachhaltig beeinflusst hat.[2] Betrachtet man die Vielzahl der Regimenter und Kompanien, die im Dienst der spanischen Bourbonen im Mezzogiorno des 18. Jahrhunderts stehen, so gleicht die Forschung einem grossen, konturlosen Mosaik. Genau an diesem Punkt setzt die Dissertation an, um als Pendant zum bereits intensiv erforschten und bearbeiteten neapolitanischen Solddienst des 19. Jahrhunderts nennenswerte Resultate für die vorangehende Zeit zu liefern.

Wenn wir die eidgenössischen Truppen in neapolitanischen Diensten in das bereits bekannte Schema Peyers (vgl. Vorwort, S. 11) einfügen, so gehören sie der Gruppe des lang dauernden, disziplinierten und uniformierten Dienstes in stehenden Heeren an, wo sich gegen Ende des Settecentos eine erste Tendenz zur Entmachtung der Unternehmerhauptleute manifestiert.[3]

Neapel und seine Geschichte

«Man mag sich hier an Rom gar nicht zurückerinnern; gegen die hiesige freie Lage kommt einem die Hauptstadt der Welt im Tibergrunde wie ein altes, übelplaciertes Kloster vor.»[4]

Das neapolitanische Königreich hat eine bewegte Entstehungsgeschichte. Durch die strategische Lage im Mittelmeerraum ist die Stadt am Fusse des Vesuvs ein Objekt der Begierde. Entstanden auf dem Fundament einer griechischen Kolonie, wird 1130 Süditalien durch die Normannen in eine grosse Monarchie umgewandelt. Mit ihrem Aussterben fällt das Königreich in die Hände der Schwaben, bis Karl I. von Anjou sich des Mezzogiorno bemächtigt. Mit der Sizilianischen Vesper 1282 und dem Einzug der Aragonesen 1442 in Neapel geht das süditalienische Territorium in aragonesischen Besitz über und wird erstmalig «Königreich Neapel» genannt. Im Jahre 1503 wird es zu einem spanischen Vizekönigreich umfunktioniert und gelangt 1707 in österreichischen Besitz.

Erst 1734 erhält der Süden Italiens die dynastische Unabhängigkeit unter Karl dem Bourbonen. Im Jahre 1759 erfolgt nach dem Ableben des spanischen Königs Ferdinand VI., dem Stiefbruder von Karl, eine familieninterne Rochade, indem Karl die Nachfolge seines kinderlosen Bruders in Spanien antritt und sein Sohn, Ferdinand, das Königreich Neapel erbt. Diese politische Konstellation hält bis 1799, als, aufgrund der Neapolitanischen Revolution und der anschliessend gebildeten Parthenopäischen Republik, Ferdinand IV. zur Flucht nach Sizilien gezwungen wird. Kardinal Fabrizio Ruffo erobert rund 60 Jahre vor Garibaldi von Messina her die verloren gegangenen Gebiete für die Bourbonen zurück, sodass das Königreich wieder unter die alte Herrschaft gelangt.

Durch die von Napoleon verursachte brisante europäische Lage zu Beginn des 19. Jahrhunderts kommt es im Jahre 1803 zur erneuten Kriegsaufnahme zwischen England und Frankreich, was den korsischen General dazu bewegt, die Westküste Neapels zu besetzen und unter die Vormundschaft seines Bruders Joseph zu stellen. Als Napoleon 1808 den spanischen König Karl IV. und seinen Sohn Ferdinand zur Abdankung nötigt, geht Joseph als neuer König nach Madrid, und der Schwager Napoleons, Joachim Murat, übernimmt den neapolitanischen Thron. Nachdem Murat in Oberitalien von österreichischen Truppen geschlagen und aus Neapel vertrieben wird, kehrt Ferdinand IV. im Juni des Jahres 1815 erneut in die Hauptstadt zurück. Im Oktober des gleichen Jahres wagt Murat eine Rückkehr nach Neapel, gerät aber in Gefangenschaft und wird erschossen.

Gekräftigt durch den Wiener Kongress, vereinigt Ferdinand IV. am 8. Dezember 1816 die Kronen Neapels und Siziliens zum «Königreich Beider Sizilien» und betitelt sich neu als «Ferdinand I. Beider Sizilien». Nach seinem Tod 1825 übernimmt sein Sohn, Franz I., die Regentschaft. Er stirbt bereits 1830, sodass sein Sohn,

Ferdinand II., an die Spitze der Monarchie nachrückt. In seine Ära fällt die Zerschlagung der neapolitanischen Mairevolution von 1848 sowie die Unterdrückung der Unabhängigkeitsbewegung Siziliens. Im Jahre 1856 wird er Opfer eines Attentats, an dessen Folgen er drei Jahre später stirbt. Die Krone geht an seinen Sohn, Franz II., bis Garibaldi und seine Freischaren – startend am 11. Mai 1860 bei Marsala (Sizilien) – das Ende des Königreichs einläuten.

Der kaum aufzuhaltende Tross Garibaldis, der am 7. September 1860 in Neapel einmarschiert, veranlasst Franz II. zur Flucht nach Gaeta. Das königliche Heer wird besiegt und die eroberten Gebiete an den König von Italien, Viktor Emanuel II., abgetreten, nachdem sich das Volk am 21. Oktober des gleichen Jahres durch gelenkte Plebiszite für den Anschluss an das neue Königreich entschieden hat. Das Ende der bourbonischen Dynastie und somit die Beendigung des Königreichs findet nach hartnäckigem Widerstand – vor allem aus den von Schweizern gebildeten Fremdenregimentern – am 13. Januar 1861 in Gaeta statt. Franz II., der letzte König Beider Sizilien, verlässt mit seinem Gefolge die eroberte Festung und zieht sich ins Exil nach Rom zurück.[5]

Grobübersicht der neapolitanischen Herrschaften

1130–1198	Normannische Könige von «Sizilien»
1198(94)*–1266	Staufische Könige von «Sizilien»
1266–1442	Herrschaft der Anjou
1442–1500	Herrschaft der Aragonesen
1503**–1707	Spanisches Vizekönigreich
1707–1734	Österreichisches Vizekönigreich
1734–1799	Herrschaft der spanischen Bourbonen
1799	Neapolitanische Republik: 21. Januar bis 14. Juni 1799
1799–1806	Herrschaft der spanischen Bourbonen
1806–1808	Franzosen (Joseph Bonaparte)
1808–1814	Franzosen (Joachim Murat)
1815–1861	Herrschaft der spanischen Bourbonen

* Konstanze von Sizilien, 1194–98 (Normannen), verheiratet mit Kaiser Heinrich VI., 1194–1197 (Staufer)
** Von 1500 bis 1503 an Frankreich

Die bourbonische Eroberung des Königreichs Neapel 1734/35

Philipp V., der erste Bourbone auf dem spanischen Thron, möchte unter starkem Einfluss seiner Frau, Elisabetta Farnese, die ihren Söhnen «à tout prix» ein Königreich oder zumindest ein Fürstentum garantieren will, die einstige Grossmachtstellung Spaniens wiederherstellen.[6] Im ersten Moment richtet sich das Interesse Elisabettas vor allem auf Italien, wo die Königin Rechte für ihre persönliche Nachkommenschaft über Parma und Piacenza in Anspruch nimmt, da der letzte Farnese keine direkten Erben hat. Aber auch die Toskana liegt in ihrem Interessensgebiet, weil sich die Medici-Dynastie mit der Familie Farnese verschwägert hat und vom Aussterben bedroht ist.[7]

Um Besitz über diese Territorien zu erlangen, die ihr im Vertrag von Sevilla 1729 zugesichert werden, kommt der junge Karl, nachdem im gleichen Jahr Antonio Farnese stirbt, im Dezember des Jahres 1731 mit einem 25 000 Mann starken Heer – darunter auch zwei Bataillone des Regiments Bessler und drei Bataillone des Regiments Nideröst, Schweizer Kontingente im Dienste der spanischen Krone – nach Italien, scheinbar, um im Namen seiner Mutter die Regierung anzutreten, in Wirklichkeit aber, um auf dem Weg zur Eroberung des Königreichs Neapel Rast zu machen.[8] Für den ersten Moment beschränkt sich die spanische Krone auf die Besetzung von Parma und Piacenza und unternimmt erste Vorstösse in die Toskana.[9] Anlass zur Verwirklichung des lang ersehnten Wunsches gibt aber erst der Tod des polnischen Königs August II. am 1. Februar 1733.

Da Österreich sich bereits im Vorfeld gegen eine Rückkehr des ehemaligen polnischen Königs Stanislaus Leszczynski – Schwiegervater des französischen Königs – ausspricht, führt dies, obwohl österreichische Truppen polnischen Boden nie betreten haben, zu einer Kriegserklärung der bourbonischen Höfe, die sich vorgängig in einem Familienpakt verbünden. Der Hauptschlag gegen die habsburgische Macht erfolgt in Italien, sodass auch der König von Piemont-Sardinien, Karl Emanuel III., mit der Aussicht auf die Erwerbung Mailands für den Kampf gegen den Kaiser gewonnen wird.[10] Österreich kann auf den italienischen Kriegsschauplätzen, nach den Absagen von Grossbritannien und der Generalstaaten, nur auf die eigene Stärke zählen, ist aber gegenüber den spanischen, französischen und sardisch-piemontesischen Verbänden zahlenmässig und militärisch unterlegen.

Am 10. Mai 1734 zieht Karl als neuer König in Neapel ein und vernichtet die letzten österreichischen Widerstandsbestrebungen mit der Schlacht bei Bitonto in Apulien am 25. Mai 1734. Als am 22. Februar 1735 die Zitadelle von Messina, am 15. Juni jene von Trapani und schliesslich am 27. Juli Syrakus eingenommen werden, ist die Eroberung Süditaliens abgeschlossen und das insularische sowie festländische Territorium wird unter der bourbonischen Sekundogenitur mit Hauptort Neapel zusammengefasst.[11]

Durch die im Staatsarchiv von Neapel zu Tage geförderten Schriftstücke kann der Beweis angetreten werden, dass die beiden aus Spanien entsandten Truppenkörper der Schweizer Regimenter Bessler und Nideröst massgeblich an der Eroberung Neapels sowie an den diversen sizilianischen Feldzügen beteiligt waren.[12] Philippe V. lässt nach der Eroberung des Königreichs Neapel gut die Hälfte seines Expeditionskorps, das von 20 000 Mann zu Beginn der 1730er Jahre auf 40 000 aufgestockt wird, sowie grosse Teile der spanischen Artillerie zu Gunsten seines Sohnes Karl in Süditalien stationiert.[13]

Der Beginn der Schweizer Regimenter in Neapel

Der spanische Ursprung

Der Ursprung der schweizerisch-neapolitanischen Verbindung bezieht sich auf die militärhistorische Präsenz eidgenössischer Regimenter im Dienste der spanischen Bourbonen. Bereits im 16. Jahrhundert, als die Iberer im Besitz des Herzogtums Mailand sind und somit an die Eidgenossenschaft angrenzen, beginnt eine erste schweizerisch-spanische Verbindung, die aufgrund der konfessionslosen Politik Frankreichs verstärkt wird. Diese Beziehung wird im Jahre 1587 in Form eines Bündnisvertrages zwischen den eidgenössischen Urkantonen und Spanien abgeschlossen. In der Folge werden zwei Schweizer Regimenter in Mailand stationiert, die Ende des 17. Jahrhunderts wegen Geldknappheit entlassen werden.

Im Anschluss an den Spanischen Erbfolgekrieg wird im Jahre 1719 das iberische Korps durch die beiden Schweizer Regimenter Mayor und von Salis verstärkt, die beide protestantischer Konfession sind. Die Anwesenheit von «Ketzern» in spanischer Uniform ruft jedoch bald Empörung unter der spanischen Bevölkerung hervor, was die Entlassung der beiden Regimenter zur Folge hat. Um Ersatz für die entlassenen Truppen bereitzustellen, bildet Karl Ignaz von Nideröst (1678–1735) aus Schwyz, katholischen Glaubens, ein neues Regiment. In ähnlicher Weise gründet der frühere Landammann von Uri und ehemalige Oberst in spanischen Diensten, Karl Alfons Bessler (1671–1742), im Jahre 1725 ein Regiment. Die beiden Kapitulationen (Soldverträge) enthalten ausdrücklich die Bedingung, dass alle Offiziere und Soldaten sich zur apostolischen römisch-katholischen Kirche bekennen müssen.[14]

Die Kontaktaufnahme

Aufgrund der bereits erwähnten strategischen Lage Neapels ist sich die bourbonische Krone bewusst, dass die in Bitonto geschlagenen Gegner in absehbarer Zeit alles unternehmen werden, um die verloren gegangenen Gebiete wieder in ihren Besitz einzureihen.

«La sicurezza de'proprj dominj, i rapporti politici che alla Spagna ed alla Francia li univano, egli stretti vincoli del sangue de'tre Re Borboni, esigevano la formazione di un esercito permanente che potesse in ogni vento difendere e sostenere diritti del Trono e la indipendenza de'conquistati paesi.»[15]

Demzufolge gelten die ersten Jahre der neuen Regentschaft der Machtkonsolidierung und Verteidigung des neu erworbenen Besitzes, zu dem eine schlagkräftige Armee aufgestellt werden soll. Bei der Rekrutierung dieser Truppe spielen auch Schweizer eine gewichtige Rolle, konnte doch der König ihre Leistungen bereits bei der Eroberung Neapels und Siziliens estimieren. Karl überträgt in der Folge zwei schweizerischen Offizieren, die bereits in eidgenössischen Regimentern in spanischen Diensten gedient haben, die Aufgabe, neue Regimenter für die neapolitanische Krone aufzustellen. Mit dieser anspruchsvollen und lukrativen Aufgabe werden Joseph Anton Tschudi (1703–1770) aus Glarus – ehemaliger Oberstleutnant – und Karl Franz Jauch (1677–1743) aus Uri – ebenfalls Oberstleutnant in spanischen Diensten – betraut, mit der Einwilligung ihres jeweiligen Heimatkantons während 20 Jahren ununterbrochen je ein Regiment von vier Bataillonen zu je 770 Mann aufzustellen.[16]

Im Verbund der neapolitanischen Armee zu Beginn der Regentschaft der spanischen Bourbonen wird ersichtlich, dass die Schweizer Regimenter nicht das einzige Ausländerkorps bilden, setzen sich Armeen der damaligen Fürstenhäuser doch zu einem grossen Teil aus ausländischen Söldnern zusammen.[29]

Die Kapitulationen

«Noi Landamano, Conseglieri, e Publico del lodevole Cantone Cattolico di Glarona, manifestiamo et attestiamo che [...] Tenente Colonnello Giuseppe Antonio Tschoudy [...] ci ha esibito una capitolazione per levar un Reggimento Svizzero de' Cattolici al servitio di Sua Maestà Napoletana il signore Principe D. Carlo di Borbon.»[17]

Joseph Anton Tschudi entwirft nach spanischem Modell eine Kapitulation von 37 Artikeln, die am 7. Oktober 1734 unterzeichnet wird, nachdem sein Heimatkanton Glarus bereits am 13. September eingewilligt hat. Waffen- und Sammelplatz für die aus Livorno eingeschifften Rekruten dieses Regiments wird bis zur Erstellung der vier Bataillone Gaeta. In einer kurz darauf erfolgten zweiten Kapitulation vom 31. Oktober des gleichen Jahres befördert der König ein Bataillon Tschudis zum Regiment königlicher Garden.

«Della capitolazione proposta alla Reggia Maestà di Napoli Prencipe Don Carlos de Bourbon dal [Signore Giuseppe] Antonio Tschudi per eriggere un Battaglione, doppo che saranno formati, e dovranno servire al Rè sul seguente piede. Forma del Corpo di Guardia [...] Deve questo Battaglione consistere in 6 Compagnie di Guardia ogni una di 120 uomini con una Compagnia de Granatieri di 110 uomini compresi l'Offiziali.»[18]

210

In Neapel durchleben die Soldaten eine bewegte Zeit. Abgesehen davon, dass ihnen Sprache und Kultur völlig fremd sind, müssen sie sich gleich zu Beginn der Entstehung des Königreichs behaupten. In erster Linie geht es darum, im Innern des Landes für Ruhe und Ordnung zu sorgen, bis 1740 mit dem Tod Karls VI. der Österreichische Erbfolgekrieg ausbricht, in dem sämtliche eidgenössische Truppen als spanische Hilfskorps in Norditalien zum Einsatz kommen.

Karl Franz Jauch unterzeichnet zum gleichen Zeitpunkt seine Kapitulation für drei Bataillone. Als Waffenplatz wird ihm die Insel Ischia zugewiesen. Er erhält die Genehmigung Uris, aufgrund nicht vorhandener diplomatischer Beziehungen zu Süditalien, erst am 5. Mai 1735, nachdem er den Behörden nahe gelegt hat, dass durch ältere Verträge mit Spanien einem Bündnis mit dem Königreich Neapel – ebenfalls durch einen spanischen Prinzen regiert – nichts entgegenstehe.[19]

Die beiden, im Vorfeld der spanischen Eroberung bereits in Italien stationierten Truppenkörper von Nideröst und Bessler unterzeichnen keinen Kapitulationsvertrag mit dem Königreich Neapel.[20] Das 1724 mit Spanien kapitulierte und von Nideröst kommandierte Regiment geht nach der Belagerung von Syrakus, wo Oberst Karl Ignaz von Nideröst am 12. Mai 1735 sein Leben verliert, im Einverständnis und nach vertraglicher Abtretung mit dem neapolitanischen König an Johann Wolfgang Wirz von Rudenz aus Sarnen (1689–1774) über. Damit bildet sich unter ihm ein neues Erbregiment, ohne dass eine eigentliche Kapitulation ausgehandelt wird. Der Stand Schwyz erhebt nachträglich Einspruch, da man das Regiment als ursprünglich schwyzerischen Truppenkörper erachtet. Die zwei von Bessler in Italien stationierten Bataillone erhalten im März 1737 vom spanischen König einen Aufschub bis zum 24. März 1748. Kurz vor Ende der eigentlichen Dienstzeit wird das Regiment aufgelöst![21]

Die Partikularkapitulationen

Durch Partikularkapitulationen, die heftigen Protest auslösen und gegen die in den Tagsatzungen des 18. Jahrhunderts mehrfach Klage geführt wird, entstehen in Neapel die erblichen Regimenter Jauch, Tschudi und Wirz, die nachträglich von Uri und Glarus «avouiert» werden, währenddem Letzteres von Schwyz nur geduldet wird. Was aber sind überhaupt «Partikularkapitulationen»? Die neapolitanischen Soldverträge werden nicht zwischen der Krone und einem oder mehreren eidgenössischen Ständen, sondern allein vom Dienstherrn und dem Regimentskommandanten unterzeichnet. Somit fehlt diesen Kapitulationen die vertraglich geregelte zwischenstaatliche Bindung, welche die Truppen liefernden Kantone einerseits und den Auftraggeber andererseits voll und ganz umfasst und als gleichwertige Vertragspartner anerkennt. Damit verbunden wird den Ständen die notwendige und rechtliche Grundlage zu einem wirkungsvollen Eingreifen in die Solddienstangelegenheiten entzogen, sodass die Orte ihre Truppen nicht vor der Willkür der Dienstherren zu schützen vermögen, die in der Folge des Öfteren zu offensiven Zwecken verwendet werden.[22] Demzufolge kann die «Avouierung», d. h. die Billigung der verschiedenen Ortsregierungen, erst nachträglich erfolgen. An der Tagsatzung zu Frauenfeld 1737 wird festgelegt:

«Die Particularcapitulationen laufen der Ehre und dem Ansehen der Eidgenossenschaft zuwider und sind den eidgenössischen Standescapitulationen nachtheilig und daher zu verbieten; welcher Particular eine solche errichtet, soll von seiner Obrigkeit zur Strafe gezogen werden. Einzelne Orte können wohl mit einem Fürsten eine Capitulation schliessen, jedoch müssen in derselben die eidgenössischen und die mit verbündeten Fürsten bestehenden Bündnisse und Tractate vorbehalten sein, und es darf nichts in dieselbe gesetzt werden, was den übrigen Orten Schaden bringen könnte.»[23]

Diplomatische Beziehung zwischen Neapel und der Eidgenossenschaft

Die immer engeren Beziehungen Neapels zur Schweiz kommen in der 1736 erfolgten Akkreditierung eines neapolitanischen Gesandten bei den katholischen Ständen zum Ausdruck, dessen Part zu Beginn von Joseph Anton Tschudi ausgeführt wird, bis am 8. Juli 1738 Marquis Isastia d'Henriquez die Interessen des Königs von Neapel gegenüber den katholischen Orten wahrnimmt. Sein Auftrag umfasst folgendes Spektrum:

«Tener aqui una notizia bien exacta del sistema actual de esas Republicas […] formar una relacion bien individual de su methodo de gobierno interior y exterior en general y particular, de los sujetos que le componen, del orden de su eleccion, de sus facultades, merito à inclinaciones, del predominio mas o menos que ay entre los cantones, de los partidos y patrones que regularm.»[24]

Des Weiteren pflegt der in Luzern stationierte neapolitanische Botschafter nicht nur die Beziehungen mit den eidgenössischen Orten, sondern auch mit den diplomatischen Vertretern anderer Staaten und Fürsten. Er wird auch als Nachrichtenbeschaffer eingesetzt, indem er über die politische und militärische Situation der unmittelbar an die Schweiz angrenzenden Gebiete Referenz abgeben muss. Von 1738 bis 1745 ist Isastia Dreh- und Angelpunkt zwischen den eidgenössischen und neapolitanischen Angelegenheiten. Mit der permanenten Aufrechterhaltung der diplomatischen Beziehungen zu den einzelnen Orten, der Schlichtung von Streitigkeiten – vorwiegend über Geld, Truppenbeschaffung und Defensivklauseln –, der Überprüfung von weiteren Allianzen innerhalb des eidgenössischen Territoriums sowie der Beschaffung von Hasen und Gämsen usw. verbringt er eine intensive Zeit, über die er am 26. Juli 1745 folgende Zeilen schreibt:

«Aseguro a V. C. que siete años de Suizos, solo puede saber lo que son quien lo hà pasado, assì por lo horrido del Pais, como por lo extremam.te caro de el.»[25]

Aus der Korrespondenz zwischen dem neapolitanischen Königshaus und seinem Vertreter in der Schweiz kristallisiert sich heraus, dass das Interesse an «eidgenössischer Rohkraft» aufgrund der politischen Konstellation des 18. Jahrhunderts in einer Blüte steht; Deserteure dürfen in grosser Masse rekrutiert und selbst die Aushebung protestantischer Glaubensgenossen zur Sicherstellung der Truppenbestände soll überprüft werden.[26] Nach der Rückkehr Isastias ins Königreich Neapel lenkt Don Miguel de Caparroso, der spanische Diplomat in Luzern, die diplomatischen Geschicke Neapels.

Die Schweizer Regimenter im Königreich Neapel des Settecento[27]

Übersicht der Schweizer Regimenter von 1734 bis 1789

Als 1734 ein Bataillon des tschudischen Regiments zum Gardebataillon befördert wird, übernimmt Joseph Anton Tschudi den Befehl über das Bataillon der königlichen Schweizergarde und überlässt die drei übrigen Bataillone des bisherigen Regiments seinem älteren Bruder, Leonhard Ludwig (1701–1779). Im Jahre 1747 verzichtet dieser seinerseits auf das Kommando und dient im Grade eines Oberstleutnants im Regiment der Schweizergarden. Joseph Anton übernimmt somit bis zu seinem Tod erneut das Kommando beider Regimenter. Im Jahre 1770 geht die Kommandostelle des tschudischen Linienregiments an Karl Ludwig Sebastian (1743–1815), den zweiten Sohn von Joseph Anton. Das Regiment der Schweizergarden wird zunächst von seinem älteren Bruder, Leonhard Ludwig, geführt, bevor 1779 Fridolin Joseph (1741–1815), der älteste Sohn des verstorbenen Regimentsinhabers, das Kommando erhält.

Regiment der königlichen Schweizergarden (Tschudi)

Joseph Anton		Leonhard Ludwig	Fridolin Joseph
1734		1770	1779

Schweizer Linienregiment Tschudi

Joseph Anton / Leonhard Ludwig	Joseph Anton	Karl Ludwig Sebastian
1734	1747	1770

Das ebenfalls 1734 von Oberst Karl Franz Jauch gebildete Regiment geht bereits im Jahre 1741 an seinen Sohn Karl Florimond (1711–1780) und 1781 erbt Karl Franz Odoard Jauch (1759–1802) das Regiment.

Abb. 1: Joseph Anton von Tschudi
(1703–1770)

Abb. 2: Leonhard Ludwig von Tschudi
(1701–1779)

Abb. 3: Karl Franz Jauch
(1677–1743)

Abb. 4: Johann Wolfgang Ignaz
Wirz von Rudenz (1689–1774)

Nach der Eroberung Neapels überträgt König Karl (IV. von Neapel und III. von Spanien)
Joseph Anton Tschudi und Karl Franz Jauch die Aufgabe, Regimenter für seinen Dienst zu
erstellen. Als 1734 ein Bataillon des tschudischen Regiments zum Gardebataillon
befördert wird, übernimmt Joseph Anton Tschudi den Befehl über die königliche
Schweizergarde und überlässt die drei übrigen Bataillone des bisherigen Regiments
seinem älteren Bruder Leonhard Ludwig. Das 1724 mit Spanien kapitulierte und von Karl
Ignaz von Nideröst kommandierte Regiment geht nach der Belagerung von Syrakus, wo er
am 12. Mai 1735 sein Leben verliert, im Einverständnis und nach vertraglicher Abtretung
mit dem König, an Johann Wolfgang Ignaz Wirz von Rudenz aus Sarnen über.

215

Schweizer Linienregiment Jauch

Karl Franz	Karl Florimond	Karl Franz Odoard
1734	1741	1781

Das von Oberst Nideröst gegründete und seit 1735 neu benannte Regiment von Wirz befindet sich nach wie vor unter spanischer Vormundschaft. Wegen einer Verwundung bei der Schlacht von Piacenza am 16. Juni 1746 muss Johann Wolfgang Ignaz den aktiven Dienst quittieren. Das Regiment wird 1751 von seinem ältesten Sohn, Joseph Ignaz (1725–1792), übernommen. Im Jahre 1749 geht das Regiment definitiv in neapolitanischen Besitz über, und durch eine bereits im Jahre 1744 mit der spanischen Krone erfolgte Kapitulationsverlängerung wird mit dem definitiven Übertritt von der iberischen auf die apenninische Halbinsel keine neuerliche Kapitulation unterzeichnet. Die noch von Spanien ausgehandelte Kapitulation von 1744 wird 1759 dem Kapitulationsvertrag der Regimenter Tschudi und Jauch angepasst und am 7. Oktober 1764 für weitere 20 Jahre von der neapolitanischen Krone verlängert. In den 80er Jahren des 18. Jahrhunderts kommt es nach Ablauf der offiziell vertraglichen Dienstzeit zu keiner Verlängerung mehr, obwohl das Regiment bis zur Entlassung aller Schweizer Regimenter im Jahre 1789 im Dienst steht.[28]

Schweizer Linienregiment Wirz

Johann Wolfgang Ignaz Wirz	Joseph Ignaz Wirz
1735	1751

Der erste Kapitulationsvertrag im Jahre 1734 am Beispiel des Linienregiments Tschudi[30]

Es sollen an dieser Stelle nur die wichtigsten der insgesamt 37 Artikel, die talis qualis auch für das Regiment Jauch gelten, kurz skizziert werden.

«Proposicion que para la leva de un Regimento de Svizos Catholicos compuesto de 4 Batallones y cada uno de 4 Companias al servicio de S.M. el Senor Don Carlos de Borbon, baze el Theniente Coronel D. Joseph Antonio Tschoudi, Capitan de Granaderos del Tercer Batallon del Regimento de Svizos de Niderist.»[31]

Artikel 1: *«Que cada Bataillon constarà de tres Compañias Sencillas de à 220. Plazas cadauna, y una de Granaderos de à 110. comprehendidos los Ofiziales y en la forma siguiente».[32]*

216

Infanterie-Kompanie	Grenadier-Kompanie
1 Hauptmann	1 Hauptmann
1 Hauptmann-Leutnant	1 Hauptmann-Leutnant
1 Leutnant	1 Leutnant
1 Zweiter Leutnant	1 Unterleutnant
1 Fähnrich	4 Wachtmeister
8 Wachtmeister	4 Trabanten
1 Sekretär	2 Pfeifer
1 Chirurg	2 Tambouren
4 Tambouren	94 Soldaten
1 Pfeifer	
4 Trabanten	
1 Vivandier	
1 Prevost	
194 Soldaten	
220 Mann	110 Mann

Ein Bataillon besteht aus drei Füsilierkompanien zu 220 Mann sowie einer Grenadierkompanie zu 110 Mann. Das gibt einen Bestand von 770 Mann pro Bataillon. Das Schweizer Regiment Tschudi besteht aus drei Bataillonen und kommt somit auf eine Truppenstärke von 2310 Personen. Zu dieser Zahl müssen jetzt noch der Regimentsstab sowie die übrigen Bataillonsstäbe hinzugezählt werden, die sich aus folgenden Chargen zusammensetzen:

Regimentsstab:

1 Oberst	1 Tambouren-Major
1 Oberstleutnant	1 Grossprevost
1 Feldweibel	1 Brigadewachtmeister
1 Adjudant	1 Chirurg-Major
1 Feldprediger	8 Trabanten
1 Kriegsberater	12 Musikanten

Bataillonsstab:

1 Kommandant
1 Adjudant
1 Feldprediger
6 Trabanten

Aufgrund der Tatsache, dass die Regimenter immer den Sollbestand anstreben, kann man davon ausgehen – wissend, dass die Populationsgrösse der katholischen Innerschweizer Kantone, Luzern ausgeklammert, im 18. Jahrhundert nicht allzu ergiebig ist –, dass dieser Bestand unter normalen Umständen kaum zu erreichen ist! Nicht zuletzt deshalb soll der Gesandte der neapolitanischen Krone Deserteure anderer Dienste und protestantische Söldner für ein Engagement im Königreich Neapel sowie eine Allianz mit dem Kanton Luzern, wo vermehrt katholische Männer zur Komplettierung der bereits engagierten Schweizer Regimenter zur Verfügung stehen, in Betracht ziehen.[33]

Artikel 10: «*Que en caso de venìr a morir el dicho Coronel S.M. se servirà permitir de que le subceda en su empleò de Coronel este Regimiento su hermano D. Luis Leonardo Tschoudi.*»[34]

In diesem Artikel wird die bereits im Vorfeld erwähnte Erblichkeitsklausel behandelt. Regimenter, aber auch Kompanien werden innerhalb der Familien vererbt. Primär versucht die Ämteraristokratie sich die lukrativen und zu Beginn des 18. Jahrhunderts noch Gewinn bringenden Stellen zu sichern, um ihren Stand und ihr Prestige zu wahren. Durch Kooptation und Selbstergänzung sowie durch künstliche Wahlsysteme monopolisiert sie die Gewalt in ihren Reihen.[35] Wer nicht das Glück hat, diesem Kreis beizuwohnen, muss auf höhere Stellen in politischen, gesellschaftlichen sowie militärischen Diensten verzichten, denn ausschliesslich eine vornehme Geburt oder Nepotismus ermöglichen ein glänzendes Avancement.[36] Diese Spitze der Bevölkerungspyramide verschliesst sich zunehmend niederen Ständen und tritt vor allem in den katholischen Innerschweizer und Landsgemeindeorten in Erscheinung.

Artikel 12: «*Que del total de la gente de cada Batallon pueda haver una terzera parte de Alamanes, y el resto hà de ser Svizos de los Cantones Catholicos, y de sus subditos, y aliados.*»[37]

Ein Artikel, der nicht nur in Neapel, sondern in allen Dienst leistenden Ländern im 18. Jahrhundert kaum eingehalten werden konnte!

«Es ist absolut unmöglich, dass die Regimenter zu zwei Dritteln aus schweizerischen Söldnern bestehen können, denn die männliche Bevölkerung der katholischen Kantone würde dazu – was überall und jedermann bekannt ist – niemals ausreichen [...] wäre ich 1742 vertragsschliessender Oberst gewesen, so hätte ich die Zweidrittelklausel unter keinen Umständen in die Kapitulationen aufgenommen.»[38]

Artikel 17: «*Que los referidas [...] Bataillones, serviran à S.M. en todos las Dominios, y ademas donde S.M. quiere, y necesitare contra todos los Enemigos, y que quando dicho Bataillones, o parte de ellos fueren trasportados por mar.*»[39]

Dieser Artikel widerspricht ganz klar der allgemeinen Defensivklausel, die von der Tagsatzung und aufgrund älterer Bestimmungen immer wieder verlangt wird. Wegen der politischen Konstellation des 18. Jahrhunderts und der familiären Verbundenheit zwischen dem spanischen und dem neapolitanischen Hof kann bereits an dieser Stelle behauptet werden – ausblickend auf den bevorstehenden Österreichischen Erbfolgekrieg –, dass der bezahlende Arbeitgeber seine Truppen überall und je nach Situation und Lage einsetzen will.

Artikel 31: «*Que S.M. conzeda en fuerza de esta Capitulazion aprovada que este Regimiento tenga el libre uso de la justizia, y interior sin excepcion alguna, y sobre todos sus individuos sin que nungun Capitan, General, Comandante, Governador, Ministro, Juez, ni Tribunal pueda conozer de sus delitos.*»[40]
Auch dieser Punkt gehört zu den allgemeinen Bestimmungen, die bereits mit der Einführung der ersten Kapitulationsverträge mit Frankreich rechtskräftig werden. Nichtsdestotrotz melden die Schweizer Regimenter in Neapel des Öfteren die Nichtberücksichtigung dieses Artikels. Zu Disputen führen rechtliche Auseinandersetzungen, die aufgrund eines Tatbestandes zwischen eidgenössischen und fremden Söldnern entstehen, da die Kompetenzen gerade in diesem Punkt nicht präzis geregelt sind.

Artikel 33: «*Que este Regimiento baxo de los precedentes Capitulos se servirà S. M. por tiempo de veinte años consecutivos.*»[41]
Die Regimentsinhaber Jauch und Tschudi erneuern die Kapitulationen für das Linien- sowie das Garderegiment gemäss dem Paragrafen in den Jahren 1754 und 1774. Gerade das letzte Datum gibt Anlass zu einer grossen Kontroverse, da sämtliche Schweizer Regimenter bereits frühzeitig – vor Abschluss der eigentlichen Kapitulationsdauer – im Jahre 1789, anstelle von 1794, aus dem neapolitanischen Dienst entlassen werden.
In den anderen Artikeln geht es um Verdienst, Organisation, Material, Bekleidung, Unterkunft, Hospitalisierung und Desertion.

Das Königreich Neapel und der Österreichische Erbfolgekrieg

Mit dem Tod Karls VI. am 23. Oktober 1740 beginnt der von 1740 bis 1748 dauernde Österreichische Erbfolgekrieg, in dem sich Spanien nicht nur die Restitution von Gibraltar und Menorca erhofft, sondern auch die Eroberung oberitalienischer Herzogtümer, namentlich Parma, Piacenza und Guastalla anstrebt, um die alte Vormachtstellung auf der Apenninenhalbinsel wiederherzustellen. Erneut setzt sich Elisabetta Farnese vehement in den Mittelpunkt, da sie unter allen Umständen auch ihrem zweiten Sohn, Philippe, einige Gebiete sichern will. Die Idee einer spanischen

219

Hegemonie in Italien und damit der Plan eines fast geschlossenen bourbonischen Machtgebietes im westlichen Mittelmeer ist verlockend.[42]

Um das Ziel zu erreichen, sucht Spanien die Annäherung an den königlichen Hof von Turin – der ebenfalls an Mailand interessiert ist –, um eine antiösterreichische Allianz zu bilden. Karl Emanuel III. entlarvt aber das doppelte Spiel und unterschreibt mit Maria Theresia eine provisorische Konvention zur gemeinsamen Verteidigung der durch die Bourbonen bedrohten Gebiete.[43] Aus diesem Interessenskonflikt entsteht eine kriegerische Auseinandersetzung mit Österreich und der sardischen Krone, unterstützt von England auf der einen sowie Spanien und Frankreich, verbündet mit Preussen, dem Kurfürsten von Bayern und dem Königreich Neapel, auf der anderen Seite. Das Königreich Neapel, das kein direktes Interesse an diesem Erbfolgekrieg bekundet, bezieht folgedessen eine neutrale Position, scheitert aber an der Tatsache, dass die neapolitanische Krone aufgrund der Familienverhältnisse stark mit dem Mutterhaus in Spanien verbunden ist. Die Vormundschaft manifestiert sich des Weiteren im Faktum, dass Neapel ebenfalls Truppen zu stellen hat, die in einer grossen Armee in spanische und französische Korps zusammengefasst werden, die unter dem Kommando der soeben genannten Länder stehen. Erst mit dem Tod Philippes V. ändern sich die Verhältnisse, sodass das süditalienische Königreich vermehrt auf eine eigene Politik setzen kann.[44]

Im Zusammenhang mit dem Österreichischen Erbfolgekrieg wird die Unabhängigkeit des Königreichs Neapel von österreichischer Seite, aufgrund neuerlicher militärischer Erfolge, in Frage gestellt, indem erneut Ansprüche auf die 1734/35 verloren gegangenen Gebiete im Mezzogiorno erhoben werden, die erst 1744 mit der Schlacht bei Velletri definitiv – zumindest für das 18. Jahrhundert – erlöschen. Es ist sehr schwierig, die Vorgänge der Feldzüge in ihren Einzelheiten zu verfolgen, weil das spanische Oberkommando die Gewohnheit hat, ohne Unterschied spanische und neapolitanische Bataillone einzusetzen, indem sie immer wieder aus ihrem eigentlichen Regimentsverband herausgenommen und nach rein taktischen Bedürfnissen zu Brigaden – heute würde man von «Task-Force-Brigaden» sprechen – zusammengestellt werden. Sieben Kompanien der Schweizergarden, die in Italien stationierten Bataillone des Regiments Bessler und Wirz sowie zwei Bataillone der Linienregimenter von Tschudi und Jauch werden, mitsamt anderen Truppen des Königshauses von Neapel, zur Verstärkung der Bourbonischen Allianz, nach Norditalien entsandt.

Noch bevor das neapolitanische Heer in Norditalien zum Einsatz kommt, erschüttert am 18. und 19. August 1742 die Präsenz englischer Schiffe im Golf von Neapel die neapolitanischen Gemüter, indem der Krone unmissverständlich der Abzug der entsandten norditalienischen Truppen befohlen wird. Aufgrund der akuten Gefahr verzichtet Neapel auf den Konfrontationskurs und beordert seine Truppen – bis auf die Kontingente der Regimenter von Bessler und Wirz, die nach wie vor durch spanische Gelder finanziert sind – zurück. Bis 1744 nimmt Neapel, trotz heftiger Intervention der verbündeten Staaten, eine neutrale Stellung ein, die erst mit der zunehmenden Gefahr einer Wiedereroberung österreichischer Truppen aufgehoben wird. Als diese unter General Lobkowiz bis in die Abruzzen vordringen, hebt Karl aus Besorgnis die Neutralität eigenmächtig auf und setzt sich am 25. März 1744 an die Spitze seiner Armee, um die Truppen von Lobkowitz vor einer möglichen Invasion Neapels aufzuhalten.

Somit greift das Königreich Neapel 1744, unter anderem mit dem Gardebataillon unter der Führung von Oberstleutnant Jost Fridolin Freuler, je zwei Bataillonen der Regimenter Tschudi und Jauch und deren drei vom Regiment Wirz wieder in die kriegerischen Auseinandersetzungen ein. Die drei letztgenannten Schweizer Korps werden von ihren betreffenden Obersten geführt und zu einer Brigade zusammengefasst, die von Johann Wolfgang Ignaz Wirz befehligt wird. In der heftigen und für das Weiterbestehen des Königreichs Neapel entscheidenden Schlacht bei Velletri vom 11. und 12. August 1744 schlagen sich die eidgenössischen Truppen auf eindrückliche Weise. Die Schweizer Regimenter erhalten für ihren entscheidenden Beitrag zum grossen Sieg den persönlichen Dank ihres Kriegsherrn. Brigadier Johann Wolfgang Ignaz Wirz wird wegen seiner Kaltblütigkeit, Entschlossenheit und seines raschen Eingreifens unter besonders schwierigen Umständen zum Maréchal de camp befördert und Oberst Leonhard Ludwig Tschudi erhält den Rang eines Brigadiers.

Velletri, so urteilten diverse Kritiker, gilt als eigentliche Taufe der militärischpolitischen Wiederinstandsetzung des Königreichs Neapel. In der Folge erstrecken sich die Gefechte bis 1748, in denen sich die Truppen der Schweiz noch einige Male bewähren, bis am 30. April 1748 an der piemontesischen Front ein Präliminarfrieden unterzeichnet wird, der am 18. Oktober im Rathaus zu Aachen das hartnäckige Ringen um das österreichische Erbe beendet. In Italien behält Maria Theresia die Lombardei; Parma, Guastalla und Piacenza werden Don Philippe – dem zweiten Sohn von Elisabetta Farnese – zugesprochen.[45]

Das «neapolitanische Reduktionsgeschäft» im Jahre 1749

Aufgrund der enormen finanziellen Belastung durch die Kriegsanstrengungen und der leeren Staatskasse wird Karl unmittelbar nach der Vertragsunterzeichnung von Aachen veranlasst, eine Reduktion der Truppenbestände vorzunehmen, um die Ausgaben zu reduzieren. Diese Aktion wird unter dem Begriff «neapolitanisches Reduktionsgeschäft» im Jahre 1749 publik und schliesst auch die eidgenössischen Truppen nicht aus, die trotz der vertraglichen Zusicherung, dass Regimenter weder ganz noch teilweise ohne eigenes Verschulden oder einen herben Schlag gegen den königlichen Dienst entlassen werden dürfen, reduziert werden. Das führt in der

Folge zu heftigen Reaktionen und Reklamationen der Regimentskommandanten und der eidgenössischen Orte.

An dieser Stelle muss erwähnt werden, dass auch von Schweizer Seite her die Verträge nicht immer buchstabengetreu eingehalten worden sind, worauf die Interpretation der Zweidrittelsklausel hindeutet. Zahlreiche Italiener, Franzosen oder Spanier werden oft – vor Inspektionen oder Revuen – kurzerhand zu Schweizern umfunktioniert, indem die Mehrsprachigkeit der Eidgenossenschaft als gute Ausrede herhält. Nichtsdestotrotz erhalten die Schweizer Regimenter am 5. April 1749 den Befehl, ihre Linienregimenter von drei auf zwei Bataillone zu reduzieren, wobei jedes Bataillon aus drei Infanteriekompanien zu 200 Mann und einer Grenadierkompanie zu 100 Mann weiter bestehen soll.[46]

Truppenstärke der Linienregimenter vor und nach dem «neapolitanischen Reduktionsgeschäft»:

1734–1749		1749–1789	
1 Regiment:	3 Bataillone	1 Regiment:	2 Bataillone
1 Bataillon:	3 Füsilierkompanien	1 Bataillon:	3 Füsilierkompanien
	1 Grenadierkompanie		1 Grenadierkompanie
1 Kompanie: 220 Füsiliere		1 Kompanie: 200 Füsiliere	
110 Grenadiere		100 Grenadiere	

Die Truppenstärke fällt somit von 2310 auf 1400 Mann.

Die Entlassung der vier Schweizer Regimenter

Anton von Salis-Marschlins, Oberst in französischen Diensten, seit 1770 Generalinspekteur der Schweizer und Bündner Truppen und ab 1780 im Range eines Maréchal de camp, wird 1787 – aufgrund eines bourbonischen Familienpaktes – von Ludwig XVI. an den königlichen Hof in Neapel «transferiert». Der Kontakt zum neapolitanischen Königreich kommt über Baron de Talleyrand zustande, der seit 1785 als französischer Gesandter in Neapel tätig ist. Der 53-jährige Bündner in französischen Diensten erreicht Mitte November des Jahres 1787 die Stadt am Fusse des Vesuvs und nimmt in der Folge im Rang eines Generalleutnants seine Arbeit auf.[47] Er fasst den Auftrag, Verbesserungen der militärischen Organisation auszuarbeiten, indem er gleichzeitig eine wesentliche Verminderung der militärischen Ausgaben bewirken soll. Als Begleiter und Berater nimmt er eine Anzahl ausgewählter Offiziere französischer und schweizerischer Herkunft mit, die ihm als Fachspezialisten zur Seite stehen. Erwähnenswert ist hierbei, dass er selbst und verschie-

Anton von Salis-Marschlins aus Graubünden (1732–1812). Maréchal de camp der königlichen französischen Heere, Generalinspektor der Schweizer und Bündner in Frankreich und Generalleutnant in neapolitanischen Diensten. Er wird im Zusammenhang mit der Entlassung der vier Schweizer Regimenter in neapolitanischen Diensten von Seiten der katholischen innerschweizer Kantone bezichtigt, die federführende Person gewesen zu sein, welche die Umstrukturierung nicht nur vorangetrieben und umgesetzt, sondern auch die Idee sowie deren Notwendigkeit aufgezeigt hat.

dene seiner Mitarbeiter nicht der katholischen Konfession angehören, was in krassem Gegensatz zur ansonsten verfolgten neapolitanischen Politik sowie den Kapitulationsbedingungen steht. Als einer der hervorragendsten erweist sich Emanuel Burckhardt (1744–1820) aus Basel, der am 15. Juni 1815 zum Generalhauptmann befördert wird. Voller Tatendrang macht sich die Gruppe um von Salis ans Werk, wobei ihre Ideen und Vorschläge oftmals an der Opposition der Offiziere – vor allem jener der privilegierten Truppenkörper – sowie am Votum der Königin, die gegen von Salis ihren Animositäten freien Lauf lässt, scheitern.

Diese Streitereien eskalieren am 4. Februar 1788, als während eines königlichen Festes Maria Carolina, Königin von Neapel, von Salis bezichtigt, privilegierte Truppenkörper auflösen zu wollen.[48] Unmittelbar nach dem Eklat reicht dieser seine Demission ein, kann aber für den Dienst am Hofe Neapels nochmals überredet werden, bevor er am 31. Oktober des Jahres 1790 definitiv den Dienst quittiert. Die Vorwürfe an die Adresse von Salis-Marschlins stehen aus eidgenössischer Sicht im Zusammenhang mit der Entlassung sämtlicher Schweizer Regimenter. In einem ersten Brief bekunden die drei Regiment stellenden Innerschweizer Orte am 27. Dezember 1788, dass mit den *«forttreibende[n] schädliche[n] Neuerungen»* namhafte eidgenössische Häuser ihres *«Vermögens verlustiget werden»*.[49] Salis wird als derjenige beschuldigt, der mit den Umbauplänen im Gepäck nach Neapel angereist ist. Für die vier eidgenössischen Stände ist er die Personifizierung des Übels, der ihre Regimenter und damit ihren Einfluss wegnimmt.

Welche Rolle von Salis-Marschlins[50] hat, ob er der Vater des Entlassungsgedankens oder das Medium der Umsetzung ist, kann aufgrund der momentanen Forschungslage nicht abschliessend beurteilt werden. Von Salis greift die von den vier Ständen gegen ihn aufgeführten Argumente heraus und stellt sie in ihrer Gänze in Abrede. Aufgrund der Tatsache, dass der Entscheid des Königs bezüglich der Beendigung der Kapitulationen bereits Mitte der 80er Jahre gefallen sein soll, sei die harsche Kritik der vier Stände an seiner Person verfehlt.

Fakt ist, dass sich die Schweizer Regimenter selbst vorzuwerfen haben, dass sich nach dem Aachener Frieden Dekadenz breit macht. Der allzu lange Garnisonsdienst in Friedenszeiten behagt ihnen nicht, Disziplin und Selbstinitiative gehen über weite Strecken verloren und weitere Phänomene wie Rekrutierungsschwierigkeiten, die Einhaltung der Zweidrittelsklausel, finanzielle Streitigkeiten, Intrigen innerhalb des schweizerischen Offizierskorps, innereidgenössische Dispute bezüglich Partikularkapitulationen sowie harsche Kritik an der Erblichkeitsklausel – vorwiegend ausgelöst von den Hauptleuten «per Commission» – prägen den Dienst in Neapel. Hinzu kommen enorme Fluktuations- und Desertionsraten.

Ein Bild aus national zusammengesetzten Rekrutierungstabellen zeigt, dass im Jahre 1747 der dem Regiment Tschudi angehörenden Kompanie von Salis-Zizers, bei einem Bestand von 86 Mann, lediglich drei aus Graubünden und sechs aus der

Eidgenossenschaft entstammen! Der Rest sind Rekruten aus dem benachbarten oder weiter entfernten Ausland.[51] Bezüglich Fluktuations- und Desertionsrate liefert uns die Salische Kompanie des ersten Bataillons im Linienregiment Tschudi 1735 folgendes Bild: Vom 1. Oktober 1735 bis zum 30. November 1736 werden 44 Zuzüge und 48 Abgänge registriert. Die Abgänge setzen sich aus 13 Desertionen, fünf Todesfällen, vier unehrenhaften Entlassungen – «wegen seiner diebereÿ» oder «wegen Sodomiereÿ» – und drei ordentlichen Entlassungen (eine wegen Krankheit) zusammen; ausserdem werden 23 Mann an ein anderes Regiment abgegeben.[52] Zwischen dem 7. November 1741 und dem 15. Oktober 1742 verzeichnet dieselbe Kompanie einen Abgang von insgesamt 211 Mann, der mit einem Zugang von 91 Mann bei weitem nicht kompensiert werden kann; lediglich drei Männer der insgesamt 211 Abgänge werden ordentlich verabschiedet, rund 162 Mann desertieren! Eigentliche Massendesertionen erfolgen zwischen dem 8. und dem 19. Mai 1742, als 72 Mann den Dienst widerrechtlich quittieren, und zwischen dem 18. Juli bis 26. August 1742, als 62 Mann dem Verband entlaufen.[53]

Das am 29. Dezember 1789 verfügte königliche Dekret über die Auflösung und Entlassung aller Schweizer Truppen hebt die Kapitulationen mit den Obersten und Inhabern der Regimenter Tschudi und Jauch auf. Die Krone überlässt es den schweizerischen Militärunternehmern, entweder bis zum Ablauf der auf 20 Jahre unterzeichneten Kapitulation in den neuen «Regimenti esteri» weiterzudienen oder aber die Eigentumskompanien gegen eine «gerechte» Entschädigung an den Dienstherrn zu verkaufen. An der Tagsatzung in Frauenfeld beschwert sich das katholische Glarus über die Aufhebung der Kapitulation ihrer in neapolitanischen Diensten stehenden Truppen. Uri, Schwyz und Unterwalden schliessen sich der Reklamation an und die daraus sich ergebenden beträchtlichen Soldausstände lösen unter den Eidgenossen eine allgemeine Entrüstung aus, die zu langwierigen Verhandlungen mit den neapolitanischen Behörden führen.

Im Memorial der Hauptleute liest man: *«Der König beider Sizilien hätte seit mehr als einem halben Jahrhundert Schweizerregimenter in seinen Diensten unterhalten, und die Militärcapitulation, welche festsetze, dass Personen, die Compagnien gebildet, solche für sich und ihre Erben eigenthümlich besitzen können, ohne verpflichtet zu sein, selbst zu dienen, sei von Zeit zu Zeit mit allen üblichen Förmlichkeiten für zwanzig Jahre verlängert worden, ja noch 1785 wäre an die vier am neapolitanischen Kriegsdienst theilnehmenden Stände eine ministerielle Zuschrift gelangt, woraus neben grösster Zufriedenheit mit diesen Regimentern, auch ersichtlich gewesen, dass der Hof nach beendigter Capitulationszeit die Beibehaltung dieser Truppen wünsche und sich mit den Ständen in Unterhandlung einzulassen gedenke. Unverhert und ehe noch die Capitulatonsjahre abgelaufen, habe es jedoch dem Hof gefallen, der ganzen Armee eine andere Form zu geben, was einen so schlimmen Einfluss auf die Schweizerregimenter ausgeübt, dass sie selbst auf die noch übrigen Capitulationsjahre verzichten mussten. Durch die am 1. Januar 1790 eingetretene neue Diensteinrichtung hätten die Schweizerregimenter vollends alle Aussicht für die Zukunft verloren, und die verheissene Entschädigung sei an das Bedingnis geknüpft, dass die Kantone der Werbung keine Hindernisse in den Weg legen, eine Bedingung, die von den geschädigten Compagnieeigenthümern unmöglich erfüllt werden könne.»*[54]

Zahlreiche Schweizer treten in der Folge in die von von Salis-Marschlins neu errichteten Fremdenregimenter ein, mit denen sie am Feldzug gegen die Franzosen in Rom unter General Championnet teilnehmen und versuchen, während der französischen Invasion 1799 das Königreich Neapel zu verteidigen. Die Überreste werden im Jahre 1799 auf drei sizilianische Regimenter verteilt und ein Jahr später dem Regiment «Real Allemagna» einverleibt.[55]

❯ PHILIPPE CLERC

La Capitulation de Fribourg en 1803 – Signature du traité capitulatif le 4 Vendémiaire an XII de la République

Suite à la signature de l'Acte de Médiation le 19 février 1803 (30 Pluviôse an XII) à Paris, la Diète fédérale se réunit la même année à Fribourg du 4 juillet au 27 septembre (4 Vendémiaire an XII de la République); Fribourg joue le rôle de ville fédérale, et de fait siège de la Diète, pour l'année 1803 et le sera à nouveau en 1809. La Suisse y est représentée par des Commissaires de cette Diète, à savoir le Landammann et Avoyer de Fribourg Louis d'Affry, ainsi que par six éminents représentants de six cantons membres;[1] pour sa part le Premier Consul Bonaparte délègue le général en chef Michel Ney, Ministre plénipotentiaire de la République française. Il s'agit de négocier les clauses d'un traité d'alliance défensive entre la République française et la Suisse.

Le traité est signé le 27 septembre de la même année et se voit assorti d'une capitulation militaire franco-suisse réglant la création de quatre régiments. Bonaparte doit faire un certain nombre de concessions en faveur des Suisses dont les revendications sont multiples.[2] On retrouve parmi les signataires le général Ney et le Landammann d'Affry avec à ses côtés les commissaires de la Diète le lucernois Charles Pfyffer, le fribourgeois Jean-Hanselme Herrenschwand, le zougois François Andermatt, le bernois Amédée de Muralt, Frédéric de Roll de Soleure ainsi que Paul-Anselme de Toggenbourg, représentant des Grisons.[3] C'est cependant aux dix-neuf cantons qu'il revient de ratifier le texte avant qu'il ne puisse entrer en vigueur. La Capitulation de Fribourg consiste en vingt-cinq articles réglant les détails de la collaboration militaire entre le Gouvernement helvétique et la Grande Nation. Elle est signée par les huit dignitaires nommés ci-dessus et contresignée par le Chancelier de la Confédération Marc Mousson.[4] Elle fait état des effectifs nécessaires au fonctionnement de quatre régiments, définit les processus de nomination aux postes-clés de ceux-ci, règle l'enrôlement et le licenciement, la promotion aux différents grades, la durée du service ainsi que des détails tel l'uniforme des hommes.

Formation des régiments

La capitulation définit les modalités de l'enrôlement et de l'entretien par la République française de seize mille hommes de troupes suisses, tous volontaires et répartis en quatre régiments de quatre mille hommes chacun. Il est en outre prévu la formation d'une réserve de quatre mille hommes – à raison d'un millier par régiment – afin que ceux-ci puissent constamment compter sur un effectif complet (art.

1 à 3). On compte donc déjà vingt mille hommes mis au service de la France. Mais on se doit d'ajouter à cela un contingent de près de huit mille hommes prévus par le traité d'alliance défensive[5] et qui deviendrait opérationnel en cas d'attaque ou d'invasion du territoire français. Ceci augmente alors le nombre supposé de Suisses enrôlés en permanence à près de vingt-huit mille hommes; car il va sans dire que ces derniers doivent tous suivrent une formation minimale, y compris les réservistes.

La Capitulation définit ensuite strictement le nombre d'officiers, sous-officiers et soldats que doit compter chacun des bataillons dans son état-major et ses diverses compagnies – à savoir neuf par bataillon dont une de grenadiers. Il y est également fait état de la solde que chacun perçoit en gage de son service. On se rend compte ici que les hommes enrôlés en Suisse sont soumis exactement aux mêmes exigences que leurs homologues français. Par ailleurs, outre les soldes, pensions et appointements prévus par la capitulation, le Premier Consul s'engage également financièrement à verser des sommes très élevées afin de permettre la levée de ses régiments et d'en accélérer la mise en fonction; ceci, on le verra plus loin, se révélera peine perdue. Bonaparte prévoit un premier versement de 2 787 840 francs afin de fournir le matériel aux troupes et de leur payer le premier tiers de leur solde.[6]

Les conditions d'enrôlement et l'attribution des fonctions

Les Suisses engagés doivent impérativement avoir entre 18 et 40 ans, être *«de la taille de 5 pieds deux pouces ou 1 mètre 678 millimètres et n'avoir aucune infirmité»* (art. 7, premier alinéa), et doivent servir la République française pendant quatre ans, à la suite de quoi ils peuvent être réengagés pour une période allant de deux à huit ans. Le Premier Consul se réserve en outre le droit de nommer tous les officiers supérieurs, à commencer par le colonel général des Suisses.[7]

Ce poste revient en premier lieu à Constantin de Maillardoz, envoyé extraordinaire de la Suisse à Paris, mais il ne l'occupera qu'à titre provisoire et se verra bientôt remplacé par Lannes, puis Berthier, prince de Neuchâtel, en 1810.[8] Quant à la tâche d'enrôleur, elle incombe à l'Ambassadeur de France en Suisse qui a pour mission de pousser au recrutement, mais aussi de surveiller le travail de la Diète. On sait que Napoléon s'informe constamment de l'état de ses troupes helvétiques et ce sujet occupe une place des plus importantes dans sa correspondance. Alors que le général Vial occupe le poste de ministre de la République auprès de la Confédération, l'Empereur n'a de cesse de lui reprocher son retard à former ses régiments; il faudra attendre 1806 pour voir l'entrée en fonction du premier d'entre eux.

Mais Napoléon ne s'en satisfait nullement et exige plus de diligence;[9] par ailleurs le recrutement est d'autant plus laborieux que l'on ne se presse pas pour rejoindre les troupes. *«Or l'article premier de la capitulation stipule clairement que les hommes seront enrôlés librement et volontairement»*;[10] on se permet alors de recruter

Napoleon kannte den Wert der eidgenössischen Truppen, konnte er ihre heroischen Leistungen bei der Verteidigung der Tuilerien am 10. August des Jahres 1792 doch selbst mitverfolgen. In seinen Memoiren «Denkwürdigkeit von St. Helena» schrieb er folgende Zeilen: «Das Schloss [Tuilerien] wurde vom allerschlimmsten Gesindel gestürmt. Als der Palast erobert war und der König sich in die Nationalversammlung begeben hatte, wagte ich es, in den Garten vorzudringen. Seither hat keines meiner Schlachtfelder je ein Bild mit so vielen Leichen geboten, wie die Massen der Schweizer es darstellten.»

dans toute la Suisse, une répartition cantonale préalable des effectifs n'ayant pas été prévue. La Diète prend des mesures et rappelle aux cantons son décret du 8 juillet 1806 relatif aux recrutements; mais chacun jette la pierre à l'autre, aussi bien les cantons que les officiers supérieurs. On décide finalement de recourir à des prisonniers prussiens afin de gonfler les effectifs, et quelques centaines d'entre eux intègrent les rangs des 2e, 3e et 4e régiments. Mais la Diète condamne ces pratiques, auxquelles il fut déjà souvent fait appel par le passé, et ordonne, dans un arrêté du 17 août 1807, de licencier tous les hommes qui ne sont pas d'origine Suisse.

Les uniformes et enseignes de bataillons

L'article 17 stipule que le Gouvernement français détermine l'uniforme. Ce dernier, pour les quatre nouveaux régiments, reste conforme aux anciennes traditions des troupes Suisses; il conserve la couleur rouge garance pour tous avec revers, parements et collet jaune citron pour le premier régiment, bleu roi pour le second, noir pour le troisième et bleu céleste pour le quatrième. Les épaulettes sont blanches à tournante rouge pour les grenadiers et jaune pour les voltigeurs. Tous portent le pantalon blanc avec des guêtres noires en hiver et blanches en été. Les grenadiers doivent revêtir le bonnet à poils à plaque jaune avec une grenade et le numéro du régiment alors que le shako se voit réservé pour les sous-officiers du centre, les soldats et les voltigeurs.

Le reste de l'équipement et l'armement est en tout point semblable à celui de l'infanterie de ligne.[11] En plus des pièces d'uniforme communes à tous les hommes, les officiers supérieurs portent un chapeau à cordon et ganses dorées cocarde tricolore et macarons or ainsi que des épaulettes, une poignée d'épée, un bout de fourreau et une dragonne dorés et des gants blancs. On trouve également quelques variantes selon qu'il s'agisse d'officiers supérieurs des grenadiers ou des voltigeurs mais aussi selon les fonctions: certains portent en plus un plumet blanc et les cavaliers se voient pourvus de fontes recouvertes de peau d'ours noir, d'un bout de pistolet en cuivre, d'un fourreau de sabre en acier, ainsi que d'une chabraque[12] et d'un portemanteau aux couleurs du régiment (bleu à galon doré pour le 2e régiment).[13]

Notons que l'uniforme Suisse, de par sa couleur rouge, va causer parfois quelques confusions sur les champs de bataille du fait que les Anglais arborent eux aussi cette couleur. Par ailleurs chaque régiment bénéficie de son Aigle en bronze doré et de son propre drapeau. On sait qu'en octobre 1815, lors du licenciement du 2e régiment Suisse, des fragments de drapeau seront distribués à certains des officiers et l'Aigle jeté dans la Garonne. En 1804, Napoléon fait part de ses souhaits quant aux drapeaux dans une lettre au maréchal Berthier:[14]

«L'aigle éployée, telle qu'elle se trouvera sur le sceau de l'Empire, sera placé sur la sommité du bâton du drapeau, de telle manière que le portaient les Romains. On atta-

cherait au-dessous le drapeau, à la distance où se trouvait le labarum. Il aurait beaucoup moins d'étendue que les drapeaux actuels, qui sont très embarrassants, et serait de trois couleurs, comme ceux-ci. L'étendue du drapeau pourrait ainsi être réduite à moitié. On y lirait ces mots: L'EMPEREUR DES FRANÇOIS A TEL REGIMENT. *L'aigle constituerait essentiellement le drapeau, dont on pourrait changer l'étoffe lorsque son état l'exigerait.»*

On sait que cette volonté sera respectée et que les enseignes des régiments seront à l'image de qui est décrit ci-dessus. En temps que corps capitulé, les Suisses bénéficient des mêmes emblèmes que les Français.[15] Dans un premier temps chaque bataillon et chaque escadron bénéficie d'un drapeau ou d'un étendard ainsi que d'un aigle.[16] L'infanterie, l'artillerie à pied, l'artillerie de marine, les pontonniers et les vétérans sont dotés de drapeaux carrés; aux cuirassiers, aux carabiniers et aux hussards sont attribués des étendards carrés eux aussi. Ces ouvrages sont réalisés par les ateliers de Madame Chaillot et de Picot; si les drapeaux mesurent 80×80cm, les étendards sont plus petits, soit 60×60cm. A l'avers de chacun d'eux figure les mots cités par Napoléon dans sa lettre et au revers on peut lire cette devise: VALEUR ET DISCIPLINE, suivie du numéro du bataillon auquel appartient le drapeau ou l'étendard.

Toutefois, dès 1808 le nombre d'aigles est limité à raison d'un par régiment et dès 1812 un nouveau drapeau est adopté; ce dernier se compose de trois bandes verticales aux couleurs de la France et sur la bande centrale figurent les noms des grandes batailles au cours desquelles chaque régiment a combattu sous le commandement de l'Empereur en personne, à savoir: Ulm, Austerlitz, Iena, Eylau, Friedland, Eckmühl, Essling et Wagram.

Faveur impériale

Le Premier Consul accorde à la Suisse un privilège à l'article 21; il est offert chaque année à de jeunes helvètes vingt places à l'Ecole Polytechnique.[17] Ceux-ci doivent être présentés par le Landammann de la Suisse et pourront accéder à l'école *«après avoir subi les examens prescrits par les règlements sur cette partie»*. Fort attaché à l'Ecole polytechnique sous le Consulat, Bonaparte devenu Empereur s'en désintéressera et lui préfèrera de loin l'école militaire de Saint-Cyr dans laquelle sont formés les futurs officiers d'infanterie.

Les Suisses feront partie intégrante de Polytechnique jusque dans les années 1850; cette époque verra en effet la création de l'Ecole polytechnique de Zürich (1855) dont la commission compte, parmi les membres fondateurs, le général Dufour. Parmi les élèves admis à l'Ecole de Paris, on trouve quelques illustres helvètes, notamment le futur général Dufour,[18] Pichard – qui deviendra ingénieur dans le canton de Vaud –, Auguste-Louis de Staël, fils de Madame de Staël née Necker, ou encore Jean-Louis Rieu – Genevois lui aussi – qui sera à quatre reprises premier syndic de Genève. Ce dernier nous a d'ailleurs laissé des mémoires relatant son séjour dans l'illustre école;[19] il y fait état non seulement de son expérience, mais également de la manière de fonctionner de l'établissement militaire. Il nous apprend en premier lieu sur quoi porte l'examen d'admission: la géométrie plane et l'algèbre *jusqu'au calcul différentiel exclusivement*» ainsi que les mathématiques.

Une fois admis, les élèves passent deux ans en formation sous la conduite de quantité de professeurs leur dispensant nombre de matières. Rieu nous décrit également la journée d'un polytechnicien: à cinq heures du matin le tambour réveille les élèves répartis dans des chambres comprenant une dizaine de lits; chacun fait son lit puis étudie de six heures à sept heures et demie, ensuite vient l'heure du déjeuner jusqu'à huit heures; suivent alors six heures de cours ou d'étude en salle; à deux heures les élèves dînent frugalement (bouillie et haricots secs la plupart du temps) puis de deux heures et demie à quatre heures s'entraînent au fusil.[20] De quatre heures à huit heures les jeunes gens sont à nouveau en étude puis prennent un souper aussi peu conséquent que le dîner. A neuf heures du soir survient alors l'extinction des feux.[21]

Rieu donne une image de l'école quelque peu éloignée de l'idée que l'on peut généralement s'en faire; il semblerait qu'elle vive sur un prestige passé et que la compétence des professeurs qui y enseignent est toute relative, pour un grand nombre d'entre eux en tous cas.[22] Par ailleurs tous les élèves, à leur sortie de Polytechnique, ne bénéficient pas du même traitement et le fait d'être issu de cette école ne signifie pas nécessairement l'accession à des postes prestigieux. Si Dufour, déjà cité plus haut, parviendra à la tête des armées Suisses après avoir été capitaine du génie en France, Rieu quant à lui est engagé dans l'artillerie de marine; d'autres comme Audéoud, ancien camarade de Rieu, sont incorporés à l'artillerie de terre. A noter que ce dernier service, à l'instar de l'artillerie de marine, se situe parmi les moins courus, les plus prisés étant les ponts et chaussées et le génie maritime.

Création différée de quatre régiments consécutifs à la Capitulation

Le 1e régiment suisse

Le 15 mars 1805 paraît le décret ordonnant la formation du 1e régiment Suisse mais qui ne s'organisera que le 4 juillet. Ce régiment se compose pour l'essentiel de soldats issus des anciennes demi-brigades helvétiques; on sait en outre que le nombre de postes proposés aux officiers ne suffira pas à satisfaire tous les prétendants légitimes.[23] Le régiment est mis entre les mains du colonel grison André Raguettly, ancien capitaine du régiment de Salis, qui perdra la vie au cours de la campagne de

Russie, comme bon nombre de ses hommes. Ce régiment, qui compte près de trois mille hommes, se voit rattaché administrativement à la 28e division militaire.

Il stationne d'abord en Italie sous les ordres d'un Vaudois, le général Jean-Louis-Ebenezer Reynier, divisionnaire de l'Empire. Il combat alors en Vénétie contre les Autrichiens, puis prend la route de Naples où il est mis au service du roi Joseph.

Une capitulation est même établie suite à un arrêté de la Diète émis le 22 juin 1807, permettant ainsi de transférer le pouvoir impérial sur le régiment au roi de Naples. Les gouvernements cantonaux ratifient la capitulation mais le roi Joseph se voit retirer le trône napolitain par son frère, Napoléon, et c'est Joaquim Murat qui le remplace; le traité devient de fait caduc, Murat voulant prouver aux Napolitains qu'il n'a nul besoin de régiments étrangers pour les défendre. Le 1e régiment restera cependant cantonné à Naples jusqu'en 1811 – année au cours de laquelle il se mettra en route pour la terrible campagne de Russie – mais, tout en restant au service de l'Empereur, rendra malgré tout de grands services au roi de Naples face à l'adversaire anglais.

Les 2e, 3e et 4e régiments Suisses

En date du 12 septembre 1806, Napoléon entérine par un décret la formation des trois régiments supplémentaires prévus par la Capitulation de Fribourg. Le 2e régiment se compose en octobre de la même année; à sa tête est nommé colonel le comte Xavier de Castella de Berlens, de Fribourg. La proclamation édictée par ce dernier à l'occasion de la constitution du régiment nous apprend qu'en plus des exercices militaires auxquels sont habituellement astreints les hommes, ils trouvent en France *«comme dans les anciens régiments des écoles d'écriture en français et en allemand, d'arithmétique et de danse».*[24] Ces disciplines ont pour but de permettre à un certain nombre d'entre eux de se distinguer par leur bravoure, leur habileté et ainsi de pouvoir accéder aux grades les plus élevés de l'armée et aux dignités de l'Empire; on se souvient en effet que la capitulation prévoit, à l'article 22, la possible accession des officiers Suisses aux hautes sphères de l'Empire; c'est ainsi qu'on verra par exemple Antoine Henri Jomini, de Payerne, devenir général de brigade dans la Grande Armée.

A la fin de 1807, ce régiment, stationné en Provence, n'est fort que de 3600 hommes à peine; à la création du régiment deux bataillons se trouvent à Toulon, deux autres à Marseille avec l'Etat-major et dès janvier 1807 un dépôt est mis en réserve à Avignon. Le 3e régiment, stationné dans les Flandres, prend forme en même temps que le 2e. C'est le colonel bernois Béat-Louis-Rodolphe de May qui se voit confié ce régiment qui, fin 1807, n'a a son actif que 2711 hommes. Le régiment, attaché à la 16e division militaire, est réparti en deux camps, l'un à Boulogne, l'autre à Bellicourt; son dépôt, quant à lui, se trouve à Lille. De même que les deux régiments précédents, le 4e a pour mission de défendre les côtes de France; organisé à Rennes, il stationne ensuite en Bretagne, dans les camps de Saint-Malo et de Pontivy, où il dépend du commandant de la 13e division militaire. Son colonel, François-Dominique Perrier d'Estavayer, était avant cela commandant de la première brigade helvétique. Son régiment, le plus fourni, compte 3832 hommes fin 1807. C'est dans ce régiment que sert notamment Henri de Schaller, qui nous a laissé des Souvenirs[25] de ses années passées au service de la France.

L'année 1807 voit alors se réunir ces trois régiments ainsi que le 1e régiment pour combattre au cours des Guerres d'Espagne et ce jusqu'en 1811. Il ne reste alors en France que les dépôts des trois régiments. Les troupes napoléoniennes se trouvent engagées dans la conquête du Portugal, en Andalousie ou encore à Baylen; les Suisses se trouvent d'ailleurs parfois aux prises avec d'autres Suisses qui sont au service de la Junte. Ceci donne lieu à des désertions ou à des changements de camp. Puis les quatre régiments Suisses sont réunis en 1811 pour se rendre en Russie. Supposés faire partie du 1e corps de la Grande Armée qui doit marcher sur Moscou, ils sont finalement affectés au 2e corps qui ne dépassera pas la Bérézina.[26]

Suite à la campagne de Russie, les régiments se verront décimés et les déserteurs se compteront alors par dizaines. Recomposés en partie, le 2e et le 4e régiment seront astreints à se rendre à Paris pour servir aux Tuileries. Il faut noter que, outre les quatre régiments levés par Napoléon dans la Suisse des dix-neuf cantons, viendront s'ajouter à ceux-ci deux bataillons, l'un de Neuchâtel, l'autre du Valais. Au début du XIXème siècle, Neuchâtel, après avoir appartenu à la Prusse, possède encore le titre de principauté[27] alors que le Valais est une république indépendante; les deux sont toutefois alliées à la Confédération. De fait, afin de former ces deux bataillons, il est fait appel non seulement à des hommes des dites principauté et république, mais également à des Suisses.

Napoléon Ier, stratège désenchanté

La neutralité

Napoléon va songer à plusieurs reprises à rompre les accords passés avec les Suisses et notamment celui de ne pas tenter de s'emparer de leur pays. Comme il est stipulé à l'article 2 du traité d'alliance défensive, «*l'un des effets de cette alliance étant d'empêcher qu'il ne soit porté atteinte à l'indépendance et à la sûreté de la Suisse, la République française promet d'employer constamment ses bons offices pour lui procurer sa neutralité, et pour lui assurer la jouissance de ses droits envers les autres puissances*».

Or force est de constater que la Suisse, étant liée à la France par l'Acte de Médiation, ne bénéficie que d'une neutralité illusoire. Il faut d'ailleurs ajouter que la Suisse ressent quelque grief envers la manière qu'a l'Empereur d'appliquer la capitulation, d'autant plus que ce dernier se montre de plus en plus exigeant. On sait, d'après sa correspondance, qu'entre 1804 et 1809 Napoléon songe à plusieurs reprises à annexer l'Helvétie. On sait en outre qu'il n'est pas le seul puisqu'une pétition va même être déposée en 1804 auprès de Bonaparte, alors encore Premier Consul, afin d'annexer purement et simplement la Suisse à la France; elle est signée entre autres par l'ancien colonel des hussards helvétiques Dolder et Henri Jomini, futur général au service de Russie.[28] Dans une lettre adressée au maréchal Berthier, l'Empereur semble envisager une possible attaque ou annexion de la Suisse; il dit: *«Faites examiner ce plan [de la Suisse], et, s'il est meilleur que celui que j'ai acheté dernièrement, faites-le acheter et transporter à Paris. Comme il est possible que nous ayons encore la guerre, il n'y a point de meilleure carte que ces plans en relief».*[29]

Mais Napoléon comprend vite qu'il vaut mieux pour lui de respecter la clause 21 du traité d'alliance et que la capitulation lui fournit d'excellents soldats à meilleur compte que ne l'aurait fait une annexion. Il est en outre conscient que le fait de retirer à la Suisse sa neutralité se révèle un grand danger, d'autant plus qu'il l'a lui-même restaurée pleinement par l'Acte de Médiation. De plus, Napoléon craint surtout que la Suisse ne se constitue une propre force armée trop importante et s'oppose farouchement à la constitution d'un état-major général; on sait en effet que jusqu'alors chacun des dix-neuf cantons était indépendant du point de vue militaire. Or, dans un règlement militaire du 22 juin 1804,[30] les Etats confédérés prévoient, à l'article 12, d'uniformiser le commandement des contingents appelés sous les armes. L'Empereur prend ombrage de cette décision et s'insurge vivement contre une institution inutile qui va à l'encontre de l'Acte de Médiation.[31]

Après le premier exil de Bonaparte à Elbe et suite à l'annonce de son débarquement en France, la Diète prend la décision de reconnaître la Couronne de France et dénonce *«l'ennemi redoutable [Napoléon]»* qui s'attaque au roi Louis; les Députés des cantons, craignant une nouvelle révolution en France, font donc lever les contingents Suisses afin de défendre la Confédération. La neutralité du pays est une fois de plus mise à mal et le gouvernement veut mettre à l'abri l'honneur et l'indépendance helvétique. Il faudra alors attendre une déclaration du Congrès de Vienne du 20 mars 1815 pour que soit proclamée la neutralité perpétuelle de la Suisse et de fait l'assurance d'une certaine sécurité.

Les difficultés liées au recrutement

Suite à la ratification de la capitulation, les régiments tardent à s'organiser et Bonaparte s'en irrite. Très enthousiaste au début, il n'hésite pas à payer le prix fort afin d'optimiser l'organisation et l'efficacité de ses troupes et il écrit en ces termes à son Ministre de l'Administration de la Guerre: *«Ecrivez au Landammann, écrivez aux colonels; servez-vous beaucoup de M. de Maillardoz.[32] Que l'argent ne manque pas surtout! Je compte essentiellement sur ces régiments pour la défense des côtes de France».*[33]

Mais Napoléon déchante rapidement; il devient de plus en plus pressant et insatisfait comme en témoignent ses paroles: *«La Suisse me coûte un argent immense, et ne me rend aucun service. Jusqu'à cette heure, je suis fort dupe, puisque j'ai là une cohorte d'officiers sans soldats.»*[34] Dans la même missive il s'en prend aux cantons et soumet à son ministre toute une série d'exigences: *«Il faut: 1° que les Cantons se chargent de recruter; 2° réduire les bataillons de neuf à six compagnies, ce qui réduira les officiers d'un tiers. J'aurai alors quatre régiments, chaque régiment de quatre bataillons, chaque bataillon de six compagnies, chaque compagnie de 140 hommes, et 3200 hommes par régiment, ou 12 000 hommes. Pour recruter ces 12 000 hommes, il faut que les Cantons s'obligent à les tenir au complet. J'approuve cependant qu'ils ne soient pas obligés de fournir plus de 3000 hommes par an [...] Ils doivent fournir 16 000 hommes par an. Il y aura donc pour eux économie.»*[35]

La patience lui manque et il ne se prive pas de mettre en garde des députés Suisses, venus lui rendre hommage à l'occasion de la naissance du Roi de Rome: *«On me jette le gant. J'enverrai 50 000 hommes. J'ai écrasé les Russes, je viendrai bien à bout de la Suisse. Un beau jour, à minuit, je signe la réunion de votre pays à la France.»*[36] On s'aperçoit ici que malgré ses prétentions l'Empereur se voit dans l'obligation de renégocier une part des clauses de la capitulation. Relevons ici qu'il existe également une raison tout autre à ce courroux impérial; en effet, il n'admet pas la présence des régiments de Roll et de Watteville au service de l'Angleterre. Car, même s'il existe bien un article restrictif dans le traité d'alliance offensive réglementant la conclusion de capitulations et de traités avec d'autres nations,[37] ce dernier ne prévoit aucun effet rétroactif.

Or les régiments de Roll et de Watteville sont antérieurs à la capitulation de Fribourg puisqu'ils ont été formés respectivement en 1794 et en 1801. Ce qui de fait irrite fort l'Empereur puisqu'il est lui-même en guerre contre l'Angleterre et, s'il est fier de ses Suisses, il se refuse à ce que d'autres en aient aussi. Il fait alors valoir un argument de poids dans une lettre au Landammann Reinhard en 1807: Napoléon émet le désir que les pays qui ne sont pas liés à son système ne puissent pas recruter en Suisse étant donné que *«tous les hommes éclairés ne peuvent voir qu'avec douleur le frère combattre contre le frère»;*[38] on sait que la Diète légitimera cette requête en adoptant un décret relatif à l'interdiction de lever des troupes en Suisse dans la mesure où l'article 7 du traité d'alliance franco-suisse ne serait pas respecté. Dans le canton de Fribourg, l'Avoyer et le Grand-Conseil adoptent une loi interdisant aux recruteurs d'enrôler des hommes pour des services militaires non avoués par la Confédération sous peine de poursuite criminelle.[39]

Cependant les cantons, de manière générale, font peu cas de cette décision et Bonaparte se plaint à nouveau avec force menaces, réclamant des mesures immé-

Am 27. September 1803 kommt es zur Militärkapitulation zwischen der Eidgenossenschaft (Phase der Mediation) und dem napoleonischen Frankreich. Die Schweiz verpflichtete sich, Frankreich in Friedenszeiten 16 000 und in Kriegzeiten 42 000 Soldaten zur Verfügung zu stellen.

diates; on sait par exemple qu'à Baylen les Suisses se battent entre eux et à cette occasion le général schwyzois de Reding infligera une cuisante défaite aux Français. La Diète obtempère à nouveau, et, le 8 juillet 1811, rappelle les cantons à l'ordre en réitérant l'interdiction formelle à qui que ce soit d'entrer au service de l'Angleterre. Mais il devient difficile pour la Confédération de supporter les pressions de part et d'autre et elle décide, d'un commun accord avec la France, de rédiger une nouvelle capitulation moins astreignante que celle de 1803. Ce nouveau traité capitulatif, signé à Berne le 12 mars 1812, réduit les effectifs de chacun des régiments à trois bataillons de mille hommes chacun, soit une totalité de 12 000 hommes plus trois dépôts de réservistes; la Suisse s'engage en plus à engager 2000 recrues par an ainsi qu'un millier d'hommes en cas de guerre avec l'Allemagne ou l'Italie. Mais en 1813 Napoléon ne recourt pas aux Suisses et, à la chute de l'Empire, la Diète se sent soulagée d'une charge des plus pesantes.[40]

Politique de recrutement en terres fribourgeoises

Afin de pallier le manque de volontaires, les gouvernements des différents cantons, membres de la Confédération sont priés, de mener campagne avec diligence afin de compléter les régiments de l'Empereur. Or le canton de Fribourg, siège de la Diète lors de la signature de la capitulation, n'est pas en reste. Le gouvernement, en la personne de l'Avoyer et du Petit-Conseil, se voit contraint de publier décrets et arrêtés afin de rendre attentive la population qui ne fait pas montre d'un grand intérêt. Le premier arrêté émis à Fribourg date du 28 mars 1806;[41] il règle avec précision, en une trentaine de points, l'enrôlement des futurs militaires fribourgeois; or le processus est plus complexe qu'il n'y paraît: chaque homme qui se présente est questionné afin de savoir *«si c'est volontairement qu'il a pris service»* (art. 8) et, si tel est le cas, le recruteur reçoit un certificat écrit du lieutenant du gouvernement ou du juge de paix dûment cacheté; aucun homme engagé n'est en outre autorisé à quitter la Suisse sans avoir été présenté par son recruteur au Département militaire; cet arrêté prévoit également la nomination et le contrôle des recruteurs qui doivent impérativement être eux-mêmes officiers, sous-officiers ou soldats au service de France:[42] ils doivent eux aussi être patentés par le lieutenant du gouvernement qui tient un registre.

Le 8 août de la même année le canton promulgue un autre arrêté révoquant le précédent, et ce sur ordre de la Diète helvétique. En effet, cette dernière cherche à remédier au manque d'uniformité dans le processus d'enrôlement entre les cantons.[43] Le Landammann devient ainsi grand superviseur de cette entreprise. En février de l'année suivante, le Petit-Conseil cantonal cherche à encourager le recrutement, ce qui se fait par le biais d'un nouvel arrêté;[44] l'Empereur faisant déjà part d'un certain nombre de récriminations, les gouvernements doivent intervenir. Par ailleurs on réitère les mises en garde concernant les *«difficultés, rixes ou contestations»* (art. 3), ce qui laisse supposer qu'il a dû se produire nombre de débordements dans le cadre des recrutements.

Deux mois plus tard, un décret[45] met à disposition du Petit-Conseil tous les moyens financiers nécessaires[46] pour satisfaire à l'enrôlement de contingents dans les plus brefs délais afin de *«donner à Sa Majesté l'Empereur la preuve du désir qu'à le Gouvernement de Fribourg de répondre à ses intentions.»* Mais il semble que les paroles du gouvernement vont rester vaines puisque quelques jours plus tard le gouvernement émet à nouveau un arrêté; celui-ci se veut plus alarmant et en appelle à l'honneur national, à *«l'antique et inflétrissable réputation de loyauté et de bravoure de nos ancêtres»*; la discipline militaire et la sévérité sont élevées en vertus capables de freiner les plus impétueux. Si le gouvernement recourt à l'apologie de tels sentiments nationaux, et ce avec un lyrisme digne des plus grands opéras, c'est qu'il commence à se répandre un sentiment d'inquiétude et de découragement au sein de la population.[47] De plus, au sein même des troupes françaises, les déserteurs se font toujours plus nombreux et encore une fois, les candidats au recrutement ne sont pas légions.

On en arrive à un tel extrême que les gouvernements, celui de Fribourg y compris, doivent émettre une circulaire interdisant aux Français ayant l'âge de conscription de prononcer des vœux dans les maisons religieuses, ces dernières constituant en effet un refuge propice pour échapper à l'armée. Les Suisses, quant à eux, ne sont pas en reste et l'Empereur se plaint à nouveau. Nouvelle récrimination signifie donc nouvel arrêté;[48] des amendes sont prévues pour qui cachera ou prendra à son service un déserteur, et ceux qui seront attrapés se verront transférés au dépôt de leur régiment. Mais finalement, en novembre 1807, on se rend compte que les campagnes de propagande ont porté leurs fruits[49] et que le nombre de Fribourgeois présents dans les régiments de l'Empereur est conforme aux espérances que l'on avait, si bien que le 21 novembre de cette année, une circulaire de l'Avoyer et Petit-Conseil du canton annonce l'abrogation de l'arrêté du 5 mai; le recrutement reprend dès lors des aspects ordinaires et moins restrictifs.

La fin des quatre régiments et leur reddition

Selon l'article 23 de la capitulation, «Si des circonstances imprévues nécessitoient le licenciement des régimens suisses, en tout ou en partie, avant l'expiration de la présente Capitulation, & si à cette époque le Gouvernement français se refusoit de la renouveler, les Officiers, Sous-Officiers & soldats qui les composeront recevront un traitement de réforme proportionné aux années de service & respectivement aux grades qu'ils auront occupés.» Or c'est justement ce qui va se produire bien avant le terme des vingt-cinq ans de service des troupes requis par la capitulation. Car, même

239

si l'on sait qu'après de nombreuses plaintes à l'encontre des Suisses, l'Empereur se déclare malgré tout satisfait de leurs services,[50] il n'en reste pas moins que les guerres s'enchaînant, les régiments Suisses ne sont plus guère vaillants. Après la campagne de Russie, ces derniers sont décimés à près de 95 %; il n'est de fait plus la peine de tenter de les incorporer à d'autres régiments.

Ainsi prend fin l'épopée napoléonienne des troupes helvétiques. Le 1e régiment rentre à son dépôt de Metz, le 2e à Lautenbourg, le 3e à Landau et le 4e à Nancy. En décembre 1813, la Diète rappelle les quatre régiments et les délie de leur serment à l'Empereur après l'abdication de ce dernier à Fontainebleau. Lorsque Napoléon, suite à son séjour forcé à l'île d'Elbe, revient en France, le duc de Vicence, devenu ministre des relations extérieures, transmet aux diplomates Suisses une note dans laquelle il laisse aux Confédérés le choix de l'Empire ou de la royauté, de se mettre à disposition de Bonaparte ou des Bourbons. Si dans l'ensemble les régiments refusent de servir à nouveau sous Napoléon et se mettent à disposition de Louis XVIII, certains militaires – autrefois au service de France – hésitent passablement; c'est le cas notamment de Jean-Louis Rieu, ancien polytechnicien, qui ne se sent pas un fervent bourboniste et de fait plus proche de l'Empereur, mais qui va finalement rallier la monarchie, plus légitime à ses yeux.[51]

En mars 1815, de Castella et les quatre colonels des régiments tiennent conseil et de Castella écrit à Napoléon: «*Sire, Les chefs et officiers supérieurs des troupes suisses ont reçu l'ordre de leur gouvernement de partir sans délai avec les troupes qu'ils commandent. Veuillez permettre qu'ils se rendent aux ordres souverains de leur patrie qui les rappelle.*»[52] Bonaparte ne cherche alors pas à retenir les Suisses et ordonne le licenciement des troupes helvétiques en date du 2 avril de la même année. Il essaye toutefois de remettre la main sur la Suisse, mais même Auguste de Talleyrand, qui y est ambassadeur, refuse de le servir. Dans ses mémoires, le lieutenant Jean-Pierre Maillard cite quant à lui l'exemple d'un capitaine des grenadiers du 1e régiment Suisse, un certain Rosselet; ce dernier, sollicité en 1815 par des généraux français pour reprendre du service au côté des troupes impériales, avait répondu à haute voix:

«*Il y a vingt-six ans que je sers la France; je porte sur mon corps de nombreuses et honorables cicatrices; j'ai une femme et des enfants, et je suis sans fortune, mais je préfère perdre le fruit de mes longs services et traîner le reste de mes jours dans la misère, plutôt que de manquer à mon honneur et à mon devoir. J'obéis donc à l'appel de la Diète.*»[53]

A la fin du mois de mars, l'Intendant Militaire de Paris informe les Suisses de leur prochain licenciement et de leur retour imminent dans leur patrie. Les régiments Suisses sont officiellement libérés de leurs obligations militaires le 4 avril 1815. Quatre jours plus tard tous les officiers quittent Paris et les troupes sont envoyées à Saint-Denis en casernes. Sur ordre de l'Empereur le retour des hommes en Suisse

Rückzug der Franzosen vor den Truppen des Zaren Alexander I. über die Beresina vom 26. bis 28. November 1812. Die Schweizer Regimenter im Dienste Napoleons sicherten der ehemaligen «Grande Armée» den Übergang, wobei die 1500 Mann starken Kontingente bis am Abend des 28. Novembers 1812 gerade noch 400 Soldaten zählten. Was blieb, war die Gewissheit, den Rest der «Grossen Armee» Napoleons gerettet zu haben.

s'effectue par détachements de cent hommes tous les deux jours. Mais Bonaparte ne se sépare qu'à regret de ses «*Suisses*»; il reconnaît leurs qualités au combat et l'admet: «*Si j'avais un reproche à faire aux Suisses, ce serait d'être trop braves, mais l'on ne peut mieux se battre.*»[54]

Conclusion: la fin de l'Empire et la première capitulation avec Louis XVIII

Le 15 avril 1814 un décret de la Diète signé à Zürich stipule: «*Les chefs, officiers, sous-officiers et soldats et tous individus attachés aux régiments que la Suisse a fournis au gouvernement français, ensuite de la capitulation du 28 mars 1812, ont cessé d'être au service de Napoléon Bonaparte. La Confédération suisse les déclare formellement déliés du serment qu'ils lui avaient prêté.*»

Dès lors les quatre bataillons issus de la capitulation de Berne sont mis à disposition de Louis XVIII. Il est ainsi formellement interdit à quelque militaire suisse que ce soit de se mettre au service de Bonaparte. Les contrevenants se voient infligés des peines allant de l'interdiction de servir à la réclusion – de deux à douze mois en ce qui concerne le canton de Fribourg.[55] En juin 1816 sera établi une nouvelle capitulation militaire entre les cantons et le roi de France Louis XVIII pour vingt-cinq ans. Ce sera la toute dernière capitulation franco-helvétique puisqu'après la Révolution de Juillet 1830, les régiments Suisses sont licenciés et qu'en 1859 l'Assemblée fédérale met fin au principe des capitulations; puis petit à petit les enrôlements sont interdits en terres helvétiques et finalement il est établi, dans la Constitution fédérale de 1874 qu'il «*ne peut être conclu de capitulations militaires*» (art. 11). Les Suisses désireux de servir hors de nos frontières doivent dès lors se tourner vers la Légion étrangère ou la Garde suisse pontificale.

Quelques articles de la capitulation de Fribourg du 27 septembre 1803

Art. 1ᵉ. La République française entretiendra à son service seize mille hommes de troupes suisses. Les hommes seront enrôlés et volontairement; à l'expiration de leurs engagements, ils recevront leur congé absolu, s'ils le demandent.

Art. 2. Ces troupes seront divisées en quatre régiments de quatre mille hommes chacun. Dans le cas où le Gouvernement français voudrait que ces quatre régiments fussent constamment au complet, il sera formé un dépôt de mille hommes pour chacun d'eux, destiné à les alimenter, de manière que leur effectif soit toujours de 4000 hommes. Ces dépôts seront réunis dans les forteresses limitrophes de la Suisse, déterminées pour cet effet par le gouvernement français.

Art. 3. Ces régiments seront composés d'un état-major et de quatre bataillons. Chaque bataillon de neuf compagnies, dont une de grenadiers et huit de fusiliers, ainsi qu'il suit:

Savoir: Grand etat-major d'un Regiment

---

1 colonel,	
1 colonel en second,	4 porte-drapeaux,
1 major,	1 aumônier,
4 chefs de bataillon,	1 ministre,
4 adjudants-majors,	1 juge,
4 quartiers-maîtres,	4 chirurgiens.

Petit etat-major d'un Regiment
56 hommes, dont 4 tambours et 13 musiciens. La compagnie de grenadiers aura 4 officiers, 14 sous-officiers, 72 soldats, 2 tambours, en tout 92 hommes; celle des fusiliers, 4 officiers, 14 sous-officiers, 92 soldats et 2 tambours, total 112 hommes.

Art. 4. Il y aura 4 compagnies d'artillerie à pied, organisées comme celles de la République française, avec 4 officiers et 64 soldats. Ces compagnies seront attachées aux quatre régiments suivant leur numéro: 1, 2, 3 et 4. En cas d'augmentation, l'artillerie recevra la force déterminée pour le pied de guerre.

Art. 7. Les Suisses qui seront admis dans ces régiments devront être de l'âge de 18 à 40 ans, de la taille de 5 pieds deux pouces, ou 1 mètre 678 millimètres au moins, & n'avoir aucune infirmité. Ils contracteront l'engagement de servir fidèlement la République française pendant 4 ans: à l'expiration de cet engagement ils seront libres de se rengager pour 2, 4 ou 8 ans. Le Gouvernement français, pour faciliter la première levée des hommes de recrues, fera payer entre les mains des Conseils d'administration de chaque régiment suisse la somme de quinze mille huit cents quarante francs pour le complet de chaque compagnie de grenadiers de quatre-vingt-huit hommes, compris les Officiers. Celle de dix-neuf mille quatre cents quarante francs, pour le complet de chaque compagnie de fusiliers de cent huit hommes, non compris les Officiers. Celle d'onze mille cinq cents vingt francs pour le complet de chaque compagnie d'artillerie à pied de soixante-quatre hommes, non compris les Officiers. Et enfin celle de cinq mille quatre cents francs pour les trente hommes du petit état-major du régiment. Les hommes ainsi stipulés pour les compagnies de grenadiers, de fusiliers, d'artillerie à pied & du petit état-major, seront payés par le Gouvernement français, par tiers & d'avance, entre les mains des conseils d'administration de chaque régiment, savoir: Le premier tiers, avant la formation des régiments.

Le second tiers, lorsque les capitaines auront justifié par les revues des inspecteurs qu'ils ont le quart de leur compagnie présent sous les armes. Et le troisième tiers, lorsque la moitié de la compagnie sera constatée présente & de la même manière. Les conseils d'administration, en se conformant strictement aux lois, arrêtés & règlements rendus sur la comptabilité des troupes françaises, délivreront aux capitaines les hommes qu'ils jugeront nécessaires pour payer l'engagement, frais d'enrôlement & de transport jusqu'à l'arrivée des recrues au lieu de leur destination. Les recrues dateront pour leur service du jour de leur engagement; mais ils ne seront compris pour la solde que de celui de leur arrivée au dépôt général de chaque régiment déterminé par le Gouvernement français. Les Capitaines devront, sur le prix de l'engagement que le conseil d'administration aura jugé convenable de leur allouer, former ou completter le sac de chaque recrue pourvu de tous les effets du petit équipement nécessaire à un soldat. Il sera alloué aux Capitaines pour chaque homme qui se rengagera, savoir: Cent francs pour deux ans, Deux cents francs pour quatre ans, Et trois cents francs pour six ans. Les trouppes suisses, au moyen des sommes qui leurs sont allouées pour leur rengagement, n'auront pas droit à la haute paye aux soldats français en pareil cas. Les Capitaines pourront enrôler pour six ou huit ans, & il sera accordé par le Gouvernement français, pour chaque homme qui contractera l'engagement de servir six ans, la somme de trois cents francs, & quatre cent francs pour huit ans. En cas d'augmentation, pour porter les régimens à cinq mille hommes, chaque régiment recevra, une fois payé & du jour que les conseils d'administration en recevront l'ordre du Gouvernement français, la somme de deux cents-mille francs pour chaque mille hommes destinés à alimenter les régimens sur le complet de quatre mille hommes.

Art. 8. Les fonds faits pour la masse de recrutement seront répartis entre les Capitaines de compagnies de fusiliers, d'après les dispositions des conseils d'administration stipulées dans l'article ci-dessus: ces capitaines devront toujours tenir leur compagnie au complet & lorsqu'un fusilier passera à l'état-major ou aux grenadiers, le prix de son engagement sera remis au Capitaine de la compagnie d'où il sortira, pour qu'il puisse le remplacer. Pour faciliter le recrutement, il sera accordé chaque année six congés de semestre aux Sous-officiers & soldats de chaque compagnie et un d'Officier.

Art. 11. Les Généraux de brigade, les Colonels, les Colonels en second, le Chefs de bataillons & Majors seront nommés par la Premier Consul. Il disposera de ces emplois en faveur des Officiers suisses qu'il jugera les plus dignes par leur ancienneté & par leur service.

Art. 12. Les Capitaines, les Lieutenans en premier & Lieutenans en second & les Souslieutenans de grenadiers seront choisis par le Premier Consul sur la proposition du Colonel général & la présentation du Ministre de la guerre, parmi les Officiers du même grade des régimens dont ils font partie.

Art. 17. L'uniforme de ces régimens sera déterminé par le gouvernement français.

Art. 21. Il pourra être admis, sur la présentation du Landamman de la Suisse, vingt jeunes gens de l'Helvétie à l'école polytechnique de France, après avoir subi les examens prescrits par le règlement sur cette partie.

Art. 22. Les Officiers suisses pourront parvenir à toutes les charges et dignités militaires qui subsistent en France.

Art. 23. Si des circonstances imprévues nécessitoient le licenciement des régimens suisses, en tout ou en partie, avant l'expiration de la présente Capitulation, & si à cette époque le Gouvernement français se refusoit de la renouveler, les Officiers, Sous-Officiers & soldats qui les composeront recevront un traitement de réforme proportionné aux années de service & respectivement aux grades qu'ils auront occupés.

> HANS RUDOLF FUHRER UND ROBERT-PETER EYER

Das Ende der «Fremden Dienste»

Der Einfluss der Aufklärung

Unter dem Einfluss der Ideologie der Französischen Revolution und mit dem Aufkommen der Denkweise der Aufklärung entbrannte in der Eidgenossenschaft in der zweiten Hälfte des 18. Jahrhunderts ein Meinungsstreit über die «Fremden Dienste».[1] Es wurde behauptet, dass in der Theorie der gleichmässigen Begünstigung aller Nachbarn oder der «wohlwollenden» Neutralität im Kriegsfall ein Widersinn liege, der überwunden werden müsse. Im Zeitalter von Freiheit, Gleichheit und Brüderlichkeit sei eine Neubewertung des Individuums nötig. Die Kritik kam primär aus drei gesellschaftlichen Kreisen:

Die erste Gruppe der Kritiker stammte aus der geistigen Oberschicht, die im Jahre 1761 in Schinznach die «Helvetische Gesellschaft» gegründet hatte. Die fremden Kriegsdienste verurteilten sie als Gefährdung der eidgenössischen Unabhängigkeit und sahen in ihnen einen Widerspruch zu schweizerischen Vorstellungen von Freiheit, Moral und Politik. Die Mitglieder der «Helvetischen Gesellschaft» konnten sich nicht damit abfinden, dass Schweizer Bürger ihr Blut im Dienste ausländischer Fürsten verloren oder mit fremden Sitten, ansteckenden Krankheiten sowie physischen und moralischen Schäden in die Heimat zurückkehrten. Die wenigen Stimmen, die sich für die Ehrenrettung des militärischen Handwerks aussprachen, gingen mit ihren Argumenten – der Solddienst sei eine gute Militärschule; er gelte als Naturrecht des Menschen; er sei verbunden mit eidgenössischer Tradition und habe der Eidgenossenschaft Ruhm und Anerkennung gebracht; er habe in den vergangenen Jahrhunderten Entscheidendes zum Schutze der Schweiz beigetragen etc. – mit fliegenden Fahnen unter und wurden von den aufklärerischen Gegnern mit grösster Vehemenz bekämpft. Die Befürworter waren sehr heterogen zusammengesetzt. Zum einen sassen sie in den Ratssälen und gehörten einflussreichen Familien an, und zum andern stammten sie aus den armen Bevölkerungsschichten, die in den «Fremden Diensten» einen Ausweg aus ihrer sozialen Not sahen und in der Regel keinen politischen Einfluss hatten. Zudem kritisierte man in den Kreisen der «Helvetischen Gesellschaft» die Karrieregelüste diverser Solddienstoffiziere, die absolute Willkür einzelner europäischer Despoten sowie bündniswidrige Verträge.[2]

In einer zweiten Gruppe der Kritiker befanden sich zumeist Theologen und Geistliche, die sich auf die «wiederentdeckten» Theorien Zwinglis stützten und den Solddienst als schädlich und sittenzerstörerisch verurteilten.

Zur dritten grossen Gruppe der Gegnerschaft gehörten insbesondere Physiokraten und Agronomen, welche die Auswanderung junger Männer aus volkswirtschaftlichen Überlegungen verhindern wollten. Mit Begeisterung ereiferten sie sich für landwirtschaftliche Fragen, erklärten die Landwirtschaft als Quelle des Volksreichtums und machten mit ihren zukunftweisenden ökonomischen Ideen das Thema gesellschaftsfähig. Sie verlangten eine intensivierte und verbesserte Bebauung der schweizerischen Böden, eine Tätigkeit, die vermehrt menschliche Arbeitskräfte benötigte. Jeder Mann, der die Schweiz verlasse, sei eine Schwächung der Volkswirtschaft. Die Physiokraten malten das «Gespenst» der Entvölkerung an die eidgenössische Wand und schürten die Angst, zu viele junge, kräftige und fähige Männer verliessen das Land in der Blüte ihres Lebens, anstelle dem Vaterland zu dienen. Sie kämen stattdessen als unbrauchbare, sittenlose und vergreiste Krüppel zurück, die fürsorgerischer Hilfe bedürften.[3]

Nebst diesen drei Hauptströmungen machten sich auch Freimaurerlogen sowie moralische, ökonomische und patriotische Gesellschaften aller Schattierungen Gedanken über die militärischen Dienste im Ausland. Ferner waren grosse Kreise der einheimischen Bevölkerung über das Leben in den stehenden Heeren informiert. Zahlreiche Heimkehrer vermehrten die Schauergeschichten. Das Fass zum Überlaufen brachten die dubiosen Werbepraktiken, die sich meist vor den Augen der Bevölkerung abspielten. Alle diese negativen Erfahrungen und Beobachtungen brachten die Solddienste zunehmend in Verruf.[4] Exemplarisch wählen wir eine der kritischen schwyzerischen Stimmen aus:

«Jeder, der Geld zahlen kann, glaubt sich zu der Unverschämtheit berechtigt, von uns Truppen zu fordern, von uns zu fordern, dass wir, freie Männer, ihm dienen (...) Und Ihr, wehrhafte Männer von Schwyz, wollet diese Schmach wieder neuerdings nach Neapel hintragen?! Bleibet im Lande und nähret Euch redlich! – Wem wollt Ihr nun aber Euere Brüder in Sold geben? Einem König, der nicht würdig und werth ist, vor Gott ein König zu seyn?»[5]

Der dekadent gewordene Solddienst

Wie bereits beschrieben, wurde es im 18. Jahrhundert zunehmend schwieriger, motivierte und freiwillige junge Männer für den Dienst in der Fremde zu finden. Zu diesem Zeitpunkt begann der fremde Kriegsdienst zunehmend dekadent zu werden. Früher kaum gekannte Phänomene wie Aushebungsschwierigkeiten, hohe Werbekosten, Nichteinhaltung der Zweidrittelklausel sowie verstärkte Kritik aus dem In- und Ausland gegenüber den «Fremden Diensten» erschwerten die Erhaltung der militärischen Qualität in den stehenden Heeren. Zahlreiche Söldner aus Nachbarländern wurden mit gefälschten Schweizer Geburtsscheinen aufgenommen, um die geforderten Bestände zu erreichen. Dies war ein Verzweiflungsakt der traditionellen

Werbeszene im Reisläufermilieu. Rechts locken die Werber mit geöffnetem Geldsack, und links ist ein Reisläufer in flegelhafter Haltung dargestellt, der sich die Angebote anhört. Der Wirt schleppt in einem Zuber neuen Wein herbei, der hinten links bereits kühl gelagert wird. Urs Graf charakterisiert den Aberwitz der Szenerie, indem er unter die Gruppe als allegorische Figuren links den Tod und rechts den Narren mischt. Im 18. Jahrhundert wurde es immer schwieriger, motivierte und freiwillige Eidgenossen für den fremden Kriegsdienst zu finden. Das Söldnerhandwerk war gekennzeichnet von einer schweren Depression, und Dekadenz machte sich breit. Der Hauptgrund dafür lag in der Tatsache, dass seit der Entstehung der «stehenden Heere» der Dienst in der Fremde stark an Attraktivität und Anerkennung verloren hatte.

Vertreter des Solddienstes. Sie setzten alles daran, den langsam zerfallenden Dienst in der Fremde mit allen Mitteln zu retten. So bat beispielsweise 1773 der Kanton Schwyz in Spanien scheinheilig um Nachsicht bei Korpskontrollen, da durch die Sprachenvielfalt der Schweiz «irrtümlicherweise» immer wieder Rekruten anderer Nationalitäten ausgehoben worden seien.

Ein anderer Aspekt, der auf die Dekadenz im Soldhandwerk hinweist, ist die Tatsache, dass Klagen über die immensen Kosten im Dienst, die eingeschränkte Verwendungsmöglichkeit der Truppen in stehenden Heeren, die unbequemen politischen Einflüsse und die mangelnde Kampfbereitschaft und Zuverlässigkeit der Soldregimenter immer lauter wurden.[6] Anstössige Geschäfte der Offiziere, welche die Werbung zunehmend vom kaufmännischen und vom Spekulationsstandpunkt aus betrachteten und nicht selten ihre Kompanien in den Regimentern verschiedener Staaten gleichzeitig unterhielten, trugen dazu bei, den bisherigen guten Ruf der Solddienstunternehmer zu untergraben. Gagliardi sagt wohl zu Recht, dass die Entwertung des militärischen Rufs sich vor allem aus einer Verschiebung der Prioritäten ergab. Die Kommandanten der Soldtruppen nahmen auf Wünsche und Vorlieben des Einzelnen in der Regel keine Rücksicht, um die Leistung des Verbandes zu steigern.[7] Die Gründe dieser Misere sind umstritten. Verbreitet ist die Meinung, dass die Zahl der dienstwilligen Eidgenossen aus demografischen Gründen nicht mehr ausreichte, um die entstehenden Lücken in den Regimentern und Kompanien ständig mit neuen Söldnern zu stopfen.

Es stellen sich somit mindestens zwei Fragen: War die Schweiz gegen Ende des 18. Jahrhunderts wirklich nicht mehr so stark bevölkert, um die zahlreichen Soldregimenter füllen zu können? Waren es nicht eher die zunehmende Prosperität und neue Arbeitsalternativen, welche die jungen Männer vom Eintritt in fremde Kriegsdienste abhielten? Zur ersten Frage: Betrachtet man die Analysen von Bickel und Peyer, fällt auf, dass die Bevölkerungszahl generell und selbst in Berggebieten in der zweiten Jahrhunderthälfte anstieg.[8] Ebenfalls in diesem Zeitraum fand die zahlenmässig stärkste militärische Auswanderung statt, die zwischen 35 bis 40 Prozent des Geburtenüberschusses absorbierte. Das Argument der mangelnden Bevölkerungszahl für die «Fremden Dienste» ist somit mit grosser Wahrscheinlichkeit nicht stichhaltig.[9] Zur zweiten Frage: Auch das Argument der erstarkten Wirtschaft, der besseren zivilen Existenzmöglichkeiten sowie der steigenden Löhne und alternativen Arbeitsmöglichkeiten hat seine Tücken und ist in der einschlägigen Forschung umstritten. Übereinstimmung herrscht in der Ansicht, dass die beginnende Industrialisierung und das verbreitete Verlagssystem sowie die allmählich einsetzende landwirtschaftliche Modernisierung und verstärkte Viehzucht die traditionellen Lebensstrukturen, selbst in den wenig privilegierten Regionen, grundlegend veränderten und einen allgemeinen Lohnanstieg mit wachsendem Wohlstand brachten. Umstritten sind die geschätzten Zahlen, die in dieser Periode von einem Beschäftigungsgrad im industriellen Sektor von rund einem Drittel ausgehen. Ausser der Textil- und Uhrenindustrie bestand kein nennenswertes Exportgewerbe und in fast allen Kantonen, die sich nicht mit der Baumwoll- oder Seidenbandindustrie beschäftigten oder ein intaktes Verlagssystem besassen, arbeitete man weiterhin vorwiegend im Primärsektor.

Auch wenn sich die Heimindustrie in der zweiten Hälfte des 18. Jahrhunderts permanent ausbreitete, zusätzliche Verdienstmöglichkeiten bei Ernteausfällen schuf und eine geeignete Arbeitsalternative im Winter darstellte, verschwanden während des gesamten Jahrhunderts in der Schweiz weder Armut, Not noch Hunger. Nach wie vor musste rund ein Drittel des Getreideverbrauchs importiert werden, was vor allem bei schlechten Ernten und Kriegen zu schwer wiegenden Versorgungsengpässen führte, besonders wenn die Wirtschaftskrisen einen grossen Teil Mitteleuropas in Mitleidenschaft zogen. Durch die starken Preisschwankungen bei den Importkonsumgütern wie Getreide und Salz wurde das Land immer wieder von Teuerungswellen überrollt. Diese Teuerung wirkte sich nicht nur auf die ärmere Bevölkerung, sondern auch auf die Absatzmöglichkeiten von verlagsindustriellen und gewerblich hergestellten Gütern aus. Als Folge musste die Arbeitsleistung eingeschränkt werden, die Heimarbeiter gingen leer aus, die Löhne konnten nicht bezahlt werden und der Hunger war allgegenwärtig. In Zeiten grosser Teuerungen und überraschender Absatzstockungen drohte den Arbeitnehmern bitterste Not und äusserste Verzweiflung. In solchen Krisenzeiten blieben manchem Schweizer wie früher die «Fremde Dienste» als einziger Ausweg – gerne oder ungerne.[10] Die Bevölkerung war solchen Krisen während des gesamten «Ancien Régime» machtlos ausgeliefert, sodass Siedlungsauswanderungen und Solddienste nach wie vor ein wichtiges Abflussventil darstellten. Deshalb darf, trotz der zweifellos feststellbaren allgemeinen Verbesserung der Lebensverhältnisse, nicht behauptet werden, der fremde Kriegsdienst habe völlig seine Notwendigkeit verloren.[11]

Die Aufklärung überschätzte quantitativ und qualitativ die Steigerungsfähigkeit der Landwirtschaft und die Technokraten das Fassungsvermögen der Industrie. Dennoch ist zu bemerken, dass während der zahlreichen Krisenjahre des 18. Jahrhunderts, zumeist provoziert durch ökonomische Krisen oder durch klimatische Einwirkungen, die militärische Auswanderung nicht signifikant zunahm.[12] Zu beachten ist zudem, dass dem Solddienst weiterhin in der reformierten und industrialisierten Eidgenossenschaft längst nicht jene Rolle wie in der noch weit gehend bäuerlich ausgerichteten innerschweizerischen Gesellschaft zukam. Vor allem die militärisch-politisch orientierten Ämteraristokratien hielten in diesen Regionen bis ins 19. Jahrhundert hinein an diesem Wirtschaftszweig fest, auch wenn er längst nicht mehr die Renditen abwarf wie früher.[13]

Aber auch in den alpinen und ackerbauorientierten Gegenden gab es Unterschiede. Nicht alle Täler waren von der Ab- und Auswanderung gleich betroffen.

Hier setzt die Kritik Bührers an der These Brauns an, der vom Prinzip ausgeht, dass Gegenden mit Heimindustrie grössere Verdienstmöglichkeiten aufwiesen und somit nicht vom Solddienst abhängig waren, währenddem agrarisch orientierte Gebiete Industrialisierungsansätze verhinderten und somit der Zwang zum fremden Kriegsdienst weit grösser war.

Bührer meint: «*Der Umstand, dass die heimindustrialisierten Gemeinden ähnlich hohe Söldneranteile aufwiesen wie die Agrargemeinden des Unterlandes, lässt sich mit Brauns These kaum vereinbaren. Allerdings war das Aufkommen der Heimindustrie massgeblich dafür verantwortlich gewesen, dass der Solddienst zu Beginn des 18. Jahrhunderts seine Funktion als zusätzliche Arbeits- und Verdienstmöglichkeit mehr und mehr verloren hatte.*»[14]

Was aber waren die Beweggründe der eher agrarisch orientierten Orte, sich nicht thesenkonform zu verhalten und trotz verbreiteter Armut zunehmend auf den Solddienst zu verzichten? Bührer fand für dieses Phänomen zwei Erklärungsmöglichkeiten: Zum Ersten das Phänomen der Armut. Dieses – in Form von nicht vorhandener oder nicht wahrgenommener Arbeitsmöglichkeit – habe sich als Folge des sozioökonomischen Wandels qualitativ verändert, sodass ein neues psychologisches Verhältnis zwischen der Bevölkerung und der Armut entstanden sei.

Zum Zweiten habe sich die Einstellung der Bevölkerung gegenüber den «Fremden Diensten» gewandelt. Die Solddienste hätten sowohl in wirtschaftlicher als auch in sozialer Hinsicht an Attraktivität verloren. Die Bevölkerung vertraute anscheinend den Verlagsherren mehr als den Solddienstunternehmern und legte ihr Schicksal lieber in einheimische Hände. Gerade dieses Vertrauen bewährte sich in Notzeiten. Trotz Krisen und tieferen Löhnen nahm die Bereitschaft zur militärischen Auswanderung stetig ab.[15] Durch die Verbreitung der Verlagsindustrie flossen bedeutende Geldmittel in agrarische Gegenden. Dies hatte zur Folge, dass viele Bauern dazu motiviert wurden, Kredite aufzunehmen. Die «Fremden Dienste» wurden als Alternative zunehmend unwirksam.[16]

Die positive Folge dieser Entwicklung war, dass zahlreiche Bauern ihr Einkommen nebst ihrem eigentlichen Erwerb mit der Heimarbeit aufbessern konnten; das machte sie generell krisenresistenter.[17] Die negative Folge dieser Entwicklung darf dabei nicht übersehen werden. Die Heimarbeiter wurden von ihren Verlagsherren völlig abhängig, was in Krisenzeiten soziale Spannungen fast unvermeidbar machte. Die wichtigsten Rekrutierungsgebiete verlagerten sich von der immer stärker industrialisierten Innerschweiz und den übrigen katholischen Kantonen in den Bodenseeraum, wo im 18. Jahrhundert rund 60 bis 80 Prozent der Gesamtbestände ausgehoben wurden, was mit einer wirtschaftlichen Bevorzugung der Städte und gleichzeitiger Verarmung der Landbevölkerung im süddeutschen Wirtschaftsraum zusammenhing.[18]

Die allmähliche Entmachtung der Ämteraristokratie

Finanziell in die Enge getrieben, in stetigem Kampf mit dem Bürgertum und von den ausländischen Finanzquellen abhängig, versuchte das traditionsgebundene und durch die «Fremden Dienste» reich gewordene Patriziat krampfhaft, an seinem Tätigkeitsfeld und an den Einkünften festzuhalten. Es fehlten ihm die innere Kraft und der äussere Anreiz, mit der jahrhundertealten Tradition zu brechen und von seiner oft nur noch künstlich am Leben erhaltenen Stellung herabzusteigen. Angesichts der zunehmend defizitären Entwicklung im Militärsektor nutzten nur wenige Solddienstunternehmer den Sprung ins Verlagsgeschäft, währenddem der Grossteil des Patriziats der traditionellen Lebensweise und damit der militärischen Unternehmung treu blieb. Anstatt den wahren Tatsachen des Zerfalls und der verbreiteten Interesselosigkeit der Bevölkerung am fremden Kriegsdienst ins Auge zu schauen, verbiss sich das Patriziat in kleinliche Streitigkeiten um Privilegien, Offiziersstellen und traditionelle Vorrechte.

Die Solddienstfamilien fanden somit nicht die nötige Kraft, sich in eine neue und rentablere Richtung zu orientieren. Die Erschaffung von zentral gelenkten Militärbürokratien entzog den freien militärischen Unternehmern ihre uneingeschränkte Selbstverwaltung. In der Folge kümmerten sich Kommissäre um die administrativen und versorgungstechnischen Aspekte. Die Bezahlung und die Truppenkontingente wurden reguliert und kontrolliert, die korrekte Ausführung der gegebenen Befehle überwacht und über die Inspektionen genau Bericht geführt. In Abhängigkeit vom Kriegsminister, der in Frankreich ab 1673 beispielsweise allein noch unmittelbaren Zugang zum Monarchen hatte, mussten alle Offiziere die Kommissäre als Repräsentanten der Krone respektieren. Somit wandelte sich in Frankreich das Unternehmerheer in eine Art zentral geleitetes Staatsheer um.[19] Für die Aristokratie entstand damit ein Kampf an zwei Fronten: Auf der einen Seite musste der zunehmende Druck auf die fremden Kriegsdienste gedämpft werden, und auf der anderen Seite galt es, die traditionelle Existenzgrundlage des Patriziats zu bewahren. Obwohl man sich zu Beginn erfolgreich an beiden Fronten zur Wehr setzte, kam es infolge der stetigen finanziellen Schwierigkeiten zum Zerfall des selbständigen Militärunternehmertums und zur politischen Entmachtung der auf Solddienste abgestützten innerschweizerischen Aristokratie. Dies führte zu einer wirtschaftlichen und gesellschaftlichen Umstrukturierung und bereitete den Boden vor für die helvetische Umwälzung.[20]

Das Festhalten an der Tradition entsprang vor allem der Sorge um den Erhalt und den Rückgewinn des politischen Einflusses sowie der Anziehungskraft des adeligen Lebensstils.[21] Wer aber einigermassen einsichtig war, musste erkennen, dass wirtschaftliche, finanzielle und somit auch politische Vorteile endgültig der Vergangenheit angehörten. Diese zum Teil selbst gewonnene Einsicht erleichterte dem

Patriziat wohl den Entschluss, den traditionellen Verdienstquellen zu entsagen und sich den neu aufkommenden, standesfremden Wirtschaftszweigen zuzuwenden.[22] Wenn von einer «wirtschaftlichen Notwendigkeit» gegen Ende des 18. Jahrhunderts die Rede ist, so trifft dies wohl am ehesten auf die aristokratischen Militärunternehmerfamilien des «Ancien Régime» zu, von denen aber längst nicht alle den Turnaround geschafft haben. Der Niedergang des Solddienstes im Allgemeinen und des Militärunternehmers im Speziellen, dessen Sozialprestige auf einen Tiefpunkt gefallen war, war damit besiegelt. Der im 18. Jahrhundert einsetzende Zerfall wurde im 19. Jahrhundert sogar noch beschleunigt![23]

Der lange Weg zum gesetzlichen Verbot der fremden Kriegsdienste

Nach der endgültigen Auflösung zahlreicher Schweizer Regimenter – 1815 in Sardinien-Piemont, 1816 in England, 1823 in Spanien, 1828/29 in den Niederlanden und 1830/32 in Frankreich – nahm die Bedeutung des ausländischen Kriegsdienstes schlagartig ab. Kritik wegen der Unterstützung despotischer und korrupter Regimes, die fortschrittliche demokratische Strömungen niederknüppeln liessen und somit die Befreiung unterdrückter Völker verzögerten, tauchte nicht nur in der Heimat, sondern auch vermehrt im Ausland auf. Die fremden Militärdienste sowie das Kriegshandwerk wurden in der Schweiz – infolge der Festigung des Nationalgefühls und der Demokratisierung – zusehends als gegenwartsferne Phänomene betrachtet, die sich der geistigen und materiellen Entwicklung der Zeit entfremdet hatten. Viele Soldverträge wurden als unzeitgemäss empfunden. Sie widersprachen dem sich ständig verengenden Neutralitätsbegriff. Kritische Stimmen reformierter Kreise verurteilten den fremden Kriegsdienst vor allem wegen der Entfremdung der einheimischen Jugend, des «Sittenverderbens», der stetigen Stockungen der vertraglich garantierten Zahlungen – besonders aus Frankreich – sowie wegen der «Abschlachtung» von Schweizer Bürgern auf den Schlachtfeldern.[24] Der Ruf des Söldnerhandwerks war derart ramponiert, dass den verarmten Heimkehrern anstelle von Interesse, Hochachtung und Anerkennung eher Misstrauen, Distanzierung und Abneigung entgegenschlugen.[25]

Mit dem Wegfall der komplizierten Bündnissysteme sowie vor allem durch die negative Erfahrung als Untertanengebiet Frankreichs und Schlachtfeld fremder Heere 1798/99 kam die Forderung nach einer verstärkten eidgenössischen Wehrkraft auf. Die besten militärischen Kräfte sollten nicht mehr durch Soldverträge ans Ausland gebunden sein, sondern zum Schutz der Heimat zur Verfügung stehen. So begann sich in ganz Europa das neue Prinzip der Nationalheere auszubreiten. Im Staat der traditionellen allgemeinen Wehrpflicht und der persönlichen Dienstleistung in der kantonalen Miliz hatte es für die «Fremden Dienste» keinen Platz mehr![26] Mit dem endgültigen Sturz der Aristokratie und

Unter dem Einfluss der Ideologie der Französischen Revolution und mit dem
Aufkommen der aufklärerischen Denkweise entfaltete sich in der Eidgenossenschaft
ein Meinungsstreit über die «Fremden Dienste». Im 18. Jahrhundert setzte eine immer
stärker werdende Dekadenz des fremden Kriegsdienstes ein. Phänomene wie
Aushebungsschwierigkeiten, steigende Werbekosten, die Nichteinhaltung der
Zweidrittelklausel sowie verstärkte Kritik aus dem In- und Ausland gegenüber den
«Fremden Diensten» wurden zur Tatsache. Den Heimkehrern schlug anstelle von
Interesse, Hochachtung und Anerkennung (Bild) nun eher Misstrauen, Distanzierung und
Abneigung entgegen.

der Ständeherrschaft in den 30er Jahren des 19. Jahrhunderts – angefangen in der Epoche der Helvetischen Republik – setzte sich mit der Entmachtung der letzten Befürworter der «Fremden Dienste» der Liberalismus vollends durch und entzog ihnen die Lebensbasis.[27] Die freisinnige Schweiz sah in den «Fremden Diensten» einen Widerspruch zur Würde und Ehre des Landes und untersagte im Artikel elf der Bundesverfassung von 1848 den Abschluss weiterer Militärkapitulationen.[28]

Ein Jahr später wurde die «Anwerbung für auswärtige Militärdienste» auf dem Territorium der Eidgenossenschaft verboten. Ohne harte Strafbestimmungen zeigte das Gesetz kaum Wirkung, sodass mit Artikel 98 des Militärstrafgesetzes von 1851 und Artikel 65 des Bundesgesetzes über das Bundesstrafrecht von 1853 die angedrohten Sanktionen verschärft wurden. Einige Kantone widersetzten sich diesem Verbot mit der Begründung, noch bestehende Verträge erfüllen zu müssen, sodass eine limitierte Rekrutierung bis 1859 weiterging. Noch im Jahre 1855 hatten die Kantone Appenzell Innerrhoden, Bern, Freiburg, Graubünden, Schwyz, Solothurn, Luzern, Uri, Wallis, Ob- und Nidwalden laufende Kapitulationen mit dem Königreich Beider Sizilien, die erst am 15. Juni 1859 abliefen.[29] Die Einhaltung des Verbotes wurde erst dann durchsetzbar, als es ausser der «Légion étrangère» in Frankreich und der Schweizergarde in Rom keine «Fremden Dienste» mehr gab.[30] Nach der Eroberung Perugias am 20. Mai 1859 durch das vor allem aus Schweizern alimentierte erste päpstliche Fremdenregiment kam es zu Ausschreitungen, was die liberale italienische und schweizerische Presse zu wilden Hetzkampagnen bewog, sodass der Bundesrat am 27. Mai 1859 die Entfernung der eidgenössischen und der kantonalen Embleme und Farben in den Regimentsfahnen beschloss.

Dies führte am 7. und 8. Juli 1859 zu offenen Meutereien und zu Disputen innerhalb der schweizerisch-neapolitanischen Truppen, sodass König Franz II. am 13. Juli des gleichen Jahres die Schweizer Regimenter in Neapel entliess. Die weiterhin im Dienste der Bourbonen weilenden Schweizer schlossen sich zum dritten Fremdenbataillon zusammen.[31] In der Folge unterstellten die schweizerischen Behörden den Eintritt in fremde, nicht nationale Truppen der Strafe. Der Bundesrat behielt sich das Recht vor, Bewilligungen zu erteilen. Den definitiven Dolchstoss erlitten die «Fremden Dienste» mit dem Ende der bourbonischen Herrschaft in Neapel im Jahre 1861[32] und der Entlassung der letzten päpstlichen Fremdenregimenter 1870. Die Bundesverfassung von 1874 hielt im Artikel elf das Verbot der «Militärkapitulationen» fest.[33] Doch erst mit dem am 13. Juni 1927 in Kraft gesetzten neuen Militärstrafrecht wurde das einst geachtete und bewunderte, dann nur noch geduldete und zum Schluss geächtete Söldnerhandwerk definitiv in die Geschichtsbücher verbannt.[34] Als einziger legaler Nachklang existiert noch heute die Schweizergarde des Vatikanstaates.[35] Die 1831 durch den französischen König Louis-Philippe ins Leben gerufene Fremdenlegion, in die sich seither zahlreiche Eidgenossen anwerben liessen, geniesst diesen legalen Status nicht. Hier ist jedoch in angenäherter Weise eine Brücke zur ersten Zeit des freien Söldnertums der Alten Schweizer zu finden, womit auch dieser Kreis geschlossen wäre.

Das Aufkommen der Nationalheere

Eine neue Form von fremden Kriegsdiensten tauchte – wie bereits im Aufsatz von Philippe Clerc erwähnt – zur napoleonischen Zeit auf, als die Eidgenossenschaft zwischen 1805 und 1807 gezwungen wurde, nebst einem Walliser und Neuenburger Regiment, vier Schweizer Regimenter in den französischen Dienst zu stellen. Sie wurden trotz der Vertragsklausel, nur für defensive Zwecke eingesetzt zu werden, auf den Schlachtfeldern in Italien, Spanien und 1812 im Russlandfeldzug in die Schlacht entsandt. Während der «Hundert Tage» kämpfte nur eine kleine Schweizertruppe unter der Führung der Gebrüder Stoffel auf der Seite Napoleons. Die vier ordentlichen Regimenter hatten ihm den Gehorsam verweigert und Frankreich verlassen.[36] Nach dem Sturz Bonapartes lebte die Tradition der «Fremden Dienste» wieder auf; die königliche Schweizergarde wurde 1814 neu gegründet und von 1816 bis 1830 dienten in Frankreich neben der Garde der Hundertschweizer erneut vier Linien- und zwei Garderegimenter. Die Neubelebung währte aber nur kurz, denn während der Julirevolution 1830 fielen rund 300 Schweizer bei der Verteidigung des Louvre und der Tuillerien, sodass die Tagsatzung im August alle Regimenter in die Schweiz zurückberief! Einzig in der am 9. März des Jahres 1831 gegründeten und zu Beginn von Oberst Christoph Anton Stoffel befehligten «Fremdenlegion» lebte und lebt die Tradition der «Fremden Dienste» in Frankreich weiter.[37] Obwohl vor allem der westliche Nachbar die eidgenössischen Solddienste stark gefördert hat, waren es die Französische Revolution und die letzte Phase der Regentschaft Napoleons, die den Niedergang des Söldnerwesens einläuteten. Infolge der in der Eidgenossenschaft allgemein eingeführten Wehrpflicht bildete sich das nationale Volksheer mit einem neuen Soldatentypus: dem Waffen tragenden und Truppendienst leistenden Bürger.[38]

Die ersten neuzeitlichen europäischen Massenheere veränderten die Kampfweise und demzufolge die operativen Führungsgrundsätze, das Versorgungssystem sowie die Methoden der Kriegsmittelbeschaffung, was in der Schweiz grosse Adaptionsprobleme zur Folge hatte. Während sich das französische Revolutionsheer und die Koalitionsheere in den Kriegsjahren von 1792 bis 1795 mit den neuen Einrichtungen und Kampfweisen zuerst vertraut machen mussten, gelang es Napoleon relativ schnell, die neuen Möglichkeiten der Kriegführung zu erkennen und auszunützen. Aus dem starren Schematismus der Einheitsarmee entstand eine zweckmässige Gliederung in waffengemischte Verbände. Dies erleichterte den Truppen ein schnelleres Manövrieren. Dennoch hatte sich das technische Wesen des Krieges kaum verändert, denn erst der Gebrauch des Hinterladegewehrs und des gezogenen Laufes in den Geschützen sowie der Bau der Eisenbahn und die Erfindung des Telegrafen läuteten eine neue Ära in der militärischen Entwicklung ein.[39]

Schweizer in «Fremden Diensten» nach dem Verbot

Währenddem wir bis ins 19. Jahrhundert von «Fremden Diensten» sprechen, ist der Begriff seit dem amtlichen Verbot nicht mehr gebräuchlich. Der Umstand ist jedoch geblieben, dass immer wieder junge Schweizer den Gang ins Ausland wagten, um im Solddienst eines ausländischen Potentaten das Brot als Krieger zu verdienen. Der Hang zum Abenteuer und die Leidenschaft nach dem kriegerischen Handwerk sind bei Einzelnen nach wie vor intakt. Auch wenn die materiellen Umstände in der Schweiz nach dem Solddienstverbot mit früher kaum mehr vergleichbar sind, so gab es doch immer wieder solche, die in der Auswanderung den einzigen Weg aus ihrer misslichen Lage sahen. Der Eintritt in fremde Heere war weiterhin eine der Optionen. So erstaunt es nicht, dass Schweizer im Krimkrieg und im griechischen Unabhängigkeitskrieg kämpften, im zaristischen Russland für Feldzüge in Polen und im Kaukasus Handgeld nahmen, die Westmächte im Kampf gegen die bolschewistischen Truppen unterstützten, im Dienst der englischen Kolonialpolitik in Nigeria und in British Guyana standen, im amerikanischen Sezessionskrieg teilweise gar eine wichtige Rolle spielten und in französischen Divisionen im Ersten Weltkrieg eingeteilt waren. Traditionsgemäss waren die Dienste in den Niederlanden in einzelnen Regionen des jungen Bundesstaates weiterhin recht beliebt. So finden wir schweizerische Söldner in den niederländisch-indischen Kolonien, im belgischen Kongo usw.

Ein neues Phänomen trat in der Form von «modernen Söldnern» auf, die aus politischer, religiöser oder ideologischer Überzeugung an Kriegen und inneren Auseinandersetzungen fremder Völker teilnahmen und heute noch teilnehmen! Dieser Umstand – losgelöst vom grundsätzlichen Verbot der «Fremden Dienste» – beeinflusst die historische Wertung dieser Kriegsdienste bis heute. Während die Teilnahme am Sezessionskrieg kaum gesellschaftliche Ächtung und Bestrafung hervorrief, war dies im Spanischen Bürgerkrieg völlig anders, besonders wenn auf der Seite der Internationalen Brigaden gekämpft wurde. Auch die Teilnahme am Zweiten Weltkrieg auf deutscher Seite stiess bei der überwältigenden Mehrheit der Bevölkerung schon in der damaligen Zeit auf völliges Unverständnis und heftige Ablehnung. Diese negative Konnotation ist bis heute nicht abgeklungen. In der Nachkriegszeit haben friedenserhaltende – oder gar die innere Stabilität eines Krisengebietes erzwingende Operationen der Vereinten Nationen oder der NATO an Bedeutung zugenommen. Nachdem das strategische Patt der Supermächte beseitigt war, wurde auch die Beteiligung der neutralen Schweiz zunehmend möglich.

Eine allgemeine Akzeptanz dieser militärischen Komponente der schweizerischen Sicherheitspolitik der jüngsten Zeit ist jedoch noch lange nicht erreicht. Es bleibt eine grosse Skepsis bestehen, obwohl niemand der Gegner bestreiten würde, dass Lawinenverbauungen präventiv am besten in der Nähe möglicher Anrissstellen gebaut werden und nicht erst unten im Lawinenzug. Die politische Brisanz dieser aktuellen Thematik und das Fehlen des Begriffes «Fremde Dienste» für solche Einsätze hat uns bewogen, bei vier historischen Beispielen zu bleiben und die Schweizer Freiwilligen in farbigen Mützen oder Helmen im Dienste internationaler Organisationen auszuklammern. Selbst die vier gewählten Problemkreise (Sezessionskrieg, Spanischer Bürgerkrieg, Schweizer in der Waffen-SS und Fremdenlegion) zeigen deutlich, dass «Fremde Dienste» aus ideologischen Gründen noch heute zu polarisieren vermögen und wie früher sehr facettenreich sind.

Der Prozess gegen Captain Henry Wirz

Von 1861 bis 1865 tobte auf dem amerikanischen Kontinent eine der blutigsten Auseinandersetzungen in der Geschichte der USA: der Amerikanische Bürgerkrieg. Elf Sezessionsstaaten mit neun Millionen weisser Bevölkerung standen 23 Unionsstaaten mit 23 Millionen Einwohnern gegenüber. Mehr als 1,5 Millionen Nordstaatler und 900 000 Südstaatler kämpften gegeneinander. Die Zahl der Gefallenen und Gestorbenen wird auf 620 000 geschätzt, davon entfallen 360 000 auf den Norden und 260 000 auf den Süden.[1]

Auch Schweizer standen im amerikanischen Bruderkonflikt unter Waffen. 1862 schätzte der Schweizer Generalkonsul, John Hitz, die Zahl der Schweizer alleine auf Unionsseite auf 6000 Mann. Über die Anzahl Schweizer auf Seiten des Südens gibt es keine Angaben. Es dürfte sich aber um bedeutend weniger gehandelt haben.[2] In der Unionsarmee gab es verschiedene Einheiten, in denen Schweizer einen wichtigen Anteil stellten. Das bekannteste Schweizer Regiment war das 15. Missouri-Freiwilligenregiment mit insgesamt 900 Soldaten und Offizieren. Dieses Regiment bestand zu zwei Dritteln aus Schweizer Auswanderern. Viele der Männer stammten aus St. Louis und den angrenzenden Gebieten des südlichen Illinois, wo die blühende Schweizer Siedlung Highland lag. An der Seite des Sternenbanners der Union flatterte auch das Schweizer Kreuz über dem Regiment, sodass dieses bald den Übernamen «Swiss Rifles» erhielt.[3]

Bei diesen Schweizern handelte es sich nicht um Söldner in «Fremden Diensten», sondern weit gehend um Immigranten, welche die amerikanische Staatsbürgerschaft bereits innehatten. Der heute wohl berühmteste Schweizer Unionsoffizier war der spätere Bundesrat Emil Frey. Auf Seiten der Konföderationsarmee gibt es ebenfalls einen Schweizer, der in die Geschichtsbücher einging: im Norden als Kriegsverbrecher, im Süden als Märtyrer – Captain Henry Wirz.[4]

Henry Wirz

Henry Wirz wurde am 25. November 1823 in Zürich unter dem Namen Hartman Heinrich Wirz geboren. Von 1840 bis 1842 erhielt er eine kaufmännische Ausbildung in Zürich und Turin. Sein Wunsch, Medizin zu studieren, blieb ihm aufgrund der Familienverhältnisse und der wirtschaftlichen Situation seiner Eltern versagt. 1847 kam er in seiner Heimatstadt ins Gefängnis, weil er offenbar seine Schulden nicht zurückbezahlen konnte. Er geriet in «leichfertigen Bankrott» und wurde wegen Betrugs und Unterschlagung zu vier Jahren Zuchthaus verurteilt.

Bereits nach etwas mehr als einem Jahr wurde Wirz entlassen, dafür aber für zwölf Jahre aus dem Kanton Zürich verbannt. Er reiste zuerst nach Moskau und 1849 in die USA. Seine Frau und seine beiden Kinder musste er in der Schweiz zurücklassen. Die Ehe wurde später geschieden. In den USA arbeitete Wirz unter anderem als Weber, Übersetzer oder Medizinalassistent. Seine beruflichen Stationen sind allerdings nicht ganz klar. Mit seiner neuen Familie – Wirz hatte 1854 eine Witwe geheiratet, die zwei Töchter in die Ehe einbrachte, und wurde 1855 selber nochmals Vater einer Tochter – landete er schliesslich als Verwalter und Homöopath auf einer Plantage in Miliken's Bend im Bundesstaat Louisiana.[5]

Nach Kriegsbeginn im April 1861 meldete sich Wirz am 16. Juni als Freiwilliger bei der lokalen Madison Infantry und kam mit dem Vierten Louisiana-Infanterieregiment nach Richmond. Dort übernahm er verschiedene Aufgaben in der Gefängnisverwaltung. 1862 war er in die Schlacht von Seven Pines involviert, wo er schwer verwundet wurde. Er zog sich an seinem rechten Arm eine derartig schwere Verletzung zu, dass an eine weitere aktive Kriegsteilnahme nicht mehr zu denken war. Die Wunde blieb zeit seines Lebens unheilbar und bereitete ihm ständig Schmerzen. Nur elf Tage nach der Schlacht, am 12. Juni 1862, wurde Henry Wirz zum Captain befördert. Er arbeitete weiterhin in der Gefängnisverwaltung, wobei er verschiedene Aufgaben übernahm.[6] Ein medizinischer Urlaub zur Behandlung seiner nicht heilenden Wunde führte Wirz in den Jahren 1863/64 für vier Monate zurück nach Europa und in die Schweiz, wo er seine Familie besuchte.

Das einzig bekannte von Wirz existierende Foto stammt aus der Zeit seines Aufenthalts in der Schweiz. Es wurde in einem Fotoatelier im aargauischen Baden aufgenommen und zeigt Wirz in der grauen Uniform der Konföderierten. Um die Europareise von Wirz ranken sich einige Spekulationen. So soll er als Bevollmächtigter des Südstaatenpräsidenten Jefferson Davis mit verschiedenen konföderierten Agenten in Verbindung getreten sein. Konkrete Beweise für diese Gerüchte gibt es aber bis heute nicht.[7] Im Januar 1864 kehrte Wirz in die USA zurück. Im März übernahm er das Kommando über das neu errichtete Gefangenenlager Camp Sumter, besser bekannt als Andersonville, im Südstaat Georgia. Während 14 Monaten führte er das Lager, bevor es im Mai 1865 aufgelöst wurde.[8]

Andersonville

Das Gefangenenlager von Andersonville war eng mit dem Schicksal von Wirz verbunden. Das Lager wurde im Februar 1864 im Bundesstaat Georgia eröffnet, weitab von der Front. Dies war notwendig geworden, weil die Front mit der erfolgreichen Unionsarmee immer näher an die Gefängnisse in Richmond rückte und damit ei-

Henry Wirz wurde am 25. November 1823 in Zürich unter dem Namen Hartman Heinrich
Wirz geboren. Nach Kriegsbeginn im April 1861 meldete er sich am 16. Juni als Freiwilliger
bei der lokalen Madison Infantry. Am 12. Juni 1862 wurde er zum Captain befördert
und arbeitete in der Gefängnisverwaltung. Im März 1864 übernahm er das Kommando
über das neu errichtete Gefangenenlager Camp Sumter, besser bekannt als Andersonville,
im Südstaat Georgia. Das einzig bekannte von Wirz existierende Foto stammt aus der
Zeit seines Aufenthalts in der Schweiz. Es wurde in einem Fotoatelier im aargauischen
Baden aufgenommen und zeigt Wirz in der grauen Uniform der Konföderierten.

263

nen Unsicherheitsfaktor darstellte.[9] Neue Lager wurden auch benötigt, weil das Scheitern eines Gefangenentauschabkommens im Frühling 1863 stets mehr Gefangene in die Lager spülte.[10]

Das Leben in Andersonville wie auch in anderen Lagern – sowohl im Norden wie im Süden – war für die Gefangenen mit grossen Qualen verbunden. Einige Zahlen und Angaben vermögen das Leiden in Andersonville zu verdeutlichen: Das Lager war für 10 000 Personen ausgelegt. Den Höhepunkt erreichte die Anzahl Gefangener Mitte August 1864 mit rund 33 000 Insassen. Die Platzverhältnisse waren erschreckend, war das Lager zu diesem Zeitpunkt doch nur gerade mal 26,5 Acres, also knapp elf Hektaren, gross.[11] Der Mangel war allgegenwärtig: Genügend Essensrationen fehlten, die vorhandene Nahrung war meist von schlechter Qualität und teilweise nur roh zubereitet. Es fehlte beispielsweise auch an Kochkesseln, Bratpfannen oder Brennholz, um die Rationen zubereiten zu können.[12] Feste Unterkünfte waren kaum vorhanden, die Gefangenen lebten in aus Ästen, Tüchern, Zeltplanen usw. zusammengeflickten Verschlägen, so genannten «Shebangs», oder hausten in Erdlöchern.

Holz wäre in den nahe gelegenen Wäldern genügend vorhanden gewesen. Allerdings mangelte es an Werkzeugen wie Äxten oder Spaten, um die Materialien für den Bau der Unterkünfte überhaupt beschaffen zu können. Andererseits nutzten Gefangene, die zur Holzbeschaffung abkommandiert wurden, ihren Einsatz immer wieder zur Flucht, weshalb man die Holzbeschaffung zeitweise aussetzte.[13] Die hygienischen Verhältnisse waren ebenfalls unhaltbar. Der Bach, der den Unrat hätte wegschwemmen sollen, hatte eine zu schwache Strömung. Weil er auch als Latrine genutzt wurde, verkam er zu einer Kloake, die zur Brutstätte für Fliegen und Mücken und zum Hort schwelender Krankheiten wurde.[14]

Die medizinische Versorgung war ein grosses Problem: Die Gefangenen litten unter Fieber, Durchfall, Ruhr und allerlei anderen Krankheiten. In den Wunden legten Fliegen ihre Eier ab. Medikamente waren kaum vorhanden. Das Lazarett wurde zu einem eigentlichen Sterbehospiz. Durch ungereinigte Verbände und Instrumente wurden die Krankheiten noch weiterverschleppt. Weiter litten die Gefangenen in den Sommermonaten unter dem feuchtheissen Klima.[15] Die Verhältnisse im Lager hingen mit der zeitlichen und kriegerischen Entwicklung zusammen. Je mehr Gefangene kamen, umso prekärer wurde die Situation. Auch militärische Aktionen des Nordens verschlechterten indirekt die Lage: Durch die Zerstörung von Eisenbahnlinien wurde auch die Versorgung des Lagers immer wieder unterbrochen. Die Versorgungslage im ganzen Konföderationsgebiet wurde umso schlechter, je weiter die Unionstruppen vorrückten.

Der Niedergang der Konföderation wirkte sich auch auf die Situation der Gefangenen aus.[16] Schliesslich eine letzte Zahl, die den Horror von Andersonville zu verdeutlichen vermag: Von den 45 613 Gefangenen, die einst durch die Tore des grössten Gefangenenlagers des Südens geschritten waren, blieben 12 912 Mann auf dem nahe gelegenen Friedhof zurück![17] Die Todesrate betrug damit 29 Prozent, eine der höchsten aller Gefangenenlager.[18] Nicht eingerechnet sind die Häftlinge, die nach der Freilassung an den Folgen des Lageraufenthalts starben. Der Historiker William Marvel schätzt die Todesrate auf insgesamt 35 Prozent.[19] Zum Vergleich: Im schlimmsten Lager des Nordens, Elmira in New York, starb jeder vierte Gefangene.[20] Im Durchschnitt starben in den Gefangenenlagern im Süden 15 Prozent, im Norden zwölf Prozent der Insassen. Insgesamt kamen im Norden und Süden über 56 000 Inhaftierte ums Leben.[21] Die US-Behörden sahen in der konföderierten Regierung und Henry Wirz die Ursache für das Massensterben in Andersonville. Diese waren für sie Kriegsverbrecher, die für ihre Taten büssen sollten.

Der Prozess

Henry Wirz wurde am 7. Mai 1865 verhaftet.[22] Er wurde nach Washington überführt und vor Gericht gestellt. Es nützte nichts, dass er sich auf das so genannte Sherman-Johnston-Agreement berief. Dessen Kapitulationsbedingungen galten auch für die konföderierten Armeeangehörigen in Georgia. Den unteren Chargen wurde darin freies Geleit zugesichert. Auch die Amnestieangebote der Union, gemäss denen nur ranghohe Behördenmitglieder und Militärs zur Verantwortung gezogen werden sollten, hatten für Wirz keine Gültigkeit.[23] Der Prozess begann im August 1865. Dabei gab es zwei Anklagepunkte: Erstens soll sich Henry Wirz gemeinsam mit anderen Konföderierten der Verschwörung gegen das Leben der gefangenen Unionssoldaten schuldig gemacht haben. Namentlich genannt wurden in einer ersten Anklageschrift neben Wirz auch Konföderationspräsident Jefferson Davis, Kriegsminister James Seddon und General Robert E. Lee; in einer überarbeiteten Anklageschrift wurden diese Namen allerdings weggelassen, in der Endfassung teilweise aber wieder hinzugefügt. Ziel der Verschwörung sei gewesen, die Gefangenen durch mangelnde Nahrung, ungenügende Unterkunft, fehlende medizinische Versorgung usw. zu schwächen und zu töten.[24]

Der zweite Anklagepunkt bezog sich auf die «individuellen» Vergehen von Wirz: Die Anklage listete 13 Fälle auf, in denen sie Wirz für den Tod von Gefangenen direkt verantwortlich machte. Wirz habe Gefangene erschossen, erschiessen lassen oder zu Tode geprügelt, mit Hunden zu Tode gehetzt oder so hart bestraft, dass die Gefangenen an den Folgen starben. Interessant an diesen Vorwürfen ist, dass von keinem einzigen Opfer der Name bekannt war.[25]

Der Prozess zog sich über gut zwei Monate hin. Wirz stand von Anfang an auf verlorenem Posten. Bereits der Gerichtshof selbst stellte eine Besonderheit dar. Armeeangehörige wurden bei kriminellen Vergehen jeweils vor ein offizielles Kriegsgericht gestellt. Zivilisten bzw. illoyale Bürger unterstanden in Kriegszeiten ebenfalls der Militärjustiz. Da sie aber nicht vor das Kriegsgericht gestellt werden konnten, belebte der Konflikt eine im Mexikanischen Krieg neu eingeführte Institution: die so genannten Militärkommissionen. Mit diesen Sondergerichten wurden die lokalen Zivilgerichte umgangen. Gewisse Parallelen zur Gegenwart, Stichwort «Al-Kaida-Häftlinge» in Guantanamo, sind unverkennbar. Bis zum Ende des Bürgerkriegs wuchs das System dieser Militärtribunale zu einem komplexen System heran. Da die Konföderierten vom Norden nicht als Angehörige einer fremden Armee bzw. fremder Behörden, sondern als «Rebellen» betrachtet wurden, unterstanden auch diese der Gerichtsbarkeit der Militärkommissionen.[26]

Im August 1865 allerdings hätte ein Zivilgericht Wirz aburteilen müssen, weil sich das Land bereits im Frieden befand. Staatsanwalt Norton P. Chipman rechtfertigte den Einsatz einer Militärkommission aber damit, dass der Krieg zwar vorbei sei, von den Südstaaten aber noch immer eine Gefahr ausgehe, die zum Aufflammen des Krieges führen könne.[27] Mit der Militärkommission war eine andere Verfahrensweise als vor Zivilgericht verbunden, was sich zum Nachteil von Wirz auswirkte. Staatsanwalt Chipman trat als Ankläger auf und hatte dabei quasi die gesamte Macht. Er entschied über die Zulassung der Zeugen, auch jene der Verteidigung. Zudem war er Berater der Militärkommission. Dieses Richtergremium bestand aus neun Offizieren und fungierte gleichzeitig als Jury. Wie voreingenommen diese Jury Wirz gegenüber bereits zu Prozessbeginn war, verdeutlicht ein Brief des Gerichtsvorsitzenden Lewis Wallace, des späteren Autors des Romans «Ben Hur». In einem Brief an seine Frau beschrieb er Wirz als *wild animal*. Wirz sei eine gute Wahl gewesen, zur Erfüllung seiner grässlichen Pflicht, schrieb Wallace.[28]

Insgesamt 160 Zeugen sagten aus. Mit zahlreichen Zeugen, die über Krankheiten, Mangelernährung, Schmutz, Überfüllung, Not und Tod berichteten, kreierte der Staatsanwalt eine *Parade des Horrors*. *Weil Andersonville schrecklich war, war auch Wirz schrecklich*, beschreibt Glen W. LaForce die Strategie der Anklage. Was die Mordanklage betrifft, so erklärten 145 der 160 Zeugen, dass sie weder von einem von Wirz begangenen Mord noch von einer schlechten Behandlung der Gefangenen durch diesen je Kenntnis erhalten hätten.[29] 15 Zeugen hingegen schilderten Wirz' vermeintliche Verbrechen in den schillerndsten Farben. Einige dieser Zeugenaussagen sind aber mit Vorsicht zu geniessen. So wurde beispielsweise einer der Zeugen später als Deserteur entlarvt. Ein anderer, ein Südstaatler, wurde nach seiner Aussage mit einem Posten in der US-Verwaltung belohnt.[30] 68 Zeugen sagten auf Einladung der Verteidigung aus, unter ihnen viele ehemalige Gefangene. Diese zeichneten von Wirz ein ganz anderes Bild. Wirz habe alles in seiner Macht Stehende getan, die Leiden im Lager zu lindern.[31] Oberst Daniel T. Chandler, der das Lager im September 1864 – also quasi auf dem Höhepunkt der Misere – inspiziert hatte, sagte Folgendes aus:

«I took the men aside and questioned them, so that Wirz could not hear me, as to any complaints they had to make, and none of them made any complaints against him. The complaints were mostly of insufficient food, of want of shelter, and want of clothing. No complaints were made about him to me.»[32]

Wirz selber wies in seiner Verteidigungsrede die Vorwürfe bezüglich der Verschwörung von sich. Insbesondere stellte er die Frage, weshalb er als einziger Verschwörer im Gerichtssaal sitze, obwohl sich einige der in der ersten Anklageschrift genannten Personen ebenfalls in US-Gewahrsam befanden. Im Zusammenhang mit den Mordvorwürfen räumte Wirz in einem einzigen Fall eine gewisse Mitverantwortung für den Tod eines Gefangenen ein. Dabei hatte er einem Gefangenen, der die so genannte Deadline überschritten hatte, gedroht, dass er ihn erschiessen lassen würde, falls er die Linie erneut überschreiten sollte. Die Deadline war eine mit einem Holzverschlag abgegrenzte Zone entlang der Palisaden, die für die Gefangenen eine Verbotszone darstellte. Der Sinn dahinter war, dass Tunnelbauten und Fluchtversuche verhindert werden sollten. Jedenfalls überschritt der Gefangene, kurz nachdem Wirz das Lager verlassen hatte, die Linie ein weiteres Mal.

Die Wachen folgten Wirz' Befehl und erschossen den Mann. *«I little thought that he [der Gefangene] would come back, or that his comrades would permit him, after their hearing the order, to go once more across the forbidden line»*, erläuterte Wirz den Vorfall aus seiner Sicht. *«I want all the sympathy, good feeling and confidence of this court too much to say or do anything that might give offence»*, richtete sich Wirz in seiner Verteidigungsrede weiter an das Richtergremium: *«It is composed of brave, honorable, and enlightened officers, who have the ability, I am sure, to distinguish the real from the fictions in this case, the honesty to rise above popular clamor and public misrepresentations, and who have names and reputations to transmit to history, and to leave unimpaired to their descendants. I cannot believe that they will either darken their intellect or prostitute their independence for the sake of crushing out the last faint embers of a life that is just ebbing out. I cannot believe that they will consent to let the present and future generations say of them that they stepped down from their high positions, at the bidding of power, or at the more reckless dictate of ignorant, widespread prejudice, to consign to a felon's doom a poor subaltern officer, who [...] sought to do his duty and did it.»* Wirz' Appell: *«I do not ask mercy, but I demand justice.»*[33]

Insbesondere für die Verschwörungstheorie musste sich die Anklage auf Indizien stützen. Die in der Anklage genannten Südstaatler seien alle in der Lage gewesen, den Grausamkeiten in Andersonville ein Ende zu setzen, lautete die Argumentation. Dies sei unterlassen worden, obwohl man um die Leiden der Gefangenen gewusst habe. Es sei daher logisch, dass es sich um eine Verschwörung gehandelt haben müsse, so der Staatsanwalt.[34] Was den zweiten Anklagepunkt betraf, ging Chipman auf jeden Fall detailliert ein und kam zum Schluss, dass die Anschuldigungen bei so vielen Zeugen nicht einfach nur das Resultat von Einbildung sein könnten.

Seine Ausführungen schloss er mit der Bemerkung ab, dass Wirz' Berufung auf Gehorsam gegenüber seiner Vorgesetzten nur als letzter verzweifelter Versuch eines Mannes zu verstehen sei, der sein Leben retten wolle.

Nach Chipmans Plädoyer trat als letzter Zeuge der Arzt des Old Capitol Prison, wo Wirz inhaftiert war, in den Zeugenstand. Der Arzt hätte den guten physischen Zustand des Angeklagten bestätigen sollen. Immerhin wurde Wirz ja vorgeworfen, er habe Gefangene mit dem Kolben seines Revolvers geschlagen und sei auf ihnen herumgetrampelt. Der Arzt stützte aber die Aussage der Verteidigung, dass Wirz wegen seiner Verletzung physisch gar nicht zu solchen Taten fähig gewesen sei.[35] Am 24. Oktober 1865 wurde Henry Wirz im ersten Anklagepunkt der Verschwörung sowie in zehn von 13 Fällen des zweiten Anklagepunkts für schuldig befunden und zum Tode durch den Strang verurteilt.[36] Einige der Spezifizierungen wichen allerdings von der Anklageschrift ab, so wurde in sechs Fällen das vermeintliche Datum des jeweiligen Verbrechens geändert; im weitest gehenden Fall wurde es vom Juni auf den September verlegt.[37]

Am 6. November 1865 schrieb Wirz ein Gnadengesuch an Präsident Johnson. «*Truly, when I pass in my mind over the testimony given, I sometimes almost doubt my own existence, I doubt that I am the Captain Wirz spoken of. I doubt that such a man as he is said to be ever lived, and I am inclined to call on the mountains to fall upon me and bury me and my shame*», beteuerte er seine Unschuld. Und er bat um eine schnelle Entscheidung: «*The pangs of death are short, and therefore I humbly pray that you will pass on your sentence without delay. Give me death or liberty. The one I do not fear; the other I crave.*»[38]

Wirz' Bittschrift fand kein Gehör, sodass der ehemalige Lagerkommandant am 10. November 1865 seinen letzten Gang antrat. Nicht nur im Hof des Old Capitol Prison standen die Zuschauer, auch ausserhalb der Mauern verschafften sich die Schaulustigen den Überblick, indem sie auf Bäume stiegen, von wo sie über die Mauer blicken konnten.[39] Der für die Hinrichtung zuständige Major soll Wirz darauf hingewiesen haben, dass er nur seine Befehle ausführe, bevor er ihm die schwarze Kapuze über den Kopf zog. «*I know what orders are, Major. And I am being hanged for obeying them*», sollen Wirz' letzte Worte gewesen sein, bevor die Falltür um 10.32 Uhr geöffnet wurde. Ein kleines Detail am Rande: Am Ort der Hinrichtung steht heute der Oberste Gerichtshof der USA.[40]

Die Hintergründe

Betrachtet man die Ereignisse während des Amerikanischen Bürgerkriegs, so gibt es Hinweise auf Kriegsverbrechen auf beiden Seiten. Nach dem Krieg bestimmte aber der siegreiche Norden das weitere Vorgehen. Während die US-Behörden keine grossen Anstrengungen unternahmen, allfällige Kriegsverbrecher auf der eigenen Seite

Das Gefangenenlager von Andersonville wurde im Februar 1864 im Bundesstaat Georgia eröffnet, weil die Front mit der erfolgreichen Unionsarmee immer näher an die Gefängnisse in Richmond rückte und damit einen Unsicherheitsfaktor darstellte. Neue Lager wurden benötigt, da das Scheitern eines Gefangenenaustauschabkommens 1864 stets grössere Zahlen von Gefangenen in die Lager spülte.

zu verfolgen, nahmen sie auf der gegnerischen Seite in erster Linie die einstigen politischen Führer ins Visier. Die militärischen Führer hingegen mussten kaum mit Strafverfolgung rechnen. Im Zusammenhang mit der Verschwörungstheorie zur Tötung von Unionsgefangenen gerieten neben Wirz zwar auch andere Lagerverantwortliche ins Blickfeld der Justiz, aber schliesslich endete nur ein einziger Angehöriger der Konföderationsarmee am Galgen.[41]

Es stellt sich also die Frage, weshalb Wirz der Einzige war, der als Kriegsverbrecher hingerichtet wurde. Es gibt verschiedene Aspekte und Faktoren, die zum Urteil gegen Wirz führten oder zumindest dazu beigetragen haben. Einen wichtigen Einfluss hatte die in der Öffentlichkeit geführte Debatte über das Los der Kriegsgefangenen. Diese bereitete das Feld für den Prozess vor. Nachdem ein Austauschabkommen 1864 endgültig gescheitert war, füllten immer mehr Gefangene die Lager auf beiden Seiten. Vor allem die Südstaaten waren mit dem rasanten Anstieg der Gefangenenzahlen überfordert. Die Lebensbedingungen für die Häftlinge waren miserabel. Bei der Übergabe von 15 000 kranken und schwer verwundeten Gefangenen an die Union 1864 kamen schockierende Bilder an die Öffentlichkeit: Ausgemergelte und bis auf die Knochen abgemagerte Gefangene führten zu einem empörten Aufschrei.

Nach dem Krieg kehrten weitere zehntausende Kriegsgefangene heim, und damit wurde das Bild der grausamen Südstaaten in die Stuben des Nordens getragen. Für die Behandlung der Gefangenen wurde Vergeltung gefordert.[42] Für die US-Regierung war der Prozess gegen Wirz in diesem Zusammenhang ein probates Mittel, um von der eigenen Verantwortung abzulenken. Die Regierung hatte sich nämlich gegen ein Austauschabkommen gewehrt, solange schwarze Soldaten von der Konföderation nicht als Armeeangehörige anerkannt und dementsprechend behandelt wurden. Dieses Vorgehen sorgte im Norden für Kritik an der eigenen Regierung, der vorgeworfen wurde, aufgrund dieser Weigerung für die steigende Zahl Kriegsgefangener mitverantwortlich zu sein.[43] Dass Wirz zum eigentlichen Sündenbock abgestempelt wurde, hat weiter mit dem Prozess gegen die Mörder von Abraham Lincoln zu tun. In diesem versuchte die Generalstaatsanwaltschaft zum ersten Mal, die Konföderationsregierung der Verschwörung zu überführen, scheiterte aber kläglich.

Der Prozess gegen Wirz sollte eine neue Möglichkeit bieten, mit dem Verschwörungsvorwurf die obersten Regierungs- und Militärkreise der Südstaaten zur Verantwortung zu ziehen. Wirz war in diesem Sinne nur ein Mittel zum Zweck. Hierin liegt wohl der Hauptgrund, weshalb Wirz in die Mühlen der Justiz geriet: Er galt als Symbol für das verruchte Südstaatenregime, ja für die ganze verruchte Gesellschaftsordnung des Südens. Mit seiner Vorgeschichte als vermeintlich Verantwortlicher für den Tod Tausender war er die ideale Person für einen Schauprozess; und konnte man Wirz der Verschwörung überführen, dann würden automatisch auch seine vermeintlichen Mittäter hängen. Während des Prozesses sollte deren Mitschuld ersichtlich werden.[44] Insbesondere Kriegsminister Edwin M. Stanton wollte die Führer der Konföderation so schnell wie möglich zur Rechenschaft ziehen. Die Vermutung, dass es ihm darum ging, via Wirz auch Jefferson Davis zur Verantwortung zu ziehen, wird durch eine Schilderung von Wirz' Verteidiger Louis Schade bestärkt. Dieser schrieb 1867 in einem offenen Brief an das amerikanische Volk, dass Wirz am Tag vor seiner Hinrichtung von einem «hohen Kabinettsmitglied» folgendes Angebot gemacht worden sei: Sollte Wirz gegen Jefferson Davis aussagen, werde sein Leben verschont. Wirz aber lehnte ab.[45]

Wirz' Weigerung, Südstaatenpräsident Davis anzuschwärzen, um damit sein eigenes Leben zu retten, machte den Lagerkommandanten im Süden später zum Märtyrer für den so genannten «Lost Cause» der Konföderation. Dass Wirz zum «Dämon von Andersonville» wurde – so hiess ein Buch, das noch während des Prozesses veröffentlicht worden war –, hat auch mit der Presse zu tun. Zur Zeit seiner Verhaftung war Wirz ein Unbekannter. Mit dem Prozess bzw. im Vorfeld des Prozesses wurde er durch eine regelrechte Hetzkampagne in der Presse zur Symbolfigur für das Grauen in den Gefangenenlagern im Allgemeinen und in Andersonville im Speziellen.[46]

In der «New York Tribune» beispielsweise wurde Wirz im Verlauf des Julis 1865 als *«the Andersonville savage»*, *«the inhuman wretch»*, *«the infamous captain»* oder *«the barbarian»* bezeichnet sowie als *«short, thickset Dutchman, repulsive in appearance, besotted, ignorant and cruel»* beschrieben.[47] Wirz geriet vor allem nach dem Tod seines Vorgesetzten General John H. Winder in den Fokus der Öffentlichkeit. Der für die Gefangenenlager verantwortliche Winder starb im Februar 1865 noch vor Kriegsende und konnte daher nicht mehr zur Verantwortung gezogen werden. Es lässt sich in diesem Zusammenhang darüber spekulieren, ob Wirz seinem traurigen Schicksal entronnen wäre, hätte Winder nach dem Kriegsende noch gelebt.[48]

Gewisse Nahrung erhalten solche Überlegungen durch Staatsanwalt Chipman selbst, der in seinen 1911 veröffentlichten Erinnerungen zum Andersonville-Prozess andeutete, dass er Winder für den wahren Schuldigen hielt. *«Throughout the history of Andersonville, it will be found that General Winder was the moving spirit of evil»*, schrieb Chipman.[49] Dass Wirz als Sündenbock diente und an ihm ein Exempel statuiert wurde, verdeutlicht folgende Passage: *«It was too soon after the arms of rebellion had been laid down for the North to forgive or forget. Our President had been cruelly assassinated; many of the leaders of the Rebellion were in confinement under charges of high treason; the public mind was feverish and in a condition of high tension. The crimes with which Wirz and his co-conspirators stood charged, were of such a character as to arouse in the minds of those who had suffered by the Rebellion, a spirit of deep resentment, and to demand speedy punishment where guilt was shown.»*[50]

Es ging also vor allem darum, die erhitzten Gemüter rasch zu beruhigen, indem man ein Exempel an den Rebellen statuierte – und Wirz war dafür der richtige Mann, zur richtigen Zeit, am richtigen Ort. Auch aus einem weiteren Grund war Wirz der geeignete Sündenbock: «*Thank God, [he] is not of American origin!*», schrieb die Zeitschrift «Leslie's Illustrated Newspaper» am 23. September 1865 voller Erleichterung.[51] Wirz war in den Augen der Presse und Öffentlichkeit ein Ausländer. Wegen seines starken gutturalen Akzents wurde er meistens für einen Deutschen gehalten. Gefangene bezeichneten ihn abschätzig als «*Dutch Louse*».[52]

Wirz' ausländische Herkunft ist im Zusammenhang mit dem Prozess ein wichtiger Punkt, wenn man sich das Verhältnis zwischen Amerikanern und Einwanderern zur damaligen Zeit vor Augen führt. Die grossen Einwandererströme in den 1840er und 1850er Jahren hatten insbesondere im Norden der USA eine gewisse Ausländerfeindlichkeit ausgelöst. Die grössten Zuwanderergruppen machten Iren und Deutsche aus. Während die mehrheitlich katholischen Iren in ihren Siedlungsgebieten starke antikatholische Gefühle auslösten, eckten die eher dem Protestantismus angehörenden Deutschen wegen ihrer fehlenden Englischkenntnisse an.[53] Von 4,89 Millionen europäischen Einwanderern zwischen 1830 und 1860 stammten 1,36 Millionen aus dem deutschsprachigen Raum. Diese trafen auf einen ausgeprägten Amerikanismus. Insbesondere die einwandererfeindlichen Anhänger der «Native American Party» und der so genannten «Know-Nothings» wehrten sich mit xenophoben Argumenten gegen die Einwanderung.[54] Obwohl im Amerikanischen Bürgerkrieg 200 000 Deutsche auf Seiten des Nordens kämpften, blieben diese den «Amerikanern» wegen ihrer sprachlichen und kulturellen Andersartigkeit suspekt. Deutschfeindlichkeit herrschte auch innerhalb des Militärs. Dies insbesondere nachdem «deutsche Regimenter» für die Niederlage der Schlacht von Chancellorsville verantwortlich gemacht wurden.[55]

So ist es nicht erstaunlich, dass sich die Deutschfeindlichkeit auch gegen Wirz auswirkte. Die Presse etwa wies auf Wirz' vermeintlich deutsche Nationalität hin und arbeitete mit entsprechenden Stereotypen: Sie verwies auf seine typisch preussisch-geschäftsmässige Formalität, seine barschen Gewohnheiten sowie seine gehorsame Effizienz.[56] Selbst die Deutschen richteten sich gegen ihren vermeintlichen Landsmann.[57] Wirz wurde aber nicht nur fälschlicherweise für einen Deutschen gehalten, sondern trug auch das zweite «negative» Attribut der Immigranten: Er war Katholik im protestantischen Amerika. So wurde in der Presse gar die Frage aufgeworfen, wie viel Geld der Papst Wirz wohl für dessen Verteidigung habe zukommen lassen.[58]

Wirz wurde schliesslich auch zum Verhängnis, dass sich kaum jemand für ihn einzusetzen wagte. Während die unteren Chargen der Konföderierten von einer ersten Amnestie profitierten, mussten ranghöhere Militärs und Regierungsmitglieder individuell um Begnadigung ersuchen. Viele erhielten dabei Unterstützung durch Petitionen ihrer Landsleute. Konnte etwa Jefferson Davis auf tausende Bittschriften zählen, machte sich für Wirz kaum jemand stark.[59] Einer der wenigen, der ein Gnadengesuch an Präsident Andrew Johnson richtete, war Wirz' Verteidiger Louis Schade.[60] Als Bittsteller für Wirz trat auch ein Estwick Evans in Erscheinung, der in seinem Schreiben mit religiösen Argumenten die Begnadigung erbat.[61] Nach langem Zögern setzte sich auch der schweizerische Generalkonsul in Washington, John Hitz, für Wirz ein. Allerdings erst einen Tag vor der Hinrichtung schrieb er ein Gnadengesuch an Präsident Johnson.[62] Sein Engagement mutet jedenfalls etwas seltsam an. So weigerte sich Hitz beispielsweise in den Wochen zuvor, Geld zu verwalten, das von einigen Personen in der Schweizerkolonie für die Verteidigung von Wirz gesammelt worden war. Offenbar wollte Hitz den Namen Wirz so wenig wie möglich in Zusammenhang mit der Schweiz bringen, die als «Schwesterrepublik» der USA galt.[63]

In seinem Jahresbericht für das Jahr 1865 an den schweizerischen Bundesrat verlor Hitz keine einzige Silbe über Wirz und den gegen ihn geführten Prozess.[64] Dies erstaunt, da der Fall nicht nur in der nördlichen US-Presse praktisch täglich für Schlagzeilen gesorgt, sondern auch in der Schweizer Presse Niederschlag gefunden hatte. *«Die Zeugenvernehmung in dem Wirzschen Prozess bringt sehr gravierende Thatsachen gegen den Angeklagten an's Licht»*, schrieb die «Neue Zürcher Zeitung» am 15. September 1865. Und bedauernd meinte sie zu Wirz' Herkunftsort: *«Leider ist, wie wir vernehmen, der angeklagte Wirz ein Zürcher, der in seiner Vaterstadt einen schlimmen Ruf hinterlassen hat.»*[65]

Ein ganzes Bündel von Faktoren also beeinflusste das Schicksal von Henry Wirz. Der Schweizer war nach dem Krieg geradezu die geeignete Person, um den Rachedurst des siegreichen Nordens vorerst zu stillen. Wirz endete als «Stellvertreter» und Sündenbock für die Konföderationsregierung und die Konföderation am Galgen. Dass er schliesslich als Einziger für seine vermeintlichen Vergehen hingerichtet wurde, hängt mit der Amnestiepolitik der Präsidenten Lincoln und Johnson zusammen, die manch einen Konföderierten – am Ende gar Jefferson Davis – vor der juristischen Strafverfolgung bewahrte.[66]

Henry Wirz heute

Der Fall Henry Wirz ist bis heute umstritten und hinterlässt gewisse Zweifel bezüglich seiner Schuld als Lagerkommandant. Einerseits wird Wirz in keinem der Inspektionsberichte über das Lager negativ dargestellt. Vielmehr wird er für seinen Einsatz und seine Pflichterfüllung gelobt. Es finden sich auch zahlreiche Dokumente, gemäss denen er immer wieder dringend benötigten Nachschub für die Gefangenen anforderte. Andererseits ist unbestritten, dass Wirz ein eher profaner und impulsiver Mensch war, der oft geflucht haben soll. Er war also kaum eine Person, die auf Anhieb auf die Sympathien ihrer Mitmenschen zählen konnte. Vor allem seine ständig Schmerzen verursachende Verletzung dürfte zu einer gewissen Charakteränderung beigetragen haben.

Auch wenn bezüglich der Person Henry Wirz' ein zwiespältiger Eindruck bestehen bleibt, so sind sich die Geschichtsforscher grossmehrheitlich einig, dass es sich beim Prozess gegen den Lagerkommandanten um einen unfairen Schauprozess gehandelt hat. Insbesondere der Vorwurf der Verschwörung erweist sich als unhaltbar. Interessant ist in diesem Zusammenhang, dass eine andere Militärkommission in einem ähnlichen Fall im August 1866 anders als bei Wirz entschied: Der betroffene Lagerkommandant wurde für nicht schuldig erklärt mit der Begründung, dass er nicht direkt für den Verstoss gegen das Kriegsrecht verantwortlich sei, sondern allzu stark auf die Behörden in Richmond vertraut habe, dass diese die Zustände im Lager verbessern würden.[67]

Die Frage hingegen, ob sich Wirz individueller Vergehen schuldig gemacht hat oder nicht, kann aufgrund der widersprüchlichen Zeugenaussagen nicht schlüssig beantwortet werden. Würde man den Fall nach dem Grundsatz «im Zweifel für den Angeklagten» beurteilen, wäre aber ein juristischer Freispruch die logische Folge. Henry Wirz ging als Verschwörer, Kriegsverbrecher und Mörder auf der einen, als Kriegsheld und Märtyrer auf der anderen Seite in die amerikanische Geschichte ein. Noch bis heute beschäftigt er die Gemüter. Eine erste Kontroverse hatten die «United Daughters of the Confederacy» ausgelöst, die 1906 eine Bewegung für eine Gedenkstätte für Wirz initiierten. Dieses Vorhaben löste im Norden Empörung aus, doch am 12. Mai 1909 wurde in Andersonville ein zu Ehren Wirz' errichtetes Denkmal eingeweiht.[68]

Die Wogen der Empörung gingen damals nicht nur in den Nordstaaten hoch, sondern schwappten bis nach Europa hinüber. Im «Bund» vom 4./5. März 1908 kritisierte der Unionsveteran und frühere Bundesrat Emil Frey das Vorhaben: *«Niemals sind Kriegsgefangene in einem zivilisierten Lande so über alle Massen grausam behandelt worden, wie in dem Pferch zu Andersonville, der unter dem Befehl von Major Wirz stand.»*[69] Das Denkmal in Andersonville ziert noch heute den Dorfkern, und selbst eine kleine Strasse ist nach Wirz benannt. Der einstige Lagerkommandant ist bis heute nicht in Vergessenheit geraten. So findet in Andersonville jedes Jahr am Sonntag vor oder nach dem 10. November, dem Tag der Hinrichtung, eine Erinnerungsfeier statt: der «Annual Captain Henry Wirz Memorial Service». Dabei werden seit 1993 vier Fahnen geehrt – jene der Konföderation, jene der Union sowie jene der Schweiz und jene der Familie Wirz.[70] Auf dem Mount-Olivet-Friedhof in Washington, wo Wirz begraben liegt, finden ebenfalls regelmässig Gedenkfeiern statt. Weiter gibt es Anstrengungen, Henry Wirz zu rehabilitieren.

Das «Henry Wirz Exoneration Committee» versucht, den Fall wieder vor Gericht zu bringen und neu bewerten zu lassen. Speziell dabei ist, dass nur direkte

Nachkommen einen entsprechenden Antrag zur Wiederaufnahme des Verfahrens einbringen können. In den kommenden Jahren könnte durchaus Bewegung in den Fall kommen, da Nachkommen von Wirz' Tochter Cora Lee heute noch im US-Bundesstaat Louisiana leben. Dem Komitee gehört mit dem gebürtigen Stadtzürcher und heute in Bremgarten bei Bern lebenden Heinrich L. Wirz auch ein Urgrossneffe von Henry Wirz an. Ob die Rehabilitationsanstrengungen dereinst fruchten werden, wird die Zukunft zeigen, doch zumindest eine letzte Hoffnung von Henry Wirz scheint sich mittlerweile erfüllt zu haben: «*My life is demanded as an atonement. I am willing to give it, and hope that after a while I will be juged differently from what I am now.*»[71]

Schweizer im Spanischen Bürgerkrieg

Der Aufsatz gliedert sich in drei Teile: In einem ersten Teil wird das spanische Grundproblem dargestellt, bei dem es insbesondere darum geht, die Ursachen aufzuzeigen, die zum Spanischen Bürgerkrieg führten. In einem zweiten Teil wird der Kriegsverlauf skizziert, und der dritte Teil behandelt schliesslich die Schweizer Spanienkämpfer. Besonderes Augenmerk gilt dabei den Fragen, welche Motive hinter einem Spanieneinsatz standen und wie die Spanienkämpfer nach ihrer Rückkehr in die Schweiz behandelt wurden.

Das spanische Grundproblem

Für die Darstellung des spanischen Grundproblems erweist sich das von der Dozentur Militärgeschichte der Militärakademie an der Eidgenössisch Technischen Hochschule Zürich ausgearbeitete Konfliktmodell zum Spanischen Bürgerkrieg als sehr hilfreich. Aus Gründen der Chronologie wird allerdings nicht mit dem äussersten, sondern mit dem zweiten Kreis begonnen:

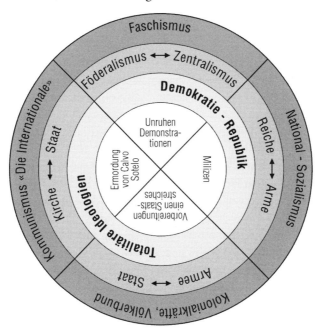

Polarisierung

Spanien war zu Beginn des letzten Jahrhunderts – von wenigen regionalen Ausnahmen abgesehen – ein von grosser sozialer Ungleichheit geprägtes Agrarland.[1] Die Bevölkerung bestand aus einer schmalen, reichen Oberschicht und einer breiten, armen Unterschicht. Was fehlte, war eine tragende Mitte, die verschiedenste Reformen hätte vorantreiben können, um das Land sowohl politisch als auch wirtschaftlich und sozial zu modernisieren. Gestützt wurde diese ständische soziale Ordnung von der katholischen Kirche. Sie stand der Aufklärung, dem liberalen Gedankengut und den sozialistischen Ideen ablehnend gegenüber und war ein wichtiger Stützpfeiler der Monarchie. Ebenso sah sich das Militär als Hüter der alten Verhältnisse und war bereit, die traditionelle Ordnung zu stützen und zu bewahren.

Allerdings war ein wichtiges Problem im Verhältnis zwischen Armee und Staat, dass sich führende Offiziere häufig für kompetenter hielten als die Politiker mit ihrem Parteiengezänk und bereit waren, in Krisenzeiten in die Geschicke der Politik einzugreifen und sie zu bestimmen. Als viertes und letztes Problem der Polarisierung ist der Konflikt zwischen Zentrum und Peripherie zu nennen. Industriell entwickelte Randregionen wie das Baskenland oder Katalonien, wo es auch nationalistische Strömungen gab, waren politisch rechtlos und wurden vom eher rückständigen und agrarischen Zentrum dominiert. Eine Zuspitzung erfuhr das politische Klima nach dem Ersten Weltkrieg, womit ich zum dritten Kreis komme.

Ideologisierung in den 20er und 30er Jahren

1923 übernahm Primo de Rivera mit dem Segen der Krone und des Militärs die Diktatur. Er hätte dem politischen Chaos nach dem Ersten Weltkrieg ein Ende bereiten sollen. Doch während seiner Regierungszeit unterdrückte er weit gehend soziale Themen und schob dringend notwendige Reformen auf die lange Bank, wobei er einen strikt antikommunistischen und antisozialistischen Kurs fuhr. Zur linken Opposition gesellten sich mit der Zeit auch die bürgerlichen Führungsschichten des Landes, und 1931 war schliesslich das Scheitern dieses autoritären Weges offenkundig. In einem Plebiszit wurde die Monarchie abgeschafft und die Zweite Spanische Republik ausgerufen. Reformwillige Sozialisten übernahmen, unterstützt von republikanischen Parteien, die Macht. Die anfangs mit deutlicher Parlamentsmehrheit regierende linksrepublikanische Führung unter Manuel Azaña konnte trotz sozialer Reformen – man spricht hier vom «bienio de reformas» – die beiden Hauptprobleme, die Agrarreform und das Verhältnis zwischen Kirche und Staat, aufgrund des Widerstands der Grossgrundbesitzer und der Kirche nicht lösen und wurde schon 1933 von einer Mehrheit der Rechts- und Mittelparteien abgelöst, womit wir beim innersten Kreis – der Radikalisierung – angelangt wären.

Radikalisierung

Die ebenfalls zwei Jahre währende Rechtsregierung – man spricht hier vom *«bienio negro»* – machte die meisten Reformen wieder rückgängig und sah sich häufig mit Arbeiteraufständen und Streiks konfrontiert, die von Sozialisten, Anarchosyndikalisten und Kommunisten organisiert wurden. Weit reichende Folgen hatte der Aufstand in Asturien: Ungefähr 30 000 Bergarbeiter eroberten die Städte Oviedo und Gijón und riefen eine Sowjetrepublik aus. Nur nach erbitterten und blutigen Kämpfen und mit dem Einsatz der Afrikaarmee und der Fremdenlegion konnte unter Führung des Generals Francisco Franco der Aufstand niedergeschlagen werden.

Dieser «spanische Oktober» von 1934 führte zu einer deutlichen Radikalisierung und gesamtgesellschaftlichen Polarisierung. Die Rechte sah ihre Ängste bestätigt und betrachtete sich als einziges Bollwerk gegen Sozialismus, Anarchismus und Kommunismus. Die Linke andererseits sah auch in Spanien den Faschismus wie in Italien und Deutschland an die Macht kommen und war gespalten in einen gemässigt-reformistischen und einen radikaleren Flügel, der den bestehenden Staat ganz ablehnte und einen von Arbeitern geführten sozialistischen Umsturz anstrebte. Als nach den Februarwahlen 1936 die Volksfront siegte, versuchten sowohl die rechte wie die linke Seite vermehrt mit paramilitärischen Stosstrupps ihren Anliegen Gehör zu verschaffen.

Das Fass zum Überlaufen brachte im Sommer 1936 ein doppelter Mord: Am 12. Juli verübten Falangisten – ein Zusammenschluss von Primo de Rivera und seinen Anhängern mit Bewunderern des Nationalsozialismus – ein Attentat auf den republikanischen Leutnant der Sturmgarde, José Castillo, dessen Tod tags darauf mit dem Mord am Führer der Monarchisten im Parlament, José Calvo Sotelo, gerächt wurde. In den Augen der führenden Militärs war der Augenblick zum Handeln gekommen, und am 17. Juli 1936 wurde der längst vorbereitete Putsch ausgelöst. Doch der Staatsstreich misslang, einerseits weil die Armee gespalten war, andererseits weil es der Republik gelang, grosse Massen der Bevölkerung zu mobilisieren. Grosse Teile des Südens sowie der gesamte Osten und Norden (ausser Galizien) blieben in den Händen der Republik, die damit die Kontrolle über die grösseren Städte, die Wirtschaftszentren und die Hauptstadt des Landes behielt. Es stellte sich bald heraus, dass ein Bürgerkrieg bevorstand, vor allem auch deshalb, weil die militärischen Kräfteverhältnisse zwischen Aufständischen und Regierungstruppen zu Beginn des Krieges ziemlich ausgeglichen waren.

Militärische Kräfteverhältnisse zu Beginn des Krieges:[2]

	Regierung	Aufständische
Landheer	55 225	62 275
Luftwaffe	3 300	2 200
Seestreitkräfte	13 000	7 000
Polizeitruppen	40 500	27 000
Insgesamt	112 025	98 475

Internationales Umfeld (äusserster Kreis)

Nun spielte die internationale Hilfe. Mit deutschen Flugzeugen konnte die in Marokko stationierte Fremdenlegion nach Spanien übergesetzt werden und mit Hilfe von Teilen der spanischen Flotte, vor allem aber dank der Passivität des Völkerbundes, gelangten auch marokkanische Kolonialtruppen aufs Festland. Wenn bei diesen Kräfteverhältnissen noch das Afrikaheer mit 45 000 Mann hinzugerechnet wird, stellt sich die Ausgangssituation für die Aufständischen günstiger dar als für die Republik. Diese besass jedoch den Vorteil, über den grösseren Teil der Wirtschaftskapazität des Landes zu verfügen. Im Laufe des Krieges erhielt die nationalistische Seite effizientere internationale Hilfe: Italien sandte rund 80 000 Kämpfende nach Spanien, Deutschland mit seiner Fliegerstaffel, der Legion Condor, etwa 19 000.[3] Auf Seiten der Republik waren es ungefähr 59 000, die in den von den Kommunisten geformten Interbrigaden bereit waren, gegen Franco zu kämpfen. Rein nummerisch war es nur eine Frage der Zeit, bis Franco die Oberhand gewinnen konnte.

Der Kriegsverlauf

Die erste Phase bis Frühling 1937 ist zunächst einmal geprägt von vergeblichen Versuchen der Aufständischen, die Hauptstadt einzunehmen.[4] Mit Hilfe von Tausenden von Zivilisten und der Internationalen Brigaden konnten Anfang November, nachdem die republikanische Regierung schon nach Valencia ausgewichen war, die bereits in das Universitätsgelände eingedrungenen nationalistischen Truppen zurückgeschlagen werden (Verteidigung von Madrid im November 1936). Ebenso scheiterten zwei Offensiven Anfang 1937. Zunächst versuchten die Nationalisten Madrid vom Süden her einzunehmen (Schlacht am Jarama im Februar 1937); danach vom Norden her (Schlacht von Guadalajara im März 1937). Im Süden allerdings konnte nach schweren Bombardements zu Wasser und zu Luft Malagá von italienischen Einheiten eingenommen werden.

In der zweiten Phase bis Frühjahr 1938 gelang es franquistischen Truppen, die wirtschaftlich wichtigen Nordprovinzen zu erobern. In diese Phase gehört im April 1937 die Zerstörung Guernicas – der heiligen Stadt der Basken – durch deutsche Bomber der Legion Condor. Mit den im Sommer und Herbst gelungenen Eroberungen von Bilbao, Santander und Gijón war der ganze Norden in den Händen der Nationalisten. Eine im Sommer gestartete Entlastungsoffensive von republikanischer Seite (Schlachten bei Brunete im Juli 1937) brachte keiner der Parteien operative Vorteile. Im Dezember 1937 konnten die Republikaner zwar gegen den von Franco gehaltenen Frontvorsprung von Teruel eine Offensive starten, doch eroberten die Nationalisten schon im Februar 1938 die Stadt zurück (zweite Schlacht um Teruel im Januar 1938). Diese zweite Phase war geprägt von der zunehmenden Bedeutung der Luftwaffe, die von den Russen, Deutschen und Italienern erneuert worden war. Die franquistische Seite konnte sich dabei auf eine bessere Infrastruktur an Flugplätzen und Reparaturbasen stützen.

Die dritte Phase (März bis Dezember 1938) begann mit einem entscheidenden Durchbruch der Nationalisten: Den Abwehrerfolg bei Teruel nutzten sie im März zu einer Grossoffensive auf Aragón, während der es ihnen gelang, zwischen Teruel und Saragossa bis nach Castellón de la Plana ans Mittelmeer vorzustossen. Damit war Katalonien vom übrigen republikanischen Territorium abgeschnitten. Zwar nahm danach der republikanische Widerstand noch einmal zu, was im Sommer zu einem letzten grossen Sieg über die Nationalisten führte (Schlacht am Ebro im Juli 1938), doch mussten sich die Republikaner Mitte November wieder über den Ebro zurückziehen, und im Dezember begann mit der nationalistischen Offensive auf Katalonien die vierte und letzte Phase.

Nachdem Barcelona am 26. Januar 1939 gefallen war, endete der letzte republikanische Widerstand in Katalonien am 9. Februar. Die Hauptstadt schliesslich konnte am 28. März besetzt werden, und Franco erklärte am 1. April 1939 den Bürgerkrieg für beendet. Diejenigen Freiwilligen aber, die in Spanien gekämpft hatten, bekamen diese für sie desillusionierende Phase nicht mehr mit. Die Internationalen Brigaden waren schon im Oktober 1938 in Barcelona verabschiedet worden.

Schweizer in Spanien

In den ersten Tagen nach dem Putsch hatten sich Volksmilizen gebildet, denen sich von Anfang an auch Freiwillige ausländischer Nationen anschlossen. Die ersten Schweizer, die sich spontan entschlossen, für die Republik zu kämpfen, waren Turner und Turnerinnen, die im Juli 1936 in Barcelona weilten, um an der Volksolympiade – der antifaschistischen Gegenolympiade zu Berlin – teilzunehmen.[5]

Einige von ihnen liessen sich in die Volksmilizen eingliedern, die sich in den ersten Tagen nach dem Putsch gebildet hatten und die ziemlich chaotisch organi-

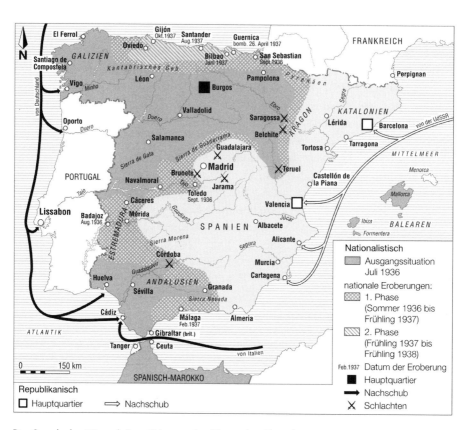

Der Spanische Bürgerkrieg: Kriegsverlauf (1. und 2. Phase).

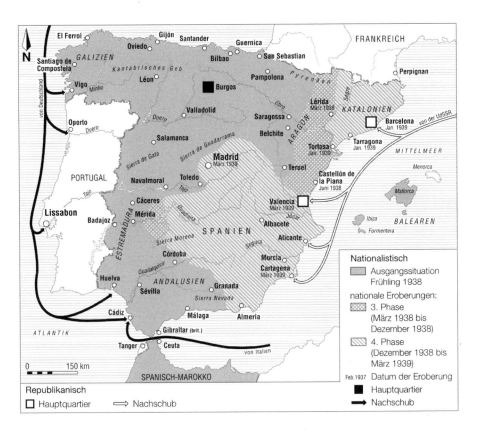

Der Spanische Bürgerkrieg: Kriegsverlauf (3. und 4. Phase).

siert waren. Je nach parteipolitischer Zugehörigkeit formierten sie sich in verschiedene Zenturien. Von drei ehemaligen Spanienkämpfern, die ich interviewt habe, kämpften zwei in solchen Zenturien. Beide hatten zwei Monate nach Beginn der Kämpfe im September 1936 spanischen Boden betreten.

Der parteilose Hans Hutter wurde dabei in die von deutschen Emigranten gebildete kommunistische «Zenturie Thälmann» und der Kommunist Paul Tross in die anarchistische «Zenturie Hilario-Zamora» eingeteilt. Erst über einen Monat später begann im Oktober 1936 die Eingliederung der Volksmilizen in die regulären Streitkräfte. Die alten Zenturien wurden dabei z. T. als konstitutive und führende Elemente in die Internationalen Brigaden integriert. Da die Einheiten einer starken Fluktuation unterlagen, ist es schwierig, ihren zahlenmässigen Umfang genau zu bestimmen. Man schätzt heute, dass ungefähr 59 000 Interbrigadisten in Spanien gekämpft haben. Die grösste Gruppe stellten die Franzosen mit über 10 000 Mann. Dann folgten Italiener, Deutsche und Polen zu je 5000 sowie Belgier, Briten, Österreicher und US-Amerikaner zu je etwa 3000 Mann. Nach neuesten Recherchen sind heute 648 Schweizer namentlich bekannt.[6]

Da die Brigaden nach sprachlichen beziehungsweise nationalen Gesichtspunkten gegliedert waren und die Schweizer naturgemäss verschiedenen Sprachgruppen angehörten, bildeten sie nie eine nationale Einheit, sondern wurden entsprechend ihrer Muttersprache deutschen, französischen oder italienischen Bataillonen zugeteilt. Eine besondere Anziehungskraft auf die Deutschschweizer übte das vom Zürcher Otto Brunner geführte «Bataillon Tschapaief» der XIII. Brigade aus, dem über kurz oder lang rund 80 Schweizer angehörten. Was waren das für Schweizer, die als Freiwillige nach Spanien gingen, und welches waren ihre Motive?

Auf die Frage, weshalb er sich in Spanien engagierte, sagt Hans Hutter, der unmittelbare Grund sei die Auflösung seines Arbeitsvertrages gewesen. Dazu beigetragen habe auch ein Vortrag von Paul-Henri Jeanneret über den Spanischen Bürgerkrieg, den er mit der Bemerkung beendete, dass es in Spanien vor allem an Autofachleuten mangle. So ging Hutter mit dem festen Willen nach Spanien, der demokratisch gewählten Regierung seine Fertigkeiten und Kenntnisse in mechanischen Werkstätten zur Verfügung zu stellen.[7] An einen Fronteinsatz dachte er damals überhaupt nicht, sollte aber schon bald mitten drin stehen. Paul Tross und Hans Kamber geben als Gründe für ihren Spanieneinsatz ebenfalls politische und wirtschaftliche Argumente an. Beide sagen in der gleichen Reihenfolge: erstens, um gegen den Faschismus zu kämpfen, und zweitens, weil sie arbeitslos waren.[8] Mit der folgenden Darstellung wird versucht, die Motivation der Schweizer Spanienkämpfer mit derjenigen der Söldner in früheren Jahrhunderten zu vergleichen:

Motivation

	Push-Faktoren	Pull-Faktoren
Söldner	Überbevölkerung	Geld, Beute, König/Papst helfen, Abenteuerlust
Spanienkämpfer	Arbeitslosigkeit	Kampf gegen den Faschismus

Bei den Push-Faktoren lassen sich bei beiden Gruppen in erster Linie ökonomische Faktoren nennen, die zu einem Einsatz in einer fremden Armee führten. Bei den Söldnern nahm über die Jahrhunderte der Druck durch den Bevölkerungsüberschuss eher zu, während die Aussicht, Geld zu verdienen oder reiche Beute zu machen, eher abnahm. Auch die ideelle Motivation, einem fremden König oder dem Papst zu dienen, nahm über die Jahrhunderte ab, während die Abenteuerlust eher zunahm. Bei den Spanienkämpfern dagegen lassen sich bei den Pull-Faktoren keine pekuniären Interessen ausmachen. Nicht auszuschliessen ist, dass einige aus Abenteuerlust oder anderen Motiven nach Spanien reisten, doch dürfte bei der grossen Mehrheit der ideologische Grund, der spanischen Republik im Kampf gegen den Faschismus zu helfen, im Vordergrund gestanden haben.

Die Herkunft der Schweizer

		Prozent
Soziale Herkunft:	Arbeiterschaft	74,2
	Dienstleistungssektor	11
	Selbstständige	5,1
	Landwirtschaft	3,7
Parteizugehörigkeit:	Kommunisten	59,8
	Parteilose	19,4
	Sozialdemokraten	12,1
	Übrige	8,7
Geografische Verteilung:	Deutschschweiz	57,2
	Französische Schweiz	30
	Tessin	8,1

Nach Kantonen

In absoluten Zahlen	Genf	5,4	auf 10 000
	Basel	4,2	
	Tessin	4	
	Zürich	3,8	
	Schweiz	1,7	auf 10 000

Gemäss Bernecker[9] waren etwa 80 Prozent der Interbrigadisten aus aller Welt Arbeiter. Für die Schweiz ergibt sich dank der neuesten Studie von Ulmi ein differenzierteres Bild: Demnach waren 74,2 Prozent der Schweizer Arbeiter (wobei allerdings nicht bekannt ist, wie viele davon zur Zeit der Abreise arbeitslos waren), elf Prozent arbeiteten im Dienstleistungssektor, 5,1 Prozent waren selbstständig und 3,7 Prozent entstammten der Landwirtschaft. Aufgrund des hohen Anteils an Freiwilligen aus der Arbeiterschaft ist klar, dass die meisten aus Städten oder deren Agglomeration kamen (78,8 Prozent), wobei die urbanen Zentren Zürich (mit 62 Freiwilligen), Genf (mit 52) und Basel (mit 23) die Liste der abgereisten Spanienkämpfer anführen. Ebenfalls in absoluten Zahlen gemessen, machten die Deutschschweizer den grössten Anteil aller Freiwilligen aus (57,2 Prozent), gefolgt von den Französisch- (30 Prozent) und Italienischsprachigen (8,1 Prozent). Aber in Relation zur Bevölkerung, bei der die Schweiz mit 1,7 Personen auf 10 000 Einwohner nach Frankreich den zweitgrössten Anteil von Freiwilligen stellte, steht der Kanton Genf (5,4 Personen auf 10 000 Einwohner) einsam an der Spitze, gefolgt von Basel (4,2), dem Tessin (4) und Zürich (3,8 auf 10 000 Einwohner).

Betrachtet man die Parteizugehörigkeit, so waren 59,8 Prozent der Schweizer Spanienkämpfer Kommunisten (Bernecker spricht von 60 bis 70 Prozent Kommunisten unter den Interbrigadisten insgesamt). Gefolgt werden die Kommunisten von einer grossen Zahl Freiwilliger ohne parteipolitische Zugehörigkeit (19,4 Prozent), noch vor der nächsten grösseren Gruppe der Sozialisten oder Sozialdemokraten mit 12,1 Prozent. Die restlichen 8,7 Prozent verteilen sich auf Ex-Kommunisten, Ex-Sozialisten, Anarchisten, Trotzkisten und Republikaner. Bei der Parteizugehörigkeit sehen wir, dass die Kommunisten weitaus am meisten Freiwillige stellten. Dies scheint den entscheidenden Pull-Faktor – die meisten gingen nach Spanien, um gegen den Faschismus zu kämpfen – zu bestätigen. Die Parteiführung allerdings war sich zwischen Juli und Oktober 1936 noch uneinig darüber, ob sie Kämpfer nach Spanien schicken sollte. Edgar Woog[10] weilte von Mitte August bis Mitte September in Spanien und besprach sich mit spanischen und französischen Kommunisten.

Abb. 1

Abb. 2

Abb. 3

In den ersten Tagen nach dem Putsch hatten sich Volksmilizen gebildet, denen sich von Anfang an auch Freiwillige ausländischer Nationen anschlossen. Die ersten Schweizer, die sich spontan entschlossen, für die Republik zu kämpfen, waren Turner und Turnerinnen, die im Juli 1936 in Barcelona weilten, um an der Volksolympiade – der antifaschistischen Gegenolympiade zu Berlin – teilzunehmen. Die Porträts zeigen Paul Tross mit einem Foto als Freiwilliger (Abb. 1), Hans Hutter in der Klosterkaserne Sagrado Corazón in Barcelona (Abb. 2) und Hans Kamber, ganz rechts im Bild, mit Schweizer Freiwilligen auf Urlaub in Barcelona (Abb. 3).

Erst im Oktober fiel die formelle Entscheidung der Komintern, Freiwilligen-korps für Spanien zusammenzustellen. Über die unklare Situation, wie sie im August und September in der Schweiz herrschte, legt die Reise von Paul Tross beredtes Zeugnis ab. Er hielt sich, nachdem er Ende Juli mit elf Parteigenossen die Grenze überquert hatte, in Paris auf: «*Am 13./14. August 1936 waren wir ungefähr 30 Leute in Paris. Da kam aus Zürich die Order, wir sollten zurück. Alle sollten zurück, vor allem der Otti Brunner sollte zurück, weil er Stimmen brachte. Wegen ihm hätte also die ganze Gruppe die Rückreise antreten sollen. Nein, nicht ich. Mit zwölf anderen, die ebenfalls wie ich entschieden haben, reise ich weiter nach Spanien.*»[11]

Paul Tross war also einer der wenigen Kommunisten, die im September in Spanien ankamen. Dieser Monat war der einzige, in dem, aufgrund der konfusen Situation innerhalb der Kommunisten, mehr Sozialisten und Parteilose von der Schweiz nach Spanien reisten, insgesamt ungefähr 30. Danach stieg die Gesamtzahl und die Zahl der Kommunisten wieder an. Im Oktober waren es 80, im November 160 und im Dezember rund 100 Spanienkämpfer. Mit ungefähr 80 im Januar 1937 ist die Zahl von zwei Dritteln erreicht. In den folgenden Monaten sind es nur noch rund 20 Schweizer pro Monat, die von ihrer Heimat nach Spanien reisten, um auf republikanischer Seite an den Kriegshandlungen teilzunehmen.

Rückkehr und militärgerichtliche Verfahren

Als die spanische Volksfrontregierung im September 1938 die Internationalen Brigaden entliess, reichte Léon Nicole im Nationalrat eine Interpellation ein mit der Frage, ob der Bundesrat bereit wäre, eine Amnestie für die Spanienkämpfer zu erlassen. Der zuständige Bundesrat verneinte, was die Amnestiekampagne erst recht anheizte. Das neu gegründete Amnestiekomitee sammelte in wenigen Wochen 80 000 Unterschriften, um einer im Nationalrat eingereichten Petition Nachdruck zu verleihen. Das von Johannes Huber am 13. Dezember eingereichte Postulat, das den Bundesrat dazu aufforderte, den eidgenössischen Räten einen Antrag zur Amnestie vorzulegen, wurde vom Nationalrat ohne Widerspruch überwiesen. Der Bundesrat nahm am 20. Januar ablehnend dazu Stellung.[12]

Der Nationalrat folgte schliesslich der Meinung des Bundesrates und lehnte das Postulat nach einer längeren Aussprache unter Namensaufruf mit 92 gegen 71 Stimmen ab.[13] Eine Amnestie erreichten die Spanienkämpfer in Belgien, Frankreich und Dänemark! So aber mussten sich die Schweizer Militärgerichte mit insgesamt 419 Fällen beschäftigen. Von den etwa 15 Frauen, die sich in Spanien vor allem in Spitälern und im Sanitätsdienst engagiert hatten, wurde keine vor Gericht gestellt. Die ausgesprochenen Strafen fielen je nach Divisionsgericht unterschiedlich aus. Basel (Divisionsgericht 4) begnügte sich mit der Minimalstrafe von zwei Monaten Gefängnis ohne Einstellung der Bürgerrechte, während Zürich (Divisionsgericht 6) die

Spanienkämpfer nicht nur mit sechs und mehr Monaten Gefängnis büsste, sondern auch mit einer zweijährigen Einstellung im Aktivbürgerrecht.

Sanfter bestraft wurden die rund 30 Schweizer Freiwilligen im Dienste Francos. Von fünf dokumentierten Gerichtsurteilen gegen Franco-Anhänger lautete das Urteil zwei Monate Gefängnis, zum Teil bedingt. Hans Hutter erhielt als einer von wenigen ebenfalls nur sechs Monate bedingt. Nach der Verhandlung erfuhr er vom Richter unter vier Augen, dass das Verfahren nur deshalb so milde ausgefallen sei, weil er kein Kommunist war. Rückblickend meint er zum gerichtlichen Verfahren, es sei ihm bewusst gewesen, dass er gegen den Artikel 94 Militärstrafgesetz verstossen habe (Leistung von fremdem Militärdienst), und er sei auch bereit gewesen, eine gerechte Strafe zu empfangen. Was er aber damals wie heute nicht akzeptieren kann, ist die Einstellung der bürgerlichen Ehrenfähigkeit. Damit sei ihnen ausgerechnet der grundehrliche, solid demokratische und urschweizerische Gerechtigkeitssinn abgesprochen worden: *«Das war ungerecht und schmerzt mich noch heute, ich kann das nur als Kniefall vor Hitler verstehen. [...] Mein Bruder Max, meine Freunde und ich gingen ja nach dem vom Totalitarismus bedrohten Spanien, weil wir uns zutiefst Sorgen um die eigene Schweizer Demokratie machten [...] Wir wussten, dass ein Sieg Francos einen neuen Weltkrieg bedeuten würde. Wir folgten allein unserer inneren Überzeugung, unserem ethischen Gewissen und der Hoffnung auf eine bessere, gerechtere Zukunft.»*[14]

In den folgenden Jahren geriet in der Öffentlichkeit – aufgrund des Zweiten Weltkrieges und der vom Kalten Krieg bestimmten Nachkriegsordnung – die Frage der Rehabilitierung der Spanienkämpfer in Vergessenheit. Die Geschichtsschreiber der Nachkriegszeit brachten kein Verständnis für die Spanienfahrer auf. Edgar Bonjour zum Beispiel beschreibt sie in seiner «Geschichte der schweizerischen Neutralität» wie folgt: *«Nicht nur mit Geld und Waffen, sondern auch mit Soldaten wollte man den Spaniern zu Hilfe eilen. Das alte Söldnerblut regte sich in den Adern manches Eidgenossen.»*[15]

Wie wir gesehen haben, kann «das alte Söldnerblut» als Push-Faktor bei den Spanienkämpfern wohl ausgeschlossen werden. Viele Jahre sollten ins Land ziehen, bis sich zunächst einzelne Kreise und schliesslich auch die offizielle Schweiz von ihrer damaligen Haltung distanzierte. Zwar scheiterten vom Postulat Wyler (1978) bis zur Motion Dardel (1999) auch alle anderen parlamentarischen Vorstösse, die eine Rehabilitierung der Spanienkämpfer verlangten, doch wurde zumindest ihr politisches und moralisches Ansehen wiederhergestellt: Bezug nehmend auf die im Zürcher Stadthaus vom 23. April 1994 durchgeführte Hommage an die damals schon über 70-jährigen ehemaligen Spanienkämpfer, in der sich Bundesrätin Ruth Dreifuss in subtiler, aber deutlicher Form von der Haltung des Bundesrates in den 30er Jahren distanzierte, formulierte der Bundesrat als Antwort auf die Einfache Anfrage Grobet am 22. Mai 1996: *«Frau Bundesrätin Dreifuss bezeichnete in einer öffentlichen*

Ansprache den damaligen Einsatz der Spanienkämpfer als mutiges, historisch notwendiges Engagement für die Demokratie in der spanischen Republik und gegen die faschistische Diktatur. Die Geschichte habe den Spanienkämpfern Recht gegeben. Sie seien heute politisch und moralisch vollständig rehabilitiert. Der Bundesrat nimmt die Gelegenheit wahr, um zu erklären, dass er diese Auffassung teilt.»[16]

Damit scheint wenigstens von offizieller Seite dieses Kapitel abgeschlossen zu sein.

> Peter Mertens

Schweizerische Freiwillige in der deutschen Wehrmacht und Waffen-SS 1938–1945

Der Dienst von schweizerischen Freiwilligen in den Reihen der bewaffneten Macht des «Dritten Reichs» gehört im engeren Sinne nicht mehr zum Themenfeld der «Fremden Dienste». Denn deren Existenz als offiziell sanktionierte Form militärischen Söldnertums endet – wie bereits dargestellt – formell mit dem Anwerbeverbot der Bundesversammlung vom 20. Juni 1849. Als der politisch wohl extremste Fall des Engagements für eine fremde Nation bildet der Kampf für das nationalsozialistische Deutschland jedoch eine gute Folie, um den «klassischen Fremden Dienst» des 15. bis frühen 19. Jahrhunderts besser in Relation zu modernen Erscheinungsformen des Militärdienstes setzen zu können. Darüber hinaus ist der individuelle Einsatz von Schweizern für ein totalitäres Regime aber auch vor dem Hintergrund der aktuellen Diskussion über die Neutralität der Schweiz im Zweiten Weltkrieg von Interesse, werden bei einer Betrachtung der Schlüsselpersonen doch zumindest ansatzweise die Kontakte deutlich, die zwischen Teilen der wirtschaftlichen, politischen und militärischen Elite der Schweiz und der Führung des Deutschen Reichs bestanden haben.

Franz von Werra – eine aussergewöhnliche Karriere

Am 25. Oktober 1940 findet sich in der Zürcher «Weltwoche» unter der Schlagzeile *«Ein geborener Schweizer als deutscher Flieger über London abgeschossen»* folgender Bericht: *«Kürzlich erschien in der Presse eine Meldung, wonach in einem Luftgefecht zwischen einer deutschen Messerschmidt und einer englischen Spitfire der deutsche Kampfflieger, Baron von Werra, abgeschossen worden sei [...]. Es handelt sich hierbei um einen geborenen Walliser, den siebten Sohn des Baron Léon de Werra, der zurzeit in Leuk lebt.»*[1]

Franz Xaver Gustav von Werra ist sicherlich der prominenteste gebürtige Schweizer,[2] der im Zweiten Weltkrieg für das «Dritte Reich» kämpft. Das belegt nicht zuletzt der Film «Von Werra», für den der Luzerner Regisseur Werner Schweizer 2002 den «Zürcher Filmpreis» erhält. Ebenso zeigt dies das Interesse, das dieser Dokumentarfilm in den Feuilletons der Medien findet. So schreibt etwa die «Neue Zürcher Zeitung» im Juni 2002 anlässlich seiner Erstaufführung: *«Ein Stoff, aus dem das Kino ist: Franz von Werra, Sohn verarmter Walliser Aristokraten, wird als Kleinkind zusammen mit seiner Schwester Emma von einem kinderlosen deutschen Baron adoptiert [...]. Keineswegs auf Distanz zum [Hitler-] Regime, instrumentalisierte er die-*

ses doch gleichsam für seinen persönlichen Zweck, wusste sich für seine Karriere wirksam in Szene zu setzen und kannte dabei kaum moralische Bedenken: als erfolgreicher Jagdflieger der deutschen Luftwaffe im Zweiten Weltkrieg, Gentleman, Draufgänger, Liebling der Nazi-Medien.»

Werras Biografie ist tatsächlich höchst spannend.[3] Nach der Adoption durch das Ehepaar Carl wächst der 1914 geborene Franz in der Nähe von Beuron auf, ab 1932 dann in Köln. Dass er adoptiert wurde, erfährt er erst als Jugendlicher. Ebenso, dass zu seinen Vorfahren neben Brigadegeneral Edouard de Wolff, der im 19. Jahrhundert in Diensten des Königs von Neapel stand, auch Johannes von Werra gehört, der 1515 an der Seite Arnold von Winkelrieds in der Schlacht von Marignano gekämpft haben soll.[4] Franz von Werra bricht das Gymnasium ab, wird zunächst Hilfspolizist, dann Aushilfe in einer Kraftfahrzeugwerkstatt und 1934 schliesslich Führeranwärter in der Sturmabteilung (SA), der politischen Kampftruppe der Nationalsozialistischen Deutschen Arbeiterpartei Hitlers. Im Jahr darauf meldet Werra sich jedoch zur deutschen Luftwaffe, um Offizier und Pilot zu werden. 1939 nimmt er am Polenfeldzug teil. Seinen ersten Abschuss verbucht er im Oktober. Während des Frankreichfeldzugs, der im Mai 1940 beginnt, erhöht er seine Quote auf 8 Abschüsse und erhält dafür das Eiserne Kreuz I. Klasse. Mittlerweile zum Oberleutnant befördert, fliegt er ab August 1940 Einsätze im Rahmen der Luftschlacht um England.

Am 5. September wird Werra dann über England selbst abgeschossen und gerät in Gefangenschaft. Er unternimmt mehrere Fluchtversuche, worauf man ihn in ein Lager nach Kanada verlegt. Wenig später flieht er von dort und gelangt im April 1941 über die USA, Mexiko, Peru, Brasilien, Spanien und Italien zurück nach Deutschland. Hier nimmt er von Hitler das bereits im Dezember 1940 verliehene Ritterkreuz entgegen, wird vom Oberbefehlshaber der Luftwaffe, Hermann Göring, zum Hauptmann befördert und von der deutschen Öffentlichkeit für seine durchaus waghalsige Flucht gefeiert. Rastlos, wie er offenbar ist, meldet sich Werra kurz nach dem Beginn des Russlandfeldzuges an die Ostfront. Als Kommandeur einer Gruppe des Jagdgeschwaders 53 erhöht er dort die Zahl seiner Abschüsse auf 21.[5] Im September 1941 in die Niederlande verlegt, kommt er am 25. Oktober 1941 bei einem Übungsflug über der Nordsee ums Leben. Er und seine Maschine werden nie gefunden. Ungeachtet dessen findet sich allerdings auf dem Friedhof von Leuk heute ein Familiengrabstein, der an Franz von Werra erinnert.

Als Ironie der Geschichte mag man ansehen, dass auf dieser Tafel neben Franz auch sein Bruder Ferdinand aufgeführt ist. Denn dieser ist während des Kriegs – zusammen mit dem ältesten Bruder Hans – zur Grenzsicherung eingesetzt, um die Schweiz gegen einen möglichen Angriff der Deutschen zu schützen. Den Höhepunkt der «Karriere» des Franz von Werra markieren indes weder seine Erfolge im Luftkampf noch seine Flucht. Sondern – quasi post mortem – im Jahr 1957 die Ver-

Im Jahre 1935 meldet sich Werra zur deutschen Luftwaffe, um Offizier und Pilot zu
werden, und nimmt 1939 am Polenfeldzug teil. Während des Frankreichfeldzugs, der im
Mai 1940 beginnt, erhöht er seine Quote auf acht Abschüsse und erhält dafür das
Eiserne Kreuz I. Klasse. Mittlerweile zum Oberleutnant befördert, fliegt er ab August 1940
Einsätze im Rahmen der Luftschlacht um England. Am 5. September wird Werra über
England selbst abgeschossen und gerät in Gefangenschaft. Er unternimmt mehrere
Fluchtversuche, worauf man ihn in ein Lager nach Kanada verlegt. Wenig später flieht
er von dort und gelangt im April 1941 zurück nach Deutschland. Hier nimmt er von
Hitler das bereits im Dezember 1940 verliehene Ritterkreuz entgegen, wird vom
Oberbefehlshaber der Luftwaffe, Hermann Göring, zum Hauptmann befördert und von
der deutschen Öffentlichkeit für seine durchaus waghalsige Flucht gefeiert.

filmung seiner Flucht in «That one that got away – Einer kam durch» mit Hardy Krüger als Hauptdarsteller.

(Vor-)Bemerkungen

Das Ansehen, das Franz von Werra in Nazi-Deutschland genoss, und die Aufmerksamkeit, die ihm heute noch gelegentlich von den Medien zuteil wird, sind allerdings untypisch für die Situation der Masse der schweizerischen Freiwilligen, die in der Wehrmacht und in der Waffen-SS gedient haben. Während diese Thematik in Deutschland wenig Interesse fand und findet, blieb der Dienst für das «Dritte Reich» in der öffentlichen Wahrnehmung der Schweiz lange Zeit eher ein Unthema. Bis heute gibt es zu diesem Problemfeld nur wenige Darstellungen, unter denen die umfangreichste Arbeit – Vincenz Oertles «Sollte ich aus Russland nicht zurückkehren»[6] – zwar als Fleissarbeit heraussticht, in methodischer bzw. interpretativer Hinsicht jedoch sehr enttäuscht und darüber hinaus mit einer bedenklichen apologetischen Tendenz zugunsten der SS-Freiwilligen aufwartet.

Angesichts dieser unbefriedigenden Forschungslage und der erst vor kurzem erfolgten Öffnung wichtiger Archivbestände in der Schweiz und in den USA kann der vorliegende Beitrag lediglich den Status einer wertenden Bestandsaufnahme beanspruchen. Zugleich skizziert er aber schon einige zentrale Forschungshypothesen, die den Ausgangspunkt des Forschungsprojekts «Schweizer in der Waffen-SS – 1938–1945» bilden, das in Kooperation mit der Dozentur für Militärgeschichte der Militärakademie an der Eidgenössischen Technischen Hochschule Zürich durchgeführt wird.

Vor diesem Hintergrund soll zunächst die nicht einfach zu beantwortende Frage erörtert werden, wie viele Schweizer während des Zweiten Weltkriegs überhaupt (als Freiwillige) in den Reihen der deutschen Wehrmacht und der Waffen-SS stehen. Anschliessend wird in Grundzügen die Gliederungsstruktur der bewaffneten Macht des Deutschen Reichs erläutert. Ohne eine Verdeutlichung der Rollenaufteilung unter den Hauptelementen der deutschen Streitkräfte wäre einerseits das Phänomen nicht zu verstehen, dass die Masse der Freiwilligen aus der Schweiz in den Formationen der Waffen-SS zu finden ist. Und andererseits würden die Implikationen nur bedingt deutlich werden, die dieser zahlenmässige Schwerpunkt für die politische Situation in der damaligen Schweiz hat bzw. bei einem anderen Kriegsverlauf hätte haben können. Danach erfolgt in drei Schritten eine Bewertung dieser besonderen Form des «Fremden Dienstes»: Im ersten Schritt wird der Umfang der Freiwilligenmeldungen aus der Schweiz den Freiwilligenzahlen aus anderen europäischen Ländern gegenübergestellt, im zweiten nach den Motiven für den Eintritt in das deutsche Militär gefragt. Den abschliessenden dritten Schritt bildet dann ein Blick auf die Reaktionen der schweizerischen Behörden und Gerichte.

Denn der Dienst in fremden Streitkräften ist – abgesehen von moralisch-ethischen und (sicherheits-)politischen Bedenken – nach eidgenössischem Recht spätestens seit 1927 ein Straftatbestand.

Der zahlenmässige Umfang schweizerischer Freiwilliger in deutschen Diensten

Exakte Zahlenangaben sind aufgrund quellentechnischer Unzulänglichkeiten nicht möglich.[7] Es lassen sich jedoch zirka 870 schweizerische Bürger ermitteln, die in der Eidgenossenschaft niedergelassen sind und die ihr Land freiwillig Richtung Deutsches Reich verlassen, um sich dort zum Heer, zur Luftwaffe, zur Waffen-SS oder zu einer paramilitärischen Organisation (z. B. Organisation Todt, Reichsarbeitsdienst, SA) zu melden.[8] Neben dieser relativ eindeutig als «Freiwillige» zu kategorisierenden Personengruppe finden sich in den deutschen Streitkräften indes noch mindestens 1100 weitere Personen mit einem schweizerischen Pass, bei denen der Grad ihrer Freiwilligkeit nur schwer zu bestimmen ist.

Zu nennen sind hier vor allem die Doppelbürger. Sie leisten in der Regel nicht aus freiem Entschluss Kriegsdienst, sondern werden, da sie ausser der schweizerischen eben auch die deutsche Staatsbürgerschaft besitzen, als Wehrpflichtige eingezogen. Inwieweit sie der Einberufung aus Begeisterung, Überzeugung oder aus Pflichtgefühl folgen, oder nur, weil sie sich nicht rechtzeitig für die alternative Möglichkeit einer Erfüllung ihrer Wehrpflicht in der Schweizer Armee entschieden haben, muss offen bleiben. Noch schwieriger als bei den Doppelbürgern ist aufgrund der Aktenlage das Freiwilligkeitsmotiv bei den Auslandschweizern zu ergründen. In Bezug auf diese Gruppe kann man lediglich konstatieren, dass sich sowohl vereinzelte Fälle von Freiwilligmeldungen nachweisen lassen als auch manch ein Fall – zumeist zeitlich befristet – unfreiwilliger Dienstleistung, weil ein Auslandschweizer von den Wehrersatzbehörden zunächst fälschlich als Deutscher angesehen und deshalb eingezogen wird.

Nicht berücksichtigt in den genannten Zahlen sind diejenigen schweizerischen Bürger, die in rein zivilen Bereichen für das «Dritte Reich» arbeiten. Stellvertretend für diese Kategorie sei der renommierte Biochemiker Emil Abderhalden angeführt. Als Professor an der Universität Halle stellt der aus dem Kanton St. Gallen stammende Entdecker der *Abderhaldenschen Abwehrfermente* seine hohe Systemtreue frühzeitig unter Beweis, indem er dafür sorgt, dass sein Institut als eines der ersten im Deutschen Reich «judenfrei» ist.

Das Stichwort «Gesundheitswesen» verweist zugleich auf ein weiteres, besonders diffiziles Thema personeller Unterstützung für das Krieg führende Deutschland, nämlich auf die Ärztemissionen an die Ostfront. Da sie als humanitäre Aktionen des Schweizer Staates bzw. des Roten Kreuzes gelten können, werden diese

Einsätze als nicht relevant für die hier zu behandelnde Fragestellung interpretiert. Es darf freilich nicht übersehen werden, dass diese Entscheidung eine diskussionswürdige Vereinfachung darstellt, da bei einem engeren Fokus ein thematischer Zusammenhang zwischen Ärztemission und «Fremdem Dienst» nicht zu verkennen ist. Zumal wenigstens zwei der Missionsteilnehmer nach der Beendigung ihres Einsatzes in das Deutsche Reich zurückkehren, um auf deutscher Seite zu kämpfen.

Insgesamt lässt sich die Zahl der Personen mit einem schweizerischen Pass, die zwischen 1938 und 1945 im Militär oder in militärähnlichen Organisationen dem «Dritten Reich» dienen, auf rund 2000 eingrenzen. Während die Doppelbürger aufgrund ihres Wehrpflichtigenstatus wohl mehrheitlich zum Heer, zur Luftwaffe und zur Marine eingezogen werden, dienen von den knapp 900 schweizerischen Freiwilligen wiederum fast 90 Prozent in der SS, die Masse von ihnen in der Waffen-SS. Weitere rund 3 Prozent kämpfen im Heer und etwa 2 Prozent in der Luftwaffe. Der Rest verteilt sich auf paramilitärische Formationen.

Die Struktur der bewaffneten Macht des «Dritten Reichs»: Wehrmacht und Waffen-SS

Die Spitzengliederung der deutschen Streitkräfte ist so gestaltet, dass unter der persönlichen Leitung des «Führers und Obersten Befehlshabers der Wehrmacht» (Adolf Hitler) der Chef des Oberkommandos der Wehrmacht, der Oberbefehlshaber der Luftwaffe, der Oberbefehlshaber der Kriegsmarine, der Generalstabschef des Heeres und der «Reichsführer der Schutzstaffel der Nationalsozialistischen Deutschen Arbeiterpartei» («Reichsführer-SS») annähernd gleichrangig nebeneinander stehen.[9]

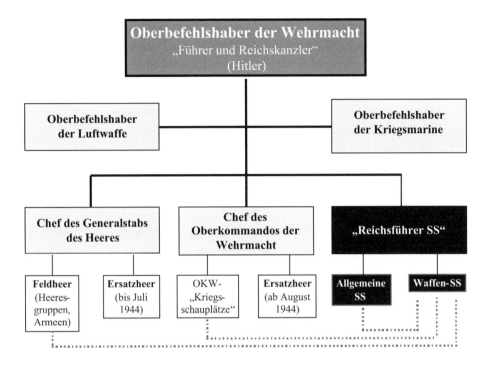

Die deutsche Spitzengliederung (vereinfachtes Schema).[10]

Vordergründig mag diese Struktur in ihrer Ausrichtung auf Hitler recht eindeutig und schlüssig wirken. Sie ist aber nicht nur aus Effizienzgründen problematisch und darüber hinaus in einem gewissen Umfang sogar verwirrend. Erstens existiert nämlich unterhalb der politischen Führung keine dieser nachgeordnete oberste militärische Koordinationsinstanz, die zweckmässigerweise die einzelnen Teilstreitkräfte Heer, Luftwaffe und Marine hätte koordinieren können.[11] Und zweitens wird durch diese Gliederung die SS den drei «klassischen» Armeeelementen gleichgestellt. Ungeachtet des Umstands, dass die Formationen ihres militärischen Arms – also die Waffen-SS – hinsichtlich ihrer operativen Führung den Kommandobehörden des Feldheers oder einem der so genannten OKW-Kriegsschauplätze unterstellt werden, gewinnt sie damit für die Kriegführung ein grosses Mitspracherecht.

Hinter dieser merkwürdigen Disposition zugunsten der «Schutzstaffel» steckt aber Methode: Die Waffen-SS soll machttechnisch ein Gegengewicht zur Wehrmacht bilden, deren Offizierskorps Hitler nicht recht traut.[12] Als «*nationalsozialistische Antipode des Heeres*»[13] nimmt sie zwar auch polizeiliche und innenpolitische Schutzfunktionen wahr, was durch den planmässigen Einsatz von Personal der Waffen-SS in den Konzentrationslagern und in den berüchtigten SS-Einsatzgruppen deutlich unterstrichen wird. Die in der Literatur unter Berufung auf eine Äusserung Hitlers vom August 1940 oft noch zu findende Behauptung, die Waffen-SS solle nach dem gewonnenen Krieg lediglich als innenpolitisch tätige Staatstruppenpolizei dienen, ist jedoch unzutreffend. Denn die primäre Aufgabe der Waffen-SS ist eine militärische.[14] Erklärbar wird diese Ausrichtung durch das Machtbedürfnis der SS-Führung. Heinrich Himmler, der «Reichsführer-SS», will über das militärische Engagement Einfluss auf die Aussenpolitik und damit auf die Gestaltung eines zukünftigen, unter der Vorherrschaft des nationalsozialistischen Deutschlands stehenden Europas nehmen.[15]

Der besondere Vorzug der Waffen-SS in diesem internen Machtkampf ist, dass sie sich dabei als der bewaffnete Arm des weltanschaulichen Kampfes der NSDAP positionieren kann. Anders als die drei Wehrmachtsteile, die zunächst eher einer nationalen Idee folgen, zieht die Waffen-SS vorrangig als Verfechter einer nationalsozialistischen Ideologie ins Feld. Damit werden die Soldaten der Waffen-SS zu politischen Soldaten.

Die besondere «Qualität» des Dienstes in der Waffen-SS

Diese dem einzelnen SS-Mann durch die weltanschauliche Schulung während seiner Ausbildung[16] mehr oder minder bewusste Sonderstellung seines militärischen Engagements impliziert, dass auch der Charakter des «Fremden Dienstes» der schweizerischen Freiwilligen der Waffen-SS ein besonderer ist. Er unterscheidet sich mithin ganz elementar von demjenigen, den der Einsatz der Schweizer bei Bicocca, Marignano und Gaeta trägt. Ebenso von dem Charakter, der den Dienst in den Reihen der französischen Fremdenlegion oder der päpstlichen Garde kennzeichnet.

Für die eidgenössische Demokratie ergibt sich aus diesem freiwilligen Engagement von Hunderten ihrer Bürger in einer sich weltanschaulich überhöhen wollenden Organisation aber noch eine weitere Komplikation ganz eigener Art. Aus der Sicht der deutschen NS-Führung sind nämlich die schweizerischen Freiwilligen prädestiniert, im Zuge einer allfälligen nationalsozialistischen Machtübernahme die politische Führung in der Eidgenossenschaft zu übernehmen.

So existiert eine wohl Anfang 1943 erstellte Übersicht mit Schweizern, die in einem solchen Fall eine provisorische Regierung bilden sollten. Vier Mitglieder dieser Gruppe gehören als Freiwillige der SS an. Ausserdem gibt es eine «Liste der für den politischen Einsatz in der Schweiz vorgesehenen schweizerischen SS-Führer». Alle elf dort aufgeführten Personen sind SS-Angehörige.[17] Man muss an dieser Stelle zwar konzedieren, dass es der politischen Führung des Deutschen Reichs während des Zweiten Weltkriegs anscheinend an einem ernsthaften Interesse und Willen fehlt, die Schweiz mit militärischen Mitteln zu besetzen.[18] Auch soll einem Teil der Freiwilligen zugesagt worden sein, sie niemals gegen ihre Heimat einzusetzen. Doch hindert jenes Desinteresse gerade Himmler und seine Mitarbeiter nicht daran, sich über eine indirekte Strategie der Einbeziehung der Eidgenossenschaft in das so genannte «Grossgermanische Reich» ihre eigenen Gedanken zu machen. Eine bedeutende Rolle bei diesen Gedankenspielen übernimmt ein Schweizer: der 1907 in Luzern geborene Franz Riedweg.[19]

Nach dem Abschluss des humanistischen Gymnasiums in Luzern studiert Riedweg in Bern, Berlin und Rostock Medizin. Er promoviert 1934 in Bern und arbeitet anschliessend als Assistenzarzt in Bern, Luzern und Zürich. 1935 bzw. 1936 agiert er nebenbei als Sekretär der eidgenössischen Wehrvorlage, die als Initiative der Rechtsnationalen auf eine Stärkung der Armee zielt. 1936 nimmt Franz Riedweg die Mitarbeit in der schweizerischen nationalen Rechten auf und ist 1937 Mitbegründer der «Schweizerischen Aktion gegen den Kommunismus». Im selben Jahr wird er auf den Reichsparteitag der NSDAP eingeladen, wo man ihn unter anderem Goebbels und Himmler vorstellt. 1938 fällt Riedweg seine beiden karrieretechnisch wichtigsten Entscheidungen: Er heiratet Sybille von Blomberg, die Tochter des Reichskriegsministers Werner von Blomberg, und er tritt der Waffen-SS bei. Damit pflegt der nunmehr 31-Jährige enge Kontakte zu den führenden Kreisen des Deutschen Reichs. Aufgrund seines abgeschlossenen Medizinstudiums wird Riedweg gleich mit seinem Eintritt in die Waffen-SS zum SS-Hauptsturmführer ernannt.[20]

Seine erste Verwendung findet er als Truppenarzt des II. Bataillons der SS-Standarte «Deutschland», um danach als Mobilmachungsbeauftragter zur Sanitätsinspektion des SS-Hauptamtes in Berlin zu wechseln. Am Frankreichfeldzug 1940 nimmt er als Arzt der schweren Abteilung des Artillerieregiments der SS-Verfügungsdivision teil. Wenige Monate nach seiner Rückkehr in das SS-Hauptamt im November 1940 erhält Riedweg den Auftrag, dort am Aufbau einer so genannten «Germanischen Freiwilligen-Leitstelle» mitzuwirken. Damit ist der inzwischen zum SS-Sturmbannführer[21] beförderte Riedweg auf dem Höhepunkt seiner Karriere angelangt: Als Stabsführer in der «Germanischen Leitstelle» rangiert er seit dem Mai 1941 nur zwei Hierarchiestufen unter Himmler und drei unter Hitler.

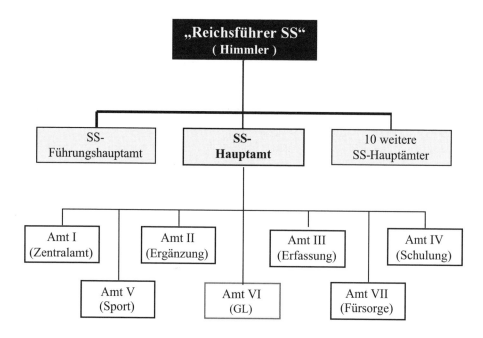

Vereinfachtes Schema der Spitzengliederung der «Schutzstaffel» (1941).[22]

Das SS-Hauptamt (Erfassung/Ergänzung) ist eines von zwölf SS-Hauptämtern. Es dient im Wesentlichen der Rekrutierung von Personal für die SS, was keine leichte Aufgabe ist. Denn im Reichsgebiet besitzt die Wehrmacht das primäre Zugriffsrecht auf das Rekrutierungspotenzial, während der Waffen-SS nur zwei Prozent jedes Rekrutenjahrgangs zustehen. Um die von Himmler angestrebte massive Expansion trotzdem zu ermöglichen, wählt man als Ausweg die Anwerbung von Freiwilligen aus den besetzten Gebieten, die angesichts ihrer nicht-deutschen Staatsangehörigkeit nicht ohne Weiteres in Heer, Luftwaffe oder Marine dienen können.[23] Als engster Mitarbeiter des Amtsleiters spielt Riedweg besonders in Bezug auf die Rekrutierung von fremdländischen Freiwilligen aus Skandinavien, den Benelux-Staaten und – selbstverständlich – der Schweiz eine wichtige Rolle.

In quantitativer Hinsicht ist der Anwerbungserfolg des SS-Hauptamtes durchaus nicht gering. Bei einer Gesamtstärke von etwas mehr als 500 000 Mann können bis zum 31. Januar 1944 insgesamt 37 367 «Germanische Freiwillige» für die Waffen-SS gewonnen werden.[24] Blickt man auf die nationale Herkunft dieser Soldaten, so lässt sich feststellen, dass die mit Abstand meisten von ihnen aus dem flämischsprachigen Raum und aus den besetzten skandinavischen Ländern stammen.

	«germanische» Freiwillige in der Waffen-SS	«germanische» Freiwillige pro 10 000 Einwohner	Einwohnerzahl (1936)
Niederlande	18 473	23,27	7 936 000
Belgien	6 845	8,45	8 092 000
Dänemark	5 006	14,10	3 550 000
Norwegen	3 878	13,78	2 814 000
Frankreich	2 480	0,59	41 906 000
Schweiz	584	1,43	4 066 000
Schweden	101	0,16	6 190 000

Nationale Herkunft «Germanischer Freiwilliger» der Waffen-SS
(Stand: 31.1.1944).[25]

Nach absoluten Zahlen folgt dann Frankreich, das ebenfalls zum Teil von deutschen Truppen besetzt ist. Auf die Einwohnerzahl bezogen, kommen aus diesem Land allerdings relativ gesehen weniger Freiwillige als aus der Schweiz. Dessen ungeachtet nimmt sich die Zahl der Schweizer in deutschen Diensten, die unter Einrechnung der Doppelbürger und der Auslandschweizer über den gesamten Kriegsverlauf betrachtet die 2000er-Marke nur knapp überschreitet, aber insgesamt eher bescheiden aus. Interessant ist allerdings der Vergleich mit dem ebenfalls neutralen und nach SS-Massstäben kaum weniger «germanischen» Schweden. Obwohl deutlich einwohnerstärker als die Schweiz, melden sich nämlich aus diesem Land, in dem wie in der Schweiz keine Anwerbebüros der Waffen-SS bestehen und das genauso an allen Seiten von deutsch besetzten oder mit dem «Dritten Reich» verbündeten Ländern umgeben ist, bis Anfang 1944 nur wenig mehr als 100 Freiwillige, also nicht einmal ein Fünftel des schweizerischen Umfangs.

Für die proportional höheren Zahlen aus der Schweiz dürften vor allem zwei Faktoren von Bedeutung sein: Einerseits die sprachlich-kulturelle Nähe der Eidgenossenschaft zu Deutschland,[26] andererseits die traditionell ebenfalls engen Beziehungen zwischen Schweden und Finnland, die den grössten Teil der (potenziellen) schwedischen Freiwilligen für den «Kreuzzug gegen den Bolschewismus» veranlassen, sich lieber dem von Helsinki als legitime Fortsetzung des Winterkriegs von 1939/40 deklarierten Sonderkrieg der finnischen Streitkräfte an der nördlichsten Flanke der Ostfront anzuschliessen als dem europaweiten Expansionskrieg der Wehrmacht.[27] Hinzu kommt sicherlich noch, dass seit dem verschärften Vorgehen der eidgenössischen Behörden gegen rechtsextreme Kreise im Gefolge des kurzen «Frontenfrühlings» vom Herbst 1940 eine unverhältnismässig hohe Zahl schweizerischer Rechtsradikaler in das nördliche Nachbarland wechselt, wodurch wiederum die Rekrutierungsbasis für Franz Riedweg und die Mitarbeiter der «Germanischen Leitstelle» erheblich verbreitert wird. Neben der Rolle Riedwegs bei der Anwerbung von Freiwilligen darf aber auch seine Rolle nicht übersehen werden, die er für die Rechtsnationalen in seiner Heimat spielt: Er unterstützt dort die Nazibünde und vermittelt seinen Landsleuten Kontakte zu deutschen Wirtschaftsführern, Diplomaten und Militärs. Zudem pflegt er weiterhin die Verbindung zur Familie General Willes, zu Altbundesrat Jean-Marie Musy und – bis zu dessen Tod im Jahr 1940 – zu Bundesrat Giuseppe Motta, dem Vorsteher des Eidgenössischen Politischen Departements.[28]

Als Stabsführer in der «Germanischen Leitstelle» steht Riedweg für die Idee einer pangermanischen Ordnung Europas unter Führung der SS. Im Sommer 1943 führt er dazu aus:

«Wir müssen uns darüber im klaren sein, dass die germanische Politik nur unter der SS gelöst werden kann, nicht vom Staat, nicht vom Gros der Partei! [...] Wir können Europa nicht als Polizeistaat aufbauen unter dem Schutz von Bajonetten, sondern müssen das Leben Europas nach grossgermanischen Gesichtspunkten gestalten.»[29]

Wie sein Chef, SS-General Gottlob Berger, postuliert Riedweg demnach einen *«Neuordnungsprozess, der die besetzten ‹germanischen› Länder nach dem Vorbild der deutschen Einigung von 1871 in ein germanisch-deutsches Reich integrieren soll».*[30] Damit steht er für eine Vision, die sich deutlich abhebt *«von jener plump nationalistischen Okkupationsmentalität, wie sie Hitler und weiten Kreisen der Partei eigen»* ist.[31]

Die vermeintliche «Überlegenheit» dieser Idee verleitet Riedweg indes dazu, allzu sehr in ihrem Sinne vorzupreschen, wodurch seine Position im SS-Hauptamt unhaltbar wird. Im Herbst 1943 erfolgt deshalb die Versetzung des nach schweizerischen Massstäben nicht diensttauglichen Riedweg an die nördliche Ostfront zum III. (Germanischen) SS-Panzerkorps. Hier agiert er trotz mangelnder Fachpraxis rund ein halbes Jahr lang als Chefarzt eines Feldlazaretts. Im Juli 1944 wird er dann Personalreferent des kommandierenden Generals, SS-Obergruppenführer Felix Steiner. Als Steiner Anfang 1945 das Oberkommando über die 11. Armee übernimmt, folgt Riedweg ihm schliesslich als Ordonanzoffizier.[32]

Truppenzugehörigkeit und Fronteinsätze

Der Blick auf Riedwegs Werdegang legt die Frage nahe, wo nun eigentlich die anderen schweizerischen SS-Freiwilligen zum Einsatz kommen. Festzuhalten bleibt dazu erst einmal, dass sich die Schweizer – anders als ein Teil der übrigen Nationalitäten, die ab 1943 in (Gross-)Verbänden zusammengezogen werden[33] – verstreut über fast alle Formationen der Waffen-SS wiederfinden. Die Gründe für das Verwerfen der zeitweilig offenbar diskutierten Option der Zusammenfassung in einer eigenen Formation dürften einerseits organisatorischer Natur sein:[34] Neben und in Verbindung mit der vergleichsweise geringen Freiwilligenzahl[35] sind hier hauptsächlich die Probleme zu nennen, welche die Herauslösung aus ihren bisherigen Truppenteilen für deren Gefüge verursacht hätten. Andererseits wird die Entscheidung wohl nicht zuletzt auch durch eine die wirtschaftliche und verkehrsstrategische Bedeutung der Eidgenossenschaft ins Kalkül ziehende Rücksichtnahme beeinflusst worden sein.[36]

Sieht man einmal von den Personen in Ämtern und Behörden ab, so lassen sich jedoch zwei Divisionen ausmachen, denen die Freiwilligen aus der Schweiz bevorzugt zugeteilt werden. In den ersten Kriegsjahren kommen die meisten von ihnen zu den motorisierten Infanterieregimentern «Der Führer» und «Deutschland», die zur SS-Verfügungsdivision gehören.[37] So lassen sich in diesem Grossverband über die Kriegsdauer verteilt auch mindestens 93 Soldaten eidgenössischer Herkunft feststellen.[38] Ende 1940 wird die Verfügungsdivision umbenannt in 2. SS-Division «Das Reich». Unter dieser Bezeichnung kämpft sie zunächst an der Ostfront. Aufgestellt als motorisierte Infanteriedivision, dann zur Panzergrenadierdivision und Ende 1943 schliesslich zur Panzerdivision umgegliedert, kann sie als die absolute Eliteformation der Waffen-SS gelten.[39] Bevor die Division «Das Reich» 1945 nach Ungarn verlegt und bei Kriegsende im Raum Pilsen in US-Kriegsgefangenschaft geht, ist sie 1944 an der Westfront eingesetzt. Dort verübt sie zwei der bekanntesten und schlimmsten Kriegsverbrechen, die von der Waffen-SS begangen werden: Auf dem Marsch zur Invasionsfront erhängen am 9. Juni 1944 Soldaten der Panzeraufklärungsabteilung im französischen Tulle 99 Geiseln. Am folgenden Tag werden von der 3. Kompanie des SS-Panzergrenadierregiments 4 in Oradour-sur-Glâne 642 Dorfbewohner auf grausamste Weise hingerichtet. Soweit bekannt ist, sind schweizerische SS-Soldaten nicht an diesen Taten beteiligt. Es lassen sich aber mindestens sieben bzw. fünf von ihnen nachweisen, die im Kriegsverlauf zur Aufklärungsabteilung bzw. zur 3. Kompanie des SS-Regiments 4 gehören.[40] Gleichwohl vermitteln jene Massaker einen Eindruck von der Brutalität und Menschenverachtung der Leute, mit denen diese Schweizer vorher oder nachher Seite an Seite kämpfen.

Die zweite Division, die einen relativ hohen Anteil an Schweizern hat, ist die 6. SS-Gebirgsdivision «Nord». Sie kommt in Finnland zum Einsatz: 1941 zunächst an der Salla-Front, dann für mehrere Jahre im Raum Kiestinki. Qualitativ zählt dieser Grossverband zum unteren Mittelmass der Waffen-SS.[41] Für ihn sind mindestens 290 Personen mit einem schweizerischen Pass bekannt.[42] Dass so viele Eidgenossen gerade einer Gebirgsdivision zugewiesen werden, ist nicht überraschend. Denn nach deutschen Vorstellungen sind diese aufgrund ihrer Herkunft für den Kampf im Mittel- und Hochgebirge prädestiniert. Konsequenterweise findet die Division deshalb 1945, nach ihrer Verlegung an die Westfront, auch vornehmlich Verwendung

303

in dem stark durchschnittenen Gelände der südlichen Eifel und des Hunsrück sowie kurz vor dem Kriegsende im mittelgebirgigen Taunus nördlich von Frankfurt am Main.

Motive

Was mag nun eigentlich einen demokratiegeübten Menschen dazu bewegt haben, sein im Vergleich zum Krieg führenden Deutschland wohlhabendes Land unter Inkaufnahme nicht geringer Risiken zu verlassen, um sich freiwillig als Soldat dem totalitären Regime Hitlers für dessen Eroberungs- und Vernichtungskrieg zur Verfügung zu stellen?[43] Das für die «Fremden Dienste» bis ins 19. Jahrhundert dominierende ökonomische Motiv dürfte wohl in den meisten Fällen nicht handlungsleitend gewesen sein oder höchstens als Sekundärmotiv in Frage kommen. Denn bei den deutschen Streitkräften verdient man im Mannschaftsstand, dem etwa 75 bis 80 Prozent der Freiwilligen aus der Schweiz angehören, nicht sonderlich gut.[44]

Die bisher einzige Untersuchung, die sich eingehender mit der Frage nach den Motiven befasst, ist Oertles «Sollte ich aus Russland nicht zurückkehren».[45] Ungeachtet ihres Materialreichtums genügt diese Arbeit jedoch gerade im Hinblick auf die Untersuchung der Beweggründe nicht den wissenschaftlichen Anforderungen. Man kann Oertles Argumentation aber insofern zustimmen, als dass man nicht von einem einheitlichen Motiv ausgehen sollte, sondern in der Regel ein Bündel individueller Beweggründe in Rechnung zu stellen hat. Dazu gehören: eine nationalsozialistische oder eine antikommunistische Gesinnung, private und berufliche Probleme, Flucht vor einer Strafverfolgung durch die eidgenössische Justiz, Kriegsbegeisterung oder blosses Abenteurertum. Ein «Musterbeispiel» für eine derartige Kombination von Motiven dokumentiert die OSS-Vernehmungsakte des aus Hochwald im Kanton Solothurn stammenden Julius Nebel, der 1942 nach Deutschland kommt, um sich zur Waffen-SS zu melden: Nach seinem eigenen Bekunden spielen dabei sowohl seine nationalsozialistische Gesinnung und die Schwierigkeit, eine geeignete Arbeit zu finden, eine Rolle als auch wiederholte Probleme mit der Basler Justiz.[46]

Aufschlussreich ist auch ein Blick auf zwei andere – prominente – Fälle. Als erster sei Johann Eugen Corrodi genannt, der sich in deutschen Diensten das Pseudonym «von Elfenau» zulegt.[47] Er erreicht den Rang eines SS-Oberführers und avanciert damit zum dienstgradhöchsten schweizerischen SS-Freiwilligen.[48] Der in Hausen am Albis geborene Corrodi lässt sich 1931 als Geschäftsmann in Biel nieder. 1939 und 1940 führt er mit einigem Erfolg das Grenzbataillon 234 an der schweizerischen Nordgrenze. Im folgenden Jahr erleidet seine Karriere als Milizoffizier jedoch einen herben Rückschlag: Corrodis militärischer Qualifikationsbericht fällt unerwartet schlecht aus. Hinzu kommt, dass etwa zur selben Zeit seine

Johann Eugen Corrodi.
Der Major der Schweizer Armee – hier
bereits in der Uniform eines
SS-Obersturmbannführers – legt sich
in deutschen Diensten den Namen
«von Elfenau» zu. Er avanciert im
Kriegsverlauf zum
dienstgradhöchsten schweizerischen
SS-Freiwilligen. Nach Deutschland
«flieht» er, um seinen Vorgesetzten in
der Schweiz, von denen er sich
ungerecht behandelt fühlt, zu
beweisen, dass er militärisch kein
Versager ist.

nationalsozialistische und antisemitische Gesinnung bekannt wird. Unter diesen Umständen ist für den ehrgeizigen Corrodi das angestrebte Ziel eines höheren Dienstgrads in der Schweizer Armee nicht mehr realisierbar. Er entschliesst sich daraufhin, sein Glück nördlich des Rheins in einer Armee zu suchen, die seiner Weltanschauung offenbar viel besser entspricht.[49]

Auch im zweiten Fallbeispiel sind es nur vordergründig die dienstlichen Frustrationen, welche die Ursache für den Eintritt in den deutschen Militärdienst bilden. Heinrich Hersche ist in den 1920er Jahren ein recht erfolgreicher Reitlehrer und Instruktionsoffizier der schweizerischen Kavallerie.[50] Mitte der 1930er Jahre wird der Major aber wegen finanzieller Probleme verabschiedet. Seiner Meinung nach erfolgt diese Entlassung freilich zu Unrecht und in ehrenrühriger Weise. Nach Kriegsausbruch wird Hersche trotz seines Wunsches nicht reaktiviert – wobei seine Zugehörigkeit zur rechtsextremen Eidgenössischen Sozialen Arbeiter-Partei wohl eine gewichtige Rolle spielt. Da er in der Schweiz weiterhin keine geeignete Beschäftigung findet, zieht er Ende 1941 nach Deutschland, angeblich, um dort einer zivilen Berufstätigkeit nachzugehen. 1942 wird Hersche Reitlehrer an der SS-Hauptreitschule in München. Skrupel gegen den Eintritt in «Fremde Dienste» kommen ihm nicht, da – wie er später feststellt – *mein Vaterland eindeutig auf meine Dienste verzichtet hatte*».[51] Auch für ihn, der es bis 1945 zum Standartenführer, also Oberst, bringt, wird dieser Entschluss aber nur möglich, weil seine politische Einstellung nationalsozialistisch ist.

Die grosse, wahrscheinlich sogar überragende Bedeutung eben dieses weltanschaulichen Motivs wird von Oertle in seiner Untersuchung offenbar zugunsten weniger verfänglicher Gründe unterbewertet. Er gesteht zwar ein, dass der Anteil derartig Motivierter *«wohl noch etwas»* über dem von ihm – auf methodisch problematische Weise – ermittelten Wert von nur 38 Prozent liegt, *«da sich nicht jeder ehemalige NS-Sympathisant später noch als solcher zu erkennen»* gegeben habe.[52] Ungeachtet dessen übersieht, missinterpretiert oder ignoriert er in dem von ihm selbst präsentierten Quellenmaterial aber Fakten und Aussagen, die als direkte oder indirekte Indikatoren einer nationalsozialistischen Grundhaltung dienen können. Auffallen muss nämlich vor allem der Offiziersanteil, der, bezogen auf die Gesamtzahl der Freiwilligen aus der Schweiz, ausgesprochen hoch ist. Von den 762 Schweizern und Auslandschweizern, für die ein Dienstgrad der Waffen-SS nachweisbar ist, sind nämlich 52 Offiziere, also 6,8 Prozent. Im deutschen Heer hingegen beträgt der Anteil der Offiziere lediglich etwas mehr als 2,8 Prozent. In der gesamten Waffen-SS liegt er gar nur bei 2,6 Prozent.[53]

Obwohl diese Daten nur eingeschränkt miteinander vergleichbar sind, deuten sie doch auf einen erheblichen Unterschied hin. Erklärbar wird der hohe Führeranteil[54] unter anderem durch die wohl nicht geringe Zahl an schweizerischen Freiwilligen mit stark gefragten Fachqualifikationen. Mediziner oder Juristen zum

Beispiel können als so genannte Seiteneinsteiger sofort in die Dienstgradgruppe der Offiziere aufgenommen werden. Franz Riedweg etwa wird am 1. Juli 1938 formell als einfacher SS-Schütze eingestellt, am selben Tag aber schon zum SS-Hauptsturmführer ernannt.[55] Unabdingbar für eine Aufnahme in das SS-Führerkorps ist jedoch – egal ob mit oder ohne fachliche Sonderqualifikation –, dass der Freiwillige über eine nationalsozialistische Gesinnung verfügt und seine Vorgesetzten ihm eine «weltanschaulich einwandfreie» bzw. «SS-mässige Haltung» bescheinigen.

Aus dem hohen Offiziersanteil ergibt sich noch eine weitere Folgerung: Offenbar befinden sich unter den Freiwilligen aus der Eidgenossenschaft überproportional viele besser Qualifizierte. Und diesen darf man wohl unterstellen, dass sie im Gegensatz zu manchem weniger Gebildeten ihre Entscheidung für den Kampf an deutscher Seite nicht spontan oder in Verkennung des spezifischen Charakters der nationalsozialistischen Herrschaft fällen. Das schliesst auch opportunistische Motive nicht aus, wie sie etwa Corrodi und Riedweg von verschiedener Seite unterstellt werden. Denn der diffuse, nach vielen Seiten offene Charakter des Nationalsozialismus bietet Karrieristen und Konformisten gute Entfaltungsmöglichkeiten.

Im Unterschied zu den schweizerischen SS-Freiwilligen im Offiziersrang scheinen für die zahlenmässig stark unterrepräsentierten Unteroffiziere und die Mannschaften ideologische Motive eine geringere Bedeutung zu haben. Bei aller Vorsicht, mit der man ihre nachträglichen Erklärungen lesen muss, zeichnet sich doch ein stärkerer Einfluss anderer Faktoren ab, die im privaten oder beruflichen Umfeld oder in individuellen Neigungen zu suchen sind. Angesichts der Tatsache aber, dass allein über 150 von ihnen in den vier Elitedivisionen[56] der Waffen-SS kämpfen, erscheint es auch hier angeraten, im Bündel von Motivationen weltanschauliche Beweggründe nicht zu unterschätzen.

Zusammenfassend lässt sich zumindest für das Führerkorps der Waffen-SS folgern, dass seine schweizerischen Mitglieder von der Motivlage her in der Regel überzeugte Nationalsozialisten sind. Dies muss freilich nicht heissen, dass sie der Politik Hitlers oder Himmlers deshalb prinzipiell unkritisch gegenüberstehen. Wie das Beispiel des Obersturmbannführers Riedweg zeigt, gibt es gerade in den Reihen der so genannten «Germanischen SS» auch Verfechter einer moderateren Form des nationalsozialistischen Imperialismus; wie auch immer man diese Variante letztlich bewerten möchte.

Strafverfolgung in der Schweiz nach dem Zweiten Weltkrieg

Die «Fremden Dienste» von Schweizern in Wehrmacht und Waffen-SS vorurteilsfrei zu bewerten, stellt nicht erst den heutigen Betrachter vor Probleme. Auch die eidgenössische Justiz der Nachkriegsjahre musste sich ihr(e) Urteil(e) mühsam erarbeiten und agierte dabei bisweilen nicht ohne ausgiebiges Taktieren. Als Grundlage der Be- und Verurteilung diente ihr vor allem das Militärstrafgesetz von 1927 und daraus hauptsächlich der Artikel 94. Dieser legt fest, dass der Eintritt in eine ausländische Armee als eine Straftat zu werten ist, die mit Gefängnis geahndet wird, in Kriegszeiten sogar mit Zuchthaus. Ausgenommen sind von dem Verbot lediglich die Doppelbürger mit einem Wohnsitz im betreffenden Fremdland. Verboten ist des Weiteren die Werbung von Schweizern für einen fremden Militärdienst.[57]

Die Urteile gegen die zurückkehrenden Freiwilligen fallen dementsprechend aus. Im Allgemeinen beträgt das Strafmass zwischen sechs und 24 Monaten Haft. In den Fällen, wo noch zusätzlich auf Landesverrat erkannt wird, erreichen die Strafzumessungen bis zu 20 Jahren Zuchthaus. In rund 50 Fällen kommt es ausserdem – auf anderer Rechtsgrundlage – zur Aberkennung des Aktivbürgerrechts. Überdies wird vielfach der Ausschluss aus der Armee vorgenommen sowie die Aberkennung des Dienstgrads. Insgesamt ist die Bestrafung der Waffen-SS-Freiwilligen wohl härter als die der wenige Jahre zuvor wegen desselben Vergehens verurteilten schweizerischen Spanienkämpfer.[58] Dies erscheint auch durchaus einleuchtend. Denn im Unterschied zu den Spanienkämpfern gelten für die SS-Freiwilligen aus der Sicht der Gerichte noch zwei verschärfende Kriterien: erstens die latente Bedrohung der Sicherheit der Eidgenossenschaft durch das «Dritte Reich» und seine Streitkräfte; zweitens die Einstufung der Waffen-SS als *«(kriegs)verbrecherische Organisation»* durch das Nürnberger Kriegsverbrechertribunal.

Dieses zweite Kriterium findet sich in den Urteilsbegründungen allerdings kaum wieder. Unabhängig von der insgesamt härteren Bestrafung fällt jedoch auf, dass gerade in Bezug auf die schweizerischen SS-Freiwilligen im Offiziersrang, die sich 1945 zumeist in alliierter Kriegsgefangenschaft befinden oder im Ausland untergetaucht sind, die Strafverfolgung durch die schweizerischen Behörden bisweilen die zu erwartende Konsequenz vermissen lässt. Auslieferungsanträge für einige dieser nicht nur wegen ihres Dienstes in einer fremden Armee, sondern auch wegen des *«Angriffs auf die Unabhängigkeit der Schweiz»* und der Preisgabe militärischer oder politischer Geheimnisse – also kurz: wegen Landesverrats – juristisch zu belangenden Personen werden erstaunlicherweise entweder nur zögerlich oder gar nicht gestellt. Jene Männer bürgert man lieber möglichst frühzeitig aus und verurteilt die meisten von ihnen bevorzugt *«in Abwesenheit»*.

Obwohl auf diesem Gebiet noch reichlich Forschungsarbeit zu leisten ist, scheint es doch, dass dieses Handlungsmuster sehr wohl kalkuliert ist. So wird zum Beispiel die Einreisesperre gegen den in St. Gallen geborenen und im März 1944 ausgebürgerten Benno H. Schaeppi, der zunächst als Leiter des Stuttgarter «Panoramaheims» die Anwerbung von schweizerischen Freiwilligen massgeblich unterstützt und später als Kriegsberichterstatter der Waffen-SS fungiert, erst auf *«wiederholtes Drängen seines amtlichen Verteidigers in letzter Stunde»*[59] aufgehoben.

Was sind die Beweggründe, die Männer wie Dr. Franz Riedweg (links) und
Benno Schaeppi nach Deutschland führen?

Warum die eidgenössischen Behörden derart hinhaltend agieren, verrät ein Schreiben des Untersuchungsrichters Gloor an die Schweizerische Bundesanwaltschaft in Bern vom März 1946: «*Schaeppi wäre für eine bessere Abklärung der Umtriebe der Nazischweizer in Deutschland gegen unser Land für die Untersuchung schon interessant. Ich glaube aber, dass in Hinsicht auf die politische Natur seiner Vergehen, doch von Schritt[en] für eine Auslieferung desselben Umgang genommen werden sollte.*»[60] Rund ein Jahr später begründet man dann gegenüber den US-Internierungsbehörden den Verzicht auf eine Auslieferung recht fadenscheinig damit, dass Schaeppi wegen Gefährdung der Sicherheit und Unabhängigkeit der Schweiz die Staatsbürgerschaft aberkannt worden sei und deshalb seine Rückkehr ausser Frage stehe. «*The Swiss Authorities are neither interested in the further fate of Benno Heinrich Schaeppi and leave it to the Occupation Authorities what to do with him.*»[61]

Ähnlich verfahren die zuständigen Instanzen mit Franz Riedweg. Für einen längeren Zeitraum unterbinden sie dessen Einreise, als sich abzeichnet, dass Riedweg im Dezember 1947 vor dem Bundesgericht in Luzern erscheinen soll. Erst zwei Wochen vor Prozessbeginn erfolgt durch den Bundesrat die Aufhebung des Einreiseverbots. Dann aber findet sich in Bern niemand, der bei den Alliierten den nötigen Auslieferungsantrag stellt. Auffallend ist darüber hinaus, dass sich der Gesandte der Schweiz in Berlin, Hans Frölicher, nach 1945 über seine Kontakte zu ihm unter Berufung auf das Amtsgeheimnis ausschweigt. Kann man die während der Kriegsdauer insgesamt zu beobachtende juristische Verschleppungstaktik gegenüber den Freiwilligen bei den deutschen Streitkräften und den nationalsozialistischen Schweizern in der Heimat noch aus der Sorge vor Repressalien durch das Hitlerregime erklären, und mag man die Reaktion auf das beinahe skurril, in seinem Wunsch nach Rehabilitation zumindest aber naiv anmutende Selbst-Auslieferungsgesuch Schaeppis[62] noch als Versuch gelten lassen, einen lästigen Zeugen aus der dritten Reihe der schweizerischen Waffen-SS-Nomenklatura ausser Landes zu halten, so ist spätestens das Verhalten gegenüber Riedweg jedoch «verdächtig».

Möglicherweise steckt dahinter die Sorge, dass der «*erfolgreichste ‹Hitlerschweizer*›»[63] bei den Vernehmungen im Zuge der Prozesse einer breiteren Öffentlichkeit unliebsame Informationen offenbaren könnte, die manch hohen Politiker, Wirtschaftsführer oder Militär in der Schweiz wegen seiner Zusammenarbeit mit dem «Dritten Reich» belasten würden.

Zusammenfassung

Ungeachtet der Themenstellung «Schweizerische Freiwillige in der deutschen Wehrmacht und Waffen-SS» konzentriert sich die vorangegangene Darstellung vorwiegend auf die eidgenössischen Freiwilligen in der Waffen-SS. Angesichts einerseits des quantitativen Übergewichts, den der Dienst in der SS hat, und andererseits des nur anekdotenhaft überlieferten Dienstes in anderen Teilen der bewaffneten Macht des Deutschen Reichs war eine solche Schwerpunktsetzung aber nicht zu vermeiden. Besonders deutlich konnte auf diese Weise indes herausgestrichen werden, dass der Einsatz für das «Dritte Reich» eine grundsätzlich andere Qualität hat als die früheren «Fremden Dienste» schweizerischer Söldner. Nicht mehr das materielle Angebot des Auftraggebers ist für die Masse der Freiwilligen ausschlaggebend, sondern sein Monopolanspruch auf eine Ideologie und deren Realisierung, an der man mitwirken kann. Gewisse Parallelen lassen sich lediglich im Hinblick auf die Spanienkämpfer erkennen, die ja letztlich auch für eine Weltanschauung in den Krieg ziehen. Nur liegt dieser «Ideologie» – zumindest bei den nichtkommunistischen Kämpfern – wohl im Allgemeinen die in der Eidgenossenschaft verbreitete und akzeptierte Idee eines freien, gleichberechtigten und demokratischen Miteinanders zugrunde. Der Kampf für das «Dritte Reich» dagegen fusst auf einer totalitären und elitären Gesinnung.

Abschliessend sei noch auf einen pikanten Nebeneffekt des Dienstes von Schweizern in Wehrmacht und Waffen-SS hingewiesen: Nämlich dass Eidgenossen durch ihren Eintritt in das deutsche Militär zu «Landsern» werden. «Landser» ist im Zweiten Weltkrieg die umgangssprachliche Bezeichnung für den deutschen Soldaten. Zugleich ist der Begriff aber auch die Kurzform von «Landsknecht». Und die deutschen Landsknechte sind es, die im 15. und 16. Jahrhundert die Erzfeinde der schweizerischen Reisläufer waren, die ja wiederum als die Urväter des «Fremden Dienstes» gelten dürfen.

.

> MATTHIAS FIALA

Die Fremdenlegion[1]

Die Fremdenlegion ist die berühmteste und kampferprobteste Militäreinheit Frankreichs. Seit 1831 kämpfen und sterben Legionäre aus aller Herren Länder im Dienste Frankreichs. Dennoch können Legionäre nicht mit den Schweizern in «Fremden Diensten» verglichen werden, da sich die «französischen Söldner» – gemäss ihrem Motto «Legio Patria Nostra» – primär für ihre Kameraden und die Legion einsetzen, die für sie Zentrum, Rückhalt und Familie darstellen. Gemäss der Genfer Konvention sind die Legionäre keine Söldner, sondern gelten mit all ihren Rechten und Pflichten als Soldaten.

Die Legion hatte zu Beginn einen äusserst schlechten Ruf, rekrutierte sie sich vorwiegend aus Mördern und verstossenem Gesindel, die im Soldatenberuf eine neue Bleibe fanden. So erstaunt es nicht, dass sie auf den Schlachtfeldern gnadenlos verheizt wurden. Heute kommt der Fremdenlegion aufgrund ihrer Einsatzflexibilität, ihrer modernen Ausstattung und ihrer grossen Leistungsbereitschaft ein internationales Renommee zu. So werden sie in friedenserhaltenen Missionen, in Befreiungs- und Beruhigungsaktionen und zur Unterstützung anderer Truppenverbände eingesetzt. *«Allein die Fremdenlegion ist die Lieblingszuflucht aller Männer geblieben, deren Lebenserwartungen mit unserer Zeit der Mechanisierung und Bureaukratie nicht im Einklang stehen.»*[2]

Die französische Fremdenlegion (Légion étrangère) wurde als Nachfolgerin der zahlreichen Fremdenregimenter in französischen Diensten von König Louis Philippe am 9. März 1831 per königlichem Dekret besiegelt. Nach den napoleonischen Kriegen trieben sich in Paris und seiner Umgebung allerlei Veteranen und arbeitslose Soldaten herum. Der französische König wollte dieses Gesindel von seinen Strassen entfernen. Aufgrund der Tatsache, dass Frankreich Soldaten für den Krieg in Nordafrika benötigte, kam dem König die Lösung des belgischen Abenteurers Lacroix äusserst gelegen, der eine Fremdenlegion aufstellen wollte, die für Frankreich kämpfen sollte und gleichzeitig den Effekt hatte, die ungeliebten Gäste von den Strassen von Paris zu entfernen. Da zahlreiche ehemalige Häftlinge und Kriminelle den Weg zur Legion fanden, wurden die Kontingente relativ rasch erreicht. Der Schweizer Veteran Christoph Anton Stoffel übernahm das erste Kommando und formte den Haufen von Kriminellen zu einer disziplinierten und kombattanten Truppe, die zu Beginn nach Nationalität der Männer organisiert war. In diesem Zusammenhang ist zu erwähnen, dass während einiger Jahre auch zwei Schweizer Bataillone im Einsatz der Fremdenlegion standen, die vor allem in den Kolonialkriegen zum Einsatz kamen.

Die ersten Legionäre wurden im August 1831 – zur Eroberung und Befriedung des Landes – nach Algerien eingeschifft. Der erste Einsatz erfolgte am 27. April 1832 in Algerien gegen aufständische Berber. Im Jahre 1835 wurde die auf knapp 4200 Mann angewachsene Fremdenlegion in Spanien (Tarragona) gegen die Revolutionstruppen Don Carlos eingesetzt und an Königin Isabella – Verbündete der Krone Frankreichs – abgetreten. Die gesamte Aktion war aber ein einziges Debakel; über 3600 Legionäre und zahlreiche Offiziere fielen und nur ein ärmliches Häuflein von 500 Mann überlebte den Einsatz auf der Iberischen Halbinsel.[3] Der Verkauf der Fremdenlegion an Spanien und der damit verbundene Abzug aus Algerien schwächte die französische Position in Nordafrika, sodass am 16. Dezember 1835 – sechs Monate nach der Abtretung – eine zweite Legion ins Leben gerufen wurde, die in die Fussstapfen ihrer Vorgängerin trat und 1837 wieder nach Algerien verlegt wurde. In der Folge sollte Algerien die neue «Heimat» der Legionäre bleiben, indem im Jahre 1843 die Stadt Sidi-Bel-Abbès – neuer Hauptsitz der Fremdenlegion – gegründet wurde. Das Erkennungsmerkmal der Legion, das weisse «Kepi» in Form eines Mützenüberzuges wurde 1841 eingeführt. Während dieser Zeit gelangte die Fremdenlegion u. a. im Krim-Krieg[4] (1854–1856) sowie in Italien (1859) zum Einsatz.

Camerone 1863 – der Mythos

Der Kampf um Camerone gilt in der Fremdenlegion als Symbol für den Kampf bis zum letzten Mann. Im Rahmen des von 1863 bis 1867 ausgetragenen Feldzugs in Mexiko trug sich die berühmteste Schlacht der Legion zu. Am 29. April 1863 sollte Capitaine Danjou mit einer Kompanie einen grösseren Konvoi von Vera Cruz nach Puebla begleiten. Das französische Vorhaben wurde publik und die mexikanische Armee schickte 800 Kavalleristen und 1200 Infanteristen in das Gebiet. Als Danjou mit seiner Truppe am Morgen des 30. April eine kurze Rast einlegte, griffen die Mexikaner an. Drei Offiziere und 62 Legionäre zogen sich in der Folge in das mexikanische Dorf «Camerone» zum Gefecht zurück und hielten ihre Stellung gegen die etwa 2000 mexikanischen Soldaten bis zum Abend. Die letzten noch zur Verfügung stehenden Legionäre kämpften schliesslich – nachdem die letzten Patronen verfeuert waren – mit aufgesetztem Bajonett weiter.

Aufgrund dieser enormen Leistung veranlasste Napoleon III., auf den Fahnen den Ehrennamen «Camerone 1863» anzubringen, und im Jahre 1892 wurde ein Denkmal auf dem Schlachtgelände errichtet. Noch heute erinnert sich die Legion an jedem Jahrestag an diese Schlacht und in Aubange, dem Hauptquartier der Legion, wird die Holzhand von Capitane Danjou, die höchst verehrte «Reliquie» der Legion, aus ihrer Glasvitrine geholt.

314

Einsätze der Fremdenlegion vom 19. bis zum 21. Jahrhundert

Nach Camerone kämpfte die Freiwilligentruppe der französischen Fremdenlegion im 19. Jahrhundert bei Cotastla, Oajacca und Santa Isabel. Es folgte der Deutsch-Französische Krieg (1870/71) und anschliessend ein erneuter Einsatz in Algerien, wo die Legionäre wieder gegen die Berber und deren Aufstand vorgehen mussten. Ab 1883 wurde die Legion auch in Übersee eingesetzt. Sie war an allen wichtigen Schauplätzen, an allen Ecken und Enden der Welt, wo Frankreichs Interessen zu vertreten waren.

Von 1883 bis 1940 waren die Franzosen in Indochina – Tonkin – (Vietnam, Laos und Kambodscha), gefolgt von Formosa (1885), Sudan (1892/93), Dahomey (1892–1894), Siam (1893–1897), Madagaskar (1895–1905) und seit 1903 wieder verstärkt in Nordafrika. Während des Ersten Weltkriegs dienten mehr als 44 000 Soldaten aus 100 Nationen in der Legion, die in zahlreiche Gefechte in Frankreich, aber auch bei den Schlachten in Gallipoli, Serbien und Monastir involviert waren.

Nach Beendigung des Ersten Weltkriegs folgten Einsätze im Unruheherd Marokko (1900–1934) und ab 1925 in Syrien und im Libanon gegen die dortigen Stammeskrieger und ihren «Dschihad» (Heiligen Krieg). Mit Ausbruch des Zweiten Weltkriegs strömten einmal mehr viele ausländische Freiwillige aus allen Ecken der Welt in die Rekrutierungsstellen der Fremdenlegion, um an den verschiedenen Fronten zum Einsatz zu gelangen (Frankreich, Norwegen, Syrien- und Italienfeldzug sowie die Besetzung Deutschlands).

Als sich gegen Ende des Zweiten Weltkriegs die Lage in Indochina verschärfte, wurden diverse Regimenter der Fremdenlegion nach Tonkin und Saigon verlegt, um die Unabhängigkeitsbewegungen Vietnams zu unterdrücken. Die ersten Legionseinheiten landeten am 2. Februar 1946 in Saigon und ab 1947 begann ein entsetzlicher Guerillakrieg. Die Probleme der Legion waren die mangelhafte Ausrüstung und Bewaffnung sowie die Tatsache, dass französische Wehrpflichtige nicht in Übersee eingesetzt werden durften. So blieb die Auseinandersetzung in Indochina – die in der Heimat aufs Schärfste kritisiert wurde – ein Krieg der Legion und der Kolonialtruppen. Obwohl bis zuletzt über 15 000 Mann auf den verschiedenen französischen Stützpunkten in Dien Bin Phu verteilt waren, musste am 7. Mai des Jahres 1954 kapituliert werden. Frankreich erklärte, nachdem ungefähr 10 500 Legionäre gefallen waren, seinen Rückzug aus Vietnam, und das Land wurde in einen süd- und nordvietnamesischen Staat geteilt. In den Jahren 1954 bis 1962 erfolgten Kämpfe gegen die algerische FLN (»Front de Libération Nationale«) und ihre Unabhängigkeitsbestrebungen. Höhepunkt war der «Putsch von Algier», wo Legionärstruppen am 22. April 1961 vier Tage lang alle Einrichtungen der Regierung in Algerien besetzt hielten.

Mit dem Ende des Algerienkrieges und der Abtretung zahlreicher Kolonien Frankreichs änderte sich mit der Auflösung diverser Kolonialtruppen die Struktur der Armee und der Legion. Sie wurde entgegen Vermutungen und Gerüchten um eine Auflösung oder einen Verkauf an die USA auf 8000 Mann reduziert. Das Hauptquartier wurde von Sidi-bel-Abbès nach Aubagne, in der Nähe von Marseille verlegt. Die Fremdenlegion wurde in den vergangenen 30 Jahren häufig auch für andere Einsätze herangezogen, so zum Beispiel im Kampf gegen Rebellen im Tschad (1969/70, 1978–1988) und in Zaire (1978) sowie während des Bürgerkriegs in Beirut im Libanon (1983). Sie wird heute überall dort eingesetzt, wo der französische Staat seine Interessen in der NATO oder im europäischen Verbund verteidigt, «historische» Obligationen hat (Elfenbeinküste) oder französische Staatsbürger in Gefahr sind. Während des Golfkriegs gegen Saddam Hussein 1991 waren mehr als 2500 Legionäre an der siegreichen Operation «Desert Storm» eingebunden und seit 1992 werden Teile der Legion unter dem Banner der UNO für friedenssichernde Missionen eingesetzt. Sie kam 1992 und 1993 in Gabun, Kambodscha und Somalia sowie 1994 in Ruanda zum Einsatz. Ebenfalls seit 1993 wird die Legion – als Teil einer UN-Friedensmission – in Ex-Jugoslawien als «schnelle Eingreiftruppe» zur Jagd nach Kriegsverbrechern, zur Minenräumung, Sicherung von Strassensperren usw. eingesetzt.

Im Sommer 1997 zeichnete sich für die Legion im kongolesischen Brazzaville eine bereits vertraute Aktion in Form einer Evakuierungsmission ab. Dass die Legionäre erste Wahl für französische Friedenseinsätze sind, zeigt sich darin, dass die Fremdenlegion immer die ersten französischen Truppen stellt, sei es 1999 im Kosovo, 2000 in Mazedonien oder 2002 als Teil der ISAF-Friedenstruppe in Afghanistan. Die Legion zählt heute ungefähr 7600 Soldaten und verteilt sich auf zehn Standorte in Europa, Afrika, Südamerika sowie im pazifischen Ozean. Sie wird hauptsächlich eingesetzt, um sensible Objekte (z. B. die Abschussbasis der Ariane-Rakete in franz. Guyana) sowie für Frankreich und Europa strategisch wichtige Punkte (Horn von Afrika, Dschibuti usw.) zu bewachen.

Die Bewerbung

Die Gründe, der Fremdenlegion beizutreten, haben sich im Unterschied zu den «Fremden Diensten» nicht geändert. Zur Legion kommen Menschen aller Herren Länder, wobei bestimmte Länder wie Deutschland, Grossbritannien oder neu Länder des ehemaligen Ostblocks stärker vertreten sind. Den Franzosen selbst – bis auf die Offiziere – ist der Dienst in der Legion offiziell nicht gestattet, sodass viele von ihnen kurzerhand zu «Belgiern» mutieren. Die Legion betreibt in Frankreich 16 Rekrutierungsbüros, die rund um die Uhr besetzt sind; zusätzlich kann man sich direkt im Hauptquartier in Aubagne bewerben.

Was sind die Anforderungen, um Legionär zu werden? Aufnahme zur Fremdenlegion findet jeder Diensttaugliche jeglicher Nationalität im Alter von 17 bis 40

Die französische Fremdenlegion (Légion étrangère) wurde als Nachfolgerin der
zahlreichen Fremdenregimenter in französischen Diensten von König Louis Philippe
am 9. März 1831 per königliches Dekret besiegelt. Heute kommt der Fremdenlegion
aufgrund ihrer Einsatzflexibilität, ihrer modernen Ausstattung und ihrer grossen
Leistungsbereitschaft ein internationales Renommee zu. Sie zählt ungefähr 7600
Soldaten und verteilt sich auf 10 Standorte in Europa, Afrika, Südamerika sowie im
pazifischen Ozean. Auf dem Bild sieht man das Defilee der Fremdenlegion am 14. Juli 1997
auf den Champs-Élysées.

Jahren. Die kürzeste Verpflichtungszeit beträgt fünf Jahre. Nach Ableistung von drei Dienstjahren besteht die Möglichkeit, die französische Staatsbürgerschaft zu erwerben; faktisch aber behält der Legionär bis zur Erfüllung seines fünfjährigen Dienstvertrags seinen Ausländerstatus, um anschliessend Anspruch auf eine zehnjährige Aufenthaltsbewilligung in Frankreich zu erhalten.

Um der Legion beizutreten, fährt der Interessierte nach Frankreich und meldet sich bei einer Polizeistation, worauf er von einem Angehörigen der Legion abgeholt und zu einem Sammelpunkt gebracht wird. Dort werden bereits ärztliche und physische Kontrollen durchgeführt, bis er schliesslich auf den Hauptstützpunkt nach Aubagne geführt wird. Im Hauptquartier des 1. RE (Premier Régiment Etranger), wo die Bewerber im Durchschnitt zwei bis drei Wochen verbringen, werden sie zuerst auf die Motivationsgründe hin befragt. Nachdem ihnen alle persönlichen Sachen abgenommen werden, legen sie sich in Kampfanzüge, erlernen die Grundzüge der französischen Sprache und absolvieren weitere medizinische und psychologische Tests. Nach Bestehen dieser Prüfungen erhalten die Bewerber den berüchtigten Haarschnitt, «boule à zéro» genannt, und nach der Meisterung der letzten Hürden während intensivster Wochen kann ein Fünfjahresvertrag – bei Bedarf mit neuer Identität – unterschrieben werden.

Die Grundausbildung

Rund zehn Prozent der Interessierten halten den Strapazen und Anforderungen der ersten Wochen stand und werden anschliessend in die viermonatige Grundausbildung im 4. RE (4e Régiment Etranger) nach Castelnaudary geschickt. Im ersten Monat werden den Rekruten die militärischen Grundkenntnisse vermittelt, im zweiten Monat werden diese Kenntnisse vertieft, der dritte Monat widmet sich dem Drill und Übungen im unwegsamen Gelände sowie Gefechtstaktiken, die stets mit Prüfungen militärischer, sportlicher und medizinischer Art komplettiert werden, bevor im vierten Monat über die Verwendung der Rekruten entschieden wird. Die Grundausbildung ist psychisch und körperlich sehr anstrengend, Schlaflosigkeit steht an der Tagesordnung und für jede Kleinigkeit hagelt es Strafen. Die Französischkenntnisse werden jeden Tag vertieft, da alle Befehle in dieser Sprache übermittelt werden. Ausgiebige Märsche bis zu 50 Kilometern, intensive Nahkampfausbildung sowie das Erlernen des einwandfreien Beherrschens sämtlicher Handfeuer- und Unterstützungswaffen gehören schon in den ersten Wochen zum Standard.

Danach geht es zu einem fünftägigen Aufenthalt in die Pyrenäen, wo die Rekruten die Grundsätze des Gebirgs- und Winterkampfes erlernen. Die endgültige Prüfung am Ende des vierten Monats stellt der «Képi Blanc»-Marsch dar. Dieser Marsch erstreckt sich über eine Distanz von etwa 150 Kilometern und führt durch schwierigstes Gelände. Sollte der Rekrut diesen Marsch bestehen, ist er ab sofort ein

Legionär. Er hat somit das Recht, das berühmte weisse «Képi», Symbol der Legion mit der siebenflammigen Granate, zu tragen und erhält den Rang eines «Légionnaire de 2e classe».

Für seine Anstellung als Legionär wird er mit einem Sold von rund 1000 Euro im Monat entschädigt, ohne dass ihm für Unterkunft, Verpflegung, Renten- und Krankenversicherung sowie Dienstkleidung Abzüge gemacht werden. Wird ein neuer Dienstgrad erreicht oder steht ein Auslandeinsatz bevor, wird der Sold dementsprechend in der Höhe angepasst. Nach der Grundausbildung haben die frisch gebackenen Legionäre die Möglichkeit – insofern der Platz nicht bereits besetzt ist oder die individuellen Kapazitäten eine andere Verwendung für den Legionär vorsehen –, in eines der verschiedenen Regimenter zu wechseln. Tendenziell möchten alle Legionäre zum 2. REP (2e Régiment Etranger de Parachutistes) auf Korsika, der Elite unter den Legionären, aber nur die Besten erreichen die Insel.

Zumeist beginnt der Legionär eine zweijährige Tätigkeit in Französisch-Guayana oder Dschibuti. Doch die Karriere eines Legionärs ist mit dem künftigen Standort nicht festgelegt. Oft durchlaufen die Legionäre verschiedene Regimenter und erhalten so ein sehr gutes Fachwissen. Neben der militärischen Karriere kommt auch die zivile nicht zu kurz, und für viele besteht die Möglichkeit, in ihrem zivilen Beruf auch bei der Legion eingesetzt zu werden. Zudem bietet die Legion auch staatlich anerkannte Ausbildungen in diversen Handels- und Handwerksberufen an. Unter den Legionären zweiter Klasse werden die Fähigsten – aufgrund von intellektuellen und einsatzorientierten Kompetenzen – ausgesucht, um sie zu Unteroffizieren weiterzubilden.

Das Leben in der Legion ist hart, der intensive Dienst lässt kaum Freiräume und in den ersten Jahren haben die Legionäre keine Möglichkeit, ihre Verwandten und Freunde zu besuchen. Dennoch hat die Desertionsrate nachgelassen und die Verfolgung von Dienstunwilligen – insofern keine Waffen- oder Ausrüstungsgegenstände abhanden gekommen sind – wird heute kaum mehr aufgenommen. Nach Auslaufen des Fünfjahresvertrags kann dieser vom Legionär auf sechs Monate, ein Jahr oder zwei Jahre verlängert werden. Die maximale Dienst- und Pensionsberechtigungszeit beträgt in der Regel 15 Jahre, doch bei entsprechendem Rang ist auch eine längere Dienstzeit möglich. Ab dem 15. Dienstjahr erhält der Legionär eine monatlich ausbezahlte Pension, die auch ins Ausland verschickt wird. Ausserdem haben lang gediente Legionäre Anrecht auf einen Platz im Legionärs-Altersheim.

Die Struktur

Die Fremdenlegion gliedert sich in zehn verschiedene Regimenter und Einheiten, die unterschiedlichen Truppengattungen angehören oder verschiedene Aufgabengebiete erledigen. Die heute voll in die französische Armee eingebundene Legion verfügt derzeit über etwa 7662 Männer aus 136 Ländern.

- 1. RE (1er Régiment Etranger), stationiert in Aubagne, Hauptquartier der Fremdenlegion.
- 1. REC (1er Régiment Etranger de Cavalerie), stationiert in Orange.
- 1. REG (1er Régiment Etranger de Génie), stationiert in Laudan.
- 2. REG (2e Régiment Etranger de Génie), stationiert in Saint Christol.
- 2. REI (2e Régiment Etranger d'Infanterie), stationiert in Nîmes.
- 2. REP (2e Régiment Etranger de Parachutistes), stationiert in Calvi, Korsika.
- 3. REI (3e Régiment Etranger d'Infanterie), stationiert in Französisch-Guyana.
- 4. RE (4e Régiment Etranger), stationiert in Castelnaudary.
- 13. DBLE (13e Demi-brigade de la Légion Etragère), stationiert in Dschibuti, Ostafrika.
- DLEM (Détachement de Légion Etrangère de Mayotte), stationiert in Mayotte (Insel im Indischen Ozean).

Cronaca di uno svizzero nella Legione straniera

«Auf dem falschem Zug» è un libro che narra la storia di uno svizzero – Stefan Küttel (1934) – che, per rincorrere sogni di gioventù quali libertà, scoperta di nuovi paesi e voglia d'avventura, decide di prestare servizio nella Legione straniera in Algeria. La sua esperienza inizia quasi per caso al termine di una fiera svoltasi il 16 aprile del 1956.[5] Il giovane Küttel (22 anni) dopo essersi ubriacato, si sveglia il giorno seguente in un edificio nel quale alloggiano legionari dove un ufficiale gli fa firmare un foglio di candidatura per la legione. Questi metodi di arruolamento denotano delle rassomiglianze con i metodi già adottati dai responsabili per l'arruolamento nei servizi stranieri nel XVII° e XVIII° secolo; veterani che decantano il fascino di un servizio all'estero, la possibilità di conoscere e vedere nuovi posti, l'avventura e in ogni caso la possibilità di decidere del proprio destino.

Il viaggio

Küttel comincia il suo viaggio in compagnia di altri legionari. Arrivati a Marsiglia vengono portati a «Fort Saint Nicola», dove iniziano le prime fasi d'istruzione prima della firma definitiva quali candidati legionari. Il 30 Aprile prende parte ai festeggiamenti della Legione straniera per l'anniversario della battaglia di Camerone avvenuta in Messico nel 1863.[6] Il 4 maggio Küttel e i suoi compagni (aspiranti legionari) vengono trasportati dalla caserma al porto e caricati sulle navi. I legionari potevano restare sul ponte mentre i candidati vennero rinchiusi sottocoperta. Il motivo secondo Küttel era molto semplice: «*Mit an Sicherheit grenzender Wahrscheinlichkeit hätte der eine oder andere doch noch versucht, mit einem Sprung über die Reling das Weite zu suchen*».[7] Il viaggio per mare li conduce fino ad Orano, città portuale nel Nord-ovest dell'Algeria. Il viaggio intrapreso nella notte per evitare gli attacchi dei «ribelli» algerini, li porta a raggiungere molti chilometri a sud Sidi Bel-Abbés, la città dei legionari. L'arrivo in questa guarnigione, ormai diventata città, segna la fine del viaggio intrapreso da Küttel per arrivare nel luogo in cui verrà definitivamente arruolato e istruito per i suoi futuri compiti nella Legione. Questo viaggio nel suo insieme è caratterizzato da diversi aspetti.

Nel racconto di Küttel si può notare la costante presenza di organi di controllo e sicurezza che tengono d'occhio i candidati. Questi elementi di controllo non hanno sicuramente quale unico scopo di assicurare l'incolumità dei candidati, bensì sono, dal punto di vista dell'autore di questo testo, volti ad evitare che qualche candidato possa fuggire. Un secondo elemento è la velocità degli spostamenti da un luogo all'altro, fino all'arrivo al quartiere generale di Sidi Bel-Abbés. Queste procedure per raggiungere il continente africano il più velocemente possibile denotano la volontà di allontanare rapidamente il candidato dalla sua patria, precludendogli così la possibilità di raggiungere la frontiera. Un terzo elemento, che emergerà maggiormente nel prossimo sotto capitolo, è l'esaltazione dello spirito di corpo al quale il candidato è sottoposto; così facendo il candidato ha l'impressione di entrare a far parte di una grande famiglia, che magari in patria non aveva.

L'indottrinamento

Gli aspiranti legionari raggiungono la guarnigione durante la notte. Il mattino seguente come prima attività, e quasi come rito di passaggio, ha luogo la fase della pulizia personale. I vestiti ricevuti in Francia vengono riconsegnati e i candidati devono lavarsi completamente prima di eseguire i vari test medici.[8] Il secondo giorno si apre all'insegna della cultura, gli aspiranti vengono portati al museo della Legione, dove il curatore (un aiutante veterano), racconta loro la storia della Legione e con grande enfasi mette in evidenza l'onore e la gloria della Legione e delle proprie unità. Grande risalto viene posto sugli avvenimenti della battaglia di Camerone, e sui suoi protagonisti, primo fra tutti il capitano Danjou. Al termine della visita, quando gli spiriti erano inebriati dai racconti del curatore, Küttel arriva a scrivere: «*Meine Mitkandidaten und ich mochten es kaum erwarten, aus dieser heiligen Halle heraus-*

zukommen, sich formen zu lassen, um dann Schulter an Schulter den Kampf gegen je-den Gegner diese Einheit aufzunehmen».[9]

I giorni seguenti vengono impiegati all'insegna delle visite sanitarie e dei test attitudinali, nella fase di equipaggiamento quale legionario e, infine, nella partenza per la caserma situata a qualche chilometro dalla città.[10] Molte delle procedure esposte da Küttel possono essere considerate riti di iniziazione o procedure di indottrinamento. Prima fra tutti il pulirsi, simbolo del liberarsi da quello che era la vita nel continente europeo, le varie visite mediche per vaccinare il soldato al «nuovo ambiente», portandolo ad uno stato di esaltazione come lo descrive Küttel: *«Das in uns aufkommende Gefühl grenzte schon an Euphorie und Fanatismus».*[11] Tutte queste procedure sfociano nella firma per la ferma definitiva di cinque anni nell'ufficio dell'ufficiale di reclutamento. A questo punto il giovane candidato, bombardato per giorni da storie di gloria e onore, immerso in un ambiente dove tutto è organizzato e tutti sembrano curarsi di lui, ritiene naturale sottoscrivere questo «contratto». Dopo di che egli viene equipaggiato come un legionario e comincia a ricevere ciò che gli è stato promesso: l'onore di poter portare i vestiti del legionario, il famoso «Képi blanc».

Gli anni d'Africa

Durante la sua ferma nella Legione, Küttel scopre che i sogni di gloria e onore tanto decantati nelle prime fasi di arruolamento erano solo una chimera; altri elementi giocheranno nei suoi nove anni di ferma un ruolo preponderante. Egli non viene arruolato in unità combattenti poiché le sue capacità intellettive e di apprendimento lo portano ad essere impiegato quale specialista radio, specializzazione che seguirà durante tutto il suo periodo di servizio e attraverso tutti i suoi avanzamenti di grado, da Legionario fino a capo sezione, attraverso il grado di brigadiere e Maréchal des Logis.[12] Il seguito del racconto si concentra in particolar modo su dei fenomeni che accompagnano i nove anni di servizio di Küttel nella Legione straniera, quasi come un comune denominatore della vita di un qualsiasi legionario. Questi elementi potranno poi essere confrontati con quelle che erano le caratteristiche di altri «servizi stranieri» resi da Svizzeri in altri periodi storici.

La noia

Un fenomeno che impregna il racconto di Küttel é la noia, questo stato psico-fisico che accompagna il legionario. Chiaramente durante la fase di istruzione di base, così come in quella d'istruzione come specialista radio, non vi è tempo per annoiarsi, ma dal momento in cui termina la sua formazione ed inizia il suo servizio nella sua unità d'impiego,[13] ecco che comincia a farsi largo questo stato d'animo.[14] Il sorgere di que-

Stefan Küttel wurde 1934 in Gersau (SZ) geboren. Während des Algerienkriegs von 1956 bis 1965 diente er in der französischen Fremdenlegion. In seinem Buch «Auf dem falschen Zug» beschreibt er, was ihn als 22-Jährigen dazu bewogen hat, der Fremdenlegion beizutreten, was für Erfahrungen er in den verschiedensten Einsätzen gemacht hat und warum er nach einem Umstrukturierungsprozess desertierte. Auf dem Bild sieht man Küttel im Kantonement in Djelfa.

sta sensazione di noia è comprensibile e naturale in unità di soldati a ferma prolungata, come è la Legione o come potevano essere i servizi stranieri nel XVII°, XVIII° e XIX° secolo. Nonostante Küttel si trovasse a prestare servizio in un periodo nel quale la Legione era impegnata nella guerra d'Algeria contro il «Fronte di Liberazione Nazionale», non è pensabile che il Legionario o qualsiasi altro soldato venisse impegnato continuamente in operazioni militari. Egli, come ogni altro soldato che presta un servizio di questo genere, necessita di tempo libero per recuperare dagli sforzi psico-fisici di un impiego. Se però questo tempo libero supera una certa durata, ecco che si innescano dei processi che portano il soldato ad annoiarsi, con la conseguenza che, non avendo attività legate al servizio da svolgere, egli cerca altri svaghi.

Le donne

Uno di essi erano le donne. Nel primo periodo si trattava soprattutto di rendere frequenti visite a a case chiuse controllate dai responsabili della Legione, il cosiddetto BMC, «Bordel militaire de campagne». Queste visite erano organizzate in modo militare, con file d'attesa prima di entrare nella stanza dove una compiacente donna permetteva al legionario di scaricarsi dalle proprie tensioni nervose.[15] Un'altra possibilità erano le case chiuse arabe, dove si narrava che delle bellissime odalische attendessero i legionari e garantivano loro di trascorrere delle ore di sfrenato piacere. Purtroppo anche queste dicerie si rivelarono chimere, in quanto si trattava di case chiuse dove in camerette buie i clienti potevano usufruire dei servizi di donne locali.[16] Al Legionario allora non restava nient'altro da fare che accettare le attenzioni delle mogli dei soldati professionisti che abitavano nei presidi. Anche Küttel intrecciò una relazione con la moglie di un sottoufficiale che stazionava nelle vicinanze della sua stazione radio.

L'alcool

Un altro fattore che influenzava il tempo libero dei legionari era l'alcool. In più parti del proprio racconto, Küttel riporta come la maggior parte dei suoi compagni o superiori passassero il proprio tempo libero nei vari «Foyer du Legionnaire» o nei bar del presidio. Questo piacere per le bevande alcoliche non era unicamente limitato al tempo libero, bensì si protraeva anche durante il servizio. L'alcool può rappresentare per un soldato lontano da casa, immerso in un mondo che non è il suo, una facile scappatoia per dimenticare le spiacevoli situazioni con le quali si è confrontati, le fatiche che si sono dovute sopportare, la malinconia che sorge nei momenti liberi o, semplicemente, un modo come un altro per passare il tempo. Fatto sta che questo comportamento, finché rimaneva nella norma, era accettato, e con la presenza di un «Foyer du Legionnaire», passivamente agevolato. Persino nelle truppe mercenarie del XVII° e XVIII° secolo, la presenza di grosse quantità d'alcool a disposizione della truppa era una costante. L'alcool è una componente che intrattiene la truppa permettendo di annebbiare le menti, di evitare possibili diserzioni o di aumentare la spregiudicatezza del soldato davanti al pericolo.

La fine di un sogno

Nel corso dei suoi anni di servizio Küttel avanza nella catena di comando fino a diventare capo sezione. Il coprire compiti di comando gli permette di fare delle esperienze umane molto importanti che segneranno la sua vita.[17] La sua visione del servizio nella Legione muta; questa evoluzione si può notare in una sua citazione riguardante i caduti durante gli scontri con i ribelli algerini: *«Es verloren Söhne Frankreichs, es verloren aber auch unbekannte, ihre zweite Heimat verehrende Männer ihr Leben. Die zweite Heimat diese Männer war nicht Frankreich – Diese Heimat hiess Fremdenlegion».*[18] Dunque sorge un certo scetticismo verso il governo francese per rapporto alle giustificazioni del proprio impiego, contrapposto ad un profondo legame nei confronti della Legione fondato su uno straordinario spirito di corpo.

Agli inizi degli anni sessanta, la politica filoalgerina del presidente francese De Gaulle andava stretta a molte personalità dell'esercito, ma soprattutto alle frange più conservatrici della Legione straniera. Se l'Algeria avesse conquistato l'indipendenza, la Legione avrebbe perso quella che era ritenuta la sua terra natia. Nel 1961 prima alcuni elementi ed in seguito tutto il 1. REP (Rgt. paracadutisti), si unirono all'OAS (»Organisation de l'Armée secrète»).[19] Le conseguenze di questo gesto furono per tutta la Legione straniera un colpo che minò alle fondamenta la sua esistenza. Küttel e i suoi compagni non riuscivano ad identificarsi: altri simboli, altri tradizioni, altri campi di battaglia da ricordare, insomma non si trovavano più a loro agio.[20] Questo sentimento di malessere si cristallizza in una frase di Küttel: *«Ich sah einfach keinen Sinn mehr in meiner Anwesenheit».*[21]

Küttel era demotivato, percepiva un sentimento di impotenza, si sentiva estraneo alla «nuova» Legione che scaturì dalle innovazioni di De Gaulle. L'occasione per rimediare a questa situazione cominciò a farsi largo negli ultimi mesi del 1964, quando dopo un periodo di silenzio, ricevette una lettera da sua madre che conteneva una nuova carta d'identità svizzera.[22] Küttel iniziò ad escogitare un modo per raggiungere la Svizzera. L'occasione gli si presenta verso la fine del 1964, quando viene informato che sulla base delle sue qualifiche poteva candidarsi per l'avanzamento, per il quale avrebbe potuto scegliere un posto quale sergente capo nel 3. Rgt fanteria in Madagascar o eseguire un corso di quattro settimane per armi anti-carro a Mailli-le-camp.[23] L'occasione era troppo ghiotta per farsela sfuggire, e come egli stesso afferma, non vi era più nulla ormai che lo trattenesse *«Mich plagte kein schlech-*

tes Gewissen [...] Ich würde dann auch eine Fremdenlegion verlassen, aber nicht die Fremdenlegion, die mich vor knapp neun Jahren aufgenommen hatte.»[24]

Dopo essere arrivato al campo d'istruzione e aver seguito per alcuni giorni i corsi, durante un congedo raccoglie i suoi effetti personali, domanda un passaggio ad un automobilista, e dopo essere arrivato a Châlon sur Marne,[25] attraversa in treno la frontiera Svizzera.[26] Di grande interesse le riflessioni che Küttel fa durante il suo viaggio di ritorno, che spaziano da valori inerenti la famiglia, alle esperienze vissute durante il servizio in Algeria. Queste così come le riflessioni finali di Küttel sono riflessioni senza tempo, che avrebbero potuto adattarsi persino a Svizzeri in ritorno da servizi stranieri secoli prima. *«Ich bereue nichts, keine Minute dieser letzten neun Jahre. Ich habe sie billig verkauft, meine Jugend, aber es war meine Jugend. Ja, ich ging einmal weg, ich war einfach auf dem falschen Zug.»*[27]

Conclusioni

La storia narrata in questo libro è, secondo l'autore, senza tempo; molte delle motivazioni che portarono Küttel ad intraprendere la via del servizio straniero potevano essere le stesse motivazioni che mossero molti giovani Svizzeri nei secoli passati ad intraprendere la stessa via. È stato messo in evidenza come molte caratteristiche del servizio prestato da Küttel rispecchiassero il servizio prestato da altri svizzeri nei secoli passati: il reclutamento effettuato da veterani che ritornavano nei loro paesi per reclutare nuovi aspiranti e ricevevano una ricompensa per ogni giovane che consegnavano. Il radicato indottrinamento al quale il soldato era sottoposto, che permetteva da una parte ai superiori di diminuire le quote di diserzione o convinceva gli ancora titubanti aspiranti a compiere il fatidico passo, d'altra parte trasmetteva al candidato un senso di sicurezza, di appartenenza a qualcosa di più grande, un' istituzione che si sarebbe presa cura di lui, cosa che magari in patria nessuno aveva fatto.

Durante il servizio, vi sono degli elementi che si ripetono incessantemente, come la ricerca continua di qualche cosa da fare per interrompere la tediosità delle giornate. Caratteristica questa che viene riportata anche da altre documentazioni su servizi stranieri di secoli precedenti, dove le guarnigioni non impiegate dovevano essere occupate onde evitare che si dessero a sfrenati «festeggiamenti», mettendo in pericolo l'ordine pubblico. Le bevande alcoliche erano anch'esse una costante dei servizi stranieri nei secoli passati rimasta immutata nel tempo, visto che anche Küttel la riporta nel suo servizio. Ed infine le donne, elemento presente sia nell'autobiografia di Küttel che negli eserciti di mercenari dei secoli passati.

Il racconto di Küttel avviene durante un periodo di grandi cambiamenti all'interno della Legione straniera: la fine di un epoca e l'inizio di un'altra. Si possono notare molte affinità tra il servizio prestato da lui e quelli prestati da altri Svizzeri nei secoli precedenti. Una particolarità molto importante deve però essere annotata, le motivazioni che spinsero Küttel ad arruolarsi non erano di ordine finanziario, come probabilmente non lo erano quelle che mossero altri svizzeri nel XIX° secolo, poiché già in precedenza il guadagno di un soldato in servizio straniero era inferiore a quello di un lavoratore in patria.

Sulla base di queste riflessioni si può concludere che a proposito dei servizi stranieri del XX° secolo, come quello di Küttel, non si può parlare, almeno secondo una definizione giuridica, di servizio mercenario.

Di sicuro interesse sarebbe poter analizzare la situazione attuale all'interno della Legione straniera di soldati Svizzeri che vi prestano servizio per poter trarre dei paragoni, sia con il racconto di Küttel, sia per poterla confrontare con i servizi stranieri di altri Svizzeri avvenuti secoli prima.

Schlussbemerkungen

Das militärgeschichtliche Phänomen der «Fremden Dienste» – weit über eine Million Schweizer standen in den vergangenen rund 700 Jahren im Dienste fremder Mächte – ist bis heute von der historischen Forschung stets unterschiedlich beurteilt worden. Je nach politischer «Couleur» oder gesellschaftlichem Denkraster wird dieses alte Gewerbe entweder mit verächtlicher Stimme verurteilt oder aber die «schweizerischen Leistungen» werden auf den Schlachtfeldern Europas heroisiert. Wie wir in den von uns gewählten fünf Perioden aufgezeigt haben, ist ein quellenkritisches, sachliches und differenziertes Urteil vonnöten. Wir haben uns bemüht, uns primär mit den quellenmässig zu erfassenden Gegebenheiten und den Problemfeldern der damaligen Lage auseinander zu setzen, um die Bedeutung und Wichtigkeit der «Fremden Dienste» zu verstehen und in die eidgenössische Militärgeschichte zu integrieren. Erst bei dieser Arbeit wurde uns so richtig bewusst, wie komplex und vielschichtig das Thema ist. Eine Reduktion des Phänomens auf die päpstliche Schweizergarde ist auch in deren Feierjahr unstatthaft. Im Weiteren ist die Garde für die Entwicklung in den vergangenen Jahrhunderten nicht repräsentativ.

Die «Fremden Dienste» haben zweifellos Gesellschaft, Wirtschaft, Bevölkerungsentwicklung und Kultur der Eidgenossenschaft vom 14. bis ins 20. Jahrhundert hinein nachhaltig beeinflusst. Dieses Ergebnis zeigt, dass es unmöglich ist, auf unserem beschränkten Raum alle denkbaren Winkel auszuleuchten. Wir sind sicher, dass es leider Leserinnen und Leser geben wird, die keine Antwort finden werden auf ihre ganz spezifische Frage. Es gibt noch so viel zu tun. Wichtige Persönlichkeiten, einflussreiche Familien mit Solddiensttradition, spezielle Länder, kantonale Besonderheiten, konfessionelle Unterschiede etc. harren einer modernen Darstellung. Wenn dieser bescheidene Beitrag die schweizerische Militärgeschichtsforschung angeregt hat, mit modernen Methoden die Wissenslücken zu schliessen, Vorurteile kritisch und möglichst ideologiefrei zu hinterfragen und Fächer übergreifend, unter Einbezug möglichst vieler Wissenschaftszweige, Einzelthemen zu untersuchen, dann ist das Ziel unseres Kolloquiums und dieses Buches erreicht. Insbesondere wäre es beispielsweise spannend zu klären, inwiefern die obrigkeitlich geleiteten «Fremden Dienste» Gemeinsamkeiten oder Unterschiede mit den aktuellen Einsätzen von Schweizer Soldaten im Ausland haben. Die politische Diskussion könnte dann von der blossen Glaubensebene auf überprüfbare Fakten heruntergeholt werden. Mindestens sind die dazu nötigen Kriterien hier aufgezeigt.

Abschliessend wollen wir einem prominenten Sozialkritiker, dessen Name wir vorerst noch geheim halten wollen, das Wort geben.[1] Damit soll exemplarisch gezeigt werden, dass es sicherheitspolitisch zu jeder Zeit wichtig ist, nicht nur die eigene Befindlichkeit zu kennen, sondern auch die Wirkung des eigenen Tuns im Ausland. Der erste grössere, der Schweiz gewidmete Artikel des ausländischen Experten betrifft den Sonderbundskrieg von 1847, die Zeit also, in welcher der Bundesstaat sich anschickt, auf die Soldaten in «Fremden Diensten» zu verzichten.

In der Schweiz seien die Zustände noch so primitiv, so schreibt unser Sachverständiger, dass es noch nicht einmal zur Bildung einer Bourgeoisie und des Proletariats gekommen sei. Jetzt, wo die Demokraten den Kampf der zivilisierten, industrialisierten, modernen demokratischen Schweiz gegen die rohe, christlich-germanische Demokratie der ersten Viehzüchter-Kantone unterstützten, könne endlich der Fortschritt überall vordringen und die letzten reaktionären Nester würden verschwinden.

Zweimal in der Geschichte hätten sich die Innerschweizer ausgezeichnet: einst, als sie sich vom Joch der österreichischen Tyrannei befreiten, und nun im Kampf für die Jesuiten und die Heimat. In jenem einzigen fortschrittlichen Moment der österreichischen Herrscher, als diese vereint mit dem Bürgertum gegen den Adel versucht hätten, eine deutsche Monarchie zu gründen, hätten sich die «sturen Hirten» gegen den Ansturm des Fortschritts in einem Kampf der Barbarei gegen die Zivilisation gewehrt. Kaum der österreichischen Vorherrschaft entronnen, seien die «starrsinnigen Sennen» dann unter das Joch des Zürcher, Luzerner, Berner und Basler Bürgertums gekommen, für das sie fortan ihre Streitigkeiten mit dem Adel und den Fürsten ausgefochten hätten.

«Sie sind arm gewesen, aber von reinen Sitten, dumm, aber fromm und gottlieb, roh, aber breitschultrig, sie hatten kleine Gehirne, aber dafür anständige Waden.» Manchmal seien ihrer zu viele gewesen, und dann sei der Nachwuchs «auf die Reis» geschickt worden, wo sie sich gegenüber dem fremden Banner durch unerschütterliche Treue ausgezeichnet hätten. «Wann und wo auch immer in Frankreich eine revolutionäre Bewegung ausbrach, die direkt oder indirekt zur Stärkung der Demokratie beitrug, waren es immer und überall die altschweizer Landsknechte, welche gegen sie bis zuletzt aufs härteste kämpften. Und besonders in Italien waren diese Schweizer Söldner unentwegt die treuesten Knechte und Helfershelfer Österreichs.»[2] Seit alters sei es der grösste Stolz dieser ungehobelten alten Schweizer, dass sie nie auch nur einen Fuss breit von den Bräuchen ihrer Vorfahren abgewichen seien. Dies sei wahr, denn jeder Versuch, sie zu zivilisieren, sei ohnmächtig an den Granitwänden ihrer Felsen und Schädel abgeprallt. In neuester Zeit seien zwei Angriffe auf diese Einfachheit der Sitten und diese Urmacht unternommen worden: Der erste sei der Einfall der Franzosen 1798 gewesen. Doch die Invasoren, die sonst überall ein wenig Zivilisation hätten aussäen können, hätten hier keinen Erfolg gehabt.

Das Löwendenkmal erinnert an den Kampf der Schweizergarde während der Französischen Revolution 1792 in Paris. Die Soldaten hatten die Aufgabe, die Residenz von König Ludwig XVI. in den Tuilerien zu verteidigen. Unter dem Ansturm tausender Milizen fanden etwa 850 Schweizer Söldner den Tod. Das Denkmal wurde auf Initiative von Karl Pfyffer von Altishofen errichtet. Der Konstanzer Steinmetz Lukas Ahorn meisselte den neun Meter langen Löwen im Jahre 1821 aus der Sandsteinwand eines ehemaligen Steinbruchs nach einem Modell des dänischen Bildhauers Bertel Thorwaldsen.

20 Jahre später seien dann englische Touristen eingefallen, was immerhin zur Folge gehabt habe, dass die alte Gastfreundschaft verschwunden sei und die Sennen, die vorher kaum gewusst hätten, was Geld sei, sich in geizige und gerissene Schwindler verwandelt hätten. Doch die Bourgeoisie der moderneren Kantone arbeite mit ihrer Industrie, ihren Geschäften und ihren politischen Institutionen daraufhin, dass das kleine, abgetrennte, nur für sich lebende Land überall aus seiner Isolation gerissen würde, damit sich gegenseitig ihre Interessen verbänden und verkitteten und die lokalen Bräuche, Trachten und Meinungen verschwänden, sodass aus der Vielheit bisher unabhängiger Orte und Provinzen ein grosses Volk mit gemeinsamen Interessen, Sitten und Meinungen entstünde. Die Bourgeoisie zentralisiere auch zum Vorteil des Proletariats, dem dadurch erst die Möglichkeit gegeben würde, sich zu vereinen und sich als Klasse wahrzunehmen, um sich in der Demokratie die ihm gemässe politische Anschauung anzueignen und schliesslich die Bourgeoisie zu besiegen.

Die alte Schweiz dagegen widersetze sich aller Zentralisierung und verharre in geradezu tierischer Starrsinnigkeit in ihrer ursprünglichen Barbarei, während die übrigen Völker, schliesslich auch die übrigen Schweizer vorwärtsgingen. Der jetzt ausgebrochene Krieg sei so nur zum Wohle der Sache der Demokratie. Charakteristisch für den Sonderbund sei übrigens, dass er ausgerechnet Österreich um Hilfe bitte, gerade jetzt, in dem Moment als Österreich dreckiger, niederträchtiger, gemeiner und verstockter sei als je zuvor. Aber Österreich sei selbst in der Klemme und werde den Söhnen Tells nicht helfen können. Die Schweiz sei im Grunde reaktionär und werde es immer sein und die eidgenössischen Hirten gehörten zu den unzivilisiertesten Bewohnern Europas. Dies zeige sich nicht nur bei ihren Gerichtsverhandlungen, sondern auch etwa in der Grausamkeit der Schweizer Söldner in Neapel. Gerne möchte sich die Schweiz als Vereinigte Staaten im Kleinen ausgeben. Doch könnte der Unterschied zwischen der starren Schweiz und dem sich ewig ändernden Amerika, einem Land mit einer historischen Sendung, dessen Grösse die Leute auf beiden Seiten des Atlantiks erst zu begreifen begännen, nicht grösser sein.

Die Revolution von 1848 habe der Schweiz wohl ermöglicht, ihre feudale Verfassung zu revidieren, und sie habe damit in ihrer politischen Entwicklung den höchsten Punkt erreicht, dessen sie als unabhängiger Staat fähig sei. Aber bis heute existiere eine Reihe von traditionellen, vorsintflutlichen Missständen weiter, wie etwa die Privilegien der Zünfte und Handelskorporationen. Im Zusammenhang mit der Revolution von 1848 sei die Schweiz von Frankreich, Österreich, Preussen und deutschen Staaten systematisch verleumdet und gekränkt worden. Dies hätte das Blut jedes Schweizers zum Kochen bringen müssen, *«wenn sich das Schweizer Nationalbewusstsein und die Schweizer Unabhängigkeit auf etwas anderes stützen würde als auf Legenden und Prahlerei».* Jede mutige und ausdauernde Regierung habe von der Schweiz erhalten können, was sie wolle. Die Schweiz habe Befehl um Befehl erfüllt und sei mit ihren zwei «Rivalen in Sachen ‹Neutralität›, Belgien und Griechenland, in die grösste Verachtung in ganz Europa gefallen. Ein Grund für die aussenpolitische Schwäche der Schweiz sei der Umstand, dass die meisten Schweizer keinerlei Sinn für die gemeinsamen Schweizer Interessen hätten. Die Schweizer seien in erster Linie Gebürtige eines Kantons; als ganzes Volk hätten die Schweizer nie zusammengehalten, wie gross auch die Gefahr gewesen sei.

Bei allen fremden Einfällen, so auch 1798, habe ein Schweizer den anderen erschlagen, ein Kanton den anderen im Stich gelassen. «*Wenn die europäischen Völker wieder einmal fähig sein werden, frei und normal zu handeln, werden sie sich mit der Frage beschäftigen, was mit diesen kleinen ‹neutralen› Staaten zu machen sei, welche so bereitwillig der Konterrevolution dienen, solange sie im Aufstieg ist, die sich allen revolutionären Bewegungen gegenüber neutral ja letztlich feindlich verhält, und sich dennoch für ein freies und unabhängiges Land ausgibt. Aber vielleicht werden bis dann nicht einmal Spuren übrig sein von diesen Geschwülsten auf dem ungesunden Körper.*» In einer anderen Schrift beurteilt unser scharfer Kritiker auch den Zustand der Schweizer Armee. Zwar seien die Schweizer eigentlich ausgezeichnete Kämpfer, wie man an deren Einsätzen unter fremder Flagge seit Jahrhunderten erkennen könne, doch in der Schweizer Armee würden sie nur sehr mangelhaft ausgebildet, und ihre Waffen und sonstige Ausrüstung seien hoffnungslos veraltet. Die Schweizer gehörten neben den Bewohnern der österreichischen Alpen zweifellos zu den besten Schützen, doch hätten sie veraltete Gewehre.

Nicht nur die Waffen und die sonstige Ausrüstung, auch die Organisation, die Ausbildung, überhaupt alles sei in der Schweizer Armee veraltet, und das werde wahrscheinlich auch so bleiben, solange die kantonalen Regierungen über die Armee entscheiden würden. «*Jeder, der eine Gruppe von Schweizer Soldaten gesehen hat, wie sie ungeordnet geht und wie unansehnlich sie dreinschaut, oder wer gehört hat, wie Soldaten während den Übungen mit den Unteroffizieren, die sie unterrichten, scherzen, begreift sofort, dass die militärischen Fähigkeiten dieser Männer sehr wenig entwickelt sind.*» Die Schweizer wären wie alle Bergleute ausgezeichnete Soldaten, wenn sie eine ordentliche Ausbildung erhielten.

«*Sie denken allerdings ziemlich langsam, und sie brauchen, um Selbstvertrauen und Gemeinschaftssinn zu bekommen, eine viel gründlichere Ausbildung als die Franzosen oder die Norddeutschen.*» Im Fall eines fremden Angriffes auf die Schweiz würde vielleicht das vaterländische Gefühl diesen Mangel ausgleichen, doch sei dies zweifelhaft. Alle 160 000 oder mehr Mann, welche die Schweiz angeblich versammeln könne, hätten jedenfalls viel zu tun, um mit einer 80 000-köpfigen oder kleineren regulären Armee zurechtzukommen. 1798 hätten den Franzosen für die Eroberung der Schweiz einige Regimenter genügt. Diese kritische Breitseite soll hier genügen. Haben Sie den Verfasser erkannt? Nicht? Es ist Friedrich Engels. Auch wenn heute die Kritik Engels 150 Jahre zurückliegt und sich der Kritiker in zentralen Punkten seiner Ideologie getäuscht hat, so scheint uns seine Botschaft wichtig. Je nach Beobachtungsstandpunkt ergibt sich eine andere Schweizergeschichte, eine andere Geschichte der «Fremden Dienste», die zur aktiven Stellungnahme herausfordern – heute und morgen.

An dieser Stelle möchten wir uns recht herzlich bei allen unseren Verfassern für die Mitgestaltung des öffentlichen Kolloquiums an der Universität Zürich und für ihre interessanten Beiträge bedanken. Mit diesen Einzelstudien haben sie diese Publikation bereichert und die von uns aufgegriffenen Themenfelder vertieft. Im Namen der einzelnen Autoren danken wir den Verantwortlichen der Archive und Bibliotheken – insbesondere der Eidgenössischen Militärbibliothek in Bern –, die durch ihr Fachwissen und ihre Kooperationsbereitschaft die Auswertung bisher unbekannter oder wenig beachteter Dokumente ermöglicht haben. Im Weiteren danken wir Divisionär Dr. Ulrich Zwygart, Kommandant der Höheren Kaderausbildung der Armee, und Brigadier Prof. Dr. Rudolf Steiger, Direktor der Militärakademie an der ETH Zürich, die das Projekt im weitesten Sinne gefördert und ermöglicht haben. Ein besonderer Dank geht an die Sponsoren, die durch ihre grosszügigen Sympathiebeiträge und durch ihr Interesse an der Thematik die Herausgabe dieses Buches ermöglicht haben. Namentlich Herr Dr. Georges Bindschedler, Herr Dr. Dieter Bührle, Herr Carl Haselbach, Herr Prof. Dr. med. Heinz Hirzel, Herr Ulrich Naef, Stiftung Baumgarten sowie Herr Dr. Walter Reist.

Ein Dank geht auch an: Dominic M. Pedrazzini und Michel Grichting von der Eidgenössischen Militärbibliothek in Bern, Claudia Trochsler, CAT-Design, für die Karten und Grafiken, Andras Stutz für den Transport der Farbbilder, der Zehnder Druckerei in Wil für die Bearbeitung der Farbbilddokumentation, Jürg A. Meier für die kompetente Beratung und seinen Beitrag zum Themenaspekt «Bewaffnung und Fechtweise» und Bernhard Enz, unseren umsichtigen Helfer im Sekretariat der Militärakademie. Des Weiteren danken wir recht herzlich Frau Fiona Lombardi und Frau Elisabeth Matousek für das Lektorat der italienischen und französischen sowie Frau Ingrid Kunz Graf und Frau Esther Buchmüller für das Lektorat der deutschen Texte. Ein grosser Dank geht auch an Herrn Marco Rinaldi für die Erstellung des Orts- und Personenregisters sowie an die Herren Martin Schmid und Michael Olsansky für die produktive Beisteuerung anregender Inputs. Für die grossartige Transkriptionsarbeit bedanken wir uns bei Frau Alice Egger. Den Herren Dario Copetti und Richard Eyer danken wir für ihre Fotos. Auch dem NZZ Buchverlag – namentlich Frau Ursula Merz und Herr Udo Eschner – möchten wir für die vorzügliche Fachkompetenz und für die kooperative und flexible Zusammenarbeit danken. Schliesslich möchten wir uns bei unseren Familien und Freunden für das Verständnis, dass eine solche Publikation die Freizeit phasenweise ganz auffrisst, recht herzlich bedanken.

Anmerkungen

Vorwort S. 9–13

1 Historische Schätzungen gehen von einer bis zwei Millionen Soldaten aus, die sich in die Dienste fremder Mächte stellten. De Vallière, Treue und Ehre, 1940, S. 40; Küng, Glanz und Elend; S. 19, Schumacher, Oberstleutnant, S. 62, und Mc Cormack, Introduction. Die Schätzung mit rund zwei Millionen scheint uns übertrieben, wurden volle Truppenbestände nur selten erreicht und waren die sog. Schweizer Regimenter oft mit zahlreichen Ausländern ergänzt. Zahlenmässig verlässliche Angaben sind relativ schwierig zu finden, da die Länge des Dienstes und die Zahl der Gefallenen oder der sonst Verstorbenen nur bruchstückhaft vorhanden sind.
2 SportBlick, 2.6.2005, S. 7.
3 Schafroth, Der Fremdendienst, S. 73 ff.
4 Vgl. Bäder, Kappeler Kriege.
5 Vgl. Schaufelberger, Der Alte Schweizer.
6 Ebd., S. 151.
7 Der Soldatenberuf hat seit jeher auf tatenlustige und strebsame Männer eine grosse Anziehungskraft ausgeübt. Schafroth, Der Fremdendienst, S. 73 f., Wattenwyl, Die Schweiz, S. 81, Bührer, Der Zürcher Solddienst, S. 53 f., und Lehmann, Grundzüge, S. 68 ff.
8 Peyer, Schweizer in fremden Diensten, in: Schweizer Soldat, S. 45.
9 Vgl. Fuhrer/Strässle, General Ulrich Wille.
10 Die Konkurrenz zwischen Schweizer Söldnern und deutschen Landsknechten (Lanzen tragende Söldner ab dem späten 15. Jahrhundert, besonders durch Maximilian I. gefördert) ist ein vielschichtiges Phänomen und wird bei der Verwendung der Begriffe kaum ausreichend berücksichtigt. Vgl. Schaufelberger, Schweizer, S. 261 f. Das Wort *«Reisige»* bezeichnet im Mittelalter bewaffnete Dienstleute und wird später in der Bedeutung von Reiterei im Gegensatz zum Fussvolk verwendet.
11 Vgl. Brecht, Mutter Courage.
12 Die Pfarrbücher von 1709 vermerken, dass im Jahre 1709 rund 24 junge, unverheiratete Engelbergerinnen sich im Ausland befanden. Disch, Vom Titlisfuss, S. 92; vgl. auch Pfister, Aargauer I, S. 131 ff.
13 Vgl. Stark, Female Tars.
14 Vgl. Creveld, Frauen.

Schweizer in fremden Kriegsdiensten S. 15–26

1 Vortrag an der Generalversammlung der Gesellschaft für militärhistorische Studienreisen in Oensingen am 2. April 2005.
2 Peyer, Könige, S. 178 ff.
3 Locher, Die Zwinglische Reformation, S. 23.
4 Vgl. Campi, Brutus Tigurinus, in: Geschichten und ihre Geschichte, S. 154.
5 Ebd., S. 152.
6 Ebd., S. 153.
7 Ebd., S. 164.
8 De Vallière, Treue und Ehre, 1913, S. 715.
9 Locher, Die Zwinglische Reformation, S. 23.

«Söldner» – ein europäisches Phänomen S. 27–48

1   Vgl. Schelbert, Einführung, S. 149 ff.
2   Die Verpflichtung zum Kriegsdienst als Gegenleistung für das Überlassen meist von Grundbesitz (dingliches Beneficium, Lehen) gehört zur Gesellschafts- und Staatsordnung des Feudalismus. Oberster Lehnsherr war der König. Die Vasallität beruht einerseits auf dem germanischen Gefolgschaftswesen (gegenseitiges Treueverhältnis von Herr und Gefolgsmann) und andererseits auf der gallorömischen Kommendation (d. h. der Unterstellung eines Vasallen in den Schutz und in die Gewalt eines Herrn, dem er gegen Unterhalt lebenslang Gehorsam und beliebigen Dienst schuldete – meist militärischen Dienst). Durch Tod des Herrn (Herrenfall, Mannfall) trat der Heimfall des Lehens ein; das heisst, der Vasall musste um die Erneuerung des Lehnsverhältnisses nachsuchen (Mutung). Die Erblichkeit des Lehens setzte sich in Frankreich gewohnheitsrechtlich bereits im späten 9. Jahrhundert, im übrigen Europa meist erst im 10. Jahrhundert durch. Im süditalienischen Raum und auf Sizilien wurde das Lehnswesen vor allem durch die normannischen Staatsgründungen in den Jahren 1029 bis 1091 eingeführt. Mit der wachsenden Machtfülle der Landesfürsten wurde das vielstufige Lehnswesen vom einstufigen System des Absolutismus abgelöst (Bertelsmann, Handlexikon).
3   Fiedler, Taktik, S. 11 ff., und Die Schweiz in der Geschichte, Bd. 1, S. 149.
4   Müller, Morgarten S. 33 f.
5   Sie erhielt diesen Namen, weil das siegreiche Fussvolk den erschlagenen Rittern einige hundert vergoldete Sporen abnahm. Müller, Morgarten, S. 34 f., und Fiedler, Taktik, S. 102 f.
6   Da die Reiterei in dieser Schlacht ihre eigentliche Stärke nicht ausspielen konnte und es nicht zu einer Konfrontation auf offenem Feld kam – was ein direktes Messen der Kräfte zwischen Rittern und Fussvolk zur Folge gehabt hätte –, muss Courtray als Sonderfall betrachtet werden.
7   Der Begriff «Condottiere» stammt vom lateinischen «conducere» (anwerben) und später vom italienischen «condotta» (Sold). Die «Condottieri» waren Söldnerführer zunächst fremder, dann auch italienischer Herkunft im Dienst der italienischen Städte des 14. und 15. Jahrhunderts. Der Begriff wurde auch als Bezeichnung für den Führer eines Gewalthaufens verwendet. Vgl. Fuchs/Raab, Wörterbuch, S. 145.
8   Vgl. de Vallière, Treue und Ehre, 1940, S. 77 ff.
9   Hundert sorgfältig ausgewählte Schweizer – jeder mindestens sechs Fuss lang – wurden mit der Aufgabe seines persönlichen Schutzes betraut. Damit begann eine vierhundertjährige Geschichte der ersten ständigen eidgenössischen Elitekompanie in «Fremden Diensten» im blau-rot-goldenen Wams. Der Busch aus Straussenfedern, ein langes Schwert mit kupfernem Griff und die Partisane, eine kurze halbartähnliche Stosswaffe waren ihre Markenzeichen und wurden zum Wacht- und Paradedienst getragen. Die Uniform der «Hundertschweizer» hat im Laufe der Geschichte mehrmals geändert. Ludwig XII. (1498–1515) kleidete sie in Rot und Gelb, Heinrich II. (1547–1559) in schwarzem, silberdurchwirktem Samt, und vom 17. Jahrhundert an trugen sie blaue, mit rotem Taft geschlitzte Hosen und Oberkörperbekleidungen, weisse gestärkte Halskrausen, blaue Strümpfe und weisses Lederzeug. Sie hatten vier verschiedene Gewandungen: das Feierkleid, den Ausgangsanzug, die Trauertracht und die felddiensttaugliche Uniform. Der Mannschaftsbestand betrug 106 Mann. Geführt wurden sie in der ersten Zeit von einem französischen Oberst-Hauptmann und vier Wachtmeistern bzw. Leutnants sowie acht Korporalen. Sechs Trommler und Pfeifer begleiteten sie auf Ausmärschen. Vgl. de Vallière, Treue und Ehre, 1940, S. 118 ff.
10 Fiedler, Taktik, S. 27 ff.
11 Die Schweiz in der Geschichte, Bd. 1, S. 149.
12 Vgl. Cäsar, Der Gallische Krieg (De bello gallico), Lib. I, cap. XXVI.
13 De Vallière, Treue und Ehre, 1940, S. 47 f.
14 Müller, Geschichte der Schweiz, I. Buch, Zehntes Capitel, S. 198 f. Müller schreibt: *«Die Luzerner pflegten sich zu rühmen, dass ihre Vorältern unter ihm die Harsthörner verdient.»*
15 Vgl. De Vallière, Treue und Ehre, 1940, S. 47 ff.
16 Peyer, Schweizer in fremden Diensten, in: Schweizer Soldat, S. 45.
17 De Vallière, Treue und Ehre, 1940, S. 47.
18 Die Schweiz in der Geschichte, Bd. 1, S. 149.
19 Müller, Geschichte der Schweiz, I. Buch, Sechzehntes Capitel, S. 497. Urkunde des Kaisers von Faenza 1240.
20 De Vallière, Treue und Ehre, 1913, S. 36, und Schelbert, Einführung, S. 158 f.

21 Schaufelberger, Der Alte Schweizer, erstmals S. 6 und insbesondere S. 146 ff.
22 Ebd., S. 22 ff.
23 Schaufelberger, «Montales et bestiales homines sine domino», S. 105 ff. Die folgenden Zitate sind dieser Studie entnommen und werden nicht einzeln ausgewiesen.
24 Vgl. Hess, Morgarten.
25 Franz Moser schreibt in der Festschrift «1339–1939. Der Laupenkrieg»: *«Hingegen hatte Johann v. Kramburg, wahrscheinlich kurz nach seiner Gesandtschaftsreise nach Ripaille, in einer zweiten Fahrt Bern der Hilfe der Waldstätte versichert.»* S. 58.
26 Vgl. Morel, Sempach.
27 Ebd.
28 Schaufelberger, Das eidgenössische Wehrwesen, in: 166. Neujahrsblatt der Feuerwerker-Gesellschaft, S. 10; vgl. u. a. Bickle, Friede und Verfassung, in: Innerschweiz und frühe Eidgenossenschaft; Brunner, Land und Herrschaft; Wackernagel, Fehdewesen, in: SZG 15 (1965), S. 289 ff., und Wechsler, Ehre und Politik.
29 Vgl. zu dieser Wertung u. a. Die Schweiz in der Geschichte, Bd. 1, S. 74 ff. u. 106 ff.
30 Schaufelberger, Der Alte Schweizer, S. 7.
31 Ebd., S. 191.
32 Bory, Die Geschichte, S. 36 ff.; De Vallière, Treue und Ehre, 1913, S. 9; Die Schweiz in der Geschichte, Bd. 1, S. 106, und Fiedler, Taktik, S. 30 ff.
33 Vgl. Bickel, Bevölkerungsgeschichte, S. 48 ff.
34 Allemann, Söldnerwerbung, S. 12 ff. u. 238 ff.; Dubler, Der Kampf, S. 18 ff., und Bergier, Histoire economique, S. 15 ff.
35 Mattmüller, Die Schweiz S. 21 ff.
36 Bickel, Bevölkerungsgeschichte, S. 53.
37 Mattmüller, Die Schweiz, S. 21 ff.
38 *«Bei der weiten Ausdehnung unbewohnbaren Gebirgsbodens ergibt sich daraus eine erstaunliche Dichtigkeit der Siedlung, die nur durch fremde Kriegsdienste einigermassen aufrecht erhalten wurde: der unverwüstliche Kinderreichtum und eine relative Reinheit der Sitten glichen die Lücken stets wieder aus, die Pest und Kriegsverluste rissen; beim Fehlen von Industrie und Auswanderung konnte dieser Bevölkerungsüberschuss aber bloss durch fremde Werbung ernährt werden, und die auswärtigen Pensionen stützten nicht bloss den Staatshaushalt, sondern den Einzelnen.»* Gagliardi, Geschichte der Schweiz. S. 115 f.
39 Küng, Glanz und Elend, S. 14 f.
40 *«Viele junge Männer fanden in der Heimat keine Existenzmöglichkeit, das väterliche Stückchen Land war zu klein, um nach der Erbteilung alle Nachkommen zu ernähren, die Zahl handwerklicher Gesellen in den Städten wurde durch die Zunftordnung begrenzt; so war die Verlockung für viele gross genug, gegen Bezahlung Soldat zu werden und bei einer recht guten Überlebenschance in der Fremde allerlei zu erleben.»* Stucki, Das heilige Imperium, S. 15 ff.; Schafroth, Fremddienst, S. 3, und Böning, Ulrich Bräker, S. 13 ff., 20 f. u. 37 ff.
41 Schaufelberger, Vorlesung an der Universität Zürich, Wintersemester 1978/79.
42 Zahlreiche Solddienstoffiziere ebneten sich damit den Weg für eine spätere Amtskarriere.
43 Schelbert, Einführung, S. 173 ff.
44 Bickel, Bevölkerungsgeschichte, S. 92 ff. u. 293 f.; Bolzern, Solddienst, S. 159 ff.; Feller, Bündnisse, in: Schweizer Kriegsgeschichte, S. 6 ff.; Küng, Glanz und Elend, S. 17 f., und Schafroth, Fremddienst, S. 3.
45 Die Schweiz in der Geschichte, Bd. 1, S. 108.
46 *«In den zweieinhalb Jahrhunderten zwischen der Schlacht am Morgarten von 1315 und den Massenauftritten von Schweizer Söldnern auf den Kriegsschauplätzen Europas im 16. Jahrhundert haben eidgenössische Kriegsscharen, wie mehrfach erwähnt, immer wieder durch spektakuläre Waffentaten Aufsehen, Bewunderung und neidvollen Hass erregt. Nach den grossen Erfolgen gegen Karl den Kühnen von Burgund um 1476/77 und im Schwabenkrieg 1499 galten die eidgenössischen Krieger zeitweise als unbesiegbar; ihren gefürchteten Ruf verdankten sie aber weniger ihren Erfolgen als vielmehr ihrem todesverachtenden Verhalten vor dem Feind, das sie auch im Angesicht der Niederlage an den Tag zu legen pflegten.»* Die Schweiz in der Geschichte, Bd. 1, S. 127.
47 Ebd., S. 149.
48 Bickel, Bevölkerungsgeschichte, S. 49.
49 Mattmüller, Bevölkerungsgeschichte, S. 3 ff.

50 Die in Klammer angegebenen Werte stammen von Bickel, Bevölkerungsgeschichte, S. 43, 48 ff., 55, 99, 118, 124, 159 f., 175, 207 u. 256. Betreff Solddienst im 19. Jahrhundert S. 91, 160 ff. sowie 293 ff. Diese Zahlen werden von Mayer, Population, S. 113 ff. übernommen.
51 Zitiert nach Feller, Bündnisse, in: Schweizer Kriegsgeschichte, S. 7 u. S. 22.
52 Stanyan, An Account of Switzerland, S. 144.
53 Ruchat, L'Etat de les délices de la Suisse, S. 343.
54 De Vallière, Treue und Ehre, 1913, S. 28.
55 Schelbert, Einführung S. 153 f.
56 Peyer, Könige, S. 178 ff.
57 Ebd., S. 221.
58 Büchi, Albrecht von Bonstetten, in: Quellen zur Schweizergeschichte, S. 265.
59 Peyer, Könige, S. 221.
60 Ebd., S. 220 ff.
61 Bickel, Bevölkerungsgeschichte, S. 48 ff.
62 Ebd., S. 49. In der Innerschweiz dürften sich im 18. Jahrhundert weniger als zwei Prozent permanent in «Fremden Diensten» aufgehalten haben. Kälin, Die fremden Dienste, S. 279 ff.
63 Wyler, Das Übervölkerungsproblem, S. 11 ff.
64 De Vallière, Treue und Ehre, 1940, S. 40.
65 Waser, Schweizer Blut, Schlözers Briefwechsel, 6. Theil, Heft 23.
66 Vgl. May de Romainmôtier, Histoire militaire.
67 Diese Klausel war ein wichtiger Bestandteil zahlreicher Kapitulationen, die aber nur allzu oft umgangen wurde.
68 In der Arbeit von Pfister werden erhebliche Abweichungen zwischen den Kapitulations- und den effektiven Beständen dargestellt. Vgl. Pfister, Aargauer in fremden Kriegsdiensten, Bd. 1 u. 2.
69 Geht man gemäss Standeslisten, dann hätte sich der Bevölkerungsverlust nach seinen Angaben in den ersten sieben Jahrzehnten des 17. Jahrhundert auf etwa 106 000 und für die drei letzten Jahrzehnte auf etwa 166 000 Mann belaufen. Mattmüller, Bevölkerungsgeschichte, S. 317 ff.

Grundzüge und Entwicklung des Söldnerwesens in der Eidgenossenschaft vom 14. bis zum 16. Jahrhundert S. 49–68

1 Schelbert, Einführung, S. 151 ff.
2 Fiedler, Taktik, S. 98 ff.
3 Schaufelberger, Blätter, S. 50.
4 Bory, Die Geschichte, S. 40 f.; Die Schweiz in der Geschichte, Bd. 1, S. 149 f.; Fenner, Der Tatbestand, S. 20, und Schafroth, Der Fremdendienst, S. 75 ff.
5 De Vallière, Treue und Ehre, 1913, S. 90 f.
6 Historisches Lexikon der Schweiz, «Fremde Dienste».
7 De Vallière, Treue und Ehre, 1913, S. 37.
8 Feller, Bündnisse, S. 21.
9 De Vallière, Treue und Ehre, 1913, S. 10 u. 19.
10 Die Eidgenossen galten international als kampflustig, tapfer, gutgläubig, ausdauernd, verteidigungswillig und treu. In zahlreichen Schlachten, in ihrem ungebrochenen Freiheitsdrang und in ihrer Vaterlandsliebe schufen sie sich ihr internationales Renommee. De Vallière, Treue und Ehre, 1913/1940, S. 71/6, und Pestalozzi, Das Schweizer Wehrwesen, S. 74 ff., 163 u. 207 ff.
11 Historisches Lexikon der Schweiz, «Fremde Dienste».
12 Schrämli, Unerlaubter Eintritt, S. 18 u. 23.
13 Bern traf als erster Ort Massnahmen gegen das Reislaufen, indem jeder bestraft werden sollte, der sich wider die obrigkeitliche Erlaubnis anwerben liess. In Baden wurde zudem im Jahre 1455 ein allgemeines Werbeverbot erlassen. De Vallière, Treue und Ehre, 1913, S. 90, und Die Schweiz in der Geschichte, Bd. 1, S. 149 ff.
14 Bory, Die Geschichte, S. 40 f.
15 *«Die alteidgenössischen Krieger, mehrheitlich junge Burschen zwischen dem 14. und dem 20. Lebensjahr, entwickelten eine wilde, unberechenbare Eigengesetzlichkeit, die sich nur schwer und ausnahmsweise obrigkeitlichem Willen und politischer Führung unterordnete. Mit anderen Worten, das vorwiegend jugendliche Kriegertum der spätmittelalterlichen Eidgenossenschaft liess sich zwar gelegentlich von der Obrigkeit zur gewaltsamen Durchsetzung politischer Ziele einspannen, trug aber mit Vorliebe private Ausein-*

andersetzungen um Beute, Rache und altertümliche Ehrbegriffe aus.» Die Schweiz in der Geschichte, Bd. 1, S. 127 f.

16 Zahlreiche Bitten wurden auch rigoros zurückgewiesen. De Vallière, Treue und Ehre, 1940, S. 37.

17 De Vallière, Treue und Ehre, 1940, S. 27 f., 36 u. 163; Historisch-Bibliographisches Lexikon der Schweiz, Bd. 4, S. 445; Dubler, Der Kampf, S. 65 f.; Feller, Bündnisse, S. 14 f.; Geschichte der Schweiz, 1986, S. 330 ff.; Züblin, Die Falschwerbung, S. 2 f.; Pestalozzi, Schweizer Wehrwesen, S. 267, und Bory, Die Geschichte, S. 41 ff.

18 Vgl. Geiger, Burgunderkriege.

19 De Vallière, Treue und Ehre, 1913, S. 10; Die Schweiz in der Geschichte, Bd. 1, S. 149; vgl. Schaufelberger, Marignano.

20 Geschichte der Schweiz, 1986, S. 309 f.; De Vallière, Treue und Ehre, 1913, S. 11, und Die Schweiz in der Geschichte, Bd. 1, S. 158.

21 Schaufelberger, Blätter, S. 9 ff. Die bis dahin überlegene eidgenössische Infanterie traf mehr und mehr auf eine wohl organisierte Artillerie und erlitt in den Schlachten von Marignano (1515), Bicocca (1522), Sesia (1523) und Pavia (1525) schwere Niederlagen. Historisches Lexikon der Schweiz, «Fremde Dienste».

22 Das Fehlen einer zentralen Instanz mit politischer Entscheidungskompetenz entsprach dem innersten Wesen der Eidgenossenschaft, die lediglich aus einem Bund souveräner Stadt- und Landorte zusammengesetzt war. Jeder neue Ort schloss ein eigenständiges Bündnis mit einigen oder allen bisherigen Bundesgliedern. Es ist ein idealisiertes Bild, dass der Bund der Eidgenossen kontinuierlich gewachsen sei.

23 Allemann, Söldnerwerbung, S. 16, und Bonjour, Geschichte der Schweizerischen Neutralität, S. 15.

24 Feller, Bündnisse, S. 6 ff. Zitiert nach Bory: «*Sobald es den gefürchteten Soldaten nicht mehr möglich war, den einzigen Beruf, den sie gelernt hatten, im Dienst der Eidgenossenschaft auszuüben, begannen sie das Abenteuer des Söldnertums, das schwer auf der Schweiz lastete.*» Bory, Die Geschichte, S. 40 ff.

25 Feller, Bündnisse, S. 5 ff., und Allemann, Söldnerwerbung, S. 14 ff.

26 Historisches Lexikon der Schweiz, «Fremde Dienste».

27 Ich danke Herrn Jürg A. Meier für die kritische Durchsicht dieses Kapitels.

28 Die oftmals in der Literatur erwähnte «Grossmachtstellung» der Schweiz für die Zeit um 1500 entspricht nicht der Realität, denn der Eidgenossenschaft fehlten nicht nur die wirtschaftlichen Grundlagen, sondern auch eine angemessene Bevölkerungsgrösse sowie eine starke politische Führung. Die Schweiz in der Geschichte, Bd. 1, S. 108 f.

29 Das Wort «Kapitulation» stammt vom Lateinischen, ging in die französische Sprache ein und wurde ins Deutsche übernommen. Die Dauer war je nach Dienstland unterschiedlich. Historisch-Bibliographisches Lexikon der Schweiz, Bd. 4, S. 445, und Schafroth, Fremdendienst, S. 14 f. Zudem wurden militärische Verpflichtungen wie allgemeine Rekrutierungsvorschriften, allgemeine Werbebedingungen, Sold, Verpflegung, Dienstdauer, Entlassungen, Kultusfreiheit, Pensionen, Bestände, Urlaub, Ernennung der Offiziere, Rechtspflege, politische Zusicherung, Wirtschafts- und Zollprivilegien sowie Uniformen und Bewaffnung festgelegt. Pfister, Aargauer II, S. 29, und Die Schweiz in der Geschichte, Bd. 1, S. 150 f.

30 Schrämli, Unerlaubter Eintritt, S. 22 f.

31 Die Schweiz in der Geschichte, Bd. 1, S. 150 f.; Dubler, Der Kampf, S. 5 ff.; Allemann, Söldnerwerbung, S. 8 ff., und Nabholz, Bd. 2, S. 261 ff.

32 Dubler, Der Kampf, S. 5 f.; Feller, Bündnisse, S. 19 ff.; Historisches Lexikon der Schweiz, «Fremde Dienste»; Küng, Glanz und Elend, S. 27 ff.; Pfister, Aargauer II, S. 43 ff.; Schafroth, Der Fremdendienst, S. 77 f.; Schrämli, Unerlaubter Eintritt, S. 19 f., und Wattenwyl, Die Schweiz, S. 5 ff.

33 Als erster Stand schloss Bern im Jahre 1671 einen solchen Vertrag mit Frankreich ab, doch die Avouierung hat den Dienst in seiner Allgemeinheit kaum beeinflusst. Pedrazzini, Le régiment, S. 63 f., und Schafroth, Der Fremdendienst, S. 83 ff.

34 Ebd., S. 83.

35 Allemann, Söldnerwerbung, S. 8 f.; Dubler, Der Kampf, S. 7; Nabholz, Geschichte der Schweiz, Bd. 2, S. 261 ff., und Schafroth, Fremdendienst, S. 85.

36 Ebd., S. 77.

37 Züblin, Die Falschwerbung, S. 4 f.

38 Pedrazzini, Le régiment, S. 63.

39 De Vallière, Treue und Ehre, 1913, S. 37.

40 Der Abschluss solcher Soldverträge brachte den Söldnern als Berufssoldaten eine Erwerbstätigkeit, den Militärunternehmern ein standesgemässes Einkommen und den Orten neben Pensionen auch Handels- und Zollvergünstigungen. Schweizer Lexikon 91, Bd. 2, S. 744; Bickel, Bevölkerungsgeschichte, S. 89, und Küng, Glanz und Elend, S. 11.

41 Der Wechsel von einem Dienst in den anderen gehörte zu den Eigentümlichkeiten der «Fremden Dienste» und wurde von den Offizieren als gutes Recht angesehen. Erst die Erfahrungen des spanischen Freiheitskriegs 1808 bis 1814, als die Spanier, die ins französische Lager übergetreten waren, als Verräter behandelt wurden, brachten eine Wende. Schafroth, Der Fremdendienst, S. 78.

42 De Vallière, Treue und Ehre, 1913, S. 20.

43 Bory, Die Geschichte, S. 40 f.

44 Historisches Lexikon der Schweiz, «Fremde Dienste».

45 Oechsli, Quellen, Nr. 35, Die schweizerischen Söldner auf Karls VIII. Zug nach Neapel, 1494/95.

46 Historisches Lexikon der Schweiz, «Fremde Dienste».

47 Ebd.

48 Feller, Bündnisse, S. 17 ff.

49 Alle Orte ausser Zürich, wo Zwingli seinen Kampf gegen den fremden Solddienst und gegen die Pensionsgelder begonnen hatte, unterschrieben diesen Vertrag.

50 Die in den Soldverträgen enthaltene Klausel, die Söldner dürften nur für defensive Zwecke eingesetzt werden, wurde in den wenigsten Fällen respektiert. Zu stark war der Offensivdrang der verschiedensten europäischen Herrschaftshäuser.

51 Schelbert, Einführung, S. 159 ff.

52 Feller, Bündnisse, S. 8, und Peyer, Könige, S. 229.

53 Allemann, Söldnerwerbung, S. 8 u. 23 ff., und Bory, Die Geschichte, S. 41 ff.

54 Feller, Bündnisse, S. 13.

55 Allemann, Söldnerwerbung, S. 16 ff.; De Vallière, Treue und Ehre, 1940, S. 20; Geschichte der Schweiz, 1986, S. 348 ff.; Lüthy, Die Tätigkeit der Schweizer, 213 ff., und Peyer, Schweizer in fremden Diensten, S. 4 ff.

56 Die Schweiz in der Geschichte, Bd. 1, S. 172.

57 Feller, Bündnisse, S. 9; Historisches Lexikon der Schweiz, «Fremde Dienste», und Schelbert, Einführung, S. 164 ff.

58 Schweizer Lexikon 91, Bd. 2, S. 745 f.

59 Feller, Bündnisse, S. 10 ff.

60 Der Gedanke, die Eidgenossenschaft könne aufgrund ihrer Söldnerpolitik in Europa ein Mitspracherecht geltend machen, stiess im Ausland eher auf Spott und Befremden. Die Schweiz in der Geschichte, S. 112 f.

61 Dubler, Der Kampf, S. 7.

62 Die Schweiz in der Geschichte, Bd. 1, S. 173.

63 Bäder, Kappeler Kriege.

64 Schaufelberger, Vorlesung im Wintersemester 1978/79.

65 De Vallière, Treue und Ehre, 1913, S. 19, und Historisches Lexikon der Schweiz, «Fremde Dienste».

66 Gonzage de Reynold, in: De Vallière, Treue und Ehre, 1940, S. 12 ff.

Schweizerische Reisläufer – deutsche Landsknechte: eine mörderische Rivalität S. 69–85

1 Lüthy/Kreis, Diplomatische Dokumente, S. 705.

2 Bächtiger, Andreaskreuz und Schweizerkreuz, S. 205–270.

3 So die Einschätzung durch Nell, Die Landsknechte.

4 Delbrück, Geschichte der Kriegskunst, S. 9 f.

5 Nell, Landsknechte, S. 143 ff. u. S. 172 ff.

6 Baumann, Landsknechte, S. 33.

7 Ebd., S. 29–32 u. S. 36 f.

8 Die Landsknechte stammen vor allem aus dem Allgäu, aus Schwaben, Tirol und Vorarlberg. Jedoch gibt es auch zahlreiche Söldner aus anderen Regionen des Reichs, wie an der «Schwarzen Garde» bzw. «Schwarzen Bande» deutlich wird, deren Mannschaften überwiegend aus Friesland kommen.

9 Papke, Von der Miliz zum Stehenden Heer, S. 1–311, hier S. 121, Fiedler, Kriegswesen und Kriegführung, S. 66. – Die Fragen der Selektion und der Selbsteinkleidung bzw. -ausrüstung werden in der Forschung kontrovers diskutiert. Im Gegensatz zu Fiedler und Papke geht Baumann davon aus,

dass der persönliche Freiheitsgrad und die persönliche Wohlhabenheit *«für eine erfolgreiche Anwerbung nur geringe Bedeutung»* haben. Baumann, Landsknechte, S. 64. Es erscheint jedoch plausibel, zumindest für die Entstehungsphase des Landsknechtswesens von derartigen Selektionskriterien auszugehen, da dadurch eine gewisse Exklusivität gewährleistet wird, die als eine wichtige Voraussetzung für die von Maximilian I. offenbar angestrebte breite Rekrutierung von Adeligen und Bürgern angesehen werden darf. Später dürfte die mit den Erfolgen gewachsene Reputation des Landsknechtsberufs ausreichend gewesen sein, um solch ein Distinktionsinstrument hinfällig zu machen.

10 Baumann, Landsknechte, S. 34.

11 Ausführlich dazu: Simler, Regiment Gemeiner loblicher Eydtgnoschafft, II. Buch, S. 161, und Rogg, Landsknechte und Reisläufer, Bd. 5, S. 18–22.

12 Baumann, Landsknechte, S. 44.

13 Simler, Regiment Gemeiner loblicher Eydtgnoschafft, II. Buch, S. 162. Die Schreibweise der zeitgenössischen Zitate des vorliegenden Beitrags wurde der besseren Lesbarkeit halber geringfügig «modernisiert».

14 Ortenburg, Waffe und Waffengebrauch, Bd. 1, S. 111–114.

15 Ein Musterbeispiel ist die Schlacht beim Schwaderloh (April 1499): Hier erfolgt zum richtigen Zeitpunkt die Aufteilung des Truppenkörpers in eine Langspiesssträgerformation, die gegen die gegnerische Reiterei vorgeht, und eine Hellebardenträgerformation, welche die Verfolgung der gegnerischen Fusstruppen übernimmt. Niederstätter, Der Schwaben- oder Schweizerkrieg, S. 51–71, hier S. 62.

16 Stettler, Die Eidgenossenschaft, S. 346–350.

17 Niederhäuser, «Kriegs»-Geschichte, S. 155–179, hier S. 155.

18 Romer, Reisläufer und Landsknechte, S. 29–50, hier S. 46.

19 Schaufelberger, Marignano, S. 60.

20 Eine solche Einschätzung legt zumindest der Verlauf der Schlacht nahe, so wie ihn Schaufelberger rekonstruiert. Schaufelberger, Marignano, S. 48–57.

21 Im Hof, Geschichte der Schweiz, S. 44 ff.

22 Zum Verlauf der Schlacht vgl. aus unterschiedlichem Blickwinkel Reissner, Historia, S. 45–50, und Valliere, Treue und Ehre, 1940, S. 182 ff.

23 Fiedler, Kriegswesen, S. 205 f.

24 Reissner, Historia, S. 35r.

25 Romer, Reisläufer und Landsknechte, S. 29.

26 Reissner, Historia, S. 47vf. – Adam Reissner kommt erst 1526 als Geheimschreiber Georg von Frundsbergs nach Italien. Er hat folglich weder Bicocca noch Pavia selbst erlebt. Da seine Darstellung aber auf Quellen und Augenzeugenberichten beruht, die er eigens für die Historia gesammelt hat, dürften seine Schilderungen das Wesen der Ereignisse zutreffend wiedergeben. Siehe zum Vergleich auch die eher schweizerische Perspektive einnehmende Schilderung dieser Episode in Valliere, Treue und Ehre, 1940, S. 201 ff.

27 Alphons Avalos, Marchese del Vasto (Guasto). Er ist der Neffe des Marchese Pescara, des spanischen Oberbefehlshabers vor Pavia.

28 *«Alphons hat den kleineren Haufen der Schweizer angegriffen. Diese waren entsetzt, als sie innerhalb kurzer Zeit ihre Geschütze und Kriegspferde verloren. Sie haben dann nur noch widerwillig zu ihren Waffen gegriffen, denn sie waren nun mutlos geworden. Sie hatten ‹den Hasen im Busen› und ergriffen bald der Flucht. Man sagt, Johann Diesbach, der bei den Schweizern grosses Ansehen genoss und ihr Hauptmann war, habe sie gescholten, als er sah, dass sie nicht angreifen wollten und die Flucht ergriffen. Als er sie auch mit Schlägen nicht mehr aufhalten konnte, sei er allein gegen den Feind gestürmt und lieber im Kampf umgekommen, als eine solche Schande zu ertragen. Der grössere der beiden schweizerischen Haufen dagegen hat sich eine kurze Weile gewehrt. Als die Männer aber von allen Seiten durch Büchsenschützen unter Beschuss genommen wurden und die Kugeln wie Platzregen in ihre Reihen fuhren, als die Hauptleute in den ersten Gliedern gefallen waren und die Männer sahen, dass auch die Kriegspferde zu Boden gegangen waren, da haben sie ihre Waffen und Ausrüstung weggeworfen, sich umgedreht und sind schändlich geflohen.»*

29 Reissner, Historia, S. 48 r.

30 Zur Bedeutung der Söldnergewerkschaften vgl. Baumann, Landsknechte, S. 109–122.

31 Zum Selbstbild der Reisläufer und Landsknechte vgl. Rogg, «Wol auff», S. 51–73, bes. S. 52 ff., und Ders., Landsknechte und Reisläufer, passim.

32 Sieber-Lehmann/Wilhelmi, Helvetios, S. 7–13. Verwiesen sei ausserdem auf die Beiträge in: Altwegg, Jürg / Weck, Roger de (Hg.), Kuhschweizer und Sauschwaben. Schweizer, Deutsche und ihre Hassliebe, Zürich 2003.

33 Ebd., Helvetios, Nr. 11, S. 102 f., hier S. 103.

34 Verschwendungssucht, Schwelgerei.

35 Sieber-Lehmann/Wilhelmi, Helvetios, Nr. 9, S. 88–91, hier S. 90.

36 Handschuhe sind für viele Reisläufer ein unverzichtbarer Ausrüstungsgegenstand. – Zitat nach Im Hof, Mythos Schweiz, S. 50.

37 Sieber-Lehmann/Wilhelmi, Helvetios, S. 19 f. und Nr. 24.

38 Marchal, Die Schweiz, S. 7–24, hier S. 22; Maurer, Schweizer und Schwaben, S. 13 u. 51 f.

39 Simler, Regiment, Bd. II, S. 162vf.

40 Kadmos ist nach einer griechischen Sage Gründer Thebens. Er soll die Zähne eines von ihm getöteten Drachens ausgesät haben, aus denen dann Männer in Rüstung wuchsen, die einander bekämpften, bis nur noch fünf überlebten.

41 *«Es ist wohl unter den Landsknechten Brauch, dass sie einander Brüder nennen, und es meinen etliche, die Deutschen wären von den Römern Germanen, was ‹Bruder› bedeutet, genannt worden. Aber dies sind rohe Brüder, die sich stets gegenseitig schlagen und hauen, und wenn sie mit zerschnittnem Gesicht roh aussehen, so haben sie mehr solcher Wunden von ihren Brüdern, als von ihren Feinden empfangen, so dass sie zurecht nach dem griechischen Sprichwort Cadmeische genannt werden können, die sich einander tot schlugen. Unter den Eidgenossen und in den eidgenössischen Lagern dagegen herrschen grösstenteils Frieden und Ruhe.»*

42 Quirin und Valentin sind Schutzheilige u. a. gegen Pest, Pocken, Fallsucht (Epilepsie) und Gicht.

43 Schaufelberger, Marignano, S. 121 u. 126.

44 Maurer, Schweizer und Schwaben, S. 61.

45 Baumann, Landsknechte, S. 33.

46 Romer, Reisläufer und Landsknechte, S. 37, 39, 41 u. 43. Ferner Carl, Der Schwäbische Bund, S. 451–454.

47 Graf, Aspekte, S. 165–192, bes. S. 166. Ferner sei verwiesen auf die einzelnen Beiträge in: Rück, Die Eidgenossen.

48 Carl, Der Schwäbische Bund, S. 458.

49 Aboud/Amato, Developmental, S. 65–85, bes. S. 73 ff.

50 Zur Auswirkung historischer Konflikte auf die Bildung individueller Identität im Jugend- und frühen Erwachsenenalter vgl. exemplarisch Hoppe/Mertens, Weltkrieg.

51 Deutsche Reichstagsakten, 3. Bd. (1488–1490), S. 582, Nr. 143a (9.1.1489), ferner S. 509 f., 519 u. 531–535. – Eine Vernehmung des zum fraglichen Zeitpunkt in den Niederlanden weilenden Hauptmanns Wüst und einiger seiner Soldaten bleibt allerdings ergebnislos, vgl. ebd., S. 583, Nr. 143c (12.1.1489).

52 Vgl. Tajfel, Gruppenkonflikt, S. 104–128. – Auch Ulrich Im Hof hebt in seiner Geschichte der Schweiz hervor, dass zumindest ein gradueller Unterschied existiert: *«Die Landsknechte hoben das militärisch-ständische, die Schweizer das nationale Element stärker hervor.»* Im Hof, Geschichte der Schweiz, S. 56.

53 Baumann, Landsknechte, S. 136.

54 Die so genannte Gart ist die Zeit ohne Anstellung, d. h. ohne Soldvertrag.

Die Päpstliche Schweizergarde S. 87–99

1 Durant, Die Renaissance, S. 181 ff.

2 Schaufelberger, Begegnung, S. 18.

3 Bory, Fremdendienste, S. 73 f.

4 Ebd., S. 126.

5 Ebd., S. 73 f., Anm. 51.

6 Schimmelpfennig, Das Papsttum, S. 273.

7 Durrer, Schweizergarde, S. 5.

8 Wirz, Bullen und Breven, Nr. 249.

9 Ebd., Nr. 250.

10 Durrer, Schweizergarde, S. 19.

11 Schulte, Die Fugger, S. 49.

12 Durrer, Schweizergarde, S. 21 und Anm. 29.
13 Ebd., S. 173, Anm. 1.
14 Ebd., S. 196, Anm. 73.

Die «Fremden Dienste» im 17. und 18. Jahrhundert S. 101–138

1 Grundlage zu diesem Kapitel bilden Notizen und Arbeitspapiere in einem Seminar der Universität Zürich im Wintersemester 1979/80 unter der Leitung von Prof. Dr. Walter Schaufelberger. Die Quellen werden nicht weiter ausgewiesen.
2 Fiedler, Taktik, S. 29.
3 Ebd., S. 203 ff.
4 «Tercio» (spanisch) bedeutet «ein Drittel». Sie waren mit einem der drei grossen Infanteriehaufen (Vor-, Mittel- und Nachzug) identisch, in die das Fussvolk ursprünglich eingeteilt war. Sie traten selbständig und geschlossen als kleinste Truppenkörper bis zur Mitte des Dreissigjährigen Krieges auf.
5 Fiedler, Taktik S. 143 ff.
6 Ebd., S. 154 ff.
7 Ebd., S. 217 ff.
8 Ebd., S. 143 ff. u. 171 ff.
9 Die französischen Militärreformen setzten sich auch in anderen europäischen Ländern durch. Dubler, Der Kampf, S. 9 f.; Bickel, Bevölkerungsgeschichte, S. 89 f.; Erismann, Organisation, S. 9 u. 39 ff.; Bruckner, Schweizer Fahnenbuch, S. 310, und Schafroth, Der Fremdendienst, S. 75.
10 Davon profitierten auch die Unteranten, indem sie von der ewigen Landplage vagabundierender Söldner erlöst wurden. Fiedler, Kabinettskriege, S. 7 ff.
11 Er war 1668 französischer Kriegsminister und erhöhte das stehende Heer Frankreichs auf 170 000 Mann. Er führte Uniformen, verbesserte Ausrüstung, gegliederte Truppenteile und feste Dienstgrade ein, sodass die französische Armee zur damals stärksten Europas wurde. dtv-Atlas zur Weltgeschichte 1, S. 261.
12 Historisches Lexikon der Schweiz, «Fremde Dienste».
13 Fiedler, Kabinettskriege, S. 200 ff.
14 Die Soldaten mussten durch mechanisches und zeitlimitiertes Einüben und Wiederholen – Drill genannt – die Griffe und Handhabungen des Gewehrs sowie die neuen Marschformationen für die Schlachtordnungen so lange exerzieren, bis sie sicher, einwandfrei und «mechanisch» praktiziert werden konnten. Allemann, Söldnerwerbung, S. 126; Schaufelberger, Blätter, S. 66; Küng, Glanz und Elend, S. 27; Peyer, Schweizer in fremden Diensten; S. 7, Pfister, Aargauer I, S. 13 ff., Historisches Lexikon der Schweiz, «Fremde Dienste», und Fiedler, Kabinettskriege, S. 27 ff.
15 Die langen Piken wurden durch Hakenbüchsen, auch Arkebusen genannt, abgelöst. Es folgte die Muskete, dann das Luntengeschoss und schliesslich das Feuersteinschlossgewehr mit aufgesetztem Bajonett, auch Fusil oder Flinte genannt. Das Steinschlossgewehr setzte sich ab 1671, von Frankreich kommend, international durch und verlangte eine regelrechte Veränderung der militärischen Taktik. Nebst der verbesserten Waffentechnik kam auch die Granate – die Waffe der Grenadiere – auf, sodass in allen Bataillonen spezialisierte Grenadierkompanien integriert wurden. Pfister, Aargauer I, S. 13 ff.; Allemann, Söldnerwerbung, S. 53 u. 124 ff.; Erismann, Organisation, S. 20 ff.; Suter, Militärunternehmertum, S. VIII; Historisches Lexikon der Schweiz, «Fremde Dienste», und Fiedler, Kabinettskriege, S. 7 ff. u. 200 ff.
16 Ebd., S. 7 ff., 23 ff. u. 200 ff.
17 Ebd., S. 211.
18 Allemann, Söldnerwerbung, S. 41.
19 Böning, Ulrich Bräker, S. 52.
20 Küng, Glanz und Elend, S. 36 ff., und Feller, Bündnisse, S. 32 ff.
21 Historisches Lexikon der Schweiz, «Fremde Dienste». Diese neue Stimmung drückte sich in zahlreichen Volksliedern aus, die gerade um diese Zeit entstanden. Was früher Beute geheissen hatte, erschien nun als Diebstahl, und das einst so beliebte ordnungslose Heimlaufen wurde als Desertion verurteilt. Gagliardi, Geschichte der Schweiz, S. 139.
22 Allemann, Söldnerwerbung, S. 124 ff; Feller, Bündnisse, in: Schweizer Kriegsgeschichte, S. 36, und Nabholz, Geschichte der Schweiz, S. 261 ff.
23 Fiedler, Kabinettskriege, S. 17.

24 Die Regimenter, die im 16. Jahrhundert noch aus einer wechselnden Zahl von «Fähnlein» zu 300 Mann bestanden, wurden im 17. Jahrhundert in zwei bis vier Bataillone gegliedert, wobei die Truppenbestände je nach Dienstland variierten. Historisch-Bibliographisches Lexikon der Schweiz, Bd. 4, S. 445, und Lüthy, Die Tätigkeit, S. 1 ff.

25 Zwei Regimenter konnten zu einer Brigade geformt werden.

26 Wer ein Regiment von seinem Vorgänger ablöste, übernahm damit auch dessen Verpflichtungen und musste beispielsweise für Soldrückstände oder persönliche Schulden aufkommen. Der Besitz eines Regiments verschaffte ein gutes Einkommen und war mit Prestige und Macht verbunden. Hefti, Geschichte, S. 111.

27 Bundesarchiv Bern (BAB), Die Schweizerregimenter in Spanien, Ordner 1: Einleitung – Inventar, S. 14.

28 Die bewilligten Schweizer Regimenter und Kompanien blieben somit in Abhängigkeit ihrer Orte, indem die Rechte der Truppenangehörigen in der Heimat aufrechterhalten wurden. Es waren vor allem die Gewinnmöglichkeiten, welche die einzelnen Orte veranlassten, die interessanten Verdienstmöglichkeiten ihren eigenen Burgern oder Patriziern zu sichern. Vgl. Schafroth, Der Fremdendienst, S. 85.

29 Er löste die Grossunternehmer des Dreissigjährigen Krieges ab und stieg als Regimentsinhaber in ihre Fussstapfen.

30 Fiedler, Kabinettskriege, S. 7 ff, 23 ff. u. 200 ff.

31 Wer den Hauptmannsgrad überschritt, behielt zumeist den Besitz seiner Kompanie bei. Er bezog weiterhin deren Einkünfte, liess sie aber durch einen Stellvertreter, einen «Capitaine-Lieutenant» oder «Capitaine Commandant par commission» führen. Peyer, Verfassungsgeschichte, S. 132, und Bührer, Der Zürcher Solddienst, S. 122.

32 Erbliche Kompanien und Regimenter bestanden vor allem im neapolitanischen Dienst. Schafroth, Der Fremdendienst, S. 28.

33 Freikompanien gab es bereits im 16. Jahrhundert, die als Vorhut eines Stosstrupps eingesetzt wurden. Schafroth, Der Fremdendienst, S. 77.

34 Diese «Transgression», der technische Ausdruck für die offensive Verwendung der Schweizertruppen, stiess auf grosse Kritik, da diese theoretisch nur für defensive Zwecke, sprich für die jeweilige Landesverteidigung eingesetzt werden durften. Diese Missachtung führte im Jahre 1709 durch Fahnenstolz und unbedingten Gehorsam während des Spanischen Erbfolgekriegs im flandrischen Malplaquet zum gegenseitigen Massaker von Eidgenossen. Feller, Bündnisse, in: Schweizer Kriegsgeschichte, S. 20; Dubler; Der Kampf, S. 14, und Allemann, Söldnerwerbung, S. 70.

35 Dubler, Der Kampf, S. 9 ff.; Allemann, Söldnerwerbung, S. 90 ff., und Nabholz, Geschichte der Schweiz, 2. Bd., S. 95 f.

36 Bührer, Der Zürcher Solddienst, S. 104 f.

37 Durch die eigene Jurisdiktion konnte kein Schweizersoldat seinen natürlichen Richtern entzogen werden, und auch die Diensterren waren offiziell nicht befugt, sich in die eidgenössischen Kriegsrechte einzumischen. Schafroth, Der Fremdendienst, S. 17; Pfister, Aargauer I, S. 79, und Aargauer II, S. 106 f.; Historisch-Bibliographisches Lexikon der Schweiz, Bd. 4, S. 445; De Vallière, Treue und Ehre 1940, S. 28; Pedrazzini, Le régiment, S. 64, und Schafroth, Der Fremdendienst, S. 83.

38 Die einheimischen Behörden, die seit dem ausgehenden 16. Jahrhundert das alleinige Vorschlagsrecht für Offiziere bis zum Hauptmannsgrad besassen, besetzten die Offiziersstellen in «Fremden Diensten» praktisch nur noch mit Ratsmitgliedern und deren Söhnen sowie mit Verwandten und Bekannten. Somit sicherte sich das Patriziat nebst der absoluten Herrschaft in der Heimat auch noch die Monopolstellung der Hauptmannsstellen. Schafroth, Der Fremdendienst, S. 87, und Küng, Glanz und Elend, S. 28.

39 Mit einer lückenlosen Rangordnung vom Grade eines Oberst bis zum Soldaten und der allgemeinen Subordination der nicht Gradtragenden wuchs die Kluft zwischen den Offizieren und den Soldaten.

40 Vor allem Söhne und Verwandte von Regiments- oder Regierungsmitgliedern befanden sich unter den Offizieren, da der Offiziersrang mit Prestige verbunden war und zur Norm gehörte. Blutsverwandtschaften boten in der Fremde auf der einen Seite einen willkommenen Rückhalt und bildeten auf der anderen Seite die Ursache für Parteiungen und emotionale Konflikte.

41 Die Besoldung der Offiziere und Unteroffiziere war nicht normiert, sondern setzte sich durch eine Vereinbarung zwischen ihnen und dem Kompanieinhaber zusammen. Deshalb wurde aus finanzieller Überlegung ihre Zahl auf ein Minimum beschränkt. Erst ab Mitte des 18. Jahrhunderts kamen

durch die in den Kapitulationen enthaltenen Artikel klare Bestimmungen auf. Allemann, Söldner-werbung, S. 103 u. 135 f., sowie Suter, Militärunternehmertum, S. 99 f.

42   Pestalozzi, Das Schweizer Wehrwesen, S. 191.

43   Schafroth, Der Fremdendienst, S. 7 u. 31, und Pfister, Aargauer I, S. 101.
      Das ursprüngliche System der Beförderung innerhalb der Kompanien wich im 18. Jahrhundert der regimentsweisen Promotion, die gleichmässigere Aussichten bot. In subalternen Stellen galt die Be-förderung nach Dienstalter, wobei hervorragende Leistungen mit einer Beförderung – und damit mit Einzug in eine neue Grad- und Soldklasse – entschädigt wurden.

44   Nach der Beendigung einer Offizierslaufbahn übernahm man Funktionen in der heimatlichen Re-gierung, stellte das angesammelte militärische Wissen als Milizoffizier zur Verfügung oder blieb im Ausland. Pestalozzi, Das Schweizer Wehrwesen, S. 88 u. 186, sowie Wattenwyl, Die Schweiz, S. 82.

45   Die Anciennität schien mit dem Aufkommen der linertaktischen Gefechtsform gerechtfertigt zu sein, deren sichere Handhabung langjährige Routine mit viel praktischer Erfahrung verlangte.

46   Am Ende des 17. Jahrhunderts war der Sergeant noch als Waffenkontrolleur und Waffenkammer-Verantwortlicher aktiv und nannte sich «Capitaine d'Armes».

47   Pfister, Aargauer I, S. 103 ff.

48   Noch im Dreissigjährigen Krieg folgten die Marketender den verschiedenen Heeren, um den Sol-daten alles Mögliche zu verkaufen. In der Literatur wurde diese Art des Gelderwerbs durch die «Mut-ter Courage» bekannt.

49   Pro Regiment mussten mindestens vier Feldscherer tätig sein, die vom leitenden Chirurgen-Major geführt wurden, der Sanitätsmaterial sowie Auffangstellen im Kriegsfall organisierte.

50   Zumeist wurden Schuss- und Sprengverletzungen behandelt, da man inneren Leiden wegen man-gelnder Kenntnis oder fehlenden Materials hilflos gegenüberstand. Deshalb blieben die meisten Chirurgen den Schlachtfeldern fern und konzentrierten sich auf die Auffangstellen.

51   Interessante und zeitgenössische Ausführungen finden sich in den Schilderungen des waadtländi-schen Chirurgen François Pictet, vgl. Pfister, Aargauer I, S. 122 ff.

52   Die Ausbildung wurde vom Tambour-Major des Regimentsstabes vorgenommen. Die Oboe trug bis ins 17. Jahrhundert ebenfalls die Melodie, verschwand aber im 18. Jahrhundert aus dem Militär-spiel.

53   Pfister, Aargauer I, S. 112 f., und Erismann, Organisation, S. 9 f.

54   *«Ausser dem ‹pflichtgemässen› Nichtstun – das auch im Kriege der Grundzustand der Heere ist und das Handeln die Ausnahme – bestand die Friedensbeschäftigung im monotonen Exerzieren und eine ver-gleichsweise längere Zeit im nahezu regungslosen Wacheinsatz. Ein solcher Tagesablauf musste sich drückend auf die psychische Verfassung des gemeinen Mannes auswirken.»* Fiedler, Kabinettskriege, S. 37.

55   Die Dysenterie, Rote Ruhr genannt, das Wundfieber und venerische Krankheiten waren weit ver-breitet. Vgl. Pfister, Aargauer I, S. 130 f.

56   Pfister, Aargauer I, S. 124 f.

57   Küng, Glanz und Elend, S. 22. Je nach Zeitumständen und Staaten waren entweder Deutsche, Fran-zosen oder Italiener in gewissen Prozentsätzen gestattet, wobei niemals Angehörige derjenigen Na-tionen, in deren Dienst das schweizerische Regiment stand, geworben und als Söldner eingestellt wer-den durften. Mit den Jahren entwickelte sich eine Generation von Schweizern, die es eigentlich nur dem Namen nach waren, da ihre Vorfahren, die in der Fremde blieben, das Schweizer Bürgerrecht nicht aufgegeben hatten. Peyer, Könige, S. 225; Wattenwyl, Die Schweiz, S. 83, und Schafroth, Der Fremdendienst, S. 13.

58   Da für Schweizer mehr Platzgeld entrichtet wurde als für andere Truppen, lag die Versuchung nahe, Ausländer als Eidgenossen auszugeben. Deshalb wurden bei Inspektionen stets die «Kompanierödel» überprüft, um zu kontrollieren, ob die vereinbarten Kapitulationen eingehalten wurden. Pfister, Aar-gauer I, S. 52 f.; Erismann, Organisation S. 5, und Schelbert, Bevölkerungsgeschichte, S. 161 ff.

59   Suter, Militärunternehmertum, S. 44.

60   Es kam auch zu Zahlungen oder Abfindungen, da es sich die Dienstherren nicht erlauben konnten, ihren Ruf durch Missmut im Regiment und in der Schweiz zu ramponieren, indem Ausgediente ohne Entschädigung entlassen wurden.

61   War ein alt gedienter Soldat nicht mehr brauchbar, veranlasste sein Kompaniehauptmann die Ein-reichung eines Pensionsgesuches. Pfister, Aargauer I, S. 72 ff., und Aargauer II, S. 97 ff.

62   Pestalozzi, Das Schweizer Wehrwesen, S. 267.

63   Vgl. Peyer, Schweizer in fremden Diensten, in Schweizer Soldat, S. 45, und Schelbert, Bevölke-rungsgeschichte, S. 156 ff.

64 Pestalozzi, Das Schweizer Wehrwesen, S. 2, und Peyer, Könige, S. 225.

65 Dies geschah zumeist erst nach etlichen Geschenken und Bestechungsgeldern und wurde bewilligt, wenn sich finanzielle Vorteile ergaben. Des Öfteren schickten fremde Dienstherren militärische Beamte zu den Ständen, deren hoher gesellschaftlicher Rang der Werbung grossen Nachdruck verleihen sollte. Feller, Bündnisse, in: Schweizer Kriegsgeschichte, S. 39, und Pedrazzini, Le régiment, S. 63 f.

66 Sie zeigten sich unter prekären Umständen als diplomatischer Rückhalt bei ausbleibenden Zahlungen oder eventuellen Vertragserneuerungen. Schafroth, Der Fremdendienst, S. 18.

67 Erst im 18. Jahrhundert sahen die Kapitulationen Leistungen innerhalb der Truppenkörper vor und brachten die staatliche Lieferung von Waffen und Uniformen, die bisher vom Kompanie- oder Regimentsinhaber organisiert wurden. Schafroth, Der Fremdendienst, S. 75.

68 Im Königreich Neapel basierten die Verträge auf Partikularkapitulationen, die ohne behördliche Bewilligung zwischen den Dienstherren und den einzelnen Regimentsinhabern abgeschlossen wurden. Dierauer, Geschichte, S. 257 f.

69 Es könnte auch eine Familie oder eine Geldgesellschaft, die zur Führung der Kompanie einen Hauptmann anstellte, in Frage kommen. Tendenziell hatte die «Avouierung» wenig Wirkung auf den Betrieb und die Organisation der Kompanie. Pfister, Aargauer II, S. 40.

70 Feller, Bündnisse, in: Schweizer Kriegsgeschichte, S. 26, und Gagliardi, Die Geschichte, 2. Bd., S. 772. Für Werbekosten, Rekrutentransporte, Uniformierung und Ausrüstungsreserve musste mit einem Betriebskapital von ungefähr 16 000 Livres oder umgerechnet 240 000 Franken gerechnet werden. Schafroth, Der Fremdendienst, S. 80.
Eine der verlangten Informationen der heimatlichen Regierung war das Verzeichnis der Kompanieangehörigen mit allen Zu- und Abgängen, um zu kontrollieren, ob alle Ausgehobenen am Zielort ankamen, da auf dem Weg von der Heimat zur Kompanie oftmals Rekruten abgehandelt oder verkauft wurden. Pfister, Aargauer I, S. 32 f.

71 Die meisten Militärunternehmer hatten nebst den «Fremden Diensten» auch andere Einnahmequellen durch Zinseinnahmen von bestehenden Schuldbriefen, Landwirtschaftsbetriebe oder Landvogtstellen, die aber primär zum Lebensunterhalt in der Heimat verwendet wurden. Mangels weiteren Ertrag bringenden Kapitalanlagen stellte das Grundeigentum den wichtigsten Vermögensträger dar. Suter, Militärunternehmertum, S. 87 f.

72 Suter, Militärunternehmertum, S. 33 ff; Schelbert, Bevölkerungsgeschichte, S. 156 ff.; Schafroth, Der Fremdendienst, S. 83, und Feller, Bündnisse, in: Schweizer Kriegsgeschichte, S. 26.

73 Schafroth, Der Fremdendienst, S. 75.

74 Wollte oder konnte ein Kompanieinhaber seine Männer nicht bezahlen, wandten sich die Truppen an die heimische Regierung und baten um eine Intervention. Diese konnte im Extremfall die Einheit auflösen oder zurückberufen. Auch Rückgriffe auf das Familienvermögen oder die Verpfändung von Hab und Gut konnten bei Nichtbezahlung des Soldes veranlasst werden. Stiessen die Reklamationen auf keinen Anklang, da die Regierungen zumeist selbst im Kriegsdienst finanziell beteiligt waren, kehrten die Soldaten entweder in ihre Heimat zurück, liessen sich neu anwerben oder verweilten im Dienst mit der Hoffnung, den Sold doch noch irgendwann ausbezahlt zu bekommen. Peyer, Schweizer in fremden Diensten, in: Schweizer Soldat, S. 7, und Suter, Militärunternehmertum, S. 72.

75 Die hohen Verluste in Kriegen und Schlachten sind nachvollziehbar, erstaunlicher wirken dagegen die zahlreichen Todesfälle in Friedenszeiten, die vor allem durch Infektionskrankheiten verursacht wurden, da damalige Krankensäle richtiggehende Infektionshöhlen waren, wo Seuchen wie Wundfieber, Dysenterie oder venerische Krankheiten sich epidemisch verbreiten konnten.

76 Tendenziell musste ein Regiment alle drei bis vier Jahre ersetzt werden. Vgl. Küng, Glanz und Elend, S. 24, und Schafroth, Der Fremdendienst, S. 79 ff.

77 Ebd., S. 79 ff.

78 Die finanziellen Risiken waren für Inhaber von Standesregimentern bedeutend kleiner als für Besitzer von Freikompanien. Andererseits mussten die «avouierten» Truppeninhaber verstärkte einheimische Kontrollen und Interventionen in Kauf nehmen. Züblin, Die Falschwerbung, S. 5, und Bührer, Der Zürcher Solddienst, S. 105.

79 Dies hatte oftmals auch politische Motive, um vermehrt einflussreiche Familien in den fremden Kriegsdienst zu involvieren. Das führte einerseits dazu, dass Kompanien kaum noch von ihrem wirklichen Besitzer kommandiert wurden, da diese zumeist in der Hand eines Dritten waren, der dem Inhaber möglichst grosse Rendite liefern sollte; andererseits entstanden Komplikationen bezüglich der Berücksichtigung der Ansprüche der Teilhaber bei der Vergabe der Offiziersstellen. Schafroth, Der Fremdendienst, S. 79 ff.

80 Suter, Militärunternehmertum, S. 80, 82 u. 86, und Pfister, Aargauer I, S. 109. Bis in die 1790er Jahre konnte ein gewöhnlicher Bürger höchstens den Rang des «Capitaines par commission» erlangen, da der Zugang zu den höheren Offiziersstellen der reservierten Oberschicht vorbehalten war. Die Inhaber der erblichen Kompanien sassen zumeist in der Heimat oder waren beim Erbgang noch in den Windeln. Suter, Militärunternehmertum, S. 34 f. u. 109, und Castell, Geschichte, S. 63.

81 Sie reservierten sich die Hauptmannsstellen, um sie Ratsmitgliedern und ihren Angehörigen, die so zum verlängerten Arm und zur Verbindungsstelle der Obrigkeit im Ausland wurden, zur Verfügung zu stellen. Nabholz, Geschichte der Schweiz, 2. Bd., S. 262.

82 Schelbert, Einführung, S. 173 ff.

83 Bührer, Der Zürcher Solddienst, S. 105. Diese Vetternwirtschaft oder Erblichkeitsregel führte zu Problemen, wenn bei Beförderungen ältere und bereits erfahrene Offiziere von jungen, nicht kriegserprobten Söhnen einflussreicher Familien übergangen wurden. Erismann, Organisation, S. 10 ff.

84 Schelbert, Bevölkerungsgeschichte, S. 156 ff.

85 Peyer, Könige, S. 227.

86 Ebd., S. 229.

87 Ebd., S. 228.

88 Historisches Lexikon der Schweiz, «Fremde Dienste».

89 Insofern Abgänge an Verwundeten und Gefallenen sowie Kriegsgefangene glaubhaft nachgewiesen werden konnten, wurden diese vom Auftraggeber in der Gratifikation auch berücksichtigt. Schafroth, Der Fremdendienst, S. 75; Pfister, Aargauer I, S. 121 f.; Allemann, Söldnerwerbung, S. 126, und Erismann, Organisation, S. 3.

90 Schafroth, Der Fremdendienst, S. 21 ff. Wichtig war, dass der Bestand nie unter eine festgesetzte Mindestmarke sank, da dies Reduktionen in der Pauschalzahlung mit sich brachte.

91 Schafroth, Der Fremdendienst, S. 11 f. Dass Kriegsgefangene zum Eintritt in die Armee des Siegers gedrängt wurden oder dass man den Dienstherrn wechselte und somit für eine andere Nation kämpfte, war keine Ausnahmeerscheinung und schien für den Söldner nichts Unehrenhaftes zu sein. Aufgrund der Zuverlässigkeit, Motivation und erhöhten Desertionsgefahr wurde auf entflohene Soldaten zumeist verzichtet. Wattenwyl, Die Schweiz, S. 83.

92 Peyer, Könige, S. 224.

93 Die Soldaten verpflegten sich selbst und schlossen sich zu Kochgemeinschaften zusammen, denen die alltäglichen Lebensmittel und die Kochgeräte gegen Soldabzug von den Kompaniekommandanten zur Verfügung gestellt wurden.

94 Peyer, Könige, S. 222.

95 Ebd., S. 223.

96 Historisches Lexikon der Schweiz, «Fremde Dienste».

97 Wer dennoch abmarschierte, galt als Deserteur. Oftmals versuchten Familien und Bekannte, ihre im Dienste verschuldeten Angehörigen loszukaufen. Allemann, Söldnerwerbung, S. 112; Pfister, Aargauer I, S. 108; Peyer, Schweizer in fremden Diensten, in Schweizer Soldat, S. 5; De Vallière, Treue und Ehre, 1940, S. 28, und Peyer, Könige, S. 224.

98 Vgl. Schafroth, Der Fremdendienst, S. 79 f.

99 Zum Reingewinn wurden diese Gelder erst, wenn die gekauften Materialien für die Ausrüstung und die Küche abbezahlt waren und keine zusätzlichen Einbussen durch Deserteure, Kriege, Krankheiten oder Belagerungen entstanden. Allemann, Söldnerwerbung, S. 98 ff. Wurde ein Hauptmann durch militärische Leistungen befördert, erhöhte sich dementsprechend sein Gehalt. Allemann, Söldnerwerbung, S. 137 u. S. 225 f.

100 Peyer, Könige, S. 225.

101 Ebd., S. 226.

102 Bäder, Villmergerkriege.

103 Peyer, Verfassungsgeschichte, S. 128; Schär, Reisläufer, S. 86, und Schaufelberger, Blätter, S. 11.

104 Der Versuch, Verurteilte in «Fremde Dienste» abzuschieben, blieb eher eine Ausnahme, da die Truppeninhaber vor allem zu Beginn der «Fremden Dienste» keine vorbestraften Männer aufnehmen wollten. Als im 18. Jahrhundert Rekrutierungsprobleme auftauchten, änderte sich die Situation grundlegend!

105 Die Privilegien mit Frankreich waren eine grundlegende Basis für die Bildung des eidgenössischen Handels, die im 18. Jahrhundert jedoch keine notwendige Voraussetzung der kaufmännischen Unternehmungen mehr darstellten. Lüthy, Die Tätigkeit, S. 220, und De Vallière, Treue und Ehre, 1913, S. 26.

106 Die Beträge, welche die Schweiz vom Ausland für die Anschaffung von Söldnern erhielt, muss gewaltig gewesen sein, denn die Eidgenossenschaft liess sich ihre Dienste gut bezahlen, so dass der berühmte Ausdruck «point d'argent – point de Suisses» als sprichwörtliche Redensart entstand. Pestalozzi, Das Schweizer Wehrwesen, S. 21, und Die Schweiz in der Geschichte, Bd. 1, S. 108.

107 Diese Pensionen stellten eine ökonomische Notwendigkeit dar. Auch wenn die Jahrgelder nur einigen wenigen privilegierten Familien ausgerichtet wurden, die damit ihr persönliches Vermögen anhäuften, oder an Gemeinden und Kantone, die sie als Kopfgelder innerhalb der Bevölkerung verteilten oder damit die Finanzen zu regeln versuchten, stellte dieses Kapital eine wichtige Zahlungsmöglichkeit dar, da allgemeine Warenexporte nicht die gesamte Einfuhr von unentbehrlichen Produkten decken konnten. Bickel, Bevölkerungsgeschichte, S. 92 ff. u. 293 f.; Küng, S. 17 f.; Schafroth, Der Fremdendienst, S. 3; Feller, Bündnisse, in: Schweizer Kriegsgeschichte, S. 7, und Bolzern, Solddienst, S. 160.

108 Zahlreiche Mächte hielten aus diesem Grund einen Residenten oder Gesandten in der Schweiz.

109 Schafroth, Der Fremdendienst, S. 76.

110 Wurde ausserhalb einer Kantonsgrenze geworben, galt dies als illegales Unternehmen und wurde geahndet. Der Werber musste in der Regel ein Angehöriger des Regiments sein und sich durch die Vollmacht des Truppeninhabers ausweisen können. Allemann, Söldnerwerbung, S. 147, und Züblin, Die Falschwerbung, S. 8.

111 Um die nötigen Papiere und Rechte zu erlangen, involvierten gewiefte Militärunternehmer politische Schlüsselfiguren in ihre Eigentumskompanien. Reichte dies nicht aus, griff man auf das alt bewährte Mittel der Bestechung zurück.

112 Bundesarchiv Bern (BAB), Die Schweizerregimenter in Spanien, Ordner 1: Einleitung-Inventar, S. 57 f., und Schafroth, Der Fremdendienst, S. 76.

113 Die evangelischen Orte versuchten eine einheitliche Werbeordnung durchzusetzen, wobei die katholischen Militärunternehmer eher zögernd und ablehnend darauf reagierten. Erst ab dem Jahre 1770 ging die Tendenz in Richtung einer einheitlichen Werbung. Bolzern, Solddienst, S. 160.

114 Die Erhebung all dieser Beträge variierte von Kanton zu Kanton. Suter, Militärunternehmertum, S. 57.

115 Ebd., S. 32 ff.

116 Pestalozzi, Das Schweizer Wehrwesen, S. 19; Pfister, Aargauer II, S. 25 f.; Schafroth, Der Fremdendienst, S. 76, und Suter, Militärunternehmertum, S. 35.

117 Ebd., S. 41 ff., und Schelbert, Einführung, S. 29 u. 176 ff.

118 Schrämli, Unerlaubter Eintritt, S. 25.

119 Züblin, Die Falschwerbung, S. 6 f.

120 Suter, Militärunternehmertum, S. 41 ff.

121 Eine bestimmte Zielgruppe gab es nicht. Schaute man in Jahren des grossen Zustroms vermehrt auf Grösse, Kraft und Ausdauer, beschränkte man sich bei stetiger Abnahme der Zahl der Interessenten auf leichtgläubige und unerfahrene Burschen, warb Menschen mit Geldproblemen, Schulden und weiteren Schwierigkeiten. Henker sowie «Wasenmeister», die als Schinder oder Abdecker das verendete Vieh verscharrten, zählten zu den verachteten und gemiedenen Personen, die nicht in fremde Kriegsdienste ziehen durften. Pfister, Aargauer II, S. 45 f. u. 56 f.

122 Traten dennoch Aushebungsschwierigkeiten auf, halfen gemütliche Zechereien und Saufgelage nach. Schwierigkeiten entstanden, wenn bereits eine Aushebung in einem Gebiet stattgefunden hatte, ein hoher Bedarf an dienstfähigen Männern vonnöten war oder ein lang andauernder Krieg ständig neue Soldaten beanspruchte. Wer keinen Platz in einem «Fähnlein» fand, zog durch eigene Initiative auf einen fremden Werbeplatz, um sich anwerben zu lassen, oder liess sich von einem nicht gebilligten Werber anheuern, der sich über das obrigkeitliche Verbot hinwegsetzte. Allemann, Söldnerwerbung, S. 64.

123 Im letzten Viertel des 17. Jahrhunderts wurde dieser Betrag zu einer Art Quittung, welche die Bereitschaft des Dienstwilligen zum fremden Kriegsdienst bestätigte.

124 Anstelle «Schwarzwerber» zu denunzieren, bereicherten sich viele, oftmals auch eigens dafür eingestellte Aufsichtspersonen, sodass gegen diese Machenschaften nur sehr schwer vorgegangen werden konnte. Allemann, Söldnerwerbung, S. 152 u. 171 f.

125 Der Gang in fremde Kriegsdienste als Jüngling kann damit erklärt werden, dass man im 18. Jahrhundert früher als «erwachsen» galt als heute. Dazu kam die ökonomische Situation, welche keine Alternativen bot. Schafroth, Der Fremdendienst, S. 5 f., und Bickel, Bevölkerungsgeschichte, S. 95.

126 Das Chorgericht war das kirchliche Sittengericht, das Klagen von geschwängerten Frauen ent-
gegennahm und zu beurteilen hatte. Ein im Prozess stehender Mann konnte erst nach vollzogener
und bedingter Hochzeit in die Fremde ziehen. Pfister, Aargauer II, S. 52 ff.

127 Eine zweite eigentliche Kontrolle gab es bei der Ankunft im Regiment. Tauchten hier verdeckte Män-
gel auf, wurde die Person wieder in die Heimat zurückgeschickt.

128 Um den schweizerischen Truppen eine ungehinderte Reise zu verschaffen, waren die Räte und eidgenössischen Stände bemüht, mit fremden Staaten Durchmarschverträge abzuschliessen und die
Hauptleute mit den nötigen Papieren auszustatten. Vor der allgemeinen Heeresreform kamen die
Soldaten bewaffnet und mit eigener Rüstung zum Sammelplatz. Nach der Reform erhielten sie, je
nach Auftraggeber, gewisse Ausrüstungsgegenstände bereits am Aufbruchsort, im Rekrutendepot
oder erst im Dienstland. Feller, Bündnisse, in: Schweizer Kriegsgeschichte, S. 23 ff., und Allemann,
Söldnerwerbung, S. 54 ff.

129 Pfister, Aargauer II, S. 57 ff.

130 Es kam vor, dass Rekruten aus diesem Grund gefesselt und während Zwischenhalten eingesperrt wurden. Illegale Handlungen wie Weiterverkäufe oder Abwerbungen traten nur dann zum Vorschein,
wenn ein akuter Rekrutenmangel oder Kriegszustand herrschte. Pfister, Aargauer I, S. 49 ff., und Aargauer II, S. 81 ff.

131 Vgl. Schelbert, Einführung, S. 176 ff.

132 Peyer, Könige, S. 226.

133 Suter, Militärunternehmertum, S. 62 ff.

134 Schelbert, Einführung, S. 176 ff.

135 Hatte ein Elitekrieger im 15. Jahrhundert noch das Zwei- bis Dreifache eines Handwerkers verdient
und obendrein Aussicht auf Beute gehabt, sank der Sold bereits im 17. Jahrhundert unter die Marke
eines Handwerkers und nahm im 18. Jahrhundert weiter ab, sodass er dem eines einfachen Land-
arbeiters gleichkam, der damit auf dem Existenzminimum stand, währenddem der Handwerker nun
zwei- bis dreimal so viel verdiente. Bührer, Der Zürcher Solddienst, S. 43 ff.; Küng, Glanz und Elend,
S. 15; Feller, Bündnisse in Schweizer Kriegsgeschichte, S. 40; Peyer, Könige, S. 223, und Schaufelberger, Blätter, S. 72.

136 Bührer, Der Zürcher Solddienst, S. 9 ff.

137 Allemann, Söldnerwerbung, S. 180 u. 210 f., und Suter, Militärunternehmertum, S. 36 f.

138 Offiziell stellten die Militärunternehmer strenge Anforderungsbedingungen auf, die sich in der Praxis aber nicht ausführen liessen, sodass mancher Werbeagent oft beide Augen zudrückte und hoffte,
dass die Inspektoren des Auftraggebers bei der allgemeinen Musterung dasselbe tun würden.

139 Somit wurde die Problematik der Truppen innerhalb eines Dienstlandes geregelt, wobei die Konkurrenz zwischen den verschiedenen Nationen weiterhin Anlass zu Reibereien gab. Suter, Militärunternehmertum, S. 63.

140 Ebd., S. 37 ff.

141 Ebd., S. 55.

142 Da die Soldansätze nur unbedeutend wuchsen, die Lebens- und Materialkosten aufgrund verschiedener Teuerungen aber in die Höhe stiegen, dauerte die Zeit für die abzuzahlende Schuld dementsprechend länger.

143 War ein Hauptmann vertragsbrüchig und gewährte einem schuldenfreien Soldaten nach Ablauf seiner Dienstpflicht keinen «Abschied», konnte er von der heimischen Regierung zur Rechenschaft
gezogen werden. Es war also durchaus möglich, dass trotz Blutverwandtschaft oder sonstigen Beziehungen Offiziere von den Behörden in der Schweiz zurechtgewiesen wurden. Allemann, Söldnerwerbung, S. 213 f.

144 Küng, Glanz und Elend, S. 24.

145 Böning, Ulrich Bräker, S. 52.

146 Küng, Glanz und Elend, S. 51 u. 74. Eine Einzelstudie von Pfister für die Aargauer im französischen
und sardisch-piemontesischen Dienst ergab, dass 26,7 Prozent der aus aargauischen Gebieten stammenden Soldaten in Frankreich und 39,2 Prozent in Sardinien desertierten. Bei den Unteroffizieren desertierten von 155 Männern in französischem und von 94 in sardisch-piemontesischem Auftrag deren
25 respektive 23. Dementsprechend muss das oft vermittelte Bild von «Treue und Ehre» für das 18. Jahrhundert relativiert und differenziert betrachtet werden. Pfister, Aargauer I, S. 28, 63 ff. u. 105; Aargauer
II, S. 47 u. 64; Böning, Ulrich Bräker, S. 52 ff., und Pestalozzi, Das Schweizer Wehrwesen, S. 20.

147 Analysen von Pfister ergaben, dass im ersten Dienstjahr zahlreiche junge Männer – zumeist unge-
wollt und durch List engagiert – die Gefahr der illegalen Flucht gegenüber einem weiteren Verbleib

in der Fremde bevorzugten. Eine weitere kritische Phase bildete die Zeit nach der absolvierten Dienstpflicht, wo zumeist wegen vorhandener Schulden der Abschied verwehrt und eine erneute Anstellung verlangt wurde. Pfister, Aargauer II, S. 84 ff.

148 Der «Rattrappierte» hatte drei Möglichkeiten: Er konnte den Kompaniekommandanten finanziell entschädigen, er wurde für die Insolvenz bestraft oder er suchte erneut das Weite. Pfister, Aargauer II, S. 57 ff.

149 Diejenigen, die freiwillig zurückkehrten, so genannte «Pardonzurückgekehrte», mussten meist eine zwangsweise Neuanwerbung eingehen. Die Desertion war kein leichtes Unternehmen, mussten doch zahlreiche Gefahren auf sich genommen werden: Zuerst eine geglückte Flucht, gefolgt von einem wochenlangen Marsch mit der Gefahr, von berittenen Truppen oder Werbern entdeckt zu werden. Pfister, Aargauer I, S. 55 ff.

150 Bundesarchiv Bern (BAB), F.I. 61, Abyberg-Papiere, Korrespondenz 1753–1836, Brief aus Neapel vom 12. April 1781.

151 Katholische Soldaten wurden primär von konfessionell gleich gesinnten Herrschaftshäusern eingestellt, währenddem die Niederlande und Preussen eher protestantische Bürger warben. Pestalozzi, Das Schweizer Wehrwesen, S. 19, und Pfister, Aargauer II, S. 25 f.

152 Zudem blieb man gegenüber technischen und wirtschaftlichen Erneuerungen passiv. Suter, Militärunternehmertum, S. 113 f.

153 Zuerst versuchten es die Werber mit Überredungskünsten, dann mit irgendwelchen Versprechungen und Lügen und zu guter Letzt mit berüchtigten und asozialen Werbemethoden, namentlich Alkohol, Animierdamen oder Zechereien. Zum Teil wurden Beförderungen, Weiterausübung des Berufs, uneingeschränkte Heimkehr bei Missmut oder umsonst zur Verfügung gestellte Uniformen versprochen. Pfister, Aargauer I, S. 36 ff., und Aargauer II, S. 39 ff., und Allemann, Söldnerwerbung, S. 142 ff.

154 Die Kosten für die Rekrutierung verrechnete der Werber seinem Hauptmann, der diese den eintreffenden Rekruten als Schuld zukommen liess, sodass diese bereits vor dem Abmarsch in die Fremde beim Kompaniekommandanten verschuldet waren. Pfister, Aargauer, S. 108, und Aargauer II, S. 39. Als «Haftpfennig» galt das Geldstück, das der Werber in der Hand hielt und prahlend der Schar von Neugierigen vor die Nase hielt. Wer es berührte oder in die Taschen gesteckt bekam, galt als «geworben». Allemann, Söldnerwerbung, S. 143.

155 Bei unüberlegten Handlungen von Vätern oder Söhnen, die zum Überleben ihrer Familie unersetzlich waren, liess die zuständige Behörde oftmals Gnade vor Recht ergehen, um zu verhindern, dass ihr solche Familien zur Last fielen. Pfister, Aargauer II, S. 53 ff.

156 Im Verweigerungsfalle, bei Zank und Streitereien kam es zum Schiedsspruch der zuständigen Behörde. Allemann, Söldnerwerbung, S. 144 ff.

157 De Vallière, Treue und Ehre, 1913, S. 20, und 1940, S. 12, 19 und 28. Nebst der wirtschaftlichen, sozialen und kulturellen Bedeutung fand man im «Fremden Dienst» auch ein Korrelat zur eidgenössischen Verteidigung, indem im Falle einer fremden Invasion die kapitulierten Regimenter zur Verteidigung des Landes zurückberufen werden konnten. Peyer, Verfassungsgeschichte, S. 128; Schär, Reisläufer, S. 86, und Schaufelberger, Blätter, S. 11.

158 Die Schweiz in der Geschichte, Bd. 1, S. 154.

159 De Vallière, Treue und Ehre, 1913, S. 21; Peyer, Verfassungsgeschichte, S. 128; Schär, Reisläufer, S. 86; Schaufelberger, Blätter, S. 11; Fenner, Der Tatbestand, S. 24, und Schrämli, Unerlaubter Eintritt, S. 22.

160 Wattenwyl, Die Schweiz, S. 82.

161 Die schichtspezifische Disproportionalität ist v. a. im katholischen Glarus und in Uri augenfällig: Rund ein Drittel der einheimischen Dienstherren standen im Offiziersdienst. Kälin, Die fremden Dienste, S. 282.

162 Waeber, Die Schweiz, S. 34 ff., und Castell, Geschichte, S. 53 ff.

163 De Vallière, Treue und Ehre, 1913, S. 26.

164 Stürler, de Rodolphe (1796–1834), Lettres d'un lieutenant de la Garde prussienne, S. 202 f.

165 Kälin, Die fremden Dienste, S. 286.

166 De Vallière, Treue und Ehre, 1940, S. 37.

167 Historisches Lexikon der Schweiz, «Fremde Dienste».

168 Küng, Glanz und Elend, S. 102 ff.; Pestalozzi, Das Schweizer Wehrwesen, S. 72, und De Vallière, Treue und Ehre, 1913, S. 27.

169 Dändliker, Geschichte der Schweiz, S. 20, und Bickel, Bevölkerungsgeschichte, S. 91.

170 Schelbert, Einführung, S. 176 ff.

171 Ebd, S. 168 f.
172 De Vallière, Treue und Ehre, 1913, S. 52, und 1940, S. 39.
173 Ebd., 1940, S. 39.
174 Ebd., 1913, S. 71.
175 Ebd., 1913, S. 18.
176 Man stützte sich stets auf das «Rückberufungsrecht» der «avouierten» Regimenter. Hefti, Geschichte, S. 96, und De Vallière, Treue und Ehre, 1940, S. 39 f.
177 Hefti, Geschichte, S. 96.
178 Schelbert, Einführung, S. 173 ff.
179 Vgl. Böning, Ulrich Bräker.
180 Waeber, Die Schweiz, S. 34 ff.; De Vallière, Treue und Ehre, 1913, S. 28, und Die Schweiz in der Geschichte, Bd. 1, S. 213.
181 Mattmüller, Bevölkerungsgeschichte, S. 176 ff.
182 Auch nach der Anerkennung der «neutralité pérpétuelle» im Jahre 1815 zögerte die Schweiz nicht, militärische Kapitulationen mit dem Ausland einzugehen. Pfister, Aargauer II, S. 16, und Bonjour, La neutralité Suisse, S. 43 ff.
183 Stucki, Das heimliche Imperium, S. 17; Schrämli, Unerlaubter Eintritt, S. 22 f., und Fenner, Der Tatbestand, S. 22 f.
184 Bickel, Bevölkerungsgeschichte, S. 92.

François Lefort – ein Schweizer im Dienste des Zaren S. 139–155

1 Die folgenden Angaben stammen aus: Posselt, Lefort I, Kap. 2, S. 53 ff.
2 Zur Geschichte des Moskauer Zarenreiches vgl. u. a.: Crummey, Formation of Muscovy, und Pipes, Russland.
3 Vgl. Locher, das abendländische Russlandbild.
4 Russ. *strel'cy* = Schützen.
5 Zur moskowitischen Verwaltung im 17. Jahrhundert vgl. Raeff, Imperial Russia, und Plavsic, Seventeenth-Century Chanceries.
6 Duffy, Russia's Military Way, S. 6.
7 Zur russischen Militärgeschichte vgl. Keep, Soldiers.
8 Posselt, Lefort I, S. 109.
9 Babkine, Premières Lettres, S. 386, François Lefort an Jean Tourton, 15.11.1675.
10 Sommer, Zar Peter, S. 68.
11 Babkine, Premières Lettres, S. 388, François Lefort an seine Brüder, Sloboda, 5.9.1676.
12 Posselt, Lefort I, S. 262.
13 Babkine, Premières Lettres, S. 396, François Lefort an seine Mutter, Sloboda. 14.1.1679.
14 Hughes, Golitsyn, S. 43 f.
15 Archives d' Etat de Genève (AEG), FA Lefort 26, François Lefort an seinen Bruder Ami, Sloboda, 1.10.1687 (neufranzösisch korrigierte Abschrift, Original nicht mehr vorhanden).
16 Hughes, Golitsyn, S. 62 ff.
17 Zu Peter I. vgl u. a. Wittram, Peter I.
18 Posselt, Lefort II, S. 11 f.
19 Vgl. Sommer, Zar Peter, S. 77.
20 AEG, FA Lefort 26, Philippe Senebier an Ami Lefort, Moskau, 22.9.1693.
21 AEG, FA Lefort 21, Pierre Lefort an seinen Vater, Moskau, 30.11.1694.
22 AEG, FA Lefort 27, François Lefort an seinen Bruder Ami, Archangel', 4.7.1694.
23 Posselt, Lefort II, S. 269 ff.
24 Ebd., (AEG) FA Lefort 27, François Lefort an seinen Bruder Ami, Archangel', 4.7.1694.
25 Ebd., François Lefort an seinen Bruder Ami, Moskau, 6.12.1695.
26 Posselt, Lefort II, S. 246.
27 Sommer, Zar Peter, S. 91, und über die Gesandtschaft allgemein: Übersee-Museum Bremen, Peter der Grosse in Westeuropa.
28 Molcanov, Diplomatija, S. 70
29 Bose, Bericht, S. 1 ff.
30 Molcanov, Diplomatija, S. 89.
31 Posselt, Lefort II, S. 482 f.

Kaspar Jodok von Stockalper und sein Soldunternehmen S. 157–172

1 Die folgenden Ausführungen basieren auf meiner Dissertation bei Prof. Hans Conrad Peyer.
2 Dies behauptet u. a. Peter Arnold. Siehe u. a. Kaspar Jodok Stockalper vom Thurm, Bd. II, S. 142.
  Quellenmässig besser belegt sind folgende Ausdrücke der französischen Gesandten in Bern: «*Stock-alper gouverne le Valais*» und «*Stockalper est chef du pays de Valais*». Bundesarchiv Bern (BAB), Paris
  Arch 105, Vol 36, Pièce 107.
3 Steffen, Soziale und wirtschaftliche Bedeutung, S. 182 ff. Über die Entwicklung der Solddienste vgl.
  Suter, Innerschweizer, und Pfister, Aargauer.
4 Steffen, Dissertation, S. 151 ff.
5 Bundesarchiv Bern, Caumartin, Vol 1, Fol. 17 vo.
6 Neben der Dissertation verweise ich auf folgende Arbeit, in der ich die Zahlen ergänzt und neu ge-wichtet habe: Steffen, Soziale und wirtschaftliche Bedeutung, S. 182 ff.
  Vgl. zudem Bührer, Der Zürcher Solddienst, und Schafroth, Der Fremdendienst, S. 79.
7 Diese Ausführungen wurden übernommen von Imboden, Stockalper, S. 43, und vom Forschungs-institut zur Geschichte des Alpenraumes, Stockalperschloss, S. 152 ff. Nicht eingeschlossen sind die
  Güter in Brig – darum haben wir leider keine zeitgenössische Schätzung des Stockalperschlosses –,
  nicht eingeschlossen ist der ganze Besitz jenseits der Wasserscheide gegen Italien und nicht einge-schlossen sind die Güter unterhalb St-Léonard, darunter immerhin die Baronie Duingt am Lac
  d'Annecy.
8 Steffen, Dissertation, S. 291 ff.
9 Vgl. Steffen, Wirtschaft, und Kälin, Pensionen.

Die Werbung und Rekrutierung am Beispiel der preussischen Werbungen in Schaffhausen im 18. Jahrhundert S. 173–181

1 Gugger, Preussische Werbung, S. 25.
2 Ebd., S. 32.
3 Ebd., S. 28.
4 Ebd., S. 46.
5 Rüedi, Schaffhauser Beiträge, S. 349 f.
6 Ebd., S. 351.
7 Ebd., S. 353.
8 Ebd., S. 352.
9 Gugger, Preussische Werbung, S. 51 ff.
10 Ebd., S. 54.
11 Ebd., S. 55 ff.
12 Ebd., S. 58.
13 Staatsarchiv Schaffhausen, Werberechnungen E.7.
14 Ebd., Militaria, C.3, S. 213.
15 Steinegger, Schaffhauser Nachrichten, Nr. 102.
16 Gugger, Preussische Werbung, S. 63.
17 Eckert, Schaffhauser Beiträge, S. 127.
18 Gugger, Preussische Werbung, S. 66.
19 Steinegger, Schaffhauser Nachrichten, Nr. 81.
20 Gugger, Preussische Werbung, S. 76.
21 Ebd., S. 106.
22 Staatsarchiv Schaffhausen, Militaria O.1, S. 172.
23 Rüedi, Schaffhauser Beiträge, S. 352.
24 Steinegger, Schaffhauser Nachrichten, Nr. 81.
25 Badener Tagsatzung vom 5. Juli 1682.
26 Gugger, Preussische Werbung, S. 77 ff.
27 Zimmermann, Beiträge zur Militärgeschichte, S. 18.
28 Bei 2,3 Prozent der Angeworbenen fehlen Angaben über ihre Herkunft.
29 Steinegger, Schaffhauser Nachrichten, Nr. 102.
30 Eckert, Schaffhauser Beiträge, S. 129.
31 Gugger, Preussische Werbung, S. 66.

32 Steinegger, Schaffhauser Nachrichten, Nr. 102.
33 Im-Thurn, Chronik der Stadt Schaffhausen, S. 134.
34 Rüedi, Schaffhauser Beiträge, S. 353 ff.
35 Staatsarchiv SH, Kirche JI3.

«Denn es sind Wilde» – zum Kulturtransfer der Schweizer Söldner in «Fremden Diensten» S. 183–191

1 Dieser Beitrag wurde erstmals am XXIV. Internationalen Kongress für Militärgeschichte in Lissabon 1999 präsentiert. Vgl. dazu: Sont-ils des «sauvages»? Transferts culturels chez les Suisses au service de l'étranger. RMS 11/2001, S. 23 ff.
   Vgl. Furrer, Die vierzigsprachige Schweiz.

«Fremde Dienste» im 18. und 19. Jahrhundert S. 193

1 Neue Zürcher Zeitung vom 27./28. Mai 1995.

Colonels généraux et inspecteurs généraux des Suisses et des Grisons au service de France, XVIIe–XIXe siècle S. 195–203

1 Dictionnaire historique, Tome II, p. 402.
2 Licenciée le 9 août 1792, rétablie le 15 juillet 1814 comme Gardes à pied ordinaires du Corps du roi», licenciée en 1830. Castella, Les colonels généraux des Suisses en Grisons.
3 On trouve en 1567 déjà, un régiment des Gardes suisses du roi Charles IX. Henri III et Henri IV disposeront constamment de compagnies suisses attachées à leur garde. En 1599, elles sont dénommées: *«gens de guerre à pied, suisses, servant à la garde du Roy»*. Dictionnaire historique, Tome III, p. 323.
4 Fiechter, Le Baron Pierre-Victor de Benseval, Tome b, p. 51.
5 May de Romainmôtier, Histoire militaire, Tome 6, pp. 5.
6 Guignard: L'Ecole de Mars, 1725. T. I., pp. 201, 209. *«Le Roy n'étant pas satisfait de la conduite de plusieurs colonels, et recevant au contraire très souvent des plaintes à leur sujet, Sa Majesté jugea à propos en 1694, de donner aux Inspecteurs une autorité sur ses troupes, qui put obliger tous les officiers et même les colonels à se contenir dans leur devoir. Par la même raison, il créa en même temps huit directeurs généraux, auxquels il subordonna les inspecteurs. Quatre de ces directeurs ont l'inspection sur l'infanterie, et les quatre autres sur la cavalerie et sur les dragons. Leurs appointements s'élèvent à 16 000 livres par an.»*
7 May de Romainmôtier, Histoire militaire, Tome 6, p. 323. Le 25 février 1681, Henri Clausen, major du régiment de Vieux Stuppa, obtient grâce au général Pierre Stuppa, l'inspection des régiments d'Erlach, Vieux-Stuppa, de Salis, de Pfyffer et de Greder. Outrés d'une commission aussi choquante en raison du rang inférieur de ce bénéficiaire, les colonels de ces quatre régiments s'adressent directement à Louis XIV qui fait révoquer cette commission le 15 août 1681.
8 Lettres du comte d'Eu au maréchal de Belle-Isle du 22.01.1769, 14.02 1759, 25.02.1759. Voir in fine. Archives de la famille de Castella: (AFC), 1404/41, No 74, obligeamment communiquées par M. Pierre de Castella.
9 Ordonnance du roi en faveur de Rodolphe de Castella, du 27 janvier 1759. Archives de la famille de Castella: (AFC), 1404/4, No 76.
10 Joseph de Forestier: 1765, commissaire général des Suisses; et son frère Auguste: 1780–1850, secrétaire général et aide de camp du duc de Bordeaux. Dictionnaire historique, Tome III, p. 145.
11 Sous-lieutenant en 1736, capitaine commandant de la compagnie de son oncle (1737), capitaine en chef des grenadiers des Gardes Suisses (1742). Participe aux sièges: Menin, Ypres, Fribourg en Brisgau, Tournay, Maastricht. Batailles: Fontenoy, Raucoux, Lauwfeld, se distingue aux sièges de Fribourg et de Tournay. Reprend la demi-compagnie de son oncle aux Gardes Suisses (1743). Brigadier (1745), maréchal de camp (1748), obtient le régiment de Vigier (1746). Gouverneur de Wesel et de Clèves (1757), inspecteur général des Suisses et des Grisons (1759–1761) avec 8000 livres d'appointements. Lieutenant général (1759). Lors du siège de Wesel en 1760, ayant à peine 2000 hommes de garnison, contre l'armée du duc de Brunswick de 20 000 hommes, il se conduisit avec valeur et habileté. Sans perdre du terrain, il donna le temps au marquis de Castres d'accourir à son secours et de battre l'armée ennemie le 16 octobre à Clostercamp. Le roi lui remit, le 1er mars 1761, le cordon de commandeur de St-Louis (3000 livres de pension) et de grand croix en 1769 (6000 livres). May de Romainmôtier, Histoire militaire, Tome 6, p. 153 et pp. 323.

12 Fiechter, Le Baron Pierre-Victor de Benseval, pp. 51.

13 Enseigne surnuméraire en 1733, dans la compagnie de son père aux Gardes Suisses, Pierre-Victor se distingue lors des campagnes de 1734, 1735 à l'armée du Rhin. Il obtient en 1736 la compagnie de son père, devient capitaine en 1738. Fit les campagnes de Bohème 1742, de Bavière 1743, comme aide de camp du maréchal de Broglie. On le trouve à la tête de sa compagnie aux sièges de Menin, Ypres, Fribourg et Tournai et aux batailles de Fontenoy et de Raucoux. Brigadier en 1747, il se bat à Lawfeld et au siège de Maastricht. A l'armée d'Allemagne en 1757, il commande une brigade à Hastembeck et se distingue à la tête de cette troupe. Maréchal de camp 1758, Besenval fait la campagne de 1759 à l'armée de Hesse, occupe Cassel et Minden. Combat avec grande bravoure à Corbach, 1760, contribue à la victoire de Clostercamp. Commande le régiment des Gardes Suisses à l'armée du Bas-Rhin en 1761; cordon rouge, (ordre de Saint Louis).

14 May de Romanmôtier, Histoire militaire, Tome 6, pp. 160.

15 Ibid., Tome 6, pp. 158 e p. 324.

16 Il était entré au service dans le régiment de Salis en 1749, capitaine 1751, major 1758, lieutenant-colonel, 1761. Obtient le régiment de son cousin de Salis en 1762. Chevalier de l'ordre du Mérite 1763, brigadier 1768, inspecteur général des Suisses et des Grisons 1770–1772.

17 May de Romanmôtier, Histoire militaire, Tome 6, p. 238, 239, 324 e 325.

Schweizerische Kriegsdienste in Neapel im 18. Jahrhundert S. 205–226

1 Vgl. Historisches Lexikon der Schweiz, «Fremde Dienste» in Neapel.

2 Vgl. Kälin, Die Urner Magistratenfamilien und Suter, Militärunternehmertum.

3 Vgl. Peyer, Schweizer in fremden Diensten, S. 45.

4 Goethe, Italienische Reise, S. 186 u. 189.

5 Croce, La rivoluzione napoletana, S. XI f.; Galasso, Il triennio «giacobino», in: Archivio di stato di Napoli, S. 25 ff.; Bernecker/Pietschmann, Geschichte Spaniens, S. 142; De Majo, Breve Storia, S. 7 ff., Mann/Nitschke, Propyläen Weltgeschichte, Bd. 7, S. 387 ff.; Centro, Di: Civiltà del '700, Bd. 1, S. 20 ff.; Rao, La Repubblica Napoletana, S. 7 ff.; vgl. Croce, Storia del regno di Napoli und Rao, Il regno di Napoli nel Settecento.

6 Chiosi, Il regno, in: Storia del Mezzogiorno, Bd. IV., S. 373.

7 Schumann, Geschichte Italiens, S. 275.

8 Reinhardt, Die grossen Familien, S. 275.

9 Bernecker/Pietschmann, Geschichte Spaniens, S. 181.

10 Chiosi, Il regno, in: Storia del Mezzogiorno, Bd. IV., S. 373.

11 Centro, Di: Civiltà del '700, Bd. 1, S. 23.

12 Vgl. Gentile, Le truppe svizzere, in: Archivio storico.

13 Vgl. Schipa, Il regno di Napoli.

14 Historisches Lexikon der Schweiz, «Spanien».

15 Logerot, Memorie, cap. 2, §1. «Die Sicherheit der eigenen Territorien, die politische Beziehung zu Spanien und Frankreich sowie die Blutsverwandtschaft der drei bourbonischen Könige verlangten die Gründung einer ständigen Armee, die jederzeit die Rechte des Thrones und die Unabhängigkeit der eroberten Gebiete verteidigen konnte.» (Sinngemässe Übersetzung vom Verfasser).

16 Diverse Korrespondenzen zwischen dem königlichen Hof von Neapel und den beiden designierten Regimentskommandanten Tschudi und Jauch, Archivio di stato Napoli, Sezione militare, Segreteria di guerra.

17 «Wir, der Landamman, der Rat und die Bevölkerung des gelobten katholischen Kantons von Glarus, offenbaren und bezeugen, dass […] Oberstleutnant Joseph Anton Tschudi […] uns eine Kapitulation für die Aushebung eines katholischen Schweizer Regiments im Dienste Ihrer königlichen neapolitanischen Majestät, des Herrn Prinz Don Karl von Bourbon, vorgewiesen hat.» (Sinngemässe Übersetzung vom Verfasser).

18 Archivio di Stato Napoli, Sezione militare, Segreteria di guerra, Don Giuseppe Joachino de Monte Allegre, Neapel, Della Capitolazione proposta alla Reggia Maestà Don Carlos de Bourbon, 31 ottobre 1734. «Die von [Herrn Joseph] Anton Tschudi dem königlichen Hof von Neapel, Prinz Don Karl von Bourbon, vorgeschlagene Kapitulation soll zur Erstellung eines Bataillons führen, das zu Diensten des Königs zur Verfügung stehen soll. Es führt die Funktion einer Leibwache aus […] Dieses Bataillon muss aus 6 Wachtkompanien zu 120 Mann und einer Grenadierkompanie zu 110 Mann, inklusive Offiziere, bestehen.» (Sinngemässe Übersetzung vom Verfasser).

19 Kapitulationsverträge mit den Regimentern Tschudi und Jauch, Archivio di Stato Napoli, Sezione militare, Segreteria di guerra.

20 Schipa, Il regno, S. 126 ff.

21 Schafroth, Die Geschichte, in: Figurina Helvetica, S. 12 ff., und May de Romainmôtier, Histoire militaire, Bd. 7, S. 183 ff.

22 Aufgrund der Tatsache, dass bei offiziell «avouierten» Regimentern die Offensivklausel mehrheitlich umgangen wurde, kann die Wirkung dieses Kapitulationsartikels angezweifelt werden. Der zahlende Potentat will seine Truppen uneingeschränkt einsetzen und die örtlichen Regierungen wollen die Pensionsgelder, Arbeitsplätze und Prestigestellen – trotz Aufopferung heimischer Arbeitskräfte – nicht einfach aufgeben. Suter, Militärunternehmertum, S. 6 ff.

23 Gemeineidgenössische Tagsatzung Frauenfeld vom 2. Juli bis 2. August 1737. §5 e.

24 Grande Archivio di Stato Napoli (2057, Minstero degli affari esteri 1738/39), Lettera del Duque de Salas al Marques de Isastia, Napoli, 9 settembre 1738. *«Er soll hier [Luzern] über die Republik genau Bericht führen […] eine – generell und allgemein – gute individuelle Beziehung zum innen- wie auch aussenpolitischen Regierungssystem, zu seinen Vertretern, seinen Wahlregeln und seinen Parteien pflegen sowie den Kontakt zu den Herrschaftsparteien und einflussreichen Personen fördern.»* (Sinngemässe Übersetzung durch den Verfasser).

25 Ebd. (2064, Minstero degli affari esteri 1745), lettera del Marques de Isastia al Duque de Salas, Lucerna, 26 luglio 1745.

26 Vgl. ebd. (2057–2067, Ministero degli affari esteri, 1738–1756).

27 Vgl. Kapitulationsverträge der Schweizer Regimenter Tschudi, Jauch und Wirz zwischen 1734 und 1774, Archivio di Stato di Napoli, Sezione militare, Segreteria di guerra.

28 May de Romainmôtier, Histoire militaire, Bd. 7, S. 183 ff.; Schafroth, Die Geschichte, in: Figurina Helvetica, S. 12 ff; Schipa, Il regno, S. 126 f., und Gentile, Le truppe svizzere, in: Archivio storico, S. 58 ff.

29 Variale, Balli, S. 126 ff.

30 Sämtliche Angaben aus der Originalkapitulation des Linienregiments Tschudi aus dem Jahre 1734, Archivio di Stato Napoli, Sezione Militare, Segreteria di guerra.

31 *«Vorschlag über die Aushebung eines katholischen Schweizer Regiments, bestehend aus 4 Bataillonen zu je 4 Kompanien im Dienste seiner königlichen Majestät, dem Herrn Don Karl von Bourbon, durch Oberstleutnant Don Joseph Anton Tschudi, Grenadierhauptmann des dritten Bataillons des Schweizer Regiments von Nideröst.»* (Sinngemässe Übersetzung des Verfassers).

32 *«Jedes Bataillon besteht aus drei Linienkompanien zu 220 Mann und einer Grenadierkompanie zu 110 Mann, inklusive der Offiziere, gemäss folgender Aufstellung.»* (Sinngemässe Übersetzung vom Verfasser).

33 Grande Archivio di Stato Napoli, (2057, Minstero degli affari esteri 1738/39), lettera del Duque de Salas al Marques de Isastia, Portici, 30 settembre 1738; lettera del Marques de Isastia al Duque de Salas, Lucerna, 1. agosto 1739 el 23 luglio 1740.

34 *«Im Falle, dass der besagte Oberst sterben sollte, erlaubt seine königliche Majestät die Nachfolge des Amtes als Oberst des Regiments seinem Bruder, Don Ludwig Leonhard Tschudi.»* (Sinngemässe Übersetzung vom Verfasser).

35 Die oligarchische Entwicklung war nur da möglich, wo sich die Bevölkerung der Leitung vornehmer Beamtengeschlechter unterordnen liess und nicht das nötige Gegengewicht zur Sicherung der Rechtsgleichheit bildete. In Städten mit Zunftverfassungen war die Wahrscheinlichkeit einer einseitigen Geschlechterherrschaft eher unwahrscheinlich.

36 Familien, die erst nachträglich ins Patriziat gelangten, vermischten ihre Herkunft oft durch phantasievolle Genealogien und eigenmächtig angenommene «von». Emporkömmlinge gaben ihre bürgerlichen Erwerbstätigkeiten auf und legten ihr Vermögen in prächtigen Landbesitzen an, weil jede Beteiligung an ökonomischen Unternehmungen als unstandesgemäss verpönt war.

37 *«Ein Drittel jedes Bataillons darf mit Deutschen besetzt sein, der Rest muss aus Schweizern der katholischen Kantone, seiner Untertanen und Alliierten bestehen.»* (Sinngemässe Übersetzung vom Verfasser).

38 Zitiert aus Suter, Militärunternehmertum, S. 112.

39 *«Dass die Bataillone seiner königlichen Majestät in all seinen Gebieten dienen, auch dort, wo seine königliche Majestät es wünscht und es gegen mögliche Feinde als wichtig empfindet.»* (Sinngemässe Übersetzung vom Verfasser).

40 *«Mit der Inkraftsetzung dieser Kapitulation bestätigt seine königliche Majestät, dass dieses Regiment – ohne Ausnahme – über den freien Gebrauch der inneren Gerichtsbarkeit all seiner Individuen verfügt, ohne dass irgendein Generalhauptmann, Kommandant, Gouverneur, Minister, Richter oder sonst ein Tribunal über irgendwelche Delikte entscheiden kann.»* (Sinngemässe Übersetzung vom Verfasser).

41 *«Dass dieses Regiment gemäss den Kapitulationsartikeln seiner königlichen Majestät für die Dauer von 20 Jahren ununterbrochen dient.»* (Sinngemässe Übersetzung vom Verfasser).

42 Hürlimann, Die Schweizerregimenter, S. 34.

43 Schipa, Il regno, S. 344.

44 Bernecker/Pietschmann, Geschichte Spaniens, S. 181.

45 Vgl. Feller, Spanischer Erbfolgekrieg.

46 Diverse Korrespondenzschreiben zwischen dem Königshof von Neapel und den Schweizer Regimentern, inklusive dem königlichen Dekret zur Reduktion der Truppenbestände, Archivio di Stato di Napoli, Sezione militare, Segreteria di guerra.

47 Nicht zu verwechseln mit Oberst Salis, der bereits 1734 als Hauptmann in den Schweizergarden in neapolitanischen Dienst eintritt. Maréchal de camp Salis wird 1732 geboren und stirbt 1812.

48 Für die Reform der «Reali Guardie Italiane», deren Offiziere allesamt aus den einflussreichsten Familien der Stadt stammen, entsteht eine heftige Opposition gegenüber von Salis-Marschlins, der sich seinerseits damit verteidigt, lediglich die Befehle der Königin auszuführen. Simioni, L'esercito, S. 104.

49 Bundstagsprotokoll vom 18. März 1789, Staatsarchiv Graubünden, AB IV, 1, Bd. 158, S. 134.

50 Vgl. General Anton von Salis-Marschlins, in: Archiv Schulthess Rechberg.

51 «Auszug der bey Compagnia Salis ersten Battaillons ehut dato Longone 30ten Julj 1747 sich befindenden Mannschaft», in: Mappe «Anna Elisabeth von Salis-Zizers, geb. Buol-Rietberg (1703–1752, siehe 17/47), Familienarchiv Saliz-Zizers D VI Z / 23.38.

52 «Specification wass beÿ des Herrn Graffen v. Salis Comp. so bÿm 1ten Batton stehet seith 1ten 8br. 1735 biss ulmo 9br. Zugewachsen 1736», in: Mappe «Rudolf Franz von Salis-Zizers (1687–1738, 17/47), Neapolitanischer Dienst, Akten», Familienarchiv Salis-Zizers D VI Z / 22.1.

53 «Auf-Satz des völligen Abgangs, und der Desertierten Mannschaft, von der Graff-Salischen Compagnie, vom 7. Novembre 1741 biss den 15. Octobre 1742».

54 Gemeineidgenössische Tagsatzung Frauenfeld, 1. bis 17. Juli 1793, §13.

55 Schafroth, Die Geschichte, in: Figurina Helvetica, S. 19 ff.

La Capitulation de Fribourg en 1803 – Signature du traité capitulatif le 4 Vendémiaire an XII de la République S. 227–245

1 Il s'agit du Bourgmestre de Zürich Jean Reinhard, du Bernois Frédéric de Freudenreich, du Secrétaire d'Etat uranais Emmanuel Jauch, du Landammann d'Appenzell Jacques Zellweger, du Président du Petit Conseil saint gallois Charles Müller-Friedberg, ainsi que du Landammann d'Unterwald François Würsch.

2 Dorand, La Diète fédérale, p. 27.

3 Capitulation militaire, Bulletin des loix, pp.163.

4 Son fils Albert sera auditeur à l'Ecole polytechnique de Paris en 1827, son entrée dans cette école étant le résultat de l'une des clauses de la capitulation de 1803 (voir art. 21).

5 Traité d'alliance défensive entre la France et la Suisse, du 4 Vendémiaire an 12 de la République française, art. 3, alinéa 2.

6 La capitulation prévoit le versement du 1er tiers avant la formation des régiments, le 2e tiers lorsque les inspecteurs auront pu vérifier qu'un quart de chaque compagnie est sous les armes et le dernier tiers lorsque chaque compagnie sera dotée de la moitié des hommes requis (art. 7).

7 Il a pour rôle de commander les troupes Suisses à Paris et de surveiller les autres.

8 Guillon, Napoléon et la Suisse, pp. 329.

9 Ibid., p.123.

10 Ceci s'applique à toutes les capitulations sauf celle de 1813 qui nécessitera l'enrôlement de force afin de recomposer les régiments napoléoniens décimés suite à la débâcle en Espagne et à la campagne de Russie.

11 Schaller, Histoire des troupes suisses, pp. 9.

12 Tapis de selle ou couverture placée sur le dos du cheval.

13 Castella, régiment suisse, pp. 2.

14 Lettre de Napoléon au maréchal Berthier, Pont-de-Briques, 27 juillet 1804, in: Correspondance de Napoléon, p. 2.

15 Pour plus de précision voir la description du drapeau, in: Vexilla Helvetica, pp. 7.

16 Œuvres originales du sculpteur de l'Empereur Chaudet, les aigles sont réalisés en bronze et chacun repose sur un socle portant en relief le numéro du régiment.

17 Le premier Suisse admis en tant que tel à l'Ecole polytechnique est le vaudois Adrien Pichard, en vertu de la capitulation de 1803. D'autres avant lui avaient déjà eu ce privilège, mais il s'agissait alors uniquement de cas isolés de jeunes hommes venus de Genève et considérés comme des citoyens français.

18 Il faut toutefois noter qu'Henri Dufour est genevois et qu'en 1807, année durant laquelle il fréquente l'école, Genève est encore rattaché à la France.

19 Ces mémoires sont relatées, ainsi que celles de deux autres Suisses, in: Soldats suisses, pp. 111.

20 Le jeudi cette période de la journée est donnée en congé pour se rendre à Paris ou pour lire dans la bibliothèque, à moins que l'on soit consigné ou de garde.

21 Soldats suisses, pp.113.

22 Ibid., pp.115.

23 Schaller, Souvenirs d'un officier fribourgeois, p.19.

24 Colonel de Castella de Berlens, Proclamation, 2e régiment Suisse, affiche de recrutement double en français et en allemand, 12 septembre 1806.

25 Schaller, Souvenirs, d'un officier fribourgeois.

26 Guillon, Napoléon et la Suisse, pp. 338.

27 C'est au maréchal Alexandre Berthier, futur prince de Wagram, que Napoléon confère le titre de prince de Neuchâtel le 30 mars 1806.

28 Schaller, Histoire des troupes suisses, p. 92.

29 Lettre de Napoléon au maréchal Berthier, Chalon-sur-Saône, 7 avril 1805, in: Correspondance de Napoléon, p. 5.

30 Règlement général militaire pour la Confédération Suisse, in: Kaiser, Repertorium, p.156.

31 Nabholz, La Suisse sous la tutelle étrangère, pp. 128.

32 Le Marquis Constantin de Maillardoz, de Fribourg, est alors envoyé extraordinaire du Landammann Suisse à Paris.

33 Cité in: Schaller, Histoire des troupes suisses, 1882, p. 13.

34 Note à Clarke, du 12 novembre 1811, in: Correspondance t. XXIII.

35 Ibid.

36 Cité in: Schaller, Histoire des troupes suisses, 1882, p. 13.

37 Il s'agit de l'article 7 du traité d'alliance du 27 septembre 1803 qui stipule comme suit: «*Les patries contractantes s'engagent à ne faire aucuns traités, conventions, ou capitulations contraires au présent Traité d'Alliance. Les capitulations conclues ou à conclure avec les Républiques Italienne et Batave, ainsi qu'avec Sa Majesté Catholique et le Saint Siège, en les renfermant dans les Clauses du présent articles, sont expressement reservées.*»

38 Du camp de Finkenstein, mai 1807, in: Correspondance, t. XV.

39 Loi du 18 novembre 1807. Défense de recruter pour tout service militaire étranger non avoué par la confédération, in: Bulletin des loix, pp. 361.

40 Guillon, Napoléon et la Suisse, pp. 333.

41 Arrêté du 28 mars 1806. Règlement de recrutement pour les régiments Suisses au service de France, in: Bulletin des loix, op. cit., pp. 25.

42 L'article 4 prescrit que le recruteur doit porter l'uniforme de son régiment au cours de toutes les opérations qui concernent le recrutement.

43 On peut imaginer, en comparant la teneur des deux arrêtés qu'il a dû se produire des débordements ou des abus, soit du côté des recruteurs, soit de celui des hommes auditionnés.

44 Arrêté du 4 février 1807. Mesures d'encouragement pour le recrutement des régiments Suisses au service de France, in: Bulletin des loix, pp. 188.

45 Décret du 28 avril 1807. Mesures pour encourager et activer le recrutement pour les régiments suisses au service de France, in: Bulletin des loix, pp. 218.

46 L'article 2 du décret limite toutefois la somme mise à disposition à douze mille francs.

47 En 1807 débutent en effet les guerres d'Espagne et de Portugal à la suite desquelles Napoléon devra s'avouer vaincu. Il s'agit là d'une campagne ruineuse pour les armées impériales.

48 Arrêté du 21 septembre 1807, contre les déserteurs des Régimens suisses au service de France, in: Bulletin des loix, pp. 349.

49 Si l'on prend l'exemple du régiment de Castella (2e), on s'aperçoit qu'au 30 avril 1807 celui-ci compte un total de 2578 hommes admis; suite aux plaintes de Bonaparte et à la requête de la Diète, l'arrêté émis le 5 mai va permettre d'atteindre un total de 3526 hommes pour ce régiment au 1er octobre. Quant aux Fribourgeois, on sait que dans le 1e bataillon du 2e régiment ils seront 376 au 1er novembre 1807 contre 271 pour le 30 avril de la même année. Il semble par ailleurs que le même phénomène

de progression se soit produit dans la majorité des cantons confédérés. Les chiffres sont tirés de: Castella, régiment suisse, pp. 88.

50 *Napoléon, saluant le général Merle, lui aurait demandé: Etes-vous satisfait des Suisses? – Oui, sire, Votre Majesté en sera satisfaite, répond Merle. – Je le sais, ajoute Napoléon. Ce sont de braves soldats.* Cité in: Schaller, Souvenirs d'un officiers fribourgois, p. 57.
51 Soldats suisses, p. 222.
52 Cité in: Guillon, Napoléon et la Suisse, pp. 344.
53 Soldats suisses, p. 218.
54 Castella, régiment suisse, p. 127.
55 Décret du 21 décembre 1815, concernant les militaires au service de France, qui ne se sont pas rendus à l'appel de la Diète, in: Bulletin des loix, pp. 101.

Das Ende der «Fremden Dienste» S. 247–258

1 Die Aufklärung versuchte der Menschheit den Glauben an die Kraft des Geistes zu schenken. Sie verabscheute brutale Gewalt und willkürliche Despotie. Die fremden Kriegsdienste widersprachen sowohl der Ideologie der Aufklärung als auch der Vernunft als Tugend. Dubler, Der Kampf, S. 36 ff.
2 Dierauer, Geschichte, S. 402 ff., und Nabholz, Geschichte der Schweiz, 2. Bd., S. 210 ff.
3 Dubler, Der Kampf, S. 40 ff., 54 ff. u. 72 ff.; Bührer, Der Zürcher Solddienst, S. 39 ff., und Geschichte der Schweiz, 1986, S. 492 ff.
4 Nabholz, Geschichte der Schweiz, 2. Bd., S. 159 ff.
5 Unbekannt, Ein Wort an meine Mitlandleute, S. 6 f.
6 Schelbert, Einführung, S. 153 ff.
7 Gagliardi, Geschichte der Schweiz, S. 139.
8 Vgl. S. 42 ff.
9 Bickel, Bevölkerungsgeschichte, S. 55 u. 277 ff.
10 Bührer, Der Zürcher Solddienst, S. 31 ff. u. 53, und Geschichte der Schweiz, 1986, S. 453 ff.
11 Bickel, Bevölkerungsgeschichte, S. 55; Bührer, Der Zürcher Solddienst, S. 50 ff., und Nabholz, Geschichte der Schweiz, S. 261 ff.
12 Folgende Jahre waren durch Krisen wie Ernteausfälle oder starke Teuerungen geprägt: 1695 bis 1700, 1739 bis 1742, 1770 bis 1771, 1789 bis 1790 und 1793 bis 1795. Mattmüller, Die Schweiz, S. 28.
13 Suter, Militärunternehmertum, S. 33, und Peyer, Könige, S. 223 ff.
14 Bührer, Zürcher Soldunternehmertum, S. 52, und Braun, Industrialisierung, S. 57.
15 Ebd., S. 35 ff.
16 Suter, Militärunternehmertum, S. 114.
17 Mattmüller beschreibt auf sehr interessante Weise, wie sich die früher verarmte Eidgenossenschaft langsam zum wirtschafts- und kapitalstarken Staat entwickelt hat. Mattmüller, Die Schweiz, S. 28 ff.
18 Bundesarchiv Bern (BAB), «Extractos de Revista», Nr. 217 ff. u. 280, und Bodmer, Tendenzen, S. 562 ff.
19 Fiedler, Kabinettskriege, S. 23 ff.
20 Suter, Militärunternehmertum, S. IX f.
21 Historisches Lexikon der Schweiz, «Fremde Dienste».
22 Suter, Militärunternehmertum, S. 104 bzw. 121 ff.
23 Historisches Lexikon der Schweiz, «Fremde Dienste».
24 Aellig, Die Aufhebung, S. 10; Dubler, Der Kampf, S. 15 ff., und Fenner, Der Tatbestand, S. 24 ff.
25 Küng, Glanz und Elend, S. 58 ff., Pfister, Aargauer II, S. 19, und Böning, Ulrich Bräker, S. 44 ff. u. 50 ff.
26 De Vallière, Treue und Ehre, 1913, S. 29.
27 Aellig, Die Aufhebung, S. 7 ff., und Dubler, Der Kampf, S. 74.
28 Bereits im Jahre 1831 erliess Bern, ohne die bestehenden Verträge zu kündigen, ein ausdrückliches Verbot neuer Militärkapitulationen. Aellig, Die Aufhebung, S. 80.
29 Züblin, Die Falschwerbung, S. 14.
30 Küng, Glanz und Elend, S. 52 ff.; Historisch-Bibliographisches Lexikon der Schweiz, Bd. 4, S. 445, und Aellig, Die Aufhebung, S. 245 f.
31 Frankhauser, Aus den Briefen, S. 74; Wattenwyl, Die Schweiz, S. 79 f.; Maag, Geschichte der Schweizertruppen, S. 407 ff., und De Vallière, Treue und Ehre, 1913, S. 706 ff.

32 In Gaeta, wohin sich die königliche Familie 1861 vor den Truppen Garibaldis und seiner Verbündeten zurückgezogen hatte, endete die bourbonische Herrschaft. Vgl. Maag, Geschichte der Schweizertruppen, S. 521 ff.; Haas, Die Emser, S. 46 f.; Frankhauser, Aus den Briefen S. 73 f.; Burlet, Schweizer, Nr. 12, S. 16 f., und Schelbert, Einführung, S. 156 ff.
33 Schweizer Lexikon 91, Bd. 2, S. 745 f.
34 Dieses Gesetz geht vom Gedanken aus, dass der Schweizer Bürger nur für sein Heimatland Militärdienst leisten darf und dass er, wenn er einem anderen Staat dient, die Wehrkraft des eigenen Landes schädigt, da er bei einem Aktivdienst der Schweiz nicht zur Verfügung stehen würde. Mit der Revision des Militärstrafgesetzes von 1927 sind unter Artikel 95 «Fremde Dienste» ohne bundesrätliche Erlaubnis unter Strafe gestellt. Fenner, Der Tatbestand, S. 28 f.; Wattenwyl, Die Schweiz, S. 3; Züblin, Die Falschwerbung S. 13 ff., und Schrämli, Unerlaubter Eintritt, S. 28 ff.
35 Die Schweizergarde, die im Jahre 1506 durch Julius II. begründet wurde, ist nicht Gegenstand einer Kapitulation, sondern basiert auf einer Genehmigung des Bundesrates und rekrutiert sich durch persönliche Anwerbung im Rahmen eines zivilen Arbeitsvertrages. Küng, Glanz und Elend, S. 46 f.; Mc Cormack, One Million, S. 179, und De Vallière, Treue und Ehre 1940, S. 33, 40, 135 ff., 743 ff. u. 747.
36 Ebd., S. 709 ff.
37 Historisches Lexikon der Schweiz, «Fremde Dienste».
38 Fiedler, Revolutionskriege, S. 10 f.
39 Ebd., S. 11 f.

Der Prozess gegen Captain Henry Wirz S. 261–275

1   Heideking, Geschichte der USA, S. 166 f. u. 174.
2   Hutson, The Sister Republics, S. 59.
3   Lüönd, Schweizer in Amerika, S. 139.
4   Hutson, The Sister Republics, 59 ff.
5   Wirz, Captain Henry Wirz, S. 11 ff., und Marvel, Andersonville S. 35 f.
6   Ebd., S. 19; Marvel, Andersonville, S. 36 ff. – Dass die Armverletzung von Henry Wirz auf seine Schlachtteilnahme bei Seven Pines zurückzuführen sei, wird in der Literatur einzig von William Marvel bezweifelt. Dieser vermutet vielmehr einen Kutschenunfall als Ursache für die nie mehr heilende Wunde. Marvel, Andersonville, S. 37.
7   Kieser, Hauptmann Henry Wirz, S. 49 f., und Weibel, Captain Wirz, S. 101.
8   Marvel, Andersonville, S. 38 u. 240.
9   Tucker, Andersonville Prison, S. 9 ff.
10 Savage, Prison Camps, S. 15 ff.
11 Tucker, Andersonville Prison, S. 11, und LaForce, The Trial, ohne Seitenangabe.
12 Studer, Der Prozess, S. 44 f.
13 Official Records (OR), Serie II, Bd. 8, S. 732, und Tucker, Andersonville Prison, S. 13.
14 Marvel, Andersonville, S. 45.
15 Studer, Der Prozess, S. 48 ff.
16 Taylor, Rebel Storehouse, S. 119.
17 LaForce, The Trial, ohne Seitenangabe.
18 Savage, Prison Camps, S. 12.
19 Marvel, Andersonville, S. 239.
20 Savage, Prison Camps, S. 12.
21 McPherson, Für die Freiheit, S. 789.
22 Marvel, Andersonville, S. 241.
23 LaForce, The Trial, ohne Seitenangabe.
24 Rutman, The War Crimes, S. 123 f., und Official Records (OR), Serie II, Bd. 8, S. 785 f.
25 Official Records (OR), Serie II, Bd. 8, S. 786 ff.
26 Koerting, The Trial of Henry Wirz, S. 70 f., und McCormack, From Sun, S. 41.
27 LaForce, The Trial, ohne Seitenangabe.
28 Koerting, The Trial of Henry Wirz, S. 110 u. 152.
29 LaForce, The Trial, ohne Seitenangabe.
30 Weibel, Captain Wirz, S. 430 ff. u. 441 ff.
31 Ebd., S. 452 ff.

32 United States, Congress, Trial of Henry Wirz, Document 23, Serial 1331, S. 719.
33 Ebd., S. 704 ff.
34 Koerting, The Trial of Henry Wirz, S. 166, und Rutman, The War Crimes, S. 126.
35 Koerting, The Trial of Henry Wirz, S. 167 f.
36 Kleiner, The Demon, ohne Seitenangabe.
37 Official Records (OR), Serie II, Bd. 8, S. 791.
38 Zitiert nach Page, The True Story, S. 226.
39 Koerting, The Trial, S. 177 f.
40 Kleiner, The Demon, ohne Seitenangabe.
41 Studer, Der Prozess, S. 66 ff.
42 Ebd., 69 ff.
43 Rutman, The War Crimes, S. 120.
44 Ebd., S. 121 f., und Kieser, Hauptmann Henry Wirz, S. 61.
45 Schade, A Defense, ohne Seitenangabe.
46 Studer, Der Prozess, S. 81 ff.
47 Zitiert nach Rutman, The War Crimes, S. 117.
48 Studer, Der Prozess, S. 90 f.
49 Chipman, The Tragedy, S. 76.
50 Ebd., S. 427.
51 Zitiert nach Kieser, Hauptmann Henry Wirz, S. 59.
52 Ebd., S. 58, und Rutman, The War Crimes, S. 120. – «Dutch» wurde damals für «deutsch» verwendet.
53 Ransom, Conflict, S. 133 f.
54 Adams, Deutsche, S. 32 f.
55 Helbich/Kamphoefner, Deutsche im Amerikanischen Bürgerkrieg, S. 71 ff.
56 Koerting, The Trial, S. 151.
57 Weibel, Captain Wirz, S. 387.
58 Koerting, The Trial, S. 178 f.
59 Dorris, Pardoning, S. 12 ff. u. 18.
60 Official Records (OR), Serie II, Bd. 8, S. 773 f.
61 Ebd., S. 792.
62 Ebd., S. 792 f.
63 Schobinger, Zürcherinnen und Zürcher, S. 103.
64 Bundesblatt 1866, Bd. 3, S. 78 ff.
65 «Neue Zürcher Zeitung» vom 15. September 1865.
66 Studer, Der Prozess, S. 22 ff.
67 Koerting, The Trial, S. 197.
68 Ebd., S. 207 f.
69 «Der Bund» vom 4./5. März 1908.
70 Wirz, Captain Henry Wirz, S. 9 u. 22.
71 Zitiert nach Page, The True Story, S. 224.

Schweizer im Spanischen Bürgerkrieg S. 277–290

1   Folgende Ausführungen beruhen auf: Bernecker, Spanische Geschichte, S. 28 ff.
2   Tabelle aus: Ebd., S. 40.
3   Ders., Krieg in Spanien, S. 55.
4   Folgende Ausführungen beruhen auf: Bernecker, Spanische Geschichte, S. 16 ff., und Kurz, Vor 50 Jahren, S. 880 ff.
5   Zschokke, Die Schweiz, S. 39.
6   Vgl. Ulmi, Les Combattants Suisses.
7   Interview mit Hans Hutter vom 20. September 2002.
8   Interview mit Paul Tross vom 6. September 2002 und Hans Kamber vom 9. September 2002.
9   Bernecker, Spanischer Bürgerkrieg, S. 336.
10 Edgar Woog war zunächst Kominternfunktionär, von 1949–1968 Zentralsekretär der PdA und von 1947–1955 kommunistischer Abgeordneter im Nationalrat.
11 Interview mit Paul Tross vom 6. September 2002.
12 Zschokke, Die Schweiz, S. 80 f.

13 Ihre Ja-Stimmen hatten gegeben: 47 SP, acht FDP, sieben Demokraten, vier LdU, drei KP und zwei BGB. Dagegen war die grosse Mehrheit des Bürgerblocks, insbesondere die Katholisch-Konservativen. Elf Parlamentarier – davon fünf von der FDP und vier von der BGB –, die noch das Postulat Huber mitunterzeichnet hatten, waren von ihrer ursprünglichen Meinung abgewichen, sonst wäre die Amnestieforderung mit 82 zu 81 Stimmen durchgekommen.

14 Unveröffentlichte Notizen von Hans Hutter, verfasst am 7. März 2000 anlässlich der im Nationalrat diskutierten Rehabilitierung der Spanienfahrer.

15 Zitiert nach: Zschokke, Die Schweiz, S. 85.

16 http://www.parlament.ch/afs/data/d/gesch/1999/d_gesch_19993065.htm (12.6.2005).

Schweizerische Freiwillige in der deutschen Wehrmacht und Waffen-SS 1938–1945 S. 291–311

1 Zitiert nach: Meichtry, Die Geschichte der Geschwister von Werra, S. 212.

2 Seit dem 26. August 1917 ist Werra zusätzlich im Besitz der deutschen Staatsbürgerschaft. Seinen Heimatschein gibt er erst Mitte der 1930er Jahre ab und bekommt dafür eine Matrikelkarte. Vgl. Meichtry, Du und ich, S. 156.

3 Soweit nicht anders vermerkt vgl. zum Folgenden Meichtry, Du und ich, S. 28 f., 77 f., 91–95, 101, 113 ff., 119–126, 145–157 u. 206.

4 Vgl. dazu und zu weiteren Mitgliedern der Familie von Werra, die in «Fremden Diensten» standen, De Vallière, Treue und Ehre, 1940, S. 153, 156, 647, 665, 727 u. 732 f.

5 Etwa acht davon sind indes wohl erfunden. Vgl. Meichtry, Du und ich, S. 124 ff.

6 Oertle, «Sollte ich aus Russland nicht zurückkehren».

7 Zu den folgenden Zahlen vgl. Oertle, «Sollte ich aus Russland nicht zurückkehren», S. 561.

8 Für den dritten Wehrmachtsteil, die Kriegsmarine, sind keine schweizerischen Freiwilligen nachweisbar.

9 Bezüglich der hier nicht näher zu erläuternden problematischen Stellung des wichtigsten Wehrmachtsteils vgl. Müller-Hillebrand, Das Heer, S. 36–40, 157 f. u. 207.

10 Vgl. Kriegstagebuch des Oberkommandos der Wehrmacht (Wehrmachtführungsstab) 1940–1945, Bd. IV: 1. Januar 1944–22. Mai 1945, S. 1757. Ferner Müller-Hillebrand, Das Heer, S. 208.

11 Im Prinzip hätte das Oberkommando der Wehrmacht eine solche Führungsfunktion wahrnehmen können. Zu den internen Machtkämpfen, die frühzeitig eine derartige Lösung verhindern, und zur «Gleichschaltung» der Wehrmacht vgl. Deist, Die Aufrüstung der Wehrmacht, S. 371–518, hier S. 503 f. u. 507 f.

12 Einen konzisen Überblick über den Ausbau der Waffen-SS bietet Wegner, Anmerkungen zur Geschichte der Waffen-SS, S. 405–419. Zur hier nicht zu erörternden Entwicklung der SS in ihrer Gesamtheit vgl. dagegen Kogon, Der SS-Staat, und – mit einigem Vorbehalt – Höhne, Die Geschichte der SS.

13 Wegner, Hitlers politische Soldaten. S. 316.

14 Vgl. ebd., S. 301 ff.

15 Vgl. ebd., S. 295 f.

16 Vgl. Förster, Die weltanschauliche Erziehung, S. 87–113.

17 Vgl. Wisard, Un major biennois S. 70 f.; Oertle, «Sollte ich aus Russland nicht zurückkehren», S. 473–488, 522 u. 536. – Beide Listen sollten freilich mit Zurückhaltung betrachtet werden, da über den Anlass und Grund ihrer Erstellung nur spekuliert werden kann. Vgl. dazu die auf einen eher inoffiziellen Charakter hindeutenden Ausführungen des insgesamt jedoch nur bedingt glaubwürdigen Chefs des SS-Hauptamts, SS-Obergruppenführer und General der Waffen-SS Gottlob Berger, in: Archiv für Zeitgeschichte Zürich [im Folgenden: AfZ], Nachlass Benno H. Schaeppi, Nr. 4.4, Eidesstattliche Erklärung Gottlob Bergers vom 29.10.47, S. 11 ff.

18 Es existieren zwar systematische militärische Studien für einen Angriff gegen die Schweiz. Doch bewegen diese sich in einem für die Planungskultur der deutschen Armee üblichen Rahmen der Untersuchung und Vorbereitung alternativer Handlungsoptionen, sodass aus ihnen nicht unmittelbar Angriffsabsichten ableitbar sind. Hitler selbst soll laut Hans Heinrich Lammers, der von 1933 bis 1945 als Chef der Reichskanzlei fungiert, ungeachtet seiner notorischen Antipathie gegen die eidgenössische Republik geäussert haben: «*[A]n der Schweiz habe ich kein Interesse.*» (AfZ, Nachlass Benno H. Schaeppi, Nr. 4.4, Eidesstattliche Erklärung Lammers' vom 26.9.47; vgl. ferner ebd., die eidesstattliche Erklärung Bergers vom 29.10.47, S. 3). Eine deutlich skeptischere Haltung hinsichtlich der deutschen Absichten vertritt dagegen Urner, Die Schweiz muss noch geschluckt werden!, bes. S. 51–55 u. 65–84.

19 Vgl. zu Riedweg: United States National Archives and Records Administration Washington/College Park [im Folgenden: NARA], Record Group 263, CIA Name Files, Box 43, Folder «Riedweg»; AfZ, Nachlass Dr. Franz Riedweg, bes. Nr. 3, passim. – An dieser Stelle sei den Mitarbeitern der National Archives II, College Park, und des Archivs für Zeitgeschichte, Zürich, für ihre freundliche Unterstützung gedankt.

20 «SS-Hauptsturmführer» entspricht dem Wehrmachtsdienstgrad Hauptmann.

21 «SS-Sturmbannführer» entspricht dem Majorsrang.

22 Vgl. Wegner, Hitlers politische Soldaten, S. 267. – GL: Germanische (Freiwilligen-)Leitstelle.

23 Zu den Anfängen der Anwerbung vgl. Förster, Freiwillige für den «Kreuzzug Europas gegen den Bolschewismus», S. 908–935.

24 Neben den Freiwilligen aus den «germanischen» Ländern rekrutiert die SS bis Anfang 1944 noch rund 260 000 Volksdeutsche (z. B. Elsässer, Rumänien-, Ungarndeutsche) und «fremdvölkische Freiwillige» aus anderen Ländern, sodass der Anteil der «Reichsdeutschen» zu diesem Zeitpunkt weniger als die Hälfte des Personalbestands der Waffen-SS ausmacht. Vgl. Kroener, «Menschenbewirtschaftung, S. 991–995.

25 Angaben nach: Müller-Hillebrand, Das Heer, S. 142. – Zur weiteren Entwicklung vgl. Wegner, Der Krieg gegen die Sowjetunion, S. 761–1102, hier S. 835–839. Siehe ferner: Neulen, An deutscher Seite. Neulen bemüht sich um Authentizität, indem er seine Untersuchung auf die Befragung von Veteranen stützt. Dieser Bezug stellt aber zugleich den grossen Schwachpunkt seiner Arbeit dar, weil Neulen die Aussagen nicht kritisch hinterfragt und deshalb ähnlich wie Oertle zu apologetischen Schlussfolgerungen gelangt. Exemplarisch zeigt dies für den Bereich der schweizerischen Freiwilligen eine Auswertung seines Briefwechsels mit dem ehemaligen SS-Untersturmführer Benno H. Schaeppi, dessen Argumentation er ohne nennenswerte Prüfung für sein Buch weitgehend übernimmt. Vgl. AfZ, Nachlass Benno H. Schaeppi, Nachlieferung vom 31.08.2001 und 16.03.2002, Korrespondenz (Neulen).

26 Zur ambivalenten Situation einer einerseits engen Verbundenheit der deutschsprachigen Schweiz mit Deutschland auf wissenschaftlichem und kulturellem Gebiet und einer andererseits eher antideutschen Stimmung in der breiten Bevölkerung vgl. Unabhängige Expertenkommission Schweiz, Die Schweiz, S. 20 f., 93 f. u. 190.

27 Vgl. AfZ, Nachlass Dr. Franz Riedweg, Nr. 4, Niederschrift über die Sitzung im Auswärtigen Amt vom 30. Juni 1941 über die Freiwilligen-Meldungen in fremden Ländern für den Kampf gegen die Sowjetunion, Bl. 4. Zur Fiktion eines finnischen Sonderkriegs vgl. Wegner, Jenseits der Waffenbrüderschaft, S. 293–309, bes. S. 293 f.

28 Riedweg gründet 1936 gemeinsam mit Musy die «Schweizerische Aktion gegen den Kommunismus».

29 Zitiert nach Wegner, Hitlers politische Soldaten, S. 298.

30 Wegner, Hitlers politische Soldaten, S. 298. Dort auch das folgende Zitat.

31 Berger konstatiert später, Riedweg und seine schweizerischen Mitarbeiter hätten den Vorzug gehabt, dass sie *«für diesen germanischen bzw. europäischen Gedanken viel reifer waren als mancher Deutscher».* AfZ, Nachlass Benno H. Schaeppi, Nr. 4.4, Eidesstattliche Erklärung Gottlob Bergers vom 29.10.47, S. 10.

32 Riedweg kehrt nach dem Zweiten Weltkrieg nicht in seine Heimat zurück, sondern lässt sich als Arzt in München nieder, wo er bis zu seinem Tod im Januar 2005 wohnen bleibt.

33 Als markantestes Beispiel sei an dieser Stelle nur die im Juni 1943 aufgestellte 4. SS-Freiwilligen-Panzergrenadierbrigade «Nederland» erwähnt, die im Februar 1945 in 23. SS-Freiwilligen-Panzergrenadierdivision «Nederland» umbenannt wird, ohne aber tatsächlich Divisionsstärke zu erreichen.

34 Bezüglich der Frage der Formierung einer «Schweizer Legion» vgl. den knappen Hinweis bei Wegner, Hitlers politische Soldaten, S. 299, Fussnote 170.

35 Zum bewussten Verzicht auf Anwerbeaktionen in der Schweiz vgl. u. a. AfZ, Nachlass Dr. Franz Riedweg, Nr. 4, Niederschrift über die Sitzung im Auswärtigen Amt vom 30. Juni 1941 über die Freiwilligen-Meldungen in fremden Ländern für den Kampf gegen die Sowjetunion, Bl. 4.

36 Oertle, «Sollte ich aus Russland nicht zurückkehren», S. 121, formuliert diesen Zusammenhang freilich viel zu apodiktisch, wenn er behauptet: *«Wie im Verhältnis zu Schweden wollte man sich handfeste politische und wirtschaftliche Vorteile nicht wegen ein paar Freiwilligen-Kompanien beeinträchtigen lassen.»* Gemäss dem Schlussbericht der «Bergier-Kommission» muss die ökonomische Bedeutung der Schweiz für die Kriegführung des Deutschen Reichs nämlich relativiert werden, weil etwa die Lieferungen von Kriegsmaterial lediglich ein Prozent der deutschen Rüstungsendfertigung erreichten. Die im Widerspruch dazu stehenden Äusserungen deutscher Stellen *«illustrieren bisweilen eher die Rivalitäten zwischen den Behörden als objektive Gegebenheiten»*, da jene *«aufgrund des inter-*

nen Verteilungskampfes» die Tendenz zeigen, die von ihnen geforderten Güter *«als absolut kriegsent-scheidend und deshalb unentbehrlich»* zu deklarieren. Vgl. Unabhängige Expertenkommission, Die Schweiz, S. 194 f.

37 Oertle, «Sollte ich aus Russland nicht zurückkehren», S. 127–143.

38 Ebd., S. 241.

39 Als Massstab für den hohen Gefechtswert dient hier die Anzahl von 72 Ritterkreuzen, die an Soldaten der Division während ihrer Divisionszugehörigkeit verliehen werden. Mit diesem hohen Wert rangiert die 2. SS-Division deutlich an der Spitze aller SS-Grossverbände. Vgl. Wegner, Hitlers politische Soldaten, S. 279.

40 Oertle, «Sollte ich aus Russland nicht zurückkehren», S. 241.

41 Die 6. SS-Gebirgsdivision verzeichnet in ihren Reihen lediglich fünf Ritterkreuzträger. Vgl. Wegner, Hitlers politische Soldaten, S. 279. – Zum Versagen der Division an der finnischen Salla-Front 1941 vgl. Ueberschär, Kriegführung und Politik, S. 810–821, hier S. 814 f.

42 Oertle, «Sollte ich aus Russland nicht zurückkehren», S. 242.

43 Ungefähr 150 bis 200 der Freiwilligen bezahlen ihren Einsatz mit dem Leben. In diesem Wert enthalten sind auch diejenigen, die wegen einer Militärstraftat (z. B. Desertion) hingerichtet werden. Vgl. dazu Reichlin, Kriegsverbrecher Wipf, S. 240.

44 Vgl. Creveld, Kampfkraft, S. 128 f.

45 Oertle, «Sollte ich aus Russland nicht zurückkehren», S. 45–61 u. 567 f.

46 NARA, RG 263, CIA Name Files, Box 37, Folder «Nebel». – OSS: Office for Strategic Studies (Vorläufer des CIA).

47 Ausführlich zu Corrodi: Wisard, Un major biennois.

48 «SS-Oberführer» entspricht in der Schweizer Armee dem Grad eines Brigadiers.

49 Zur Wahrnehmung der deutschen Streitkräfte durch Angehörige der Schweizer Armee vgl. allgemein Fuhrer, Die Wehrmacht aus Schweizer Sicht, S. 123 ff.

50 Vgl. zu Hersche: Oertle, «Sollte ich aus Russland nicht zurückkehren», S. 331–337.

51 Aussage Hersches anlässlich seines Prozesses vor dem Divisionsgericht 7A im Jahr 1947, hier zitiert nach Oertle, «Sollte ich aus Russland nicht zurückkehren», S. 335.

52 Ebd., S. 567.

53 Werte ermittelt nach Müller-Hillebrand, Das Heer, S. 255 f.; Wegner, Hitlers politische Soldaten, S. 210; Oertle, «Sollte ich aus Russland nicht zurückkehren», S. 564.

54 Im Sprachgebrauch der SS heisst es üblicherweise «Führer» statt «Offizier». Mit dieser Bezeichnung verklausuliert die SS-Führung ihre Absicht, dem Offizierskorps der (Waffen-)SS eine Funktion zuzuweisen, die insbesondere in politisch-weltanschaulicher Hinsicht deutlich über die Aufgabe und den Anspruch des klassischen Heeresoffizierskorps hinausreicht. Vgl. dazu Wegner, Hitlers politische Soldaten, S. 17, Anm. 10.

55 Vgl. NARA, RG 263, CIA Name Files, Box 43, Folder «Riedweg», o. S.

56 1. SS-Division «Leibstandarte SS Adolf Hitler», 2. SS-Division «Das Reich», 3. SS-Division «Totenkopf», 5. SS-Division «Wiking».

57 Der vollständige Text des Artikels 94 des Militärstrafgesetzes von 1927 lautet: *«1. Der Schweizer, der ohne Erlaubnis des Bundesrates in fremden Militärdienst eintritt, wird mit Gefängnis bestraft. – 2. Der Schweizer, der noch eine andere Staatsangehörigkeit besitzt, im anderen Staate niedergelassen ist und dort Militärdienst leistet, bleibt straflos. – 3. Wer einen Schweizer für fremden Militärdienst anwirbt oder der Anwerbung Vorschub leistet, wird mit Gefängnis nicht unter einem Monat und mit Busse bestraft. – 4. In Kriegszeiten kann auf Zuchthaus erkannt werden.»*

58 Vgl. Reichlin, Kriegsverbrecher Wipf, S. 242.

59 AfZ, Nachlass Benno H. Schaeppi, Nr. 5.1.2.5, Urteil des Schweizerischen Bundesgerichts vom 1. Dezember 1948 zur Nichtigkeitsbeschwerde Schaeppis gegen das Urteil des Bundesstrafgerichts vom 20. Dezember 1947.

60 AfZ, Nachlass Benno H. Schaeppi, Nr. 4.4, Gloor an Schweiz. Bundesanwaltschaft, Bern, 2. März 1946.

61 Ebd., 4, Swiss Consulate Stuttgart to Civilian Internment Camp No. 91, Darmstadt, 22 January 1947.

62 Schaeppi wird im Zuge des Luzerner Landesverräterprozesses 1947 zu 16 Jahren Zuchthaus verurteilt, von denen er etwas mehr als die Hälfte verbüsst.

63 Neue Zürcher Zeitung, 4. Dezember 1947, Bl. 2.

363

Die Fremdenlegion S. 313–327

1 Die folgenden Ausführungen bezüglich der Fremdenlegion wurden in den in der Bibliographie aufgelisteten Werken oder Websites (Stand, 7. Juli 2005) entnommen.
2 De Vallière, Treue und Ehre, 1940, S. 743.
3 Unter dem spanischen Major José Millán Astray, der die Französische Fremdenlegion im Aufbau und in der Ausbildung in Sidi-bel-Abbes und Tlemcen studierte, entstand im Jahre 1920 das «Tercio de Extranjeros» – die zweite Spanische Fremdenlegion. http://www.kriegsreisende.de/relikte/tercio.htm (Stand, 7. Juli 2005).
4 Im Jahre 1854 wurde ein tausend Mann starkes Schweizer Bataillon der Fremdenlegion in den Krimkrieg geschickt. De Vallière, Treue und Ehre, 1940, S. 744.
5 Quale data viene riportata il 16 Aprile 1956, ma ne il nome ne il luogo della fiera vengono citati dall'autore, il quale nella sua introduzione dice esplicitamente che alcuni luoghi, nomi e date non vengono citati per questioni di riservatezza.
6 Durante questa battaglia, si narra che 63 Legionari comandati dal cap Danjou respinsero l'attacco di 5000 Messicani comandati dal col Milan.
7 Küttel, Auf dem falschen Zug, p. 22.
8 Ibidem, p. 30 e seg.
9 Ibidem, p. 37.
10 Ibidem, p. 38 e segg.
11 Ibidem, p. 37.
12 I gradi citati non sono da confondere o paragonare con quelli utilizzati nell'esercito svizzero. Il legionario sarebbe un soldato semplice, il brigadiere un genere di Appuntato capo, il Maréchal des Logis dovrebbe essere un genere di caporale, mentre il capo sezione ha il grado di sottotenente (quindi sempre sottoufficiale).
13 La prima unità d'impiego di Küttel era il 1. RE (1. Rgt fanteria), in seguito il 2. REC (2. Rgt di cavalleria).
14 Küttel, Auf dem falschen Zug, p. 90 f.
15 Ibidem, p. 53 e seg.
16 Ibidem, p. 78 e seg.
17 Ibidem, p. 213 e segg.
18 Ibidem, p. 219.
19 Parker, Dentro la Legione, p. 196 segg. e Montagnon, Histoire de la Légion, p. 370 segg.
20 Küttel, Auf dem falschen Zug, p. 223.
21 Ibidem, p. 223.
22 Ibidem, p. 227.
23 Una base militare stazionata circa 150 km a est di Parigi e 60 km a sud di Reims.
24 Küttel, Auf dem falschen Zug, p. 228.
25 Il nome citato da Küttel non viene più usato oggigiorno, il nome odierno della città è Chalons-en-Champagne.
26 Küttel, Auf dem falschen Zug, p. 229 segg.
27 Ibidem, p. 230.

Schlussbemerkungen S. 329–334

1 Diese Hinweise verdanke ich meinem leider viel zu jung verstorbenen Assistenten, Dr. phil. et theol., dipl. phys. ETHZ und VDM, Daniel Alexander Neval, dem ich damit in Dankbarkeit gedenke.
2 Als Beispiele werden die folgenden Einsätze von «altschweizer» Söldnern genannt: Schutz der Bastille am 14. Juli 1789, Schutz Ludwig XVI. am 10. August 1792 im Louvre und in den Tuilerien (Löwendenkmal in Luzern!), Unterdrückung der neapolitanischen Revolution mit Hilfe von Nelson 1798, Erneuerung der absoluten Monarchie in Neapel mit Hilfe der Österreicher 1823 sowie während der italienischen Einigung die Verteidigung des verräterischen Königs etc.

Bibliografie

1. Archive

Archives d'Etat de Genève: (AEG)	Le Fort, Archives de Famille, nouveau fonds, Nr. 19 (Ami), 21 (Pierre), 23, (Isaac und seine Nachkommen), 25 (François, Notes et Documents Biographiques), 26 (François, Correspondance), 27 (idem).
Archives de la famille de Castella: (AFC)	AFC 1404/41, No 74. AFC 1404/4, No 76.
Archivio di Stato Napoli: (Sezione militare)	Segreteria di guerra.
Archiv für Zeitgeschichte, Zürich (AfZ):	Nachlass Dr. Franz Riedweg. Nachlass Benno H. Schaeppi.
Bundesarchiv Bern (BAB):	Zu Spanien: Die Schweizerregimenter in Spanien 1734–1835. Historische Einleitung von Leo Neuhaus. Ordner 1: Einleitung-Inventar und Nr. 11 a-i (Zweidrittel-Klausel). Zu Stockalper: Paris Arch 105, Vol 36, Pièce 107. Caumartin, Vol 1, Fol. 17 vo.
Familienarchive:	Salis-Zizers (Staatsarchiv Graubünden, Chur). Schulthess Rechberg (Staatsarchiv Zürich, Zürich).
Grande Archivio di Napoli:	Ministero degli affari esteri.
Staatarchiv Graubünden:	Bundstagsprotokolle.
Staatsarchiv Schaffhausen:	Werberechnungen, E.7, 1765–1767. Militaria, C.3, S. 213. Militaria, O.1, S. 172. Kirche, JI3.
Tagsatzungsprotokolle:	Badener Tagsatzung vom 5. Juli 1682. Gemeineidgenössische Tagsatzung Frauenfeld vom 2. Juli bis 2. August 1737. Gemeineidgenössische Tagsatzung Frauenfeld vom 1. bis 17. Juli 1793.
United States National Archives and Records Administration, Washington/College Park (NARA),	Record Group 263, CIA Name Files: Box 37, Folder «Nebel». Box 43, Folder «Riedweg».

2. Literatur

Aboud, Frances / Amato, Maria: Developmental and Socialization Influences on Intergroup Bias, in: Brown, Rupert / Gaertner, Samuel L. (Hrsg.): Blackwell Handbook of Social Psychology: Intergroup Processes, Oxford 2003, S. 65–85.

Adams, Willi Paul: Deutsche im Schmelztiegel der USA. Erfahrungen im grössten Einwanderungsland der Europäer, Berlin 1991.

Aellig, Johann Jakob: Die Aufhebung der schweizerischen Söldnerdienste. Im Meinungskampf des Neunzehnten Jahrhunderts, Dissertation, Basel/Stuttgart 1954.

Allemann, Gustav: Söldnerwerbung im Kanton Solothurn von 1600–1723, Dissertation, Bern 1946.

Antonietti, Thomas: Die Handlanger des Krieges und ihre noblen Unternehmer. Eine ethnographische Betrachtung der Walliser Solddienste im 18. und 19. Jahrhundert, in: Antonietti, Thomas / Morand, Marie Claude (Hrsg.): Valais d'émigration. Auswanderungsland Wallis, Sitten 1991, S. 27 ff.

Arnold, Peter: Kaspar Jodok Stockalper vom Thurm, 1609–1691, Bd. 1 und 2, Mörel 1953.

Babkine, André: Les premières lettres de Russie du Général Lefort, in: Canadian Slavonic Papers Vol. 16, No. 3, 1974, S. 380 ff.

Ders.: Pis'ma Franca i Petra Lefortov o «Velikom Posol'stve», in: Voprosy istorii 4/1976, S. 120 ff.

Bachofner, Hans: Die militärische Stellung des Schweizers im Ausland, Dissertation, Winterthur 1958.

Bächtiger, Franz: Andreaskreuz und Schweizerkreuz. Zur Feindschaft zwischen Landsknechten und Eidgenossen, in: Jahrbuch des Bernischen Historischen Museums 51/52 (1971/72), S. 205–270.

Bäder, Christian: Kappeler Kriege 1529/1531, in: Fuhrer, Hans Rudolf (Hrsg.): Militärgeschichte zum Anfassen, Heft 11, Au 2001.

Bäder, Christian / Binder, Markus / Meier Jürg / Meyer, Rolf / Stücheli, Rolf / Schönbächler, Martin: Villmerger Kriege 1656/1712, in: Fuhrer, Hans Rudolf (Hrsg.): Militärgeschichte zum Anfassen, Heft 19, Au 2005.

Baumann, Reinhard: Landsknechte. Ihre Geschichte vom späten Mittelalter bis zum Dreissigjährigen Krieg, München 1994.

Bergier, Jean-François: Histoire économique de la Suisse, Lausanne 1984.

Bernecker, Walther L.: Spanische Geschichte seit dem Bürgerkrieg, München 1988.

Ders.: Krieg in Spanien 1936–1939, Darmstadt 1991.

Ders.: Der Spanische Bürgerkrieg, in: Hutter, Hans: Spanien im Herzen, Zürich 1996, S. 336.

Bernecker, Walther L. / Pietschmann, Horst: Geschichte Spaniens. Von der frühen Neuzeit bis zur Gegenwart, Stuttgart 1993.

Bertelsmann: Handlexikon, Gütersloh/Berlin/München/Wien 1975.

Bickel, Wilhelm: Bevölkerungsgeschichte und Bevölkerungspolitik der Schweiz seit dem Ausgang des Mittelalters, Zürich 1947.

Bickle, Peter: Friede und Verfassung. Voraussetzungen und Folgen der Eidgenossenschaft von 1291, in: Innerschweiz und frühe Eidgenossenschaft. Bd. 1: Verfassung, Kirche, Kunst, Olten 1990, S. 289 ff.

Bodin, Jean: Les Suisses au service de France. De Louis XI à la Légion étrangère, Paris 1988.

Bodmer, Walter: Tendenzen der Wirtschaftspolitik der eidgenössischen Orte im Zeitalter des Merkantilismus, in: Schweizerische Zeitschrift für Geschichte, 1951, S. 562 ff.

Bolzern, Rudolf: Solddienst im 17. und 18. Jahrhundert. «Es werdent etlichen die Hosen zytteren», in: Schneider, Bernhard (Hrsg.): Alltag in der Schweiz seit 1300, Zürich 1991, S. 159 ff.

Bonnecarrere, Paul: Frankreichs fremde Söhne. Fremdenlegionäre im Indochina-Krieg, Stuttgart 2000.

Böning, Holger: Ulrich Bräker. Der arme Mann aus dem Toggenburg. Leben, Werk und Zeitgeschichte, Königstein 1985.

Bonjour, Edgar: La neutralité Suisse. Son origine historique et sa fonction actuelle, Genf 1944.

Ders.: Geschichte der schweizerischen Neutralität: Vier Jahrhunderte eidgenössischer Aussenpolitik, Basel/Stuttgart 1965–1976.

Bory, Jean-René: Régiments Suisses au service de France (1800–1814), Sitten 1975.

Ders.: Die Geschichte der Fremddienste. Vom Konzil von Basel (1444) bis zum Westfälischen Frieden (1648), Neuenburg/Paris 1980.

Bose, Christoph Dietrich: Bericht an August I. über seine Unterredung mit der russischen Gesandtschaft, in: Herrmann, Ernst (Hrsg.): Diplomatische Beiträge gemischten Inhalts zur Regierung Peters des Grossen, mitgeteilt aus dem Dresdener Hauptstaats-Archiv, in: Sbornik Imperatorskago russkago istori_eskago obs_estva (SIRIO), Bd. 20, St. Petersburg 1877, S. 1 ff.

Braun, Rudolf: Industrialisierung und Volksleben. Veränderung der Lebensformen unter Einwirkung der verlagsindustriellen Heimarbeit in einem ländlichen Industriegebiet (Zürcher Oberland) vor 1800, Göttingen 1979.

Braun, Rudolf / Gugerli, David: Macht des Tanzes – Tanz der Mächtigen. Hoffeste und Herrschaftszeremonielle 1550–1914, München 1993.

Brecht, Bertolt: Mutter Courage und ihre Kinder, Edition Suhrkamp 2001.

Bruckner, Albert: Schweizer Fahnenbuch, St. Gallen 1942.

Brunner, Otto: Land und Herrschaft. Grundfragen der territorialen Verfassungsgeschichte Österreichs im Mittelalter, Darmstadt 1973.

Bührer, Walter: Der Zürcher Solddienst des 18. Jahrhunderts. Sozial- und wirtschaftsgeschichtliche Aspekte, Bern/Frankfurt a. M. 1977.

Büchi, Albert (Hrsg.): Albrecht von Bonstetten. Briefe und ausgewählte Schriften, in: Quellen zur Schweizergeschichte XIII, Basel 1893.

Bulletin des loix, décrets, arrêtés et autres actes publiques du gouvernement du canton de Fribourg, Vol. 1, Fribourg 1803/04.

Ebd., décrets, arrêtés et autres actes publics du gouvernement du canton de Fribourg, Vol. 4, Fribourg 1806/07.

Burlet, Jürg (Hrsg.) / Schneebeli, Max: Schweizer in neapolitanischen Diensten, in: Der «Tanzbödeler», Magazin für den Uniformensammler, Nr. 12, Zürich 1986, S. 6 ff.

Ders.: Schweizer in neapolitanischen Diensten, in: op. cit. Nr. 13, Zürich 1986, S. 11 ff.

Businger, Ludwig: Das Kriegsrecht der Schweizer in fremden Diensten, Stans 1916.

Campi, Emidio: Brutus Tigurinus. Aspekte des politischen und theologischen Denkens des jungen Bullinger, in: Fuhrer, Therese / Michel, Paul / Stotz, Peter (Hrsg.): Geschichten und ihre Geschichte, Basel 2004.

Carl, Horst: Der Schwäbische Bund 1488–1534. Landfrieden und Genossenschaft im Übergang vom Spätmittelalter zur Reformation (Schriften zur südwestdeutschen Landeskunde; Bd. 24), Leinfelden/Echterdingen 2000.

Carles, Pierre: Le recrutement avoué: une des clefs de la politique militaire franco-suisse sous l'Ancien Régime, in: Benichou, Marcel (Hrsg.): Les relations militaires de la Suisse avec la France. Journée franco-suisse, 26 octobre 1991, Montpellier 1991, S. 73 ff.

Cäsar, Gaius Iulius: Der Gallische Krieg, Reclam (1012), Stuttgart 1985.

Castell, Anton: Geschichte des Landes Schwyz, Zürich/Köln 1954.

Castella, Rodolphe de: Les colonels généraux des Suisses et Grisons, Fribourg 1971.

Ders.: 2me. régiment suisse 1806–1814, Fribourg 1966.

Centro, Di: Civiltà del'700 a Napoli 1734–1799, Bd. 1, Neapel 1979/80.

Chiosi, Elvira: Il regno dal 1734 al 1799, in: Storia del Mezzogiorno, Bd. IV, Teil II: Il Regno dagli Angioini ai Borboni, Rom 1986, S. 373.

Chipman, Norton P.: The Tragedy of Andersonville. Trial of Captain Henry Wirz. The Prison Keeper, San Francisco 1911.

Correspondance de Napoléon, six cents lettres de travail (1806–1810), Paris 1943.

Corvisier, André: Une armée dans l'armée: les Suisses au service de France, in: Cinque siècles de relations franco-suisses, (ohne Angabe des Hrsg.), Neuenburg 1994, S. 87 ff.

Creveld, Martin van: Kampfkraft. Militärische Organisation und militärische Leistung 1939–1945, Freiburg im Breisgau 1989.

Ders.: Frauen und Krieg, München 2001.

Criscuolo, Vittorio: Le jacobinisme italien face é la politique française dans la peninsule, in: Revue du souvenir napoléonien. Actes du colloque. Centre d'études d'histoire de la Défense. La liberté en Italie 1796–1797, Nr. 408, Château de Vincennes 1996, S. 65 ff.

Croce, Benedetto: La rivoluzione napoletana del 1799. Biografie, racconti, ricerche, Bari ³1912.

Ders.: Storia del regno di Napoli, Bari 1925.

Crummey, Robert O.: The Formation of Muscovy 1304–1613, London 1987.

Czouz-Tournare, Alain-Jacques: Les troupes suisses capitulées et les relations franco-helvétiques à la fin du XVIIIᵉ siècle, Paris 1996.

Dändliker, Karl: Geschichte der Schweiz, Bd. III, Zürich 1904.

De Majo, Silvio: Breve Storia del Regno di Napoli. Da Carlo di Borbone all'unità d'Italia (1734–1860). Napoli Tascabile, Nr. 49, Rom 1996, S. 7 ff.

Deist, Wilhelm: Die Aufrüstung der Wehrmacht, in: Militärgeschichtliches Forschungsamt (Hrsg.): Das Deutsche Reich und der Zweite Weltkrieg, Bd. 1: Ursachen und Voraussetzungen der deutschen Kriegspolitik, Stuttgart 1979, S. 371–518.

Delbrück, Hans: Geschichte der Kriegskunst, 4. Teil, Berlin 1920.

Deutsche Reichstagakten, Mittlere Reihe, Deutsche Reichstagakten unter Maximilian I., 3. Bd. (1488–1490), 1. Halbband, bearbeitet von Ernst Bock, Göttingen 1972.

Dictionnaire historique et biographique de la Suisse, Neuenburg 1924.

Dierauer, Johannes: Geschichte der Schweizerischen Eidgenossenschaft, Bd. 4, 1648–1798, Bern 1967.

Disch, Nicolas: Vom Titlisfuss zur Garnison. Engelberger Talleute in Solddiensten 1650–1800, Lizentiatsarbeit, Basel 2005.

Dtv-Atlas zur Weltgeschichte: Von den Anfängen bis zur Französischen Revolution, Bd. 1, München 1964.

Dorand, Jean-Pierre: La Diète fédérale à Fribourg, du 4 juillet au 27 septembre 1803, in: Fribourg – 1803 – Freiburg, Capitale de la Suisse/Hauptstadt der Schweiz, Fribourg 2003.

Dorris, Jonathan Truman.: Pardoning the Leaders of the Confederacy, in: The Mississippi Valley Historical Review 15 (1928), S. 3 ff.

Dubler, Hans: Der Kampf um den Solddienst der Schweizer im 18. Jahrhundert, Dissertation, Bern 1939.

Dubois, Alain: Die Salzversorgung des Wallis 1500–1610, Wirtschaft und Politik, Winterthur 1965.

Duffy, Christopher: Russia's Military Way to the West. Origins and Nature of Russian Military Power 1700–1800, London 1981.

Durant, Will: Die Renaissance. Eine Kulturgeschichte Italiens von 1304–1576, Bern/München 1961.

Durrer, Robert: Die Schweizergarde in Rom und die Schweizer in päpstlichen Diensten, Luzern 1927.

Eckert, Helmut: Schaffhauser Beiträge zur Geschichte, Bd. 53, Schaffhausen 1976.

Engelberts, Derck / Vogel, Lukas / Moser, Christian: Widerstand gegen die Helvetik 1798, in: Fuhrer, Hans Rudolf (Hrsg.): Militärgeschichte zum Anfassen, Band 8, Au 1998.

Erismann, Oskar: Organisation und innerer Haushalt der Schweizerregimenter in Frankreich. Sonderabdruck aus der «Schweizerischen Monatsschrift für Offiziere aller Waffen», Frauenfeld 1915.

Fankhauser, Franz: Aus den Briefen eines Oberaargauer «Napolitaners», 1. Teil: 1837–1847, in: Burgdorfer Jahrbuch Nr. 24, Burgdorf 1957, S. 11 ff.

Ders.: op. cit., 2. Teil: 1848–1854, Nr. 25, Burgdorf 1958, S. 11 ff.

Felder, Pierre / Meyer, Helmut / Sieber-Lehmann, Claudius / Staehelin, Heinrich / Steinböck, Walter / Wacker, Jean-Claude: Die Schweiz und ihre Geschichte, Zürich 1998.

Feller, Richard: Die Schweiz und das Ausland im spanischen Erbfolgekrieg, Bern 1912.

Ders.: Bündnisse und Söldnerdienst 1515–1798, in: Schweizer Kriegsgeschichte, Heft 6, Bern 1916, S. 5 ff.

Fenner, Beat: Der Tatbestand des Eintritts in fremden Militärdienst, Dissertation, Zürich 1973.

Fiechter, Jean-Jacques: Le Baron Pierre-Victor de Benseval, Lausanne/Paris 1993.

Fiedler, Siegfried: Taktik und Strategie der Landsknechte 1500–1650. Heerwesen der Neuzeit, Bonn 1985.

Ders.: Kriegwesen und Kriegführung im Zeitalter der Landsknechtheere (Heerwesen der Neuzeit, Abt. I: Das Zeitalter der Landsknechte, Bd. 2), Koblenz 1985.

Ders.: Taktik und Strategie der Kabinettskriege 1650–1792. Heerwesen der Neuzeit, Bonn 1986.

Ders.: Taktik und Strategie der Revolutionskriege 1992–1848. Heerwesen der Neuzeit, Bonn 1988.

Förster, Jürgen: Die weltanschauliche Erziehung in der Waffen-SS. «Kein totes Wissen, sondern lebendiger Nationalsozialismus», in: Jürgen Matthäus / Konrad Kwiet / Jürgen Förster / Richard Breitman: Ausbildungsziel Judenmord? «Weltanschauliche Erziehung» in SS, Polizei und Waffen-SS im Rahmen der «Endlösung», Frankfurt a. M. 2003, S. 87–113.

Förster, Jürgen / Ueberschär, Gerd R.: Freiwillige für den «Kreuzzug Europas gegen den Bolschewismus», in: Militärgeschichtliches Forschungsamt (Hrsg.): Das Deutsche Reich und der Zweite Weltkrieg, Bd. 4: Der Angriff auf die Sowjetunion, Stuttgart 1993, S. 908–935.

Fuchs, Konrad / Raab, Heribert: Wörterbuch zur Geschichte, München [10]1996.

Fuhrer, Hans Rudolf.: Die Wehrmacht aus Schweizer Sicht, in: Müller, Rolf-Dieter / Volkmann, Hans-Erich (Hrsg.): Die Wehrmacht – Mythos und Realität, München 1999, S. 123 ff.

Fuhrer, Hans Rudolf / Stässle Paul Meinrad (Hrsg.): General Ulrich Wille: Vorbild den einen – Feinbild den anderen, Zürich 2003.

Furrer, Norbert: Münzvademecum für den Umgang mit Kaspar Stockalpers Handels- und
  Rechnungsbüchern, in: Handels- und Rechnungsbücher Kaspar Jodok von Stockalpers, Vorträge
  des fünften internationalen Symposiums zur Geschichte des Alpenraumes, Brig 1997.
Furrer, Norbert / Hubler, Lucienne / Stubenvoll, Marianne / Tosato-Riao, Danièle: Gente ferocissima.
  Mercenariat et societé en Suisse (XVe–XIXe siècle), Lausanne/Zürich 1997.
Furrer, Norbert: Die vierzigsprachige Schweiz: Sprachkontakte und Mehrsprachigkeit in der
  vorindustriellen Gesellschaft (15.–19. Jahrhundert), Bd. 1 und 2, Zürich 2002.
Gagliardi, Ernst: Geschichte der Schweiz. Von den Anfängen bis auf die Gegenwart, Bd. 1 und 2,
  Zürich 1920.
Galasso, Giuseppe: Il triennio «giacobino» in Italia, in: Archivio di stato di Napoli: La Repubblica
  Napoletana del Novantanove. Memoria e mito, Neapel 1999–2000, S. 25 ff.
Ganter, Henri: Histoire des Régiments Suisse au service d'Angleterre, de Naples et de Rome, Genf
  1901.
Gatani, Tindaro: I rapporti italo-svizzeri attraverso i secoli, Marina di Patti 1987.
Geiger, Benjamin: Die Burgunderkriege: Die Schlacht bei Grandson 1476, die Schlacht bei Murten
  1476, in: Fuhrer, Hans Rudolf (Hrsg.): Militärgeschichte zum Anfassen, Heft Nr. 4, Au, 1994.
Gentile, Egildo: Le truppe svizzere nel regno dell due sicilie dal 1734 al 1789. Da fonti documentali degli
  archivi napoletani, in: Archivio storico della Svizzera italiana. Pubblicazione trimestrale a cura del
  centro di studi per la Svizzera italiana presso la reale accademia d'Italia, Rom 1943, S. 58 ff.
Geschichte der Schweiz und der Schweizer, Basel/Frankfurt a. M. 1986.
Ebd., 3. unveränderte Auflage, Basel 2004.
Girard, Jean-François: Histoire abrégée des officiers suisses qui se sont distingués aux services étrangers
  dans des grades supérieurs, rangée par ordre alphabétique sur des mémoires & ouvrages
  authentiques, depuis le XVIe siècle, Fribourg 1781–1782.
Gittermann, Valentin: Geschichte der Schweiz, Schaffhausen 1941.
Graf, Klaus: Aspekte zum Regionalismus in Schwaben und am Oberrhein im Spätmittelalter, in:
  Andermann, Kurt (Hrsg.): Historiographie am Oberrhein im späten Mittelalter und in der
  frühen Neuzeit, Sigmaringen 1988, S. 165–192.
Goethe, Johann Wolfgang: Italienische Reise, Hamburger Ausgabe, München 92002.
Gugger, Rudolf: Preussische Werbungen in der Eidgenossenschaft im 18. Jahrhundert, Dissertation,
  Berlin 1997.
Guignard, M. de: L'Ecole de Mars, ou mémoires instructifs sur toutes les parties qui composent le
  Corps Militaire en France, avec leurs origines, et les différentes manoeuvres auxquelles elles sont
  employés, 2 vols, Paris 1725.
Guillon, Edouard: Napoléon et la Suisse 1803–1815, Paris/Lausanne 1910.
Haas, Theo: Die Emser im dritten Schweizerregiment in Neapel 1827–1859, in: Bündner
  Monatsblatt, Zeitschrift für bündnerische Geschichte Heimat und Volkskunde, Nr. 3, Chur
  1980, S. 45 ff.
Hausmann, Germain: Suisse au service de France. Etude économique et sociologique (1763–1792),
  Dissertation, Chartes 1980.
Hefti, Joachim: Geschichte des Kantons Glarus von 1770 bis 1798. Mit Ausschluss der
  Untertanengebiete, in: Jahrbuch des historischen Vereins des Kantons Glarus, Glarus 1915,
  S. 95 ff.
Heideking, Jürgen: Geschichte der USA, Tübingen/Basel 1996.
Helbich, Wolfgang / Kamphoefner, Walter D. (Hrsg.): Deutsche im Amerikanischen Bürgerkrieg.
  Briefe von Front und Farm 1861–1865, Paderborn/München/Wien/Zürich 2002.
Herrmann, Ernst (Hrsg.): Diplomatische Beiträge gemischten Inhalts zur Regierung Peters des Grossen,
  mitgeteilt aus dem Dresdener Hauptstaats-Archiv, in: Sbornik Imperatorskago russkago
  istori_eskago obs_estva (SIRIO), Bd. 20, St. Petersburg 1877, S. 1 ff.
Hess, Michael: Die Schlacht am Morgarten 1315, in: Fuhrer Hans Rudolf (Hrsg.): Militärgeschichte
  zum Anfassen, Heft 15, Au 2003.
Hirzel, Werner: Die Schweiz in fremden Diensten. Sonderausdruck aus der «Zeitschrift für
  Heereskunde», Coppet 1977.
Historia der Herren Georg und Kaspar von Frundsberg, von Adam Reissner. Nach der 2. Aufl. von
  1572 hrsg. von Karl Schottenloher, Leipzig 1916.
Historisch-Bibliographisches Lexikon der Schweiz, 7. Bde. und Supplemente, Neuenburg 1921–34.
Historisches Lexikon der Schweiz 91 in sechs Bänden, Luzern 1992.

Höhne, Heinz: Der Orden unter dem Totenkopf. Die Geschichte der SS, München 1984.

Hoppe, Joachim / Mertens, Peter: Weltkrieg und Identitätskrise. Ein Essay über Erich Jünger, Ludwig Renn und Gustav Hillard, in Vorbereitung.

Hughes, Lindsey A. J.: Russia and the West, the Life of a Seventeenth-Century Westernizer, Prince Vasily Vasil'evich Golitsyn (1643–1714), Newtonville Mass 1984.

Hürbin, Joseph: Handbuch der Schweizer Geschichte, Bd. 1 und 2, Stans 1900–1903.

Hürlimann, Louis: Das Schweizerregiment der Fürstabtei St.Gallen in Spanien 1742–1798, Dissertation, Uznach 1976.

Hutson, James H.: The Sister Republics. Die Schweiz und die Vereinigten Staaten von 1776 bis heute, Bern 1992.

Hutter, Hans: Spanien im Herzen. Ein Schweizer im Spanischen Bürgerkrieg, Zürich 1996.

Imboden, Gabriel und Mitarbeiter: Kaspar Jodok von Stockalper, Handels- und Rechnungsbücher, Bd. 1–11, Brig 1987.

Imboden, Gabriel: Kaspar Jodok von Stockalper 1609–1609. Ansätze zu einer neuen Sicht, in: Veröffentlichungen des Forschungsinstitutes zur Geschichte des Alpenraumes, Bd. 1, Brig 1991, S. 43 ff.

Im Hof, Ulrich: Geschichte der Schweiz und der Schweizer, Basel 1986.

Ders.: Mythos Schweiz. Identität – Nation – Geschichte, Zürich 1991.

Ders.: Geschichte der Schweiz, Stuttgart/Berlin/Köln [6]1997.

Im-Thurn, Eduard: Chronik der Stadt Schaffhausen, Schaffhausen 1844.

Kaiser, Jakob: Repertorium der Abschiede der Eidgenössischen Tagsatzungen 1803–1813, Bern 1886.

Kälin, Urs: Die Urner Magistratenfamilien. Herrschaft, ökonomische Lage und Lebensstil einer ländlichen Oberschicht, 1700–1850, Dissertation, Zürich 1991.

Ders.: Salz, Sold und Pensionen. Zum Einfluss Frankreichs auf die politische Struktur der innerschweizerischen Landsgemeindedemokratie im 18. Jahrhundert, in: Der Geschichtsfreund 149, 1996, S. 105 ff.

Ders.: Die fremden Dienste in gesellschaftsgeschichtlicher Perspektive. Das Innerschweizer Militärunternehmertum im 18. Jahrhundert, in: Furrer, Norbert / Hubler, Lucienne / Stubenvoll, Marianne / Tosato-Rigo, Danièle: Gente ferocissima. Mercenariat et societé en Suisse (XVe–XIXe siècle), Lausanne/Zürich 1997, S. 279 ff.

Kantorowicz, Alfred (Hrsg.): Tschapaiew. Das Bataillon der 21 Nationen dargestellt in Aufzeichnungen seiner Mitkämpfer, Madrid 1938.

Keep, John L. H.: Soldiers of the Tsar. Army and Society in Russia 1462–1874, Oxford 1985.

Keller, Yers / Fosset, Frank: Frankreichs Elite – Legions-Paras, Kampfschwimmerkommando, Antiterror-Spezialisten, Stuttgart 2001.

Kieser, Rolf: Hauptmann Henry Wirz und die Hintergründe des Andersonville-Prozesses, in: Schweizerische Zeitschrift für Geschichte 18 (1968), S. 47 ff.

Kleiner, Carolyn: The Demon of Andersonville, in: Legal Affairs. The magazine at the intersection of law and life, september/october 2002.

Koerting, Gayla M.: The Trial of Henry Wirz and Nineteenth Century Military Law, Dissertation, Kent 1995.

Kogon, Eugen: Der SS-Staat. Das System der deutschen Konzentrationslager, München [15]1985.

Kreis, Georg: Die Schweiz in der Geschichte 1700 bis heute, Bd. 2, Zürich 1997.

Krieger, Erich: Wohin führt dein Weg, Norderstedt 2002.

Kriegstagebuch des Oberkommandos der Wehrmacht (Wehrmachtführungsstab) 1940–1945. Geführt von Helmuth Greiner und Percy Ernst Schramm. Schramm, P. E. (Hrsg.): Bd. IV: 1. Januar 1944–22. Mai 1945, 2. Halbband, Studienausgabe, München 1982.

Kroener, Bernhard R.: «Menschenbewirtschaftung», Bevölkerungsverteilung und personelle Rüstung in der zweiten Kriegshälfte (1942–1944), in: Militärgeschichtliches Forschungsamt (Hrsg.): Das Deutsche Reich und der Zweite Weltkrieg, Bd. 5/2: Organisation und Mobilisierung des deutschen Machtbereichs: Kriegsverwaltung, Wirtschaft und personelle Ressourcen 1942–1944/45, Stuttgart 1999, S. 777 ff.

Küng, Heribert: Glanz und Elend der Söldner. Appenzeller, Graubündner, Liechtensteiner, St. Galler und Vorarlberger in fremden Diensten vom 15. bis zum 19. Jahrhundert, Disentis 1993.

Kurz, Hans Rudolf: «Vor 50 Jahren begann der Spanische Bürgerkrieg», in: Allgemeine Schweizerische Militärzeitschrift (ASMZ) (1987), S. 880 ff. und ASMZ (1988), S. 22 ff.

Küttel, Stefan: Auf dem falschen Zug. Im Dienst der französischen Fremdenlegion während des Freiheitskampfes in Algerien, Altdorf 2000.

LaForce, Glen W.: The Trial of Major Henry Wirz. A National Disgrace, in: The Army Lawyer, Department of the Army Pamphlet 2750186, Juni 1988, ohne Seitenangabe.

Lapalu, Patrick: Le royal italien 1671–1788, in: Revue historique des armées, Nr. 1, Château de Vincennes 1981. S. 52 ff.

Lehmann, Sylvia: Grundzüge der schweizerischen Auswanderungspolitik, Inauguraldissertation, Bern 1949.

Locher, Gottfried W.: Die Zwinglische Reformation im Rahmen der europäischen Kirchengeschichte, Göttingen/Zürich 1979.

Locher, Theodor Jakob Gottlieb: Das abendländische Russlandbild seit dem 16. Jahrhundert, Wiesbaden 1965. (Institut für Europäische Geschichte Mainz, Vorträge Nr. 40).

Logerot, Raffaele: Memorie storiche del Regno delle Due Sicilie (1734–1815), Società Napoletana di Storia Patria, Neapel o. J.

Lüönd, Karl: Schweizer in Amerika. Karrieren und Misserfolge in der Neuen Welt, Olten 1979.

Lüthy, Herbert: Die Tätigkeit der Schweizer Kaufleute und Gewerbetreibenden in Frankreich unter Ludwig XIV. und der Regentschaft, Dissertation, Aarau 1943.

Lüthy, Herbert / Kreis, Georg: Diplomatische Dokumente der Schweiz (DDS), Bd. 5, 1904–1914, Bern/Zürich 1983.

Maag, Albert: Geschichte der Schweizertruppen in neapolitanischen Diensten 1825–1861, Zürich 1909.

Maag, Albert / Feldmann, Markus (Hrsg.): Der Schweizer Soldat in der Kriegsgeschichte, Bern 1931.

Macdonald, Peter: Fremdenlegion. Ausbildung Bewaffnung Einsatz, Stuttgart 1993.

Mann, Golo / Nitschke August: Propyläen Weltgeschichte. Eine Universalgeschichte, 7. und 8. Bd., Berlin/Frankfurt a. M./Wien 1960–1964.

Marchal, Guy P., Die Schweiz von den Anfängen bis 1499, in: Greyerz, Hans von / Gruner, Erich / Marchal, Guy P. / Stadler, Peter / Staehelin, Andreas: Geschichte der Schweiz (Handbuch der europäischen Geschichte), München 1991, S. 7–24.

Marvel, William: Andersonville. The Last Depot, Chapel Hill London 1994.

Mattmüller, Markus: Die Schweiz im 18. Jahrhundert. Die Problematik eines Entwicklungslandes, in: Schriftenreihe der schweizerischen Vereinigung für Ernährung, Heft 14, Bern 1970, S. 21 ff.

Ders.: Bevölkerungsgeschichte der Schweiz. Teil I: Die frühe Neuzeit, 1500–1700, in: Basler Beiträge zur Geschichtswissenschaft, Bd. 154, Basel/Frankfurt a. M. 1987.

Maurer, Helmut: Schweizer und Schwaben. Ihre Begegnung und ihr Auseinanderleben am Bodensee im Spätmittelalter, Konstanz, 2. erw. Aufl., 1991.

May de Romainmôtier, Emmanuel: Histoire militaire des Suisses dans les différens services de l'Europe jusqu'en 1771, 8 volumes, Bern 1772.

Ders.: Histoire militaire de la Suisse et celles des Suisses dans les différens services de l'Europe, 8 volumes, Lausanne 1788.

Mayer, Kurt Bernd: The population of Switzerland, New York 1952.

McCormack, John: One Million Mercenaries. Swiss Soldiers in the Army of the World, London 1993.

McCormack, Timothy L. H.: From Sun Tzu to the Sixth Committee. The Evolution of an International Criminal Law Regime, in: McCormack, Timothy L. H. (Hrsg.): The Law of War Crimes. National and International Approaches, The Hague/London/Boston 1997, S. 31 ff.

McPherson, James M.: Für die Freiheit sterben. Die Geschichte des amerikanischen Bürgerkriegs, München/Leipzig 1988.

Meichtry, Wilfried: Du und ich – ewig eins. Die Geschichte der Geschwister von Werra, Frankfurt a. M. 2001.

Meuron, Guy de: Le Régiment Meuron 1781–1816, Lausanne 1982.

Meyer, Helmut: Die Schweiz im Zeitalter der konfessionellen Spaltung. Längsschnitt: Die Schweiz und der Krieg, in: Die Schweiz und ihre Geschichte, Zürich 1998, S. 179 ff.

Meyer, Werner / Finck Dieter Heinz: Die Schweiz in der Geschichte 700–1700, Bd. 1, Zürich 1995.

Meyer, Werner: Eidgenössischer Solddienst und Wirtschaftsverhältnisse im schweizerischen Alpenraum um 1500, in: Kroll, Stefan / Krüger, Kersten (Hrsg.): Militär und ländliche Gesellschaft in der frühen Neuzeit, Münster u. a. 2000, S. 23 ff.

Michels, Eckard: Deutsche in der Fremdenlegion: 1870–1965. Mythen und Realitäten, Paderborn 2000.

Ministère de la Défense: Légion étrangère 2003, Aix en Provence 2003.

371

Molcanov, Nikolaj Nikolaevic: Diplomatija Petra Pervogo, Moskau [2]1986.

Montagnon Pierre: Histoire de la Légion. De 1831 à nos jours, Paris 1999.

Morel, Yves-Alain: Die Schlacht bei Sempach 1386, in: Fuhrer, Hans Rudolf (Hrsg.): Militärgeschichte zum Anfassen, Heft 2, Au 1992.

Moser, Franz: Der Laupenkrieg 1339. Festschrift zur 600 Jahrfeier 1939, Bern 1939.

Müller, Johannes von: Geschichte der Schweiz, I. Buch, Zehntes Capitel, Leipzig 1806.

Müller-Hillebrand, Burkhart: Das Heer 1933–1945. Die Entwicklung des organisatorischen Aufbaus, Bd. 3: Der Zweifrontenkrieg. Das Heer vom Beginn des Feldzuges gegen die Sowjetunion bis zum Kriegsende, Frankfurt a. M. 1969.

Müller, Philipp: Morgarten, ein Beitrag zur Waffentechnik, in: Mitteilungen des historischen Vereins des Kantons Schwyz, Heft 88, 1996, S. 23 ff.

Muralt, Leonhard von: Renaissance und Reformation, in: Handbuch der Schweizer Geschichte I, Zürich 1972, S. 428 ff.

Murray, Robert: Die Schweizer Regimenter in holländischen Diensten 1693–1797, in: Schweizerische Gesellschaft für Familienforschung, Jahrbuch 1989, S. 57 ff.

Nabholz, Hans / Muralt, Leonhard von / Feller, Richard / Dürr, Emil / Bonjour, Edgar: Geschichte der Schweiz, 1. und 2. Bd., Zürich 1932–1938.

Nabholz, Hans: La Suisse sous la tutelle étrangère, in: Histoire militaire de la Suisse, 8e cahier, Bern 1921.

Nell, Martin: Die Landsknechte. Entstehung der ersten deutschen Infanterie, Berlin 1914.

Neulen, Hans Werner: An deutscher Seite. Internationale Freiwillige von Wehrmacht und Waffen-SS, München 1992.

Niederhäuser, Peter: «Kriegs»-Geschichte im Wandel, in: Niederhäuser, Peter / Fischer, Werner (Hrsg.): Vom «Freiheitskrieg» zum Geschichtsmythos. 500 Jahre Schweizer- oder Schwabenkrieg, Zürich 2000, S. 155–179.

Niederstätter, Alois: Der Schwaben- oder Schweizerkrieg. Die Ereignisse und ihre Bedeutung für Österreich-Habsburg, in: Niederhäuser, Peter / Fischer, Werner (Hrsg.): Vom «Freiheitskrieg» zum Geschichtsmythos. 500 Jahre Schweizer- oder Schwabenkrieg, Zürich 2000, S. 51–71.

Oechsli, Wilhelm: Quellenbuch zur Schweizergeschichte, Zürich 1918.

Oertle, Vincenz: «Sollte ich aus Russland nicht zurückkehren …». Schweizer Freiwillige an deutscher Seite 1939–1945. Eine Quellensuche, Zürich 1997.

Ortenburg, Georg: Waffe und Waffengebrauch im Zeitalter der Landsknechte (Heerwesen der Neuzeit, Abteilung I: Das Zeitalter der Landsknechte; Bd. 1), Koblenz 1984.

Page, James Madison: The True Story of Andersonville Prison. A Defense of Major Henry Wirz, New York/Washington 1908 (E-Book-Version).

Papke, Gerhard: Von der Miliz zum Stehenden Heer. Wehrwesen im Absolutismus, in: Militärgeschichtliches Forschungsamt (Hrsg.): Deutsche Militärgeschichte in sechs Bänden 1648–1939, Bd. 1, Abschnitt I, München 1983, S. 1–311.

Parker, John: Dentro la Legione straniera, Mailand 2000.

Pauli, Jovii: Historiae sui temporis, I. 42 f. Buch II, Venedig 1552.

Pedrazzini, Dominic M.: Le régiment bernois de Tscharner au service de Piémont-Sardaigne (1760–1786), Fribourg 1979.

Pestalozzi, Martin: Das Schweizer Wehrwesen im Spiegel der ausländischen Literatur des 18. Jahrhunderts, Dissertation, Aarau 1989.

Petitmermet, Roland / Rousselot, Lucien: Schweizer Uniformen 1700–1850. Die Uniformen der Truppen der eidgenössischen Orte und Zugewandten von 1700–1798 und der kantonalen Milizen von 1803–1850, Historischer Verein des Kantons Bern 1977.

Peyer, Hans Conrad: Verfassungsgeschichte der alten Schweiz, Zürich 1978.

Ders.: Die wirtschaftliche Bedeutung der fremden Dienste für die Schweiz vom 15. bis 18. Jahrhundert, in: Beiträge zur Wirtschaftsgeschichte, Bd. 5, Teil II, Wirtschaftskräfte und Wirtschaftswege, Stuttgart 1978, S. 701 ff.

Ders.: Könige, Stadt und Kapital. Aufsätze zur Wirtschafts- und Sozialgeschichte des Mittelalters, Zürich 1982.

Ders.: Schweizer in fremden Diensten – Ein Überblick. Festvortrag anlässlich der 12. Jahresversammlung der Schweizerischen Gesellschaft für militärhistorische Studienreisen vom 11. April 1992 in Solothurn/St. Niklaus, Schloss Waldegg, in: Schweizer Soldat und MFD Ausgabe 6, 67. Jahrgang, Biel 1992, S. 4 ff.

Pfister, Willy: Aargauer in fremden Kriegsdiensten. Die Aargauer im bernischen Regiment und in der Garde in Frankreich 1701–1792. Die Aargauer im bernischen Regiment in Sardinien 1737–1799, Bd. 1, Aarau 1980.

Ders.: Aargauer in fremden Kriegsdiensten. Die bernischen Regimenter und Gardekompanien in den Niederlanden 1701–1796, Bd. 2, Aarau 1984.

Pipes, Richard: Russland vor der Revolution. Staat und Gesellschaft im Zarenreich, München 1977.

Plavsic, Borivoj: Seventeenth-Century Chanceries and their Staffs, in: Pintner, Walter McKenzie / Rowney, Don Karl (Hrsg.): Russian Officialdom: The Bureaucratization of Russian Society from the Seventeenth to the Twentieth Century, North Carolina 1980, S. 19 ff.

Posselt, Moritz: Der General und Admiral Franz Lefort. Sein Leben und seine Zeit. Ein Beitrag zur Geschichte Peter's des Grossen, 2 Bde., Frankfurt a. M. 1866.

Rao, Anna Maria: Il regno di Napoli nel Settecento, Neapel 1983.

Ders.: La Repubblica Napoletana del 1799, in: Storia del Mezzogiorno, Bd. IV, Teil II: Il Regno dagli Angioini ai Borboni, Rom 1986, S. 471 ff.

Raeff, Marc: Imperial Russia 1682–1825. The Coming of Age of Modern Russia, New York 1971.

Reinhardt, Volker (Hrsg.): Die grossen Familien Italiens, Stuttgart 1992.

Ders.: Geschichte Italiens. Von der Spätantike bis zur Gegenwart, München 2003.

Ransom, Roger L.: Conflict and Compromise. The Political Economy of Slavery, Emancipation, and the American Civil War, Cambridge/New York 1989.

Redlich, Fritz: The German Military Enterpriser and his Work Force. A Study in European Economic and Social History, 2 Bde., Wiesbaden 1964–65.

Reichlin, Linus: Kriegsverbrecher Wipf, Eugen. Schweizer in der Waffen-SS. In deutschen Fabriken und an den Schreibtischen des Dritten Reichs, Zürich 1994.

Reissner, Adam: Historia Herrn Georgen und Herrn Casparn von Frundsberg, Vatters und Sons, beyder Herrn zu Mündelheim, et Keyserlicher Oberster Feldtherrn, Ritterlicher und Löblicher Kriegsthaten, Frankfurt a. M. 1568.

Reynold, Gonzage de: Vorwort, in: Vallière, Paul de: Treue und Ehre, Lausanne 1940, S. 12 ff.

Robert, François: Voyage dans les 13 cantons de la Suisse, les Grisons, le Valais, et autres pays et états alliés, ou sujets des Suisses, Paris 1789.

Rogg, Matthias: Landsknechte und Reisläufer. Bilder vom Soldaten. Ein Stand in der Kunst des 16. Jahrhunderts (Krieg in der Geschichte; Bd. 5), Paderborn/München/Wien/Zürich 2002.

Ders.: «Wol auff mit mir, du schoenes weyb». Anmerkungen zur Konstruktion von Männlichkeit im Soldatenbild des 16. Jahrhunderts, in: Hagemann, Karen / Pröve, Ralf (Hrsg.): Landsknechte, Soldatenfrauen und Nationalkrieger. Militär, Kriege und Geschlechterordnung im historischen Wandel (Geschichte und Geschlechter; Bd. 26), Frankfurt a. M./New York 1998, S. 51–73.

Romer, Hermann: Herrschaft, Reislauf und Verbotspolitik. Beobachtungen zum rechtlichen Alltag der Zürcher Solddienstbekämpfung im 16. Jahrhundert, Zürich 1995.

Ders.: Reisläufer und Landsknechte. Strukturelemente des Krieges um 1500, in: Niederhäuser, Peter / Fischer, Werner (Hrsg.): Vom «Freiheitskrieg» zum Geschichtsmythos. 500 Jahre Schweizer- oder Schwabenkrieg, Zürich 2000, S. 29–50.

Rosenthal, Philip: Einmal Legionär, München 1999.

Roten, Hans Anton von: Die Landeshauptmänner von Wallis 1388–1798. Blätter aus der Walliser Geschichte, Bd. XXIII, Brig 1991.

Ruchat, Abraham: L'Etat et les délices de la Suisse, Amsterdam 1730.

Rück, Peter (Hrsg.): Die Eidgenossen und ihre Nachbarn im Deutschen Reich des Mittelalters, Marburg 1991.

Rutman, Darrett B.: The War Crimes and Trial of Henry Wirz, in: Civil War History 6 (1960), S. 117 ff.

Rüedi, Ernst: Schaffhauser Beiträge zur vaterländischen Geschichte, Bd. 48, Schaffhausen 1971.

Sabon, Jean-Louis / Rieu, Jean-Louis / Rilliet, Frédéric: Soldats suisses au service étranger, tome 3, Genf 1910.

Savage, Douglas J.: Prison Camps in the Civil War, Philadelphia 2000.

Schade, Louis: A Defense of Captain Henry Wirz, Washington 1867.

Schafroth, Max: Der Fremdendienst, in: Schweizerische Zeitschrift für Geschichte, Bd. 23, Heft 1, o. O. 1973, S. 73 ff.

Ders.: Fremdendienst von innen betrachtet. Sonderabdruck aus der «Schweizerischen Monatsschrift für Offiziere aller Waffen», Frauenfeld 1973.

Ders.: Die Geschichte der Schweizerregimenter im Dienst des Königreichs Beider Sizilien, in: Figurina Helvetica, Mitteilungen der Schweizerischen Gesellschaft der Freunde der Zinnfigur «Figurina Helvetica», 35. Jahrgang, Zürich/Basel 1976, S. 12 ff.

Schaller, Henri de: Histoire des troupes suisses au service de France sous le règne de Napoléon Ier, Fribourg 1882.

Schaller, Henri de: Souvenirs d'un officier fribourgeois 1798–1848, Fribourg 1888.

Schär, Ernst C.: Reisläufer, Söldner, Kriegsknecht, Landsknecht, in: Allgemeine Schweizerische Militärzeitschrift (ASMZ), Nr. 10, Frauenfeld 1978, S. 86 f.

Schaufelberger, Walter: Der Alte Schweizer und sein Krieg. Studien zur Kriegführung vornehmlich im 15. Jahrhundert, Zürich 1952.

Ders.: Das eidgenössische Wehrwesen im Spätmittelalter im Lichte moderner Militärgeschichtswissenschaft, in: 166. Neujahrsblatt der Feuerwerker-Gesellschaft in Zürich, Zürich 1974, S. 10.

Ders.: Schweizer oder Landknecht, in: Allgemeine Schweizerische Militärzeitschrift (AMZS), Nr. 5, Frauenfeld 1979, S. 261 f.

Ders.: «Montales et Bestiales Homines sine Domino». Der alpine Beitrag zum Kriegswesen in der spätmittelalterlichen Eidgenossenschaft, in: Krieg und Gebirge. Der Einfluss der Alpen und des Juras auf die Strategie im Laufe der Jahrhunderte. Hrsg. von der Schweizerischen Vereinigung für Militärgeschichte, Hauterive 1988.

Ders.: Von der Kriegsgeschichte zur Militärgeschichte, in: Schweizerische Zeitschrift für Geschichte 41, 1991, S. 413 ff.

Ders.: Marignano: strukturelle Grenzen eidgenössischer Militärmacht zwischen Mittelalter und Neuzeit, Frauenfeld 1993.

Ders.: Blätter aus der Schweizer Militärgeschichte, Frauenfeld 1995.

Ders.: Begegnung mit der Päpstlichen Schweizergarde. 2., zum Heiligen Jahr 2000 vollständig überarbeitete Auflage, Neuhausen 2000.

Schazmann, Paul-Emile: Frégates de Nelson et Foyers de Genève, Genf o. J.

Schelbert, Leo: Einführung in die schweizerische Auswanderungsgeschichte der Neuzeit, Zürich 1976.

Schimmelpfennig, Bernhard: Das Papsttum. Von der Antike bis zur Renaissance. 4. korrigierte und aktualisierte Auflage, Darmstadt 1996.

Schipa, Michelangelo: Il regno di Napoli al tempo di Carlo di Borbone, Neapel 1902

Schmidt, Guido: «Der Cafard»: Als Fallschirmjäger bei der Fremdenlegion, Stuttgart 1997.

Schobinger, Viktor: Zürcherinnen und Zürcher in aller Welt, Zürich 1996.

Schrämli, Eduard: Unerlaubter Eintritt in fremden Militärdienst und Werbung für fremden Militärdienst nach schweizerischem Recht, Dissertation, Zürich 1941.

Schulte, Aloys: Die Fugger in Rom 1495–1523, 2 Bde., Leipzig 1904.

Schumacher, Renato: Oberstleutnant Anton Leon Irenäus Schumacher und das Luzerner Regiment in königlich sardinischen Diensten 1742–1749, Luzern 1995.

Schumann, Reinhold: Geschichte Italiens, Stuttgart 1983.

Sieber-Lehmann, Claudius / Wilhelmi, Thomas (Hrsg.) unter Mitwirkung von Christian Bertin, in: Helvetios – Wider die Kuhschweizer. Fremd- und Feindbilder von den Schweizern in antieidgenössischen Texten aus der Zeit von 1386 bis 1532 (Schweizer Texte; NF, Bd. 13), Bern/Stuttgart/Wien 1998.

Simioni, Attilo: L'esercito napoletano dalla minorità di Ferdinando, Neapel 1920/21.

Simler, Josiam: Regiment Gemeiner loblicher Eydtgnoschafft. Beschriben unnd in zwey Bücher gestellt, Zürich 1576.

Sommer, Erich Franz: Der junge Zar Peter in der Moskauer Deutschen Sloboda, in: Jahrbücher für Geschichte Osteuropas, neue Folge Bd. 5, München 1957, S. 67 ff.

Soom, Jost: «avancement et fortune». Schweizer und ihre Nachkommen als Offiziere, Diplomaten und Hofbeamte im Dienst des Zarenreiches, Zürich 1996.

Stanyan, Abraham: An Account of Switzerland. Written in the Year 1714, London 1714.

Stark, Suzanne J.: Female Tars. Women aboard ship in the age of sail, London 1998.

Steffen, Hans: Die Kompanien Kaspar Jodok Stockalpers. Beispiel eines Soldunternehmens im 17. Jahrhundert, Dissertation, Brig 1975.

Ders.: Die soziale und wirtschaftliche Bedeutung der stockalperschen Solddienste, in: Carlen, Louis / Imboden, Gabriel (Hrsg.): Wirtschaft des alpinen Raumes im 17. Jahrhundert. Vorträge eines internationalen Symposiums, Brig 1988.

Ders.: Wirtschaft und Politik im Wallis des 17. Jahrhunderts. Der Einfluss des Geldes auf die Politik, in: Die Handels- und Rechnungsbücher Kaspar Jodok von Stockalpers, VFGA Bd. 6, 1999.

Steiger, Rudolf von: Die Schweizer Regimenter in königlich-neapolitanischen Diensten in den Jahren 1848 und 1849, Bern ²1851.

Steinauer, Jean: Des migrants avec des fusils. Le service étranger dans le cycle de vie, in: Furrer, Norbert / Hubler, Lucienne / Stubenvoll, Marianne / Tosato-Rigo, Danièle: Gente ferocissima. Mercenariat et societé en Suisse (XVᵉ-XIXᵉ siècle), Lausanne/Zürich 1997, S. 117 ff.

Stettler, Bernhard: Die Eidgenossenschaft im 15. Jahrhundert. Die Suche nach einem gemeinsamen Nenner, Zürich 2004.

Stucki, Lorenz: Das heimliche Imperium. Wie die Schweiz reich wurde, Bern/München/Wien 1968.

Stucky, Anton: Der Schweizer muss ein Loch han. Eine Erzählung aus dem Söldnerwesen des ausgehenden 18. Jahrhunderts, Zürich 1990.

Studer, Ruedi: Der Prozess gegen Captain Henry Wirz und seine Hintergründe 1865, Lizentiatsarbeit, Bern 2003.

Stürler, Rodolphe de: Lettres d'un lieutenant de la Garde prussienne, in: Soldats Suisses au service étranger, Bd. VII, Genf 1908–1919, S. 202 f.

Suter, Hermann: Innerschweizerisches Militär-Unternehmertum im 18. Jahrhundert, Dissertation, Zürich 1971.

Tajfel, Henri: Gruppenkonflikt und Vorurteil. Entstehung und Funktion sozialer Stereotypen, Bern/Stuttgart/Wien 1982.

Taylor, Robert A.: Rebel Storehouse. Florida in the Confederate Economy, Tuscaloosa/London 1995.

Trinchera, Francesco: Degli archivi napoletani. Relazione, Neapel 1872.

Tucker, Gwynn A.: Andersonville Prison. What happened? In: Cangemi, Joseph P. / Kowalski, Casimier J. (Hrsg.): Andersonville Prison. Lessons in Organizational Failure, Lanham/New York/London 1992, S. 1 ff.

Übersee-Museum Bremen: Peter der Grosse in Westeuropa. Die grosse Gesandtschaft 1697–1698, Bremen 1991.

Ueberschär, Gerd R.: Kriegführung und Politik in Nordeuropa, in: Militärgeschichtliches Forschungsamt (Hrsg.): Das Deutsche Reich und der Zweite Weltkrieg, Bd. 4: Der Angriff auf die Sowjetunion, Stuttgart 1993, S. 810–821.

Ulmi, Nic / Huber, Peter: Les Combattants Suisses en Espagne républicaine, Lausanne 2001.

Unbekannt: Ein Wort an meine Mitlandleute im Kanton Schwyz wegen dem Kriegsdienst in Neapel, Schwyz 1822.

Unabhängige Expertenkommission Schweiz – Zweiter Weltkrieg: Die Schweiz, der Nationalsozialismus und der Zweite Weltkrieg, Schlussbericht, Zürich 2002.

United States, Congress, House of Representatives: Trial of Henry Wirz, 40th Congress, 2nd Session, House Executive Document 23, Serial 1331, Washington 1868.

United States, War Department: The War of the Rebellion. A Compilation of the Official Records of the Union and Confederates Armies, 70 Bde. (128 Bücher), Washington 1880–1901, hier: Prisoners of War, Serie II, Bd. 8, Washington 1899.

Urbain, Jacques: La Suisse et le service mercenaire. Six siècles de honte, Genf 1998.

Urner, Klaus: «Die Schweiz muss noch geschluckt werden!» Hitlers Aktionspläne gegen die Schweiz. Überarbeitete und aktualisierte Neuausgabe, Zürich 1998.

Usteri, Emil: Marignano. Die Schicksalsjahre 1515/1516 im Blickfeld der historischen Quellen, Zürich 1974.

Vallière, Paul de: Treue und Ehre. Geschichte der Schweizer in fremden Diensten, Neuenburg 1913.

Ders.: op. cit., Lausanne 1940.

Varriale, Elio: Balli, tamburi e lacrime. Napoli, Svizzeri e Borbone, Neapel o. J.

Veröffentlichungen des Forschungsinstitutes zur Geschichte des Alpenraumes: Stockalperschloss Brig (VFGA), Bd. 9. Seite 152 ff.

Vexilla Helvetica: Sté. Suisse de vexillologie, Zürich 1975.

Wackernagel, Hans Georg: Fehdewesen, Volksjustiz und staatlicher Zusammenhalt in der Alten Eidgenossenschaft, in SZG 15 (1965), S. 289 ff.

Waeber, Hedwig: Die Schweiz des 18. Jahrhunderts im Urteile ausländischer Reisender, Bern 1907.

Walpen, Robert: Die Päpstliche Schweizergarde acriter et fideliter – tapfer und treu, Zürich 2005.

Waser, Johann Heinrich: Schweizer Blut und Franz-Geld, politisch gegeneinander abgewogen von einem alten Schweizer. Schlözers Briefwechsel, 6. Theil, Heft 23, Göttingen 1780.

Wattenwyl, Moritz von: Die Schweiz in fremden Kriegsdiensten. Ein Rückblick auf die
    Militärkapitulation, Bern 1930.
Wechsler, Elisabeth: Ehre und Politik, Dissertation, Zürich 1991.
Wegner, Bernd: Der Krieg gegen die Sowjetunion 1942/43, in: Militärgeschichtliches Forschungsamt
    (Hrsg.): Das Deutsche Reich und der Zweite Weltkrieg, Bd. 6: Der globale Krieg, Stuttgart
    1990, S. 761–1102.
Ders.: Jenseits der Waffenbrüderschaft. Die deutsch-finnischen Beziehungen im Schatten von
    Stalingrad, in: Förster, Jürgen (Hrsg.): Stalingrad. Ereignis – Wirkung – Symbol, München
    1993², S. 293–309.
Ders.: Hitlers politische Soldaten. Die Waffen-SS 1933–1945. Leitbild, Struktur und Funktion einer
    nationalsozialistischen Elite, 5. erw. Aufl., Paderborn/München/Wien/Zürich 1997.
Ders.: Anmerkungen zur Geschichte der Waffen-SS aus organisations- und funktionsgeschichtlicher
    Sicht, in: Müller, Rolf-Dieter / Volkmann, Hans-Erich (Hrsg.): Die Wehrmacht. Mythos und
    Realität, München 1999, S. 405–419.
Weibel, Jürg: Captain Wirz. Eine Chronik. Ein dokumentarischer Roman, Bern/München 1991.
Wirz, Heinrich L.: Captain Henry Wirz (Zürich 1823–Washington 1865). Assistant Adjutant General
    (A.A.G.). Confederate States Army (C.S.A.), in: Ritterhaus-Vereinigung Ürikon-Stäfa (Hrsg.):
    Jahresbericht mit Abhandlungen, Stäfa 1996, S. 6 ff.
Wirz, Caspar (Hrsg.): Bullen und Breven aus italienischen Archiven 1116–1623, Basel 1902.
Wisard, Francois: Un major biennois dans l'Ordre noir, Saint-Imier 1999.
Wittram, Reinhard: Peter I, Czar und Kaiser. Zur Geschichte Peters des Grossen in seiner Zeit, 2 Bde.
    Göttingen 1964.
Wullschleger, Max: Schweizer kämpfen in Spanien. Erlebnisse der Schweizer Freiwilligen in Spanien,
    Zürich 1939.
Wyler, Julius: Das Übervölkerungsproblem der Schweiz. Antrittsvorlesung, Bern 1923.
Zimmermann, Jürg: Beiträge zur Militärgeschichte Schaffhausens bis zum Beginn des 19. Jahrhunderts,
    Schaffhausen 1961.
Zschokke, Helmut: Die Schweiz und der Spanische Bürgerkrieg, Zürich 1976.
Züblin, Georg: Die Falschwerbung und das Delikt der Annahme unerlaubten fremden Militärdienstes
    nach schweizerischem Recht, Dissertation, Aarau 1928.
Zurlauben, Beat Fidel von: Histoire militaire des Suisses au service de la France, Bd. I–VIII, Paris
    1751–1753.
Zwingli, Huldrych: Eine göttliche Ermahnung der Schwyzer, in: Brunnschweiler, Thomas / Lutz,
    Samuel (Hrsg.): Huldrych Zwingli: Schriften, 4 Bde. Zürich 1995.
Ders.: Eine freundschaftliche und ernste Ermahnung der redlichen Eidgenossen, in: Brunnschweiler,
    Thomas / Lutz, Samuel (Hrsg.): Huldrych Zwingli: Schriften, 4 Bde. Zürich 1995.

3. Schriften

Amtliche Sammlungen der älteren Eidgenössischen Abschiede. Hrsg. auf Anordnung der
    Bundesbehörden von Joseph Karl Krütli u. a. 8 Bde., Zürich u. a. Eidgenössisches Archiv,
    1839–1882.
Baumann, Adolf: Zwei Millionen Schweizer unter fremden Fahnen. Ausstellung «Honneur et fidelité»
    in der Burg Maur, Tages Anzeiger vom 19. September 1991.
Bundesblatt der Schweizerischen Eidgenossenschaft 1866, 3 Bde., Bern 1866.
Der Bund vom 4./5. März 1908.
NZZ vom 15. September 1865.
NZZ vom 4. Dezember 1947, Bl. 2.
NZZ-Artikel (Inland) vom 27./28. Mai 1995.
SportBlick vom 2. Juni 2005.
Steinegger, Albert: Preussische Werber in Schaffhausen, in: Schaffhauser Nachrichten, 1961, Nr. 81
    und 102.

4. Websites

Fremdenlegion:
http://www.br-legion.com/ (Stand: 7. Juli 2005).
http://www.kriegsreisende.de/relikte/tercio.htm (Stand: 7. Juli 2005).
http://www.lalegion.de/ (Stand: 7. Juli 2005).
http://www.legionetrangere.fr/ (Stand: 7. Juli 2005).
http://www.legion-etrangere.info/ (Stand: 7. Juli 2005).
http://www.legion-etrangere.com/images/fichier-dyn/index_le.asp (Stand: 7. Juli 2005).
http://www.militaerhistorie.de/Vortragsberichte/Fremdenlegion/fremdenlegion.html (Stand: 7. Juli 2005).
http://www.waffenhq.de/specials/fremdenlegion.html (Stand: 7. Juli 2005).
http://de.wikipedia.org/wiki/Fremdenlegion (Stand: 7. Juli 2005).

Henry Wirz:
Kleiner, Carolyn: The Demon of Andersonville, in: Legal Affairs, online im Internet: http://www.legalaffairs.org/issues/September-October-2002/story_kleiner_sepoct2002.html, (Stand: 25. Juni 2003).
LaForce, Glen W.: The Trial of Major Henry Wirz, online im Internet: http://www.tennessee-scv.org/archive.htm (Stand: 24.06.2003).
Schade, Louis: A Defense of Captain Henry Wirz, Washington, 4. April 1867, online im Internet: http://www.geocities.com/cmp_csa/Defense_of_Wirz.html (Stand: 22. Oktober 2002).
United States, War Department: The War of the Rebellion. Prisoners of War, Serie II, Bd. 8, Washington 1899, online im Internet: http://www.ehistory.com/uscw/library/or/list3.cfm (Stand: 28.01.2003).

Historisches Lexikon der Schweiz:
http://www.dhs.ch + «Schlagwort», bezeichnet als «Historisches Lexikon», (Stand: 7. Juli 2005).

Spanischer Bürgerkrieg:
http://www.parlament.ch/asf/data/d/gesch/1999/d_gesch_19993065.htm, (Stand: 12. Juni 2005).

Bildnachweis

Schwarzweissbilder

Seite 19
Zentralbibliothek Zürich, Bild aus Bäder, Christian: Kappeler Kriege 1529/1531, in: Fuhrer, Hans Rudolf (Hrsg.): Militärgeschichte zum Anfassen, Bd. 11, Au 2001, S. 48.

Seite 33
Bild aus Morel, Yves-Alain: Die Schlacht bei Sempach 1386, in: Fuhrer, Hans Rudolf (Hrsg.): Militärgeschichte zum Anfassen, Bd. 2, Au 1998, S. 16.

Seite 39
Nach einem Aquarell von Freudenberg; Bild aus Vallière, Paul de: Treue und Ehre, Neuenburg 1913, S. 328.

Seite 43
Zeichnung von Evert van Muyden; Bild aus Frey, Emile: Le Suisse sous les drapeaux, Neuenburg 1907, S. 384.

Seite 55
Abb. 1: Schweizerisches Landesmuseum, IN 46 und KZ 215.
Abb. 2: Schweizerisches Landesmuseum, LM 20 927.
Abb. 3: Schweizerisches Landesmuseum, LM 21 949.
Abb. 4: Schweizerisches Landesmuseum, KZ 4068.

Seite 59
Zeichnung von Evert van Muyden; Bild aus Frey, Emile: Le Suisse sous les drapeaux, Neuenburg 1907, S. 421.

Seite 65
Karte erstellt von Frau Claudia, Trochsler CAT Design, Hünenberg/ZG.

Seite 73
Zeichnung von Urs Graf, 1524; Bild aus Rogg, Matthias: Landsknechte und Reisläufer. Bilder vom Soldaten. Ein Stand in der Kunst des 16. Jahrhunderts (Krieg in der Geschichte, Bd. 5), Paderborn/München/Wien/Zürich 2002, S. 65.

Seite 77
Getuschte Federzeichnung von Hans Holbein Anfang des 16. Jahrhunderts; Bild aus Vallière, Paul de: Treue und Ehre, Lausanne 1940, S. 145.

Seite 83
Holzschnitte von Hans Rudolphe Manuel, Historisches Museum Bern; Bilder aus Frey, Emile: Le Suisse sous les drapeaux, Neuenburg 1907, S. 448.

Seite 89
Eidgenössische Militärbibliothek Bern, C. F. Keller Sammlung.

Seite 93
Das Bild stammt von einem Gemälde Raffaels, aus Durrer, Robert: Die Schweizergarde in Rom und die Schweizer in Päpstlichen Diensten, I. Teil, Luzern 1927, Tafel I.

Seite 95
Bild aus Schaufelberger, Walter: Begegnung mit der Päpstlichen Schweizergarde, 2., zum Heiligen Jahr 2000 vollständig überarbeitete Auflage, Neuhausen 2000, S. 21.

Seite 103
Zeichnung von Evert van Muyden; Bild aus Frey Emile: Le Suisse sous les drapeaux, Neuenburg 1907, S. 465.

Seite 109
Eidgenössische Militärbibliothek Bern, C. F. Keller Sammlung.

Seite 117
Kupferstich «Tabelaux de la Suisse ou Voyage pittoresque». Herausgeber des Bildes war Baron Beat von Zurlauben, General in französischen Diensten. Bild aus Vallière, Paul de: Treue und Ehre, Lausanne 1940, S. 245.

Seite 127
Bild aus Vallière, Paul de: Treue und Ehre, Neuenburg 1913, S. 345.

Seite 135
Bild aus Vallière Paul de: Treue und Ehre, Neuenburg 1913, S. 329.

Seite 145
Porträt von Michael Musscher, Kunstmuseum Genf; Bild aus Vallière, Paul de: Treue und Ehre, Lausanne 1940, S. 23.

Seite 151
Bild aus www.de.wikipedia.org/wiki/Bild:Peter_der-Grosse_1838.jpg (Stand 7. Juli 2005).

Seite 159
Kaspar Jodok von Stockalper; Reiterbildnis von G. C. Mannhaft 1671; ausgestellt im Rittersaal des Stockalperschlosses in Brig.

Seite 167
Foto von Richard Eyer, Brig, 17. Juni 2005.

Seite 177, a–b
Fotos von Marcus Kradolfer in der Stadt Schaffhausen und im Staatsarchiv Schaffhausen (Stand 29. November 2004).

Seite 185
Bild aus Hess, Michael: Die Schlacht bei Näfels 1388, in: Fuhrer Hans Rudolf (Hrsg.): Militärgeschichte zum Anfassen, Bd. 12, Au 2002, S. 29.

Seite 199
Eidgenössische Militärbibliothek Bern, C. F. Keller Sammlung.

Seite 211
Eidgenössische Militärbibliothek Bern, C. F. Keller Sammlung.

Seite 215, 1–4
Das erste Porträt stammt von einem Ölgemälde eines unbekannten Meisters. Herkunft des Bildes: Gams-Werdenberg. Heute im Besitz von Herrn Werner F. Kunz, Zürich. Das zweite Gemälde von Jauch ist im Besitze von Herrn Karl Jauch, Altdorf. Beim dritten Werk fehlen die Angaben und das vierte Porträt stammt aus dem Ratshaus von Sarnen. Bilder aus Schafroth, Max F.: Die Geschichte der Schweizerregimenter im Dienst des Königreichs Beider Sizilien, in: Figurina Helvetica, Mitteilungen der Schweizerischen Gesellschaft der Freunde der Zinnfigur «Figurina Helvetica», 35. Jahrgang, Zürich/Basel 1976, S. 14, 15, 16 u. 26.

Seite 223
Bild aus Vallière, Paul de: Treue und Ehre, Lausanne 1940, Tafel XXI.

Seite 229
Zeichnung von Evert van Muyden; Bild aus Frey Emile: Le Suisse sous les drapeaux, Neuenburg 1907, S. 606.

Seite 237
Zeichnung von Evert van Muyden; Bild aus Frey Emile: Le Suisse sous les drapeaux, Neuenburg 1907, S. 648.

Seite 241
Bild aus Vallière, Paul de: Treue und Ehre, Lausanne 1940, S. 698.

Seite 249
Zeichnung von Urs Graf aus dem frühen 16. Jahrhundert; Kupferstichkabinett, Kunstmuseum Basel; Bild aus Schneider, Peter Reinhard: Arbedo 1422/Giornico 1478, in: Fuhrer, Hans Rudolf (Hrsg.): Militärgeschichte zum Anfassen, Bd. 6, Au 1995, S. 17.

Seite 255
Bild aus Vallière, Paul de: Treue und Ehre, Lausanne 1940, S. 721.

Seite 263
Bild aus dem Fotoatelier Baldinger in Baden aus dem Jahre 1863.

Seite 269
Bild aus McElroy, John: This was Andersonville, New York 1957, letztes Bild in der Bilderreihe zwischen S. 134 und 135.

Seiten 282 und 283
Karten erstellt von Frau Claudia Trochsler, CAT Design, Hünenberg/ZG; Grafiken aus Kindlimann, Adrian: Schweizer im Spanischen Bürgerkrieg, in: Fuhrer Hans Rudolf (Hrsg.): Militärgeschichte zum Anfassen, Bd. 18, Au 2004, S. 11 u. 13.

Seite 287, 1–4
Das erste Foto stammt von Kindlimann Adrian, das Zweite aus Hutter, Hans: Spanien im Herzen. Ein Schweizer im Spanischen Bürgerkrieg, Zürich 1996, S. 161 und das Dritte aus Wullschleger, Max: Schweizer kämpfen in Spanien. Erlebnisse der Schweizer Freiwilligen in Spanien, Zürich 1939, S. 176. Die Porträts wurden entnommen aus Kindlimann, Adrian: Schweizer im Spanischen Bürgerkrieg, in: Fuhrer, Hans Rudolf (Hrsg.): Militärgeschichte zum Anfassen, Bd. 18, Au 2004, S. 22, 29 u. 32.

Seite 293, 1–4
Bild aus Bergmann, Hans: Hauptmann Franz v. Werra: Der «Ausbrecherkönig von Kanada» – Nach erfolgreicher Flucht folgte der Flug in den Tod, Rastatt/Baden 1971, Titelbild und Bilder S. 8.

Seite 305
Foto aus Reichlin, Linus: Kriegsverbrecher Wipf, Eugen. Schweizer in der Waffen-SS, in deutschen Fabriken und an den Schreibtischen des Dritten Reiches, Zürich 1994, Anhang ohne Seitenangabe.

Seite 309, 1–2
Porträts aus Reichlin, Linus: Kriegsverbrecher Wipf, Eugen. Schweizer in der Waffen-SS, in deutschen Fabriken und an den Schreibtischen des Dritten Reiches, Zürich 1994, Anhang ohne Seitenangabe.

Seite 317
Foto von adjudant-chef Lopes-Graca, in der Zeitschrift Képi blanc 1997.

Seite 323
Bild aus Küttel, Stefan: Auf dem falschen Zug. Im Dienste der französischen Fremdenlegion während des Freiheitskampfes in Algerien, Altdorf 2000, S. 166.

Seite 331
Foto von Dario Copetti, Luzern, 3. Juli 2005.

Farbbilder

Seite I
Eidgenössische Militärbibliothek Bern, C. F. Keller Sammlung.

Seite II
Eidgenössische Militärbibliothek Bern, C. F. Keller Sammlung.

Seite III
Eidgenössische Militärbibliothek Bern, C. F. Keller Sammlung.

Seite IV
Eidgenössische Militärbibliothek Bern, C. F. Keller Sammlung.

Seite V
Eidgenössische Militärbibliothek Bern, Escher, Albert von: Uniformes des régiments Suisses aux services étrangers, Angleterre-Autriche-Espagne, o. O und o. J.

Seite VI
Eidgenössische Militärbibliothek Bern, Escher, Albert von: Uniformes des régiments Suisses aux services étrangers, Angleterre-Autriche-Espagne, o. O. und o. J.

Seite VII
Eidgenössische Militärbibliothek Bern, C. F. Keller Sammlung.

Seite VIII
Eidgenössische Militärbibliothek Bern, Escher, Albert von: Uniformes des régiments Suisses aux services étrangers, Angleterre-Autriche-Espagne, o. O. und o. J.

Seite IX
Eidgenössische Militärbibliothek Bern, C. F. Keller Sammlung.

Seite X
Eidgenössische Militärbibliothek Bern, C. F. Keller Sammlung.

Seite XI
Eidgenössische Militärbibliothek Bern, Crociani Piero Sammlung.

Seite XII
Eidgenössische Militärbibliothek Bern, C. F. Keller Sammlung.

Seite XIII
Eidgenössische Militärbibliothek Bern, C. F. Keller Sammlung.

Seite XIV
Eidgenössische Militärbibliothek Bern, C. F. Keller Sammlung.

Seite XV
Eidgenössische Militärbibliothek Bern, Escher, Albert von: Uniformes des régiments Suisses aux services étrangers, Angleterre-Autriche-Espagne, o. O und o. J.

Seite XVI
Eidgenössische Militärbibliothek Bern, Escher, Albert von: Uniformes des régiments Suisses aux services étrangers, Angleterre-Autriche-Espagne, o. O. und o. J.

Autoren

Philippe Clerc
   * 1980, Cand. lic. phil. I., Université de Fribourg.

Robert-Peter Eyer
   * 1976, Lic. phil. I., Dissertant: Schweizerische Kriegsdienste in Neapel im 18. Jahrhundert (1734–1789), Universität Freiburg i. Ü.
   Publikationen:
   Diverse Artikel in Zeitungen und Fachzeitschriften.
   Redaktionelle Bearbeitung der «Militärgeschichte zum Anfassen», Bd. 17–20.

Matthias Fiala
   * 1980, angehender Berufsoffizier, Bachelor-Studiengang, Militärakademie an der ETH Zürich.

Hans Rudolf Fuhrer
   * 1941, Dr. lic. phil. I., Militärhistoriker, hauptamtlicher Dozent für allgemeine und schweizerische Militärgeschichte an der Militärakademie an der ETH Zürich und PD an der Universität Zürich.
   Publikationen:
   Die Schweizer Armee im Ersten Weltkrieg. Bedrohung, Landesverteidigung und Landesbefestigung, Zürich ³2003.
   General Ulrich Wille. Vorbild den einen – Feindbild den anderen. Herausgegeben mit Paul Meinrad Strässle, Zürich 2003.
   Dokumentationsreihe «Militärgeschichte zum Anfassen», bis 2005 zwanzig Bände in Deutsch, teilweise Französisch und Italienisch.

Norbert Furrer
   * 1951, Dr. phil. I., Lehrbeauftragter an den Universitäten Bern und Lausanne.
   Publikationen:
   Das Münzgeld der alten Schweiz: Grundriss, Zürich 1995.
   Die vierzigsprachige Schweiz: Sprachkontakte und Mehrsprachigkeit in der vorindustriellen Gesellschaft (15.–19. Jahrhundert), 2 Bde., Zürich 2002.
   Was ist Geschichte? Einführung in die historische Methode, Zürich 2003.

Adrian Kindlimann
   * 1965, Lic. phil. I., Mittelschullehrer für Geschichte und Spanisch (DHL).

Ulrich Knellwolf
   * 1942, Dr. theol.
   Publikationen:
   Sturmwarnungen, Roman, 2004.
   Tod in Sils Maria, 13 üble Geschichten, 1993 (1996 erweiterte Neuauflage).
   Der liebe Gott geht auf Reisen, Weihnachtsgeschichten, 2004.

Marcus Kradolfer
   * 1968, Cand. lic. phil. I., Universität Zürich.

PETER MERTENS
* 1963, Dr. phil. I., Historiker, Diplom-Pädagoge, Betriebswirt (VWA).
Dozent für Pädagogik an der Schule für angewandte Linguistik Zürich (SAL).
Publikationen:
Zivil-militärische Zusammenarbeit während des Ersten Weltkriegs. Die «Nebenregierungen» der Militärbefehlshaber im Königreich Sachsen, Leipzig 2004.
Bismarck und die Katholiken, in: Dietrich, M.L.G., et al.: Religionskonflikte – Religiöse Identität (Mitteilung zur Anthropologie und Religionsgeschichte 17), Münster 2005.
Der Dreissigjährige Krieg, in: Ebd.
(zus. mit J. Hoppe), Weltkrieg und Identitätskrise. Ein Essay über Ernst Jünger, Ludwig Renn und Gustav Hillard, (in Vorbereitung).

DOMINIC M. PEDRAZZINI
* 1948, Chef des Services généraux de la Bibliothèque militaire fédérale et Secrétaire général de l'Association suisse d'histoire et de sciences militaires.
Publications:
Le Régiment bernois de Tscharner au service de Piémont-Sardaigne (1760–1786), Lausanne 1980.
Opérations franco-suisses en montagne: la campagne de la Valteline (1635), in: La guerre et la montagne, Neuchâtel 1988.
François Le Fort (1656–1699), créateur de la marine militaire russe et précurseur du service des Suisses en Russie, in: Suisses à Saint-Petersbourg, St. Petersburg 2003.

JOST SOOM
* 1965, Dr. phil. I., Gymnasiallehrer.
Publikationen:
«Avancement et fortune», Schweizer und ihre Nachkommen als Offiziere, Diplomaten und Hofbeamte im Dienst des Zarenreiches, Zürich 1996.
Schweizer Offiziere am Zarenhof, in: Lüthi, Madeleine I., et al.: Schweizer in Sankt-Petersburg, Jubiläumsschrift zum 300-jährigen Bestehen St. Petersburgs, St. Petersburg 2003, S. 399 ff.

HANS STEFFEN
* 1945, Dr. phil. I., Gymnasiallehrer.
Publikationen:
Diverse Artikel in Fachschriften (insb. «Schriften aus dem Stockalperarchiv», «Veröffentlichungen des Forschungsinstitutes zur Geschichte des Alpenraumes», «Blätter aus der Walliser Geschichte» zu den Themen Solddienst, Führungsschichten, Klientelismus und Hexenverfolgung).
Hexerei im Oberwallis um 1600, in: Blätter aus der Walliser Geschichte, Bd. XXXV, 2003.
Zauberei im Oberwallis um 1600 am Beispiel einer Untersuchung im Zenden Visp 1593, in: Forschungen zur Archäologie und rechtlichen Volkskunde, hrsg. von Louis Carlen, Bd. 22, 2005.

RUEDI STUDER
* 1973, Lic. phil. I.
Publikation:
Videojournalisten – Alleskönner für das Fernsehen? Basel 2004.

ROBERT WALPEN
* 1948, Dr. phil. I., Gymnasiallehrer, Lehrbeauftragter für Fachdidaktik Geschichte an der Universität Zürich und Dozent für Kommunikation an der Hochschule für Angewandte Psychologie in Zürich, Historiker und Kunsthistoriker.
Publikationen:
Mehrere Aufsätze zur Geschichte des Wallis im Mittelalter und in der frühen Neuzeit.
Die Päpstliche Schweizergarde acriter et fideliter – tapfer und treu, Zürich 2005.

Personenregister

Ortsregister

.